刑事特別法與案例研究

許福生／主編

鄭善印、傅美惠、吳耀宗、梁世興、黃朝義、呂倩茹、林裕順、李錫棟、許福生／等著

五南圖書出版公司 印行

甘序

　　刑事特別法，係爲適應特殊需要而制定的法律。刑事普通法，通常適用於一般的人、事、時、地，規定範圍較爲廣泛，規定內容亦較爲簡略，且屬一般性的規定。例如，普通刑法即係以一般身分、一般事項、平常時期、全國各地爲效力所及範圍的法律。刑事特別法，則適用於特定的人、事、時、地，通常規定範圍較爲狹小，規定內容亦較爲詳盡，且屬特殊性的規定。例如，貪污治罪條例、組織犯罪防制條例及陸海空軍刑法，即係以特殊身分；毒品危害防制條例、洗錢防制法，即係以特殊事項；戰時軍律（廢），戡亂時期檢肅匪諜條例（廢），即係以特殊時期；要塞堡壘地帶法，即係以特殊地域爲該等法規效力所及範圍的法律。

　　中央警察大學法律學系有鑑於刑事特別法制爲因應時代的遞嬗與社會環境的變遷，不斷地增修導致制度的劇烈變革，特於今（2019）年5月2日假該校國際會議廳舉辦「特種刑事法令學術研討會」，除邀請日本松山大學法學部明照博章教授主題演講「有關日本藥物犯罪取締之法制度——以興奮劑取締之歷史變革爲中心」外，同時邀請國內對於刑事特別法制學有專精的學術界專家學者，就法理面與實務面深入分析檢討，並臧否其得失，且廣泛周諮與會者寶貴意見，期望各界對於刑事特別法制能有完整而深刻的理解與掌握，俾使我國刑事特別法制的整建更臻於完善。

　　在該場學術研討會中，不論係發表人抑或與談人，均屬對於刑事特別法制有深入研究的專家學者，故能紛紛提出諸多寶貴意見，提供未來學術界研究及有關機關修法的重要參酌。法律學系系主任許福生教授爲共饗讀者，特將研討會之實況紀錄加以綜合整理，彙集成冊，名爲「刑事特別法與案例研究」，並承五南圖書慨然贊助付梓出版，相信對於我國未來刑事特別法制的整建，必定會有相當程度的裨益。爰在此略綴數語，以爲之序。

台灣刑事法學會榮譽理事長
臺北大學法律學院名譽教授

甘添貴　謹誌
2019.6於把翠山莊半半齋

王序

　　刑法的存在，不僅指引著應然規範，也是人們日常生活的行爲準則。對一般人而言，爲了避免誤觸法網或法律宣導之需，刑法規定，可能從小學、中學甚至大學的求學過程中，多少會有所接觸、聽聞甚或研究，然而，對刑事司法實務工作者而言，包含警察、律師、檢察官或法官，除了普通刑法之外，更常接觸的是刑事特別法，這些刑事特別法，有適用於身分特殊者，例如貪污治罪條例適用於公務員；少年事件處理法適用於少年；有針對管制物品所爲的特殊規定，如毒品危害防制條例乃針對販賣、運輸、持有、轉讓、施用毒品等行爲加以處罰，槍砲彈藥刀械管制條例則針對製造、販賣、運輸、持有、轉讓槍砲彈藥刀械等行爲加以處罰；有適用於特殊事項或行爲者，例如洗錢防制法，有些刑事特別法乃涉及刑事案件的偵查事項，例如證人保護法、通訊保障及監察法等。這些刑事特別法，雖然極具實務與學術研究之重要性，但在一般大學法律系的課程安排上，經常處於被忽略之狀態，或捨棄無法納入一般課程中。

　　本書集結了八種重要且實務上常用的刑事特別法，名爲《刑事特別法與案例研究》，並由五南圖書付梓出版。在本書出版之前，曾舉辦論文研討會，邀請刑法專家學者與會與作者討論，本人也獲邀擔任與談人，與多位作者進行對話與切磋。此本由警察大學老、中、青不同世代的法律系教授，就各個刑事特別法所撰寫之深入淺出的專論，不僅使刑事司法實務家有得以參考的資料，也使有心研究此一領域之學生或學者，得以透過一本專書即窺見刑事特別法的基本樣貌。除此之外，本書之出版，也使得刑事特別法領域的相關資料得以更加充實，並促進相關學術研究的發展與對話，故本人非常樂意將本書推薦給對有心研究刑法或刑事特別法之人。

台灣刑事法學會理事長

王皇玉　謹誌

2019.6.29於臺大

許序

　　刑事特別法，是在普通刑法外，針對特定之人、事、時、地，因事實之需要以補充普通法律之不足所制定，又因應時勢之變遷，刑事特別法會隨時制定或修正，故極其零散且數量眾多。然而，對刑事司法實務者而言，除了普通刑法之外，更常接觸的是刑事特別法，因而為使刑事司法人員在執法或法律適用時能更了解相關刑事特別法的規定，以有效維護治安與保障人權，中央警察大學法律學系於2019年5月舉辦「特種刑事法令學術研討會」，針對目前刑事司法工作上常使用的刑事特別法，如對特定事物的毒品防制、洗錢防制、槍砲管制、通訊監察，以及對特定對象的犯罪組織、證人保護、公務員貪污、少年事件等相關法制進行研討。

　　此次研討會除論文發表人之外，各場次主持人及評論人皆是長期在刑事法學與刑事偵查實務之翹楚，探討的主題也是現行刑事司法實務最常使用的刑事特別法。研討會論文發表後，立即受到各界肯定並來電索取，本系為與讀者共享，徵求所有發表老師同意，重新檢視修正每篇文章，彙集成書，名為「刑事特別法與案例研究」，並承五南圖書慨然付梓出版。

　　本書共分為八章，分別為第一章毒品危害防制條例由鄭善印教授撰寫；第二章洗錢防制法由傅美惠教授撰寫；第三章槍砲彈藥刀械管制條例由吳耀宗教授撰寫；第四章通訊保障及監察法由梁世興老師撰寫；第五章組織犯罪防制條例由黃朝義教授及呂倩茹博士共同撰寫；第六章證人保護法由林裕順教授撰寫；第七章貪污治罪條例由李錫棟教授撰寫；第八章少年事件處理法由許福生教授撰寫。每章體例大致依循該法立法目的與沿革、主要內容與該法之爭議問題，最後輔以實務案例研究，以期達到理論與實務並重。

　　本書的完成與出版，要感謝的人很多，特別是中華警政研究學會林德華理事長及刑事警察局黃明昭局長的大力支持。書中所述，或有不周，或有謬誤，尚請各界先進及讀者不吝指正，作者今後也將為本書之完善持續努力，希望本書的出版，能對國內刑事特別法制的研究及刑事司法實務工

作有所助益。最後，謹以本書獻給最摯愛的母校—中央警察大學，因有它的孕育，本書才得以完成。

中央警察大學法律學系教授兼系主任

許福生　謹誌

2019.06.30於警大

目錄

第一章
毒品危害防制條例

鄭善印

第一節 本條例立法沿革與目的

中華民族基於清末受鴉片毒害之經驗，對於毒品的防制可能在情感上要嚴於其他各民族，但歷經在臺灣七十年的防制經驗，我們發現嚴刑竣罰並無顯著成效，世界各民族對於毒品的戰爭仍有其共通的一些原則，若違背這些原則，即使用盡力氣，仍然事倍功半。這些原則就是「隨著經濟發展，毒品也會越發擴散，僅使用狂打嚴罰，成效無法維持長久，並且容易出現過度戕害人權現象，若輔以其他醫療性、教育性、社會性策略，可能才有緩和毒品危害的機會」。以下即分立法沿革與目的各別說明。

壹、本條例立法沿革

本條例相對於中華民國刑法第二十章鴉片罪，乃所謂之特別法，惟本法尚有前身之特別法，稱為禁煙禁毒治罪條例[1, 2]。爰以國民政府於大陸時期曾推動六年禁煙計畫，於1940年底屆滿，自1941年起實行斷禁政策，所有分期禁煙期間之各項法案，已不適用，故由內政部將禁煙治罪暫行條例、禁毒治罪暫行條例修併為限時法之禁煙禁毒治罪暫行條例。復於施行期間即將結束前，經總統於1948年11月26日修正公布，並將條例名稱修正為禁煙禁毒治罪條例。

國民政府遷臺後，鑑於禁煙禁毒治罪條例仍未能有效禁絕毒品，乃於1955年5月27日由立法院訂定戡亂時期肅清煙毒條例取代。其後於1992年7月3日，配合戡亂時期結束，由立法院修正為肅清煙毒條例。

其後於1997年10月30日為與國際反毒同軌，乃由立法院全文修正一

---

[1] 〈藥物濫用相關法規與條例概述簡報〉，取自〈https://www.google.com.tw/search?source=hp&ei=UlKwXOz_ONOA8QW9jIKYCg&q=%E7%A6%81%E7%85%99%E6%AF%92%E6%B2%BB%E7%BD%AA%E6%A2%9D%E4%BE%8B&btnK=Google+%E6%90%9C%E5%B0%8B&oq=%E7%A6%81%E7%85%99%E6%AF%92%E6%B2%BB%E7%BD%AA%E6%A2%9D%E4%BE%8B&gs_l=psy-ab.3..35i39.16519.31752..34649...0.0..0.83.1403.24......0....1..gws-wiz.......0j0i67j0i131.760JpSbOV9M〉，最後閱覽日：2019年4月11日。

[2] 蔣應竘，《現行禁煙禁毒治罪條例釋義》，取自〈http://taiwanebook.ncl.edu.tw/ebkFiles/NTUL-0478270/NTUL-0478270.PDF〉，最後閱覽日：2019年4月11日。

次，並更名為毒品危害防制條例；2003年6月6日又為期與管制藥品管理條例互相配合，並修正前條例陳義過高部分，乃又全文修正一次；其後歷經五次小修後，2017年5月26日作最後一次修正。

　　觀諸立法沿革，其最重要之變革為由戒嚴時期1955年之戡亂時期肅清煙毒條例，改制為1997年之毒品危害防制條例，變更的主軸由「嚴刑竣罰」，改變為「罪病同源，但除刑不除罪」。例如，戡亂時期肅清煙毒條例第9條規定：「（第1項）施打毒品、吸食毒品或鴉片者，處三年以上、七年以下有期徒刑。（第2項）吸用蔴煙或抵癮物品者，處一年以上、三年以下有期徒刑。（第3項）犯前二項之罪有癮者，應由審判機關先行指定相當處所勒戒，不適用刑法第八十八條第三項之規定。（第4項）前項勒戒處所，由地方政府就公立醫院內附設之。（第5項）犯第一項或第二項之罪，依第三項或第四項規定勒戒斷癮後再犯者，加重本刑至三分之二；三犯者，處死刑」。但毒品危害防制條例第20條卻規定：「（第1項）犯第十條（按指施用第一級毒品海洛因，及施用第二級毒品安非他命者）之罪者，檢察官或少年法庭應先將被告或少年送勒戒處所觀察、勒戒，其期間不得逾一月。（第2項）經觀察、勒戒後，無繼續施用毒品傾向者，應由檢察官為不起訴之處分或由少年法庭為不付審理之裁定；有繼續施用毒品之傾向者，由檢察官聲請法院或由少年法庭裁定令入戒治處所施以強制戒治，其期間為一年。但自首者，得以保護管束代之。（第3項）依前項規定為不起訴之處分或不付審理之裁定後，五年內再犯第十條之罪，經觀察、勒戒後，認有繼續施用毒品之傾向或三犯以上者，不適用前項之規定。但應由檢察官聲請法院或由少年法庭裁定先令入戒治處所施以強制戒治。（第4項）第二項但書情形，違反保護管束應遵守事項情節重大者，得撤銷保護管束，仍施予強制戒治。」

　　上述將施用毒品者三犯處死，改制為二犯以上才依法起訴之立法理由為：「本條（第二十條）之設，即為『除刑不除罪』原則之衍生，乃根據第十條之法定刑所實施之『保安處分』，以『勒戒』、『戒治』代替原有『刑罰』之矯治措施。故原條文第九條第三項至第五項之規定，均無保留之必要，同時原第七項之再犯加重，三犯處死刑（按肅清煙毒條例修正

為）或無期徒刑之規定，因與戒毒實務不符，且與以重刑加諸施用毒品者容非良法之觀念有所差距，爰亦併予修正。……依第二項規定，予以自新之機會後五年內，若再施用毒品經觀察勒戒後，有繼續施用之傾向或三犯者，則依一般之刑事訴訟程序或少年事件程序處理，但仍兼仿刑法第八十八條第二項之規定，在刑之執行前或管訓處分執行前，先令入戒治處所施以強制戒治，兼收刑罰及保安處分之雙重功能，此本條第三項之所由設。」此種毒品防制策略的改變，可謂臺灣已由清末的煙毒悲情，走向與國際同軌的道路。

茲列一表，以展現同一法律在兩個時代的重要區別。

表1-1　毒品條例重要變遷表

	戒嚴時期	解嚴以後
年代與法律名稱	1955年戡亂時期肅清煙毒條例	1997年毒品危害防制條例
重要變遷	嚴刑竣罰	罪病同源，但除刑不除罪
案例	該條例第9條第5項規定概要：「施打毒品或吸用蔴煙，勒戒斷癮後再犯者，加重本刑至三分之二；三犯者，處死刑。」	該條例第20條規定概要：「（第1項）施用第一級第二級毒者，檢察官應先將被告送勒戒處所觀察、勒戒。（第2項）經觀察、勒戒後，無繼續施用毒品傾向者，應由檢察官為不起訴之處分（第3項）依前項規定為不起訴之處分後，五年內再犯，經觀察、勒戒後，認有繼續施用毒品之傾向或三犯以上者，不適用前項之規定。（五年內三犯得逕予起訴）」

貳、本條例立法目的

由於本條例之前身各條例，因時代不同而各有立法目的，觀察這些目的，可以發現七十年來各條例如何跟著時代的變遷，而由嚴轉寬的過程。

禁煙禁毒治罪條例共計25條，但卻未有立法目的之條文。其嚴屬性

雖已較禁煙禁毒治罪暫行條例緩和[3]，惟該條例第8條仍規定：「（第1項）吸食鴉片者處六個月以上二年以下有期徒刑得併科三百元以下罰金有癮者並限期勒令戒絕（第2項）自動投戒或戒絕後而再犯前項之罪者處一年以上三年以下有期徒刑得併科伍佰元以下罰金有癮者仍限期勒令戒絕勒戒戒絕後而再犯第一項之罪者處三年以上十年以下有期徒刑得併科一千元以下罰金有癮者仍限期交醫勒令戒絕三犯者處死刑（第3項）學校教職員學生犯前三項之罪者依各該項最高刑處斷[4]」。第24條又規定：「（第1項）犯本條例各條之罪者由軍事委員會委員長兼禁煙總監指定有軍法職權之機關審判之或委任各級地方政府代為審判（第2項）依前項規定所為之裁判除依各省最高軍事機關代核軍法案件暫行辦法辦理外非經呈奉委員長兼總監核准不得執行」[5]。可見禁煙禁毒治罪條例仍以「治亂世用重典」及「速審速決」為立法目的，參酌當時國事倥傯、社會混亂，嚴苛之法可以理解。

戡亂時期肅清煙毒條例之立法目的，依其第1條規定係：「戡亂時期為肅清煙毒，防止共匪毒化，貫澈禁政，制定本條例。」立法院公報第15會期第5期有關本條例草案之審議，亦曾有以下文字記載：「各委員會曾就本案進行廣泛研討，僉以歷年以來，共匪肆行毒化陰謀，以致臺省煙毒案件迭有增加，自禁煙毒治罪條例施行期滿失效後，刑法鴉片罪章以處刑過輕，不足以根絕煙毒之害，為粉碎共匪毒化陰謀，澈底肅清煙毒，並配合國際會議鴉片議定書規定計，亟應制定特別法，以適應當前迫切之需要。」可見除「肅清煙毒」外，「與中共之鬥爭」，亦屬該條例之立法目的。

至於解嚴後1997年之毒品危害防制條例，依其第1條規定，其立法目的為：「為防制毒品危害，維護國民身心健康，制定本條例。」但僅此簡單數語，實不足以完整說明本條例大幅改制之理由。根據立法院公報第84

---

[3] 蔣應秒，前揭註2書。
[4] 作者按，因係早年法律，故除無標點符號外，項數計算方式可能與現行法不同，本條文字完全依蔣應秒，前揭註2書。
[5] 蔣應秒，前揭註2書。

卷第65期院會紀錄所載，本條例於修正時[6]，時任法務部部長之馬英九曾於1994年12月19日及21日應邀前往立法院說明如下：「肅清煙毒條例於民國81年7月27日修正公布施行至今，雖甫2年餘，惟毒品之危害，不僅未見消戢，販毒惡行卻越形頻繁，毒品走私數量更迭創新高，而施用毒品之人犯亦充斥監所，危害國民身心健康至鉅，因而滋生之重大刑事案件，更成為影響社會治安之淵藪。為貫徹社會各界對防制毒品之殷切期盼，並針對施用毒品者之『斷癮』，需生理治療與心理復健雙管齊下始足收效之戒毒實務，乃衡酌其他國家管制毒品之措施與立法例、聯合國相關公約之精神、我國社會環境之實際需要及以往適用上所發生之問題，將本條例作大幅度，且幾近全新面貌之修正。本次修正之要點：一、修正條例名稱為毒品防治條例。……十、對於施用毒品者之處罰，原則上改為施以勒戒、強制戒治之處分。」觀此記載，足知本條例之大幅改制目的，實為「與國際接軌，以及樂觀認為經由生理及心理治療，將使施用毒品人口戒絕毒品」。

　　另一次全文修正乃2003年之毒品危害防制條例，該次修正的立法目的依該條例第1條規定係：「為防制毒品危害，維護國民身心健康，制定本條例。」亦即，其目的與前次條例相同，但目的既同為何要「全文修正」？顯見尚有其他未彰顯的目的。依時任法務部長的陳定南在立法院所做的說明可知，本次全文修正的目的還有：一、原分為三級之毒品無法與分為四級之管制藥品管理條例相配合；二、施用毒品者之刑事處遇程序過於繁複，司法機關須依其不同犯次而異其處置，且三月強制戒治期間過短再犯率仍偏高，致未了之前案與再犯之新案糾葛，一般刑事訴訟程序與觀察勒戒、強制戒治執行程序交錯複雜，於法律之適用引發諸多爭議；三、醫院內附設勒戒處所及看守所附設之勒戒處所無醫護人員等問題須予解

6　本條例之修正始於時任立法委員之韓國瑜由其餘15位委員連署，於1994年4月12日提案修正肅清煙毒條例部分條文，主張將販賣、運輸、製造毒品、鴉片或麻煙者之刑，及意圖營利設所供人施用毒品或鴉片或為人施用毒品者之刑，均改為唯一死刑，藉以嚇阻毒品氾濫。參照《立法院公報》第83卷第24期。

決[7]。由上可知，本次全文修正尚有兩個次要目的是：「配合管制藥品的四級制」、「彌補前次過度樂觀的修正」。

其後，自2008年至2017年，共經6次小幅修正，立法目的均未變更。惟2017年的修正，將新世紀反毒策略思維放進修正條文中。茲將歷次修法目的臚列於後。

表1-2　歷次毒品條例立法目的表

法律名稱	法文規定之立法目的	可得推測之實質目的
1948年禁煙禁毒治罪條例	未規定	治亂世用重典及速審速決
1955年戡亂時期肅清煙毒條例	為肅清煙毒，防止共匪毒化，貫澈禁政	與中共鬥爭
1997年毒品危害防制條例	為防制毒品危害，維護國民身心健康	與國際接軌
2003年毒品危害防制條例	為防制毒品危害，維護國民身心健康	配合管制藥品的四級制與彌補前次過度樂觀的修正
2017年毒品危害防制條例	為防制毒品危害，維護國民身心健康	放進新世代反毒策略思維

第二節　本條例之規範領域與行為

本條例2017年5月26日修正後共計36條，所規範者不僅刑事處罰，並及於行政處罰，除規範科處刑罰及行政罰之行為外，另規範行政措施，以及程序性、執行性規定。故本法可謂集合實體法、程序法、執行法，並混合刑事法、行政法、民事法，更甚而將行政措施、刑事政策等一般在所謂「基本法」上才能看到的各種政策，併同規定之法律。這種法律與傳統大陸法系分割各領域法律，而適用於所有案件與問題之作法不同，應該是引

---

[7]　參照《立法院公報》第92卷第30期委員會紀錄，頁155-157。

進美式法制的結果，其是否合乎法制理性，饒有研究之必要[8]。茲即將其規範領域與行為，分兩項敘述於後。

壹、本條例規範之領域

規範領域以反毒策略所規劃的防毒、拒毒、緝毒、戒毒四個階段為縱軸，以法條及各法領域為橫軸，敘述於下。

一、在防毒部分

（一）依現行條例第31條，對於毒品先驅原料得命廠商申報該項原料之種類、輸出入、生產、銷售、使用、貯存之流程、數量。

（二）依現行條例第31條之1，特定營業場所應執行規定之防治毒品危害之措施。

二、在拒毒部分

（一）依現行條例第2條之1，直轄市、縣（市）政府得由專責組織辦理毒品防制工作。現有高雄市政府新成立毒品防制局，從事毒品防制教育宣導等工作。

（二）依現行條例第2條之2，法務部為推動毒品防制業務，應設基金，基金之用途在防制毒品危害等工作。

三、在緝毒部分

（一）相關實體法

1.依現行條例第4條至第11條、第12條至第19條，規定相關的刑事處罰，如處死刑、無期徒刑、有期徒刑、拘役、罰金等違法行為，以及沒收。

---

8 依作者有限的知識，這類美式法制，也就是融合刑事與行政、實體與程序、措施與政策的融合性法律，第一部可能就是1994年5月開始審議，1996年12月三讀的性侵害犯罪防治法。雖然這類型法律可將一個重大社會問題，集合所有可用方法，整體規定在同一部法律內，避免頭痛醫頭、腳痛醫腳，但不無創造太多例外規定之弊，倘若這類特別刑事法規過多，則必造成現有法制的混亂。例如，本條例規定之第一次施用毒品的處理方式，即有觀察勒戒或命附戒癮之緩起訴等不同處理方式，以至於坊間有律師廣告「可代申請命附戒癮」，因命附戒癮即不必長期監禁。

2. 依現行條例第11條之1，規定行政處罰，如處行政罰鍰及講習等違法行為；又依現行條例第18條後段規定，查禁物應沒入銷燬之。

3. 依現行條例第9條，成年人對未成年人，或明知為懷胎婦女而對之犯使人施用或轉讓毒品等罪者，加重其刑至二分之一；又依現行條例第15條，公務員假借職務上之權力、機會或方法犯本條例之罪者，加重其刑，包庇者亦同。

（二）相關程序法

1. 依現行條例第20條至第24條，規定檢察官起訴與觀察、勒戒及強制戒治間的關係，或檢察官為附命完成戒癮治療之緩起訴處分等。

2. 成人與少年之不同程序，亦規定於現行條例第20條至第24條中。

3. 依現行條例第32條之1、第32條之2，規定「控制下交付」之偵查作為及其計畫書。

（三）相關執行法

1. 依現行條例第24條之1追訴權時效消滅者，不得進行觀察勒戒或強制戒治處分；又依現行條例第30條之1第2項規定，受觀察、勒戒或強制戒治處分之裁定經撤銷確定者，其觀察、勒戒或強制戒治處分之執行，得準用冤獄賠償法之規定請求賠償。

2. 依現行條例第30條第1項後段規定，觀察、勒戒及強制戒治之費用屆期未繳納者，由勒戒處所及戒治處所，依法移送強制執行；又依現行條例第31條第4項規定，所處之罰鍰，經限期繳納，屆期未繳納者，依法移送強制執行。

四、在戒毒部分

（一）依現行條例第20條、第24條，規定觀察、勒戒或強制戒治處分，以及附命完成戒癮治療之緩起訴處分；又現行條例第27條至第28條，規定勒戒處所及戒治處所之設置及經費。

（二）依現行條例第25條及第33條之1，規定保護管束期間之驗尿等程序。

茲將本條例規範之領域簡略列表於後。

表1-3　現行毒品危害防制條例規範之領域簡表

防制階段	法領域	（該條例）案例
防毒	行政措施	第31條之1，特定營業場所應執行規定之防治毒品危害措施
拒毒	組織法	第2條之1，直轄市、縣（市）政府得由專責組織辦理毒品防制工作
緝毒	實體法	第4條至第11條，規定相關的刑事處罰
	程序法	第20條至第24條，規定檢察官起訴與觀察、勒戒及強制戒治間的關係
	執行法	第30條之1第2項，規定受觀察、勒戒或強制戒治處分之裁定經撤銷確定者，其觀察、勒戒或強制戒治處分之執行，得準用冤獄賠償法之規定請求賠償
戒毒	事實行為	第25條及第33條之1，規定保護管束期間之驗尿等程序

貳、本條例規範之受處罰行為

一、刑事處罰部分

依我國現行毒品危害防制條例第2條之規定，所稱毒品，指具有成癮性、濫用性及對社會危害性之麻醉藥品與其製品及影響精神物質與其製品。毒品分為四級：第一級如嗎啡等；第二級如安非他命等；第三級如K他命等；第四級如一粒眠等。其種類依化學學名多至近200種，非一般人及執法人員所能盡識，本條例第2條第3項所謂「毒品之分級及品項，由法務部會同行政院衛生署組成審議委員會，每三個月定期檢討，報由行政院公告調整、增減之，並送請立法院查照」，此舉究竟對執法人員及法務部之意義為何，頗值懷疑。

我國特別刑事法令之規定重點，恆在加重處罰以及一些與普通刑法似同實異之行為態樣。依現行條例第4條至第11條，規定相關的刑事處罰，其行為態樣、毒品種類及處罰，如同排列組合般整齊。為便於釐清，茲以表格方式表現於下[9]。

9　許福生，《刑事政策學》，元照出版，2017年，頁100-103。

表1-4　製造各級毒品等行為之處罰表

條號及 行為態樣	第一級毒品	第二級毒品	第三級毒品	第四級毒品
§4 製造、運輸、販賣	處死刑或無期徒刑；處無期徒刑者，得併科新臺幣2,000萬元以下罰金／未遂犯罰之	處無期徒刑或七年以上有期徒刑，得併科新臺幣1,000萬元以下罰金／未遂犯罰之	處七年以上有期徒刑，得併科新臺幣700萬元以下罰金／未遂犯罰之	處五年以上十二年以下有期徒刑，得併科新臺幣300萬元以下罰金／未遂犯罰之
§5 意圖販賣而持有	處無期徒刑或十年以上有期徒刑，得併科新臺幣700萬元以下罰金	處五年以上有期徒刑，得併科新臺幣500萬元以下罰金	處三年以上十年以下有期徒刑，得併科新臺幣300萬元以下罰金	處一年以上七年以下有期徒刑，得併科新臺幣100萬元以下罰金
§6 以強暴、脅迫、欺瞞或其他非法之方法使人施用	處死刑、無期徒刑或十年以上有期徒刑；處無期徒刑或十年以上有期徒刑者，得併科新臺幣1,000萬元以下罰金／未遂犯罰之	處無期徒刑或七年以上有期徒刑，得併科新臺幣700萬元以下罰金／未遂犯罰之	處五年以上有期徒刑，得併科新臺幣500萬元以下罰金／未遂犯罰之	處三年以上十年以下有期徒刑，得併科新臺幣300萬元以下罰金／未遂犯罰之
§7 引誘他人施用	處三年以上十年以下有期徒刑，得併科新臺幣300萬元以下罰金／未遂犯罰之	處一年以上七年以下有期徒刑，得併科新臺幣100萬元以下罰金／未遂犯罰之	處六月以上五年以下有期徒刑，得併科新臺幣70萬元以下罰金／未遂犯罰之	處三年以下有期徒刑，得併科新臺幣50萬元以下罰金／未遂犯罰之
§8 轉讓	處一年以上七年以下有期徒刑，得併科新臺幣100萬元以下罰金／未遂犯罰之	處六月以上五年以下有期徒刑，得併科新臺幣70萬元以下罰金／未遂犯罰之	處三年以下有期徒刑，得併科新臺幣30萬元以下罰金／未遂犯罰之	處一年以下有期徒刑，得併科新臺幣10萬元以下罰金／未遂犯罰之

表1-4 製造各級毒品等行為之處罰表（續）

條號及 行為態樣	第一級毒品	第二級毒品	第三級毒品	第四級毒品
§10 施用	處六月以上五年以下有期徒刑	處三年以下有期徒刑	***	***
§11 I、II 持有	處三年以下有期徒刑、拘役或新臺幣5萬元以下罰金	處二年以下有期徒刑、拘役或新臺幣3萬元以下罰金	***	***
§11 III、IV、 V VI 持有達一定數量	達純質淨重10公克以上者，處一年以上七年以下有期徒刑，得併科新臺幣100萬元以下罰金	達純質淨重20公克以上者，處六月以上五年以下有期徒刑，得併科新臺幣70萬元以下罰金	達純質淨重20公克以上者，處三年以下有期徒刑，得併科新臺幣30萬元以下罰金	達純質淨重20公克以上者，處一年以下有期徒刑，得併科新臺幣10萬元以下罰金
製造、運輸、販賣、意圖販賣而持有、持有	專供製造或施用毒品之器具者另有處罰			

表1-5 栽種罌粟等行為之處罰表

條號及 行為態樣	罌粟或古柯	大麻	罌粟種子或 古柯種子	大麻種子
§12 意圖供製造毒品之用，而栽種	處無期徒刑或七年以上有期徒刑，得併科新臺幣700萬元以下罰金／未遂犯罰之	處五年以上有期徒刑，得併科新臺幣500萬元以下罰金／未遂犯罰之	***	***
§13 意圖供栽種之用，而運輸或販賣	***	***	處五年以下有期徒刑，得併科新臺幣50萬元以下罰金	處二年以下有期徒刑，得併科新臺幣20萬元以下罰金
§14 I、II 意圖販賣而持有或轉讓	***	***	處三年以下有期徒刑	處二年以下有期徒刑

表1-5 栽種罌粟等行為之處罰表（續）

條號及行為態樣	罌粟或古柯	大麻	罌粟種子或古柯種子	大麻種子
§14Ⅲ、Ⅳ 持有	***	***	處二年以下有期徒刑、拘役或新臺幣3萬元以下罰金	處一年以下有期徒刑、拘役或新臺幣1萬元以下罰金

二、行政處罰部分

現行條例第11條之1第2項規定，無正當理由持有或施用第三級或第四級毒品者，處新臺幣1萬元以上5萬元以下罰鍰，並應限期令其接受4小時以上8小時以下之毒品危害講習。

表1-6 毒品危害防制條例之行政處罰表

條號及行為態樣	第一級毒品	第二級毒品	第三級毒品	第四級毒品
§11-1Ⅱ 無正當理由持有或施用	***	***	處1萬元以上5萬元以下罰鍰，並令其接受講習	處1萬元以上5萬元以下罰鍰，並令其接受講習

第三節 本條例之價值爭議

法律之訂定必有價值觀以為先驅，此價值觀又有「絕對論」及「相對論」之區分。所謂價值絕對論，應僅存於理念或信仰中，例如有無絕對的人性尊嚴，或究竟應採社會主義或資本主義，或究竟應重視集體主義或個人主義等等，皆無法在現實社會中取得人人贊同的絕對價值，至多僅有相對價值，亦即由某些權威團體或個人所同意的價值。本文對這類經由某些權威團體或個人所同意的價值，稱為相對價值，茲即舉幾類爭議性價值於後，俾供參考。

壹、施用毒品處自由刑違憲？

刑法規定中有所謂「自然犯與法定犯」之區別，更有所謂「有被害人之犯罪與無被害人之犯罪」之差異，施用毒品者即屬所謂「法定犯及無被害人之犯罪」。這類犯罪若以現今甚囂塵上的命題，所謂「無法益被害，即無犯罪」，則施用者至多僅屬殘害自己而已，何來侵害任何人之法益？既無侵害他人法益，則處罰這種行為，豈非不正義？若謂施用者可能因腦神經病變或幻聽或幻覺而侵害他人，亦可能因無錢購買毒品而偷、搶、盜，故施用毒品者仍不能不予處罰。但反對者以為，倘若因病變等而侵害他人，則分別情形處以殺、傷等罪即可；若毒品可合法化，一如煙酒等刺激品，則更無所謂偷、搶、盜之可能，更無監所超過一半的囚犯都是毒品施用者的問題。是故，只要將毒品合法化，一切疑難雜症都將迎刃而解，更無毒品危害防制條例的存在空間。

2002年5月17日公布之我國司法院釋字第544號解釋，對於「麻醉藥品管理條例、肅清煙毒條例，對施用毒品、麻醉藥品者處自由刑之規定，是否違憲？」之爭點作出解釋文如下：「國家對個人之刑罰，屬不得已之強制手段，選擇以何種刑罰處罰個人之反社會性行為，乃立法自由形成之範圍。就特定事項以特別刑法規定特別罪刑，倘與憲法第二十三條所要求之目的正當性、手段必要性、限制妥當性符合者，即無乖於比例原則，業經本院釋字第四七六號解釋闡釋在案。

自由刑涉及對人民身體自由之嚴重限制，除非必須對其採強制隔離施以矯治，方能維護社會秩序時，其科處始屬正當合理，而刑度之制定尤應顧及行為之侵害性與法益保護之重要性。施用毒品，足以戕害身心，滋生其他犯罪，惡化治安，嚴重損及公益，立法者自得於抽象危險階段即加以規範。中華民國八十一年七月二十七日修正公布肅清煙毒條例第九條第一項規定，對於施用毒品或鴉片者，處三年以上七年以下有期徒刑，及八十四年一月十三日修正公布之麻醉藥品管理條例第十三條之一第二項第四款規定，非法施打吸用麻醉藥品者，處三年以下有期徒刑、拘役或一萬元以下罰金，雖以所施用之毒品屬煙毒或麻醉藥品為其規範對象，未按行

為人是否業已成癮為類型化之區分，就行為對法益危害之程度亦未盡顧及，但究其目的，無非在運用刑罰之一般預防功能以嚇阻毒品之施用，挽社會於頹廢，與首揭意旨尚屬相符，於憲法第八條、第二十三條規定並無牴觸。前開肅清煙毒條例及麻醉藥品管理條例於八十七年及八十八年相繼修正，對經勒戒而無繼續施用毒品傾向者，改採除刑不除罪，對初犯者以保安處分替代刑罰，已更能符合首揭意旨。由肅清煙毒條例修正之毒品危害防制條例第三十五條第四款，將判決確定尚未執行或執行中之案件排除其適用，此固與刑法第二條第三項無乖離之處，惟為深化新制所揭櫫之刑事政策，允宜檢討及之。」

換句話說，大法官認為：「施用毒品，足以戕害身心，滋生其他犯罪，惡化治安，嚴重損及公益，立法者自得於抽象危險階段即加以規範。其因此所定之自由刑，與憲法第二十三條所要求之目的正當性、手段必要性、限制妥當性符合，無乖於比例原則，故不違憲。」

本文以為，縱使其他國家如加拿大、葡萄牙、荷蘭等國，對於吸食少量大麻者已改採合法化措施，但大麻之危害仍無法與海洛因、安非他命等毒品相比；此外基於毒品之成癮性、濫用性、社會危害性，至今尚無任何國家敢於對第一、二級毒品開禁，亦即一、二級毒品所可能造成的社會危害後果，無一國敢於攖其鋒；既無從開禁，則該類毒品必然仍屬昂貴物質，從而施用者為取得昂貴的購買資金勢必偷、搶、盜，並將因這些行為而出現擁槍或其他爆裂物，及因追逐昂貴物質而引發的殺戮等行為。從而，施用毒品具「侵害個人法益的抽象危險性」，並因此而成為「侵害社會不可容忍之整體法益」的行為，殆無可疑，故其成為處罰對象，自屬當然。

惟，施用毒品可以處自由刑，並非謂即可無限上綱以致於處死刑或無期徒刑，緩解重刑化及多元化處遇，應屬今後可以研究的課題。

貳、誣告反坐之規定因同害報復而違憲？

2002年11月22日公布之司法院釋字第551號解釋，對於「毒品條例誣告反坐之規定違憲？」之爭點，其解釋文如下：「人民身體之自由與生存權應予保障，為憲法第八條、第十五條所明定，國家為實現刑罰權，將特定事項以特別刑法規定特別之罪刑，其內容須符合目的正當性、手段必要性、限制妥當性，方符合憲法第二十三條之規定，業經本院釋字第四七六號解釋闡釋在案。中華民國八十七年五月二十日修正公布之毒品危害防制條例，其立法目的係為肅清煙毒、防制毒品危害，維護國民身心健康，藉以維持社會秩序及公共利益，乃以特別法加以規範。有關栽贓誣陷或捏造證據誣告他人犯該條例之罪者，固亦得於刑法普通誣告罪之外，斟酌立法目的而為特別處罰之規定。然同條例第十六條規定：『栽贓誣陷或捏造證據誣告他人犯本條例之罪者，處以其所誣告之罪之刑』，未顧及行為人負擔刑事責任應以其行為本身之惡害程度予以非難評價之刑法原則，強調同害之原始報應刑思想，以所誣告罪名反坐，所採措置與欲達成目的及所需程度有失均衡；其責任與刑罰不相對應，罪刑未臻相當，與憲法第二十三條所定比例原則未盡相符。有關機關應自本解釋公布之日起兩年內通盤檢討修正，以兼顧國家刑罰權之圓滿正確運作，並維護被誣告者之個人法益；逾期未為修正者，前開條例第十六條誣告反坐之規定失其效力。」

換句話說，大法官認為：「原毒品危害防制條例第十六條規定之『誣告反坐之刑』，乃強調同害之原始報應刑思想，已超越誣告者行為責任之範圍，應屬違反憲法第二十三條比例原則之條文。」若從刑法乃國家對犯罪人違反法秩序所為之處罰，而非誣告者與被誣告者間相對應之關係來看，反坐其刑，誠然已超越誣告者的行為責任，因為誣告罪在普通刑法中僅處罰七年以下有期徒刑，遠低於違反本條例之法定刑規定。但解釋文卻又以為「誣告者，亦得於刑法普通誣告罪之外，斟酌立法目的而為特別處罰之規定」，亦即可以加重但不能重到相同，是則該反坐條文之所以違憲，其實是因「法定刑太重」，而非因為遭到比擬的「以牙還牙、以眼還眼」同害報復而違憲，因為現行法之處罰，除反坐條款外，並無任何侵害

行為會遭到「以牙還牙、以眼還眼」似的同害報復待遇。

　　因該號解釋，原毒品危害防制條例第15條第2項所規定之「公務員明知他人犯第四條至第十四條之罪而予以庇護者，處各該條項規定之刑」，於2003年全文修正時，亦修正為「公務員明知他人犯第四條至第十四條之罪而予以庇護者，處一年以上七年以下有期徒刑」。其立法理由謂：「揆諸司法院釋字第五五一號解釋之意旨，第二項有關『公務員明知他人犯第四條至第十四條之罪而予以庇護者，處各該條項規定之刑』之規定，亦有未顧及行為人負擔刑事責任應以其行為本身之惡害程度予以非難評價之刑法原則，致有罪刑未臻相當之虞，與憲法第二十三條所定比例原則未盡相符，爰參酌貪污治罪條例第十三條規定修正之。」可見包庇者不可同坐，其實質理由應在法定刑太高，因包庇者所為與原始行為人之所為，在行為責任上並無對應關係。

參、累犯特別處理之規定違憲？

一、施用毒品者與累犯之關係密切

　　現行條例第20條第3項規定：「依前項規定為觀察、勒戒或強制戒治執行完畢釋放後，五年後再犯第十條之罪者，適用本條前二項之規定。」亦即應視為初犯，檢察官應聲請法院裁定令被告入勒戒處所觀察、勒戒，而非依法起訴。同條例第23條第2項又規定：「觀察、勒戒或強制戒治執行完畢釋放後，五年內再犯第十條之罪者，檢察官……應依法追訴……。」該二條文以五年為期，區分不同的處理方式，其實質在於「對累犯之不同處理」，只因累犯之成立需五年內之前行為已受有期徒刑之執行完畢，而因施用毒品引入觀察、勒戒及強制戒治等保安處分，在2003年刑法總則修正前，尚非實質上的有期徒刑，故隱晦地不以累犯相稱，僅規定為「五年後再犯第10條之罪者」及「五年內再犯第10條之罪者」。既然如此，則該二條規定在司法院第775號解釋之後，是否有違憲問題？

二、司法院釋字第775號解釋意旨

2019年2月22日公布之司法院釋字第775號解釋，對於：（一）刑法第47條第1項有關累犯加重本刑部分，是否違反憲法一行為不二罰原則？又其一律加重本刑，是否違反憲法罪刑相當原則？（二）刑法第48條前段及刑事訴訟法第477條第1項有關累犯更定其刑部分，是否違反憲法一事不再理原則？之兩項爭點，作出解釋，其文謂：「刑法第四十七條第一項規定：『受徒刑之執行完畢，或一部之執行而赦免後，五年以內故意再犯有期徒刑以上之罪者，為累犯，加重本刑至二分之一。』有關累犯加重本刑部分，不生違反憲法一行為不二罰原則之問題。惟其不分情節，基於累犯者有其特別惡性及對刑罰反應力薄弱等立法理由，一律加重最低本刑，於不符合刑法第五十九條所定要件之情形下，致生行為人所受之刑罰超過其所應負擔罪責之個案，其人身自由因此遭受過苛之侵害部分，對人民受憲法第八條保障之人身自由所為限制，不符憲法罪刑相當原則，牴觸憲法第二十三條比例原則。於此範圍內，有關機關應自本解釋公布之日起二年內，依本解釋意旨修正之。於修正前，為避免發生上述罪刑不相當之情形，法院就該個案應依本解釋意旨，裁量是否加重最低本刑。

刑法第四十八條前段規定：『裁判確定後，發覺為累犯者，依前條之規定更定其刑。』與憲法一事不再理原則有違，應自本解釋公布之日起失其效力。

刑法第四十八條前段規定既經本解釋宣告失其效力，刑事訴訟法第四百七十七條第一項規定：『依刑法第四十八條應更定其刑者……由該案犯罪事實最後判決之法院之檢察官，聲請該法院裁定之。』應即併同失效。」

本號解釋，若僅看其解釋文實難理解究竟何意？依本文作者有限知識，闡述其要旨如下：

（一）刑法第47條累犯加重其刑至二分之一之規定，尚非違憲。

（二）但不論法定刑高低一律加重其刑至二分之一，將使法定最低刑六月有期徒刑之罪，例如犯刑法第321條加重竊盜罪者，因累犯規定而必

須入監服刑。雖然法官仍可依刑法第59條規定，審酌是否予以減刑而不必入監，但若不符合即須入監，此乃違背比例原則之結果。是故，該結論於二年內必須修法解決，於未修之前，為避免發生罪刑不相當之情形，法院就該個案應依本解釋意旨，裁量是否加重最低本刑。

（三）刑法第48條之更定其刑，則與一事不再理原則有違，應自本解釋公布之日起失其效力。

（四）刑事訴訟法第477條第1項有關如何更定其刑之規定，亦隨同更定其刑之規定併同失效。

三、本文對司法院釋字第775號解釋之解讀

（一）本號解釋之所由來，可能源於最近十五年來法院對於「除有逃亡、串供或湮滅證據之虞者外，盡可能交保」，以及「1997年毒品危害防制條例採觀察勒戒及強制戒治以取代刑罰」等措施有以致之。蓋因基於第一緣由，施用毒品者乃不必拘禁於看守所或監獄，僅觀察勒戒及強制戒治後，即可釋放；又因依該條例第20條，觀察勒戒僅一月，或強制戒治僅三月至一年，淘至於獲釋後又常繼續施用毒品，而遭警察取締，從而乃造成新案、舊案、多案來往重複於各法院及各法官之間，再加上是否受有期徒刑執行完畢、假釋是否經監獄呈請法務部撤銷等，均非由各法院及各法官掌控，以致於造成各法官案情糾葛、權不在己、不知如何適用法條等諸多困擾。而法官於宣判前又必須比對前科，以及是否五年內有期徒刑執行完畢，且又常見假釋者於判決宣告後突遭撤銷假釋等情形，以至於法官判決結果，在被檢察官事後查知未依累犯規定「加重其刑」[10]時，可能遭「聲請更定其刑」外，若因非累犯而誤為累犯，更將遭「檢察總長提請非常上訴」。此從釋字第775號申請解釋案由，及幾位法官媒體投書中即可推知，平心而論此絕非法官之過，但釋字第775號似一意想替法官解決本問

---

10 依作者了解，所謂累犯加重其刑至二分之一，一般在判決主文內除有「累犯」一句外，在判決理由中實無法看出究竟加重多少。理論上法文既然規定加重其刑至二分之一，則加重一天亦不違法，僅有期徒刑之加重，向以月計而非以日計而已。故六月有期徒刑加重，勢非超過七月不可，此點乃出現解釋文所謂罪刑不相當之問題。

題，而輕忽其他層面問題。

（二）本號解釋之累犯加重其刑規定，並不違反「一事不二罰」及罪刑應相當之憲法原則。蓋因：

1.累犯加重規定在行為責任說下可能有一行為二罰及罪刑不相當之虞

依行為責任說，犯罪行為固應受罰，但不能超出本次行為責任之外，本次行為責任以刑法分則各本條之法定刑為範圍，若超出該範圍即與罪責原則（或稱責任原則）、罪刑相當原則不符。蓋因有責任才有刑罰，有多少責任才有多少刑罰，若是一行為一罪、一罪原僅有一個幅度之刑罰，但若因屬累犯而竟超越原有幅度之刑罰，則寧非違反罪責原則及罪刑相當原則？是故，現行刑法中累犯加重其刑之規定，不無將前已受罰行為之責任，再次加在本次行為上，而有超越原本法定刑刑罰之嫌。從而，累犯加重其刑規定，在行為責任說下確有是否「一罪二罰」及「罪刑不相當」之疑慮。

2.在人格責任說下足以解釋為何累犯可以加重

日本學者團藤重光之「人格責任說」，認為責任具有以規範來評價的性質，評價的結果則是「有無非難可能性」；此與「社會責任說」，認為責任乃接受某種處分之資格，有無該資格的標準為「有無危險性格」者不同。人格責任說除認為規範評價的第一個層面乃行為本身外，尚有第二個規範評價的層面是行為底下的人格。此潛在人格具有統一性、個別性及持續性，其雖受環境及素質影響，但仍能與主體的自由意思結合，而形成某種行為傾向，終至於出現合法或違法行為。因此，人格的主體性態度或者人格的自我形成，乃成為第二層次規範評價的重要內容。亦即，人格責任說第一層次的評價標準為法規範，評價對象為行為，評價內容為有無非難可能性。第二層次的評價標準雖亦為法規範，但此法規範已非僅要求行為人應如何行為之法規範，而是要求行為主體應形成規範所命令之人格的法規範；評價對象則為行為人之主體態度或人格之自我形塑，故此評價對象將會包含本次行為之前的主體態度或人格形塑在內，但不能包含本次行為

所展現出的將來的危險性。因為將來之危險性，屬於主體態度及人格形塑應自我解決之範圍，此一部分即使未如規範所要求般地自我形成，以至於最後又出現違法行為，也要等待違法行為再次出現時，才予下一次的人格評價，若非如此，人格責任說的評價範圍仍然及於將來之危險性，此將違背人格責任說原本所欲堅持之規範責任。而第二次的評價內容因對象乃主體態度或人格形塑，故前次的受罰應該對其具備警告功能，倘若主體態度仍然不顧此警告功能，而終至於出現再次的違法行為，則本次行為應比初次行為之責任要重，亦即非難可能性要更高，故對再次的違法行為加重其刑乃有根據。

3.人格責任說更認為行為責任說無法解釋常習性或累犯之罪責

團藤氏曾謂：「單由行為責任說來看，對於規範意識亦即違法性意識之減弱甚至麻痺的常習性犯人而言，毋寧應該減輕其刑或者甚至應該阻卻其責任。故不能僅限於規範意識。常習性犯人經常是必然地走上犯罪，若從其犯罪時的性格來看，該犯罪行為委實缺乏自由意思，毋寧是性格之必然產物。是故，欲對其犯罪行為追究行為責任顯有困難，更不用說追究其加重之行為責任了。……若從人格形成責任來看，對於逐步形成常習性這一點而言，倘若可歸責於行為人，則行為人之責任即將加重。即使對於初犯時曾經體驗過犯罪衝動與抑制動機強烈糾纏的人而言，也會因一再的犯行而強化其犯罪傾向，亦即會因再犯三犯，而逐漸減弱或麻痺其抑制動機。從而規範意識也將逐漸麻痺。……常習犯就是因為無視於規範，而才形成此種強悍的人格態度。……若可得非難行為人形成此種人格的過程，即能令其負人格形成責任。」[11]

4.我刑法有關罪責原則係採規範責任說

有關罪責原則採心理責任說者，多將責任認定為只要有「故意或過失」即有責任；主張社會責任說者，多認為只要行為人有危險性，不論其危險來自素質或環境，均屬有責任；採規範責任說者則認為，須行為人具

---

11 鄭善印，《新修正刑法累犯規定是否違憲之研究，自由、責任、與法──蘇俊雄教授七秩祝壽論文集》，元照出版，2005年10月，頁453-454。

有違法意識（或可能性），也就是（有可能）意識到自己行為違法卻仍執意為之時，才有責任。這三種學說對於「誤想防衛」之最後結論不同，其中規範責任說認為，在誤想情形可得防止之情形下，仍屬故意犯罪，而非突然變成過失犯罪；若不可防止，亦即對於誤想本身有正當理由時，即無責任，而成為阻卻罪責之無罪之人。我國刑法第16條關於責任之規定，即採規範責任說。既然如此，則規範責任說下的行為責任說，難以解釋「為何經常性累犯既已無規範意識，亦即已無責任可言，竟還能處罰」？反之，規範責任說下之人格責任說，要求初犯者應負起自我形塑義務，否則在規範「非如此不可的無上命令」下，要加重行為人的「應報性及威嚇性」之刑罰至二分之一。我國刑法第16條既採規範責任說，而規範責任說下的行為責任說又有無法解釋常習犯在違法性意思薄弱下仍可依常態處罰之邏輯，則採規範責任說下的人格責任說，才是解決累犯違法性意思薄弱的法門。

5. 刑法不僅是裁判規範，並且也是行為規範

累犯應該加重之規定，在我國自唐律以來，已有兩千年以上的歷史，並已成為人民行為準則及信仰，也就是在初犯之後如不知警惕，即可能受到更嚴厲之處罰。這種思維具有讓人民守法之積極意義，也就是能獎善勸悔，故不只是裁判法，並且也是行為法，具有強大的一般預防之作用。這種以信仰方式督促人民遵守基本規範的思維，為何會不如「前帳已清再犯不加重」，或者「犯錯乃人民權利」的思維呢？

6. 至於最低法定刑六月者，若再犯而無法依刑法第59條予以減刑時，則理應入監執行有期徒刑

最低法定刑六月之罪，刑法分則有29條，若依刑法第59條仍不能減輕時，即表現出該罪已無可縮，為何還要想盡辦法易科罰金或易服社會勞動不使入監？觀察勒戒與強制戒治會比入監之成本低嗎？或者比較不會出現標籤作用？即使如此，又要如何解釋2005年刑法總則修正時，將限制自由之強制處分視為有期徒刑之邏輯？故本文只能理解為，大法官解釋文乃為法官之困擾解套，以及儘量有利犯罪人。

（三）刑法第48條更定其刑之規定，雖不違反一事不再理原則，惟

基於解決施用毒品累犯之亂象，宜以立法方式廢止。

1.一事不再理原則之意義

司法院釋字第168號解釋理由書謂：「按一事不再理，為我刑事訴訟法之基本原則。已經提起公訴或自訴之案件，在同一法院重行起訴者，應諭知不受理之判決，為同法第三百零三條第二款所明定。蓋同一案件，既經合法提起公訴或自訴，自不容在同一法院重複起訴，為免一案兩判，對於後之起訴，應以形式裁判終結之。」由此得知必限於「已經提起公訴或自訴之案件，在同一法院重行起訴者」，始有一事不再理原則之適用。若在不同法院起訴，則依刑事訴訟法第8條規定：「同一案件繫屬於有管轄權之數法院者，由繫屬在先之法院審判。」繫屬在後之法院則應依刑事訴訟法第303條第2款為「不受理之判決」。此乃避免一案兩判之雙重危險。日本最高法院1950年判決亦謂：「一事不再理原則之根本思想，乃同一犯行不受兩次以上裁判之危險。」亦與我國司法解釋或刑事訴訟法相關規定同樣意義。

但無論上述何者，均以「同一案件（或同一犯行）」為必要，同一案件又以單一案件為必要。而單一案件之範圍，除單純一罪外，尚包含實質一罪及裁判上一罪。後二種類之犯罪，其一部與他部乃不可分之一罪，無論起訴或審判，一部效力均及於他部。

2.但須更定其刑之部分與已經判決之本次犯罪並非同一案件

現行刑法第48條規定：「裁判確定後，發覺為累犯者，依前條之規定更定其刑。但刑之執行完畢或赦免後發覺者，不在此限。」該規定之累犯應加重其刑至二分之一部分，與本次犯行並無上述同一案件之關係，因累犯加重者，乃基於本次犯行之特別規定，並非有另一犯行，既無另一犯行即無此一行為與另一行為是否同一之問題，亦無一事不再理之問題。只是判決有明顯錯誤，應更定其刑而已。此與刑法第53條規定：「數罪併罰，有二裁判以上者，依第五十一條之規定，定其應執行刑。」一樣。若謂更定其刑不利於被告，故違反一事不再理原則，而定其應執行刑有利於被告，故不違反一事不再理原則，則是以有利或不利於被告，決定是否違反一事不再理原則，顯非妥當之法理。

3.日本刑法第58條曾規定：「裁判確定後發覺為再犯者，依前條規定更定其加重之刑。」該條規定於1947年因違反該國憲法第39條「一罪不二罰精神」，而被廢止，司法院第775號解釋文可能參考前例[12]，並為解決司法實務長年施用毒品累犯之困擾，故亦宣告我刑法更定其刑之規定違憲，以求一勞永逸。然而，何謂一事不再理，在我國憲法上之依據原有多種說法，在尚未一致決議前即率爾認為凡不利於被告者，即為違反一事不再理，恐不無偏袒被告之虞。

四、司法院第775號解釋後，立法較佳之作法及可能之效應

（一）司法院解釋有拘束全國各機關之效力，既然司法院第775號解釋已針對上述幾點爭議有所決定，則本文以為，只要將刑法累犯加重其刑之規定，由「應」改為「得」，諸多問題即能迎刃而解。

（二）由於更定其刑及刑事訴訟法第477條第1項之規定，已併同失效，故在經常發生累犯現象之毒品案中，已無檢察官申請更定其刑或請求檢察長提起非常上訴之虞，從而現行毒品危害防制條例在適用上，應較能順暢。

茲將前述三個司法院解釋，以簡表臚列於後。

表1-7　法院解釋與要旨簡表

司法院解釋	爭點	解釋要旨
釋544	施用毒品處自由刑違憲？	立法者自得於抽象危險階段即加以規範，不違憲。
釋551	誣告反坐之規定因同害報復而違憲？	誣告反坐之規定因同害報復而違憲。
釋775	累犯加重其刑及更定其刑之規定違憲？	（一）刑法累犯加重其刑之規定，尚非違憲。

---

12 大塚仁等著，《大コンメンタール刑法》，第3卷，青林書院，1992年，初版第2刷，頁228-229。

表1-7　法院解釋與要旨簡表（續）

司法院解釋	爭點	解釋要旨
		（二）但法定最低六月有期徒刑之罪，亦一併加重，違憲。二年內應修法，未修前，為避免發生罪刑不相當之情形，法院就該個案應依本解釋意旨，裁量是否加重最低本刑。 （三）刑法第48條之更定其刑，違憲，應自本解釋公布之日起失其效力。 （四）刑事訴訟法第477條第1項有關如何更定其刑之規定，亦隨同更定其刑之規定併同失效。

第四節　判決與爭議問題

　　本條例因罰則重，尤其是販賣毒品罪，且相關被告狡黠反覆，故判決之爭議問題比起其他特別刑事法規不僅種類繁多，且有許多案例非可以通常知識即能想像。本節僅以「販賣」、「轉讓」、「自白」為例，提出12種情形，說明相關實務見解及爭議問題。

壹、販賣之定義

一、只要販入與賣出有一即屬販賣

　　有關毒品危害防制條例之「販賣」，是否包含販入與賣出？早期67年台上字第2500號判例曾認：「所謂販賣行為，並不以販入之後復行賣出為要件，祇要以營利為目的，將禁藥購入或賣出，有一於此，其犯罪即為完成。上訴人既以販賣圖利之意思購入速賜康，雖於出售與某某時，已議定價格尚未交付之際，即被當場查獲，仍屬犯罪既遂。」68年台上字第606號判例亦認：「藥物藥商管理法（民國82年2月5日廢止）第73條第1項

（轉藥事法§83Ⅰ）所謂販賣，係指明知其為偽藥或禁藥，意圖販賣而有販入或賣出之行為而言，其販入及賣出之行為，不必二者兼備，有一即屬成立。本件上訴人既意圖販賣而販入春藥，縱於兜售時即被查獲，其販賣之行為亦已成立，原判決依未遂犯論處，顯有未合。」換言之，只要有販入或賣出行為之一，販賣毒品罪即屬既遂。

　　例如，最高法院99年台上字第808號判決即謂：「……上訴人嗣後雖否認販賣，辯稱無營利之意圖云云。然而：（1）販賣毒品罪，並不以販入之後復行賣出為要件，祇要以營利為目的，將毒品販入或賣出，有一於此，其犯罪即為完成，且不以已經得利為必要。上訴人原雖計畫與友人同往墾丁參加『搖頭派對』，而受託統一代購毒品，但於完成販入之前，因接獲『小馬』之電話，表示欲向其購買毒品時，上訴人已變更原來為友人代購之意思（即代購之事，延後另行處理），改為販入後轉售他人圖利，而基於販賣毒品之犯意，與『小馬』談妥買賣毒品之數量。嗣上訴人於販入毒品後，立即與『小馬』聯絡見面之時間、地點，依約攜帶毒品前往販售，雖未及完成賣出，即為執行通訊監察之警察查獲。惟上訴人係基於營利之目的，將毒品販入，縱未及賣出即被查獲，仍成立販賣既遂罪。（2）上訴人以13萬元販入之毒品，預計以14萬元之價格賣出，自有營利之意圖。況毒品價格昂貴，政府對於販賣者查緝甚嚴，刑責甚重，而上訴人與『小馬』並無深厚交情，苟非基於營利之意圖，豈有甘冒被判處重刑，鋌而走險之理，足見係基於營利之意圖。因認上訴人確有前揭販賣第二級毒品（與販賣第三級毒品想像競合）之犯行，而以上訴人嗣後否認販賣，辯稱無營利之意圖云云，乃飾卸之詞，不可採信等情，已逐一說明及指駁。」

二、需包含販入及賣出始屬販賣

　　最高法院 101年度第6次刑事庭會議決議，不再援用之刑事判例：（一）68年台上字第606號判例，其要旨：「所謂販賣，係指其販入及賣出之行為，不必二者兼備，有一即屬成立。」及（二）69年台上字第1675號判例要旨：「販賣罪，購入或賣出，二者必有其一，犯罪始為成立，方

可論以既遂。」惟該決議並未指明販賣之意義，故依文理解釋，未能賣出者，只能論以「販賣未遂或意圖販賣而持有」。

最高法院101年第10次會議（一）針對下述法律問題：「毒品危害防制條例就『販賣未遂』與『意圖販賣而持有』毒品，均設有刑罰，此二罪關係如何？」原議有甲說：「單純構成販賣毒品未遂罪」，及乙說：「販賣未遂與意圖販賣而持有毒品罪，有法條競合之適用」，決議採乙說。而乙說之主旨為：販賣行為之完成與否，胥賴標的物之是否交付作為既、未遂之標準。行為人持有毒品之目的，既在於販賣，不論係出於原始持有之目的，抑或初非以營利之目的而持有，嗣變更犯意，意圖販賣繼續持有，均與意圖販賣而持有毒品罪之要件該當，且與販賣罪有法條競合之適用，並擇販賣罪處罰，該意圖販賣而持有僅不另論罪而已，並非不處罰。此觀販賣、運輸、轉讓、施用毒品，其持有之低度行為均為販賣之高度行為所吸收，不另論罪，為實務上確信之見解，意圖販賣而持有毒品罪，基本行為仍係持有，意圖販賣為加重要件，與販賣罪競合時，難認應排除上開法條競合之適用。換言之，我國自101年最高法院刑事庭第6次決議開始，在實務上即改採「販賣需販入及賣出」，若僅販入而未賣出，或未交付標的物，則僅屬販賣毒品未遂罪。

例如，最高法院101年度台上字第5830號判決即認為：「……法律對行為之規範，取決於人民理解之結果，方得以依其所理解之意義，遵循法律，故法律之解釋，不應與人民生活脫節。而『所謂販賣，除有特別情形外，必須出賣人將販賣標的物移轉於買受人，使其取得該物之所有權，始足當之』（民法第345條第1項、第348條第1項及第761條參照），倘標的物尚未移轉交付於買受人，自難謂販賣行為已經完成。就刑事法之販賣罪而言，亦唯有出賣人將販賣物之所有權交付移轉於買受人，始具備販賣罪構成要件之所有要素，而為犯罪既遂。如行為人僅實行犯意，而購入標的物，尚未將之移轉交付於買受人，充其量祇是犯罪行為之著手，難認已達於犯罪既遂之程度，此亦為人民所認知之法律感情，而為一般社會通念所接受。亦即販賣行為之既、未遂，端賴標的物之是否交付而定。以販賣毒品而言，購入毒品，未必表示行為人能完成交易，讓買受人取得毒品進行

施用。若不論行為人將毒品販入或將之賣出，皆依販賣既遂論處，不惟違反行為階段理論，抑且恣意未為合理之差別待遇，其法律評價顯已違反平等原則，亦與人民之法律感情相違背。」

貳、販賣與轉讓之區別

最高法院101年度第10次刑事庭會議（三）曾決議謂：「所謂販賣行為，須有營利之意思，方足構成。倘於有償讓與他人之初，係基於營利之意思，並已著手實行（如兜售等），而因故無法高於購入原價出售，最後不得不以原價或低於原價讓與他人時，仍屬販賣行為；苟始終無營利之意思，縱以原價或低於原價有償讓與他人，即難謂為販賣行為，僅得以轉讓罪論處。」從而可知，販賣與轉讓之差異在於「有無營利意思」。

例如，最高法院107年度台上字第630號判決即謂：「……販賣毒品之所謂販賣行為，係行為人基於營利之目的，而販入或賣出毒品而言。販賣毒品者，其主觀上須有營利之意圖，且客觀上有販賣之行為，即足構成，至於實際上是否已經獲利，則非所問。即於有償讓與他人之初，係基於營利之意思，並著手實施，而因故無法高於購入之原價出售，最後不得不以原價或低於原價讓與他人時，仍屬販賣行為。必也始終無營利之意思，縱以原價或低於原價有償讓與他人，方難謂為販賣行為，而僅得以轉讓罪論處。衡以近年來毒品之濫用，危害國民健康與社會安定日益嚴重，治安機關對於販賣或施用毒品之犯罪行為，無不嚴加查緝，各傳播媒體對於政府大力掃毒之決心亦再三報導，已使毒品不易取得且物稀價昂，苟被告於有償交付毒品之交易過程中無利可圖，縱屬至愚，亦無甘冒被取締移送法辦判處重刑之危險而平白從事上開毒品交易之理。」

參、販賣與合資或代購之區別

實務上常出現被告否認販賣，而僅承認與另一被告合資向他人購買，此種說詞，主要在於販賣毒品罪責極重，反之合資購買毒品，則至多僅犯持有毒品罪，購買部分並無罪責。代購亦同。代購者至多在委託人係

販毒者時，須負幫助販賣罪，委託人係吸食者時，須負幫助吸食罪而已，無論何者，其法定刑均較販賣罪為輕。但法院仍常以經驗法則，推翻被告合資或代購之說詞。

例如，最高法院108年度台上字第713號判決即謂：「……倘若被告並未販賣海洛因予尤○彬，而係與尤○彬一起合資向『藥頭』購買海洛因，尤○彬理應據實以陳，何須於偵查中無端編造其係直接向被告購買海洛因之不利於被告之證詞？況且，證人尤○彬於第一審及原審審理時雖翻異前詞，改稱本件係其與被告合資購買海洛因等語，並證稱其於偵查中陳稱向被告購買海洛因，係因當時吃安眠藥，都在睡覺，頭腦不清楚所致云云，然關於其與被告如何合資？有無與『藥頭』碰面？證人尤○彬於第一審及原審證稱：伊將1,500元交給被告，2人一起出錢買，但沒有看到被告拿錢出來，伊也沒有見過『藥頭』等語，與被告於偵查中先供稱：通訊監察譯文內容係尤○彬要向伊購買1,500元海洛因，但伊是無償提供海洛因給尤○彬等語，及於第一審審理時改稱：伊在尤○彬面前一起出錢，並一起將錢交給『藥頭』等語，2人所述情節均不一致；且證人尤○彬於偵訊時尚能逐一說明其與被告以電話洽談買賣毒品所使用之暗語及所代表之意義，亦有勘驗筆錄可參，似無尤○彬所稱其因服用安眠藥，偵訊時都在睡覺，頭腦不清楚之情形。則尤○彬嗣後翻異前供，改為有利於被告之陳述究屬實情，抑係出於意圖迴護被告？即非無疑竇，而有詳加調查釐清之必要。」

又例如，最高法院108年度台上字第339號判決對於：「上訴意旨稱：上訴人與證人楊○祥、張○文、李○書、黃○禎皆為吸毒者，上訴人之所以願花時間出面幫上述4人代購毒品，無非是貪圖海洛因買回後能夠與買方一起施用毒品，原判決也認定每次毒品代購回來，上訴人皆有與購毒者在家或在車上一起施用毒品，然原審卻認為上訴人是販賣毒品，明顯不當。」之上訴意旨，反駁以為：「惟查：毒品交易非必然以現貨買賣為常態，毒品交易通路賣方上、下手間，基於規避查緝風險，節約存貨成本等不一而足之考量，於臨交貨之際始互通有無，亦所在多有，故販毒者與買方議妥交易後，始轉而向上手取得毒品交付買方，不論該次交易係起因

於賣方主動兜售或買方主動洽購，販毒者既有營利意圖，尚非可與單純為便利施用者乃代為購買毒品之情形等同視之，而論以幫助施用罪。二者之區辨，主要仍在營利意圖之有無，如從整體取得毒品過程觀之，販毒者對於毒品之數量、價額、交付方式等，有自主決定之權，並掌握取得毒品之管道，買方下次購毒仍須透過此途逕始能取得，販毒者並從中獲有利得，而此利得非以金錢為限，獲得金錢、減省費用、供己施用之毒品等皆可，均不影響販賣毒品罪之成立。原審以楊○祥、張○文、李○書、黃○禎之證言，認該4人無從知悉上訴人之毒品上手為何人，無法與之連繫，欲交易之對象始終為上訴人，上訴人為唯一取得控制管道之人，不願讓該4人直接與其上手交易，且以其上手毒品貨源品質好且價格便宜為由，主動向該4人兜售，上訴人可自主決定接受買方所提出之毒品交易要約，並先收取價金，再交付毒品予買主，不願冒無法回收價金之風險，綜合以觀，自屬基於營利圖所為之販賣行為，而非單純之幫助施用毒品而已。」

肆、運輸既遂販賣未遂時如何論罪

運輸既遂但販賣未遂時，究應如何適用法律，有兩說，最高法院96年度台上字第5608號判決採「兩行為說」，其認為：「毒品危害防制條例所稱之運輸毒品行為，係指一切載運與輸送毒品之情形而言。又運輸毒品按其性質或結果，並非當然含有販賣之成分，難謂其間有低度行為與高度行為之吸收關係，故運輸與販賣毒品兩者，應屬數個獨立之行為（本院民國42年台上字第410號、73年台覆字第17號判例意旨參照）。」

但最高法院102年度第15次刑事庭會議卻採「一行為說」，其對下述法律問題：「甲意圖營利，由國外販入毒品海洛因私運入境，在海關檢查時，為警查獲。甲除犯走私罪，與運輸第一級毒品罪，依想像競合犯規定，從運輸第一級毒品罪處斷外，其所犯運輸第一級毒品既遂罪及販賣第一級毒品未遂罪間，如何處斷？」原議有「甲說：應依販賣第一級毒品未遂罪處斷」，及「乙說：應依運輸第一級毒品既遂罪處斷」，決議採乙說。乙說意旨以為：「甲運輸第一級毒品與販賣第一級毒品，刑度完全相

同，惟前者之既遂較後者之未遂情節為重，是兩罪間應依想像競合犯之例，從一重之運輸第一級毒品既遂罪處斷。如依甲說見解，則販賣第一級毒品未遂罪似不應依未遂犯規定，減輕其刑。否則，有違類如刑法第55條但書所定之夾結理論，同法第25條第2項在此形同具文。若認可依未遂犯規定減輕其刑，則恐有評價不足之嫌，應以論運輸第一級毒品既遂罪為是。」

伍、數販賣行為如何論罪

　　數販賣行為究屬接續販或數罪，原有兩說。最高法院102年度台上字第414號判決採「數罪說」。其意旨以為：「……惟查意圖營利而販入毒品後，第一次販賣予他人之行為，乃接續原先販入之犯意而為，應認基於單一犯意之接續行為，只能就其販入及出賣毒品，論以販賣既遂之實質一罪。至意圖營利而販入毒品後之多次出賣行為，於審究各該行為實施犯罪之結果時，自應就第二次以後之出賣行為係屬既遂或未遂，以為認定。本件乙○○意圖營利，所為上揭販入第三級毒品後，第一次出賣予劉○麟之行為，係接續原先販入之犯意而為，應認基於單一犯意之接續行為，只能就其販入及出賣第三級毒品，論以販賣既遂之實質一罪，乃第一審判決認成立販賣第三級毒品三罪，自有適用法則不當之違誤，原判決遽予維持，亦有未合。」

　　又最高法院101年度台上字第2705號判決亦認為：「……至意圖營利而販入毒品後之多次出賣行為，於審究各該行為實施犯罪之結果時，自應就第二次以後之出賣行為係屬既遂或未遂，以為認定。原判決已敘明如何認定上訴人販入後先後二次售出既遂有販賣毒品營利，所犯二次販賣犯行係各自獨立，難認係出於單一行為決意之數次舉動，與接續犯概念有別，亦難認係屬集合犯，應予數罪併罰之理由，符合論理法則且不違背社會經驗之合理判斷，無適用法則不當之違誤。」

陸、成年人故意販賣毒品與少年是否應加重其刑

此與所謂對向犯問題相關，查最高法院81年台非字第233號判例曾以為：「共犯在學理上，有『任意共犯』與『必要共犯』之分，前者指一般原得由一人單獨完成犯罪而由二人以上共同實施之情形，當然有刑法總則共犯規定之適用；後者係指須有二人以上之參與實施始能成立之犯罪而言。且『必要共犯』依犯罪之性質，尚可分為『聚合犯』與『對向犯』，其二人以上朝同一目標共同參與犯罪之實施者，謂之『聚合犯』，……而『對向犯』則係二個或二個以上之行為者，彼此相互對立之意思經合致而成立之犯罪，如賄賂、賭博、重婚等罪均屬之，因行為者各有其目的，各就其行為負責，彼此間無所謂犯意之聯絡，苟法律上僅處罰其中部分行為者，其餘對向行為縱然對之不無教唆或幫助等助力，仍不能成立該處罰行為之教唆、幫助犯或共同正犯，若對向之二個以上行為，法律上均有處罰之明文，當亦無適用刑法第28條共同正犯之餘地。」

基於該判例之法理，最高法院101年度第8次刑事庭會議，針對「成年人故意販賣毒品與兒童或少年，是否應依兒童及少年福利與權益保障法第112條第1項前段『故意對其犯罪』之規定，加重其刑至二分之一？」之問題，原議有「甲說：肯定說」及「乙說：否定說」兩說，決議採乙說。乙說之意旨以為：「（一）販毒者與購毒者係屬對向犯罪之結構，亦即販毒者實非故意對購毒者犯罪，故成年人販賣毒品與兒童或少年，自不構成教唆、幫助或利用其犯罪或與之共同實施犯罪或故意對其犯罪之情事，即無兒童及少年福利與權益保障法第112條第1項前段加重其刑規定之適用。（二）成年人對未成年人犯毒品危害防制條例第6、7、8條之罪者，始應依各該條項之罪加重刑度，該條例第9條規定綦詳，是該條例既已明示加重刑度之情形，而販賣毒品未在該條所定規範範圍內，足見販賣毒品與兒童或少年並無加重其刑之適用可言。」

柒、轉讓第二級毒品未超過10公克應論以何罪

轉讓第一級與第二級毒品，實務向來認為乃「一行為觸犯二罪名之想像競合犯」，應從一重處斷。惟若轉讓二級毒品之數量未超過10公克時，究應論以轉讓禁藥罪或轉讓第二級毒品罪，則二、三審之間即有不同意見。

最高法院106年度台上字第1247號判決認為：「……核被告所為，以一行為同時無償轉讓海洛因及甲基安非他命毒品予徐○庭，是以一行為觸犯轉讓第一級、第二級毒品罪，為想像競合犯，應依刑法第55條前段規定，從一重之轉讓第一級毒品罪處斷。……惟甲基安非他命雖係第二級毒品，但亦屬藥事法所稱之禁藥，而明知為禁藥而轉讓者，藥事法第83條第1項定有處罰明文。故行為人明知為禁藥即甲基安非他命而轉讓予他人者，其轉讓行為同時該當於毒品危害防制條例第8條第2項之轉讓第二級毒品罪，及藥事法第83條第1項之轉讓禁藥罪之構成要件，具有法規競合之情形，自應依『重法優於輕法』、『後法優於前法』、『特別法優於普通法』等法理，綜合比較，擇一處斷，以免評價過當。而93年4月21日修正後之藥事法第83條第1項轉讓禁藥罪之法定本刑（七年以下有期徒刑，得併科新臺幣500萬元以下罰金），較毒品危害防制條例第8條第2項轉讓第二級毒品罪之法定本刑（六月以上五年以下有期徒刑，得併科新臺幣70萬元以下罰金）為重，是轉讓甲基安非他命之第二級毒品，除轉讓達一定數量（依毒品危害防制條例第8條第6項授權訂定之『轉讓毒品加重其刑之數量標準』第2條第1項第2款規定，轉讓第二級毒品達淨重10公克以上）；或成年人對未成年人為轉讓行為；或明知為懷胎婦女而對之為轉讓行為，依毒品危害防制條例第8條第6項、第9條各有加重其刑至二分之一之特別規定，而應依各該分則加重規定處罰者外，均應依藥事法第83條第1項之規定（即明知為禁藥而轉讓罪）處罰，此為本院歷來之見解。」

又，最高法院107年度台上字第3180號判決亦認為：「……甲基安非他命雖係第二級毒品，但亦屬藥事法所稱之禁藥，而明知為禁藥而轉讓者，藥事法第83條第1項定有處罰明文。故行為人明知為禁藥即甲基

安非他命而轉讓予他人者,其轉讓行為同時該當於毒品危害防制條例第8條第2項之轉讓第二級毒品罪,及藥事法第83條第1項之轉讓禁藥罪之構成要,具有法規競合之情形,自應依『重法優於輕法』、『後法優於前法』、『特別法優於普通法』等法理,綜合比較,擇一處斷,以免評價過當。……又甲○○行為後,藥事法第83條第1項於104年12月2日修正公布、同年月4日施行,將原先『明知為偽藥或禁藥,而販賣、供應、調劑、運送、寄藏、牙保、轉讓或意圖販賣而陳列者,處七年以下有期徒刑,得併科新臺幣五百萬元以下罰金。』之規定,修正為『明知為偽藥或禁藥,而販賣、供應、調劑、運送、寄藏、牙保、轉讓或意圖販賣而陳列者,處七年以下有期徒刑,得併科新臺幣五千萬元以下罰金。』修正後條文已將罰金刑部分由『新臺幣五百萬元以下』,提高為『新臺幣五千萬元以下』,是比較新舊法結果,以舊法即行為時法較有利於被告,依刑法第2條第1項前段之規定,自應適用修正前藥事法第83條第1項之規定……原判決關於甲○○轉讓甲基安非他命部分,並未認定其轉讓甲基安非他命之數量已達淨重10公克以上,應依毒品危害防制條例第8條第6項之規定加重其刑之情形,亦未認定有其他應依刑法分則性質加重之事由。則其所犯轉讓甲基安非他命部分,依修正前藥事法第83條第1項之法定本刑,顯較毒品危害防制條例第8條第2項所定之法定本刑為重。原判決(按指臺灣高等法院判決)未依『重法優於輕法』之法理,就該部分行為,優先適用修正前藥事法第83條第1項轉讓禁藥罪之規定,卻認該部分係犯毒品危害防制條例第8條第2項之轉讓第二級毒品罪,依上述說明,難謂無適用法則不當之違法。檢察官上訴意旨指摘及此,為有理由。」

捌、被告適用藥事法時其自白是否減輕其刑

毒品危害防制條例第17條規定:「(第1項)犯第四條至第八條、第十條或第十一條之罪,供出毒品來源,因而查獲其他正犯或共犯者,減輕或免除其刑。(第2項)犯第四條至第八條之罪於偵查及審判中均自白者,減輕其刑。」若有被告轉讓同屬禁藥之第二級毒品甲基安非他命(未

達法定應加重其刑之一定數量），經依法規競合之例，論以藥事法第83條第1項之轉讓禁藥罪，若被告於偵查及審判中均自白，得否適用毒品危害防制條例第17條第2項之規定減輕其刑？

對於上述問題，最高法院曾有不同見解，茲分為肯定與否定兩說敘述。肯定說認為：「刑法第55條之想像競合犯，於民國94年2月2日修正公布時，增設但書規定『但不得科以較輕罪名所定最輕本刑以下之刑』，以免科刑偏失，此種輕罪最低度法定刑於量刑上所具有之封鎖作用，在法規競合對於被排斥適用之部分遇有此種情形者，法理上自應同其適用（本院101年度第10次刑事庭會議決議壹、三之（五）參照）。為符衡平，輕罪或被排斥適用之法規，如有減輕或免除其刑之規定者，於量刑時自應予以考慮，此乃當然之解釋。而於想像競合之輕罪沒收從刑如有特別規定者，應優先適用，早經本院著有判例（79年台上字第5137號）。題旨所示被告之行為該當於藥事法第83條第1項轉讓禁藥與毒品危害防制條例第8條第2項之轉讓第二級毒品等罪名，依法規競合雖應優先適用藥事法第83條第1項處罰，惟被告於偵、審中自白，仍應適用毒品危害防制條例第17條第2項之規定減輕其刑，以免輕重失衡。」

否定說則認為：「對於不同刑罰法律間具有法規競合關係者，經擇一法律加以論科，其相關法條之適用，應本於整體性原則，不得任意割裂。實務上，於比較新舊法律之適用時，亦本此原則（本院27年上字第2615號判例意旨參照）。題旨所示被告轉讓甲基安非他命之行為，因藥事法第83條第1項轉讓禁藥與毒品危害防制條例第8條第2項轉讓第二級毒品之法規競合關係，既擇一適用藥事法第83條第1項規定論處罪刑，則被告縱於偵查及審判中均自白，基於法律整體適用不得割裂原則，仍無另依毒品危害防制條例第17條第2項之規定，減輕其刑之餘地。」

上述爭議，最高法院104年度第11次刑事庭會議採否定說，本文認為適當，若認被告應予減輕其刑，則適用刑法總則規定即可，實無須動搖適用原則。

玖、被告僅自白轉讓而非自白販賣是否仍得減輕其刑

自白既然必減輕其刑，則若被告甲○○、丙○○於偵查、審理中對於雙方交付、收受毒品之事實均坦白承認，僅爭執所為「並非販毒而是轉讓毒品行為」，則是否能受減輕其刑寬典？

關於本問題，最高法院亦有肯否兩說。最高法院101年度台上字第473號判決採肯定說，其認為：「……所謂自白在學理上有所謂『狹義自白』與『廣義自白』二種概念，刑事訴訟法第100條規定，雖將被告對於犯罪之自白及其他不利益之陳述區分為二，然自白在本質上亦屬於自己不利益陳述之一種，同法第156條第1項，固僅就自白之證據能力為規定，但對於其他不利益之陳述證據能力之有無，仍有其適用。鑑於被告自白在刑事訴訟法上之證據能力與證明力有諸多之限制，因此實體法規範上所謂被告之自白，宜從廣義解釋，除指對於犯罪事實全部或主要部分為肯定供述之狹義自白外，尚包括經法院採為論罪依據之狹義自白以外之其他承認不利於己之事實所為之陳述在內。且自白著重在使過去之犯罪事實再現，與該事實應受如何之法律評價，係屬二事；被告或犯罪嫌疑人在偵查中，若可認為已對自己被疑為犯罪之事實是認，縱對於該行為在刑法上之評價尚有主張，仍無礙於此項法定減刑事由之成立。」

否定說最高法院105年度台上字第3305號判決則認為：「……毒品危害防制條例第17條第2項規定『犯第四條至第八條之罪於偵查及審判中均自白者，減輕其刑』，係為鼓勵是類犯罪行為人自白、悔過，並期訴訟經濟、節約司法資源而設。該項所謂『自白』，係指被告坦承有犯第4條至第8條罪名構成要件之行為者而言；其自白內容應包括基本犯罪構成要件之事實，於販毒之場合應包含毒品金額、種類、交易時間地點等，足以令人辨識其所指為何。若被告根本否認有犯罪構成要件之事實，即與單純主張或辯解有阻卻責任或阻卻違法之事由有別，自難認其已經自白犯罪。否則心存僥倖，仍圖為一部隱瞞，殊難期待悔悟自新，其僅為一部自白，自不能邀此減刑之寬典。」

本文認為若欲從寬，則適用刑法總則減輕其刑規定即可，實無必要再

橫生枝節，故認為否定說為妥。

拾、被告在第三審始自白是否屬審判中自白

被告於偵查中自白犯罪，嗣於第一審、第二審審判中均否認犯行，直至上訴第三審時，於上訴理由狀始自白犯罪，並主張應依毒品危害防制條例第17條第2項規定減輕其刑，第三審法院得否依職權調查而將原判決撤銷並自為判決？

有關本問題，最高法院亦有肯否兩說。肯定說以為：「（一）毒品危害防制條例第17條第2項規定，犯第4條至第8條、第10條或第11條之罪，於偵查及審判中均自白者，減輕其刑。所謂審判中，既未規定限於事實審，自包含第三審審判在內。（二）刑事訴訟法第394條第1項規定，第三審法院應以第二審判決所確認之事實為判決基礎。但關於訴訟程序及得依職權調查之事項，得調查事實。同法第393條前段規定，第三審法院之調查，以上訴理由所指摘之事項為限。所謂第二審判決所確認之事實，係指構成要件之事實，不包括刑之加重或減輕事實。該項減輕其刑事實，既為上訴理由所指摘，第三審法院得依職權調查，並將原判決撤銷而自為判決。（三）最高法院實務上對第二審判決後始發生之緩刑要件事實、案件繫屬本院始逾8年未能確定之減輕其刑事實，均認得依職權調查而為判決。（四）被告上訴最高法院始自白犯罪，與其於第一審、第二審為自白，就訴訟經濟之效益，未可同視，減輕幅度宜有不同。」

否定說則認為：「（一）毒品危害防制條例第17條第2項之立法目的係為鼓勵犯罪行為人早日悔過自新，並期節約司法資源、以利毒品查緝，俾收防制毒品危害、使案件儘速確定之效而設，被告須於偵查及審判中皆行自白，始有上開規定之適用，倘被告僅曾於偵查中自白，嗣於第一審及第二審審判中均否認犯行，遲至上訴第三審始自白犯行，難謂有達立法目的。（二）第三審為法律審，應以第二審判決所確認之事實為判決基礎，以判斷其適用法律有無違誤，不及被告於事實審所未主張事實及證據等相關事項之調查，故於第二審判決後不得主張新事實或提出新證據而資為第

三審上訴之理由。而被告自白係屬證據方法之一種，被告未於第一審及第二審自白，於第二審判決後，應不得再提出該新證據。因此該條文所稱審判中自白應係指案件起訴繫屬後，在事實審法院任何一審級之一次自白。」

有關上述問題，最高法院106年度第7次刑事庭會議決議採否定說。本文認為恰當，蓋因如此才能符合立法原意。

拾壹、被告主張阻卻違法事由是否非自白

被告若於自白時並提起阻卻違法或阻卻責任事由時，其自白是否無效？有關本問題，最高法院101年度台上字第3292號判決曾認為：「……毒品危害防制條例第17條第2項規定：『犯第四條至第八條之罪於偵查及審判中均自白者，減輕其刑』。所謂於偵查及審判中均自白，係指被告對於自己所為已經構成犯罪要件之事實，在偵查及審判中向有偵查、審判犯罪職權之公務員坦白陳述而言；倘對阻卻責任或阻卻違法之事由，有所主張或辯解，雖為辯護權之行使，仍不失為自白，但必須所陳述之事實，即其所承認之全部或主要犯罪事實，在實體法上已合於犯罪構成要件之形式，始足當之。若被告根本否認有犯罪構成要件之事實，或其陳述之事實，與犯罪構成要件無關，而不能認為其所陳述之事實已經合於犯罪構成要件之形式者，即與單純主張或辯解有阻卻責任或阻卻違法之事由有別，自難認其已經自白犯罪。又所稱於偵查中自白，係指在偵查階段之自白而言。換言之，凡在檢察官偵查終結提起公訴以前，包括被告在偵查輔助機關、檢察官及檢察官聲請該管法院為羈押前訊問時之自白均屬之。至於審判中自白，則指審判階段之自白，以案件經提起公訴繫屬法院後之審理中，所為之自白而言。上訴人雖於偵查及提起公訴前之第一審法院為羈押前之訊問時（即在偵查階段），自白有販賣海洛因予周○毅，但於提起公訴繫屬法院後之審判中，則均否認販賣海洛因，辯稱係與周○毅合資，向第三人購買。而所謂『合資向第三人購買』，與自己『販賣毒品』予他人，在刑法上之意義迥然不同。依其情形，上訴人並未於審判中自白販賣

毒品，自與前揭於偵查及審判中均自白者，減輕其刑之規定不合。」

又，最高法院105年度台上字第2746號判決亦認為：「毒品危害防制條例第17條第2項規定：『……犯第四條至第八條之罪於偵查及審判中均自白者，減輕其刑』，係為鼓勵是類犯罪行為人自白、悔過，並期訴訟經濟、節約司法資源而設。所謂『自白』，係指被告（或犯罪嫌疑人）承認自己全部或主要犯罪事實之謂；且上開規定所謂於偵查及審判中均自白，係指被告對於自己所為已經構成犯罪要件之事實，在偵查及審判中向有偵查、審判犯罪職權之公務員坦白陳述而言；倘對阻卻責任或阻卻違法之事由，有所主張或辯解，雖為辯護權之行使，仍不失為自白，但必須所陳述之事實，即其所承認之全部或主要犯罪事實，在實體法上已合於犯罪構成要件之形式，始足當之。若被告根本否認有犯罪構成要件之事實，或其陳述之事實，與犯罪構成要件無關，而不能認為其所陳述之事實已經合於犯罪構成要件之形式者，即與單純主張或辯解有阻卻責任或阻卻違法之事由有別，自難認其已經自白犯罪。」

拾貳、他案自白是否自白

被告之自白可否及於他案？

有關本問題，最高法院101年度台上字第4205號判決曾認為：「……惟該案上訴人係針對檢察官起訴其販賣甲基安非他命予黎○紋等人之犯罪事實而自白，並未針對本件販賣甲基安非他命予柯○安之犯行為自白，其犯行與上開經判決確定之犯行係數罪併罰關係，自非上開偵查中之自白效力所及，難認上訴人本件犯行於偵查中已有自白甚明，辯護人以上訴人於偵查中已有自白云云為上訴人辯護，並無可採。」

又，最高法院103年度台上字第3091號判決亦認為：「……毒品危害防制條例第17條第2項規定：『犯第四條至第八條之罪於偵查及審判中均自白者，減輕其刑。』係為鼓勵是類犯罪行為人自白、悔過，並期訴訟經濟、節約司法資源而設。此所謂『自白』，係指對自己之犯罪事實全部或主要部分為肯定供述之意。販賣毒品與合資購買而幫助他人施用毒品或與

他人共同持有毒品，係不同之犯罪事實。甲販賣毒品予乙，於偵、審中雖均坦承有交付毒品予乙及向乙收取款項之事實，但否認販賣，辯稱：係與乙合資購買云云，難認其已就販賣毒品之事實為自白，要無前揭減輕其刑規定之適用。此為本院最近一致之見解。本此旨趣，與合資購買同屬主張自己係買方而非賣方之所謂代購毒品之情形，雖亦有授受毒品及交付金錢之外觀行為，但其無自己販賣毒品之意思與行為，顯與販賣毒品非屬同一社會事實，其行為之實質意義與法律上之評價亦迥然有別，不能混為一談。縱被告供承其有代購毒品之事實，依前揭說明，自不能據此認定其已自白販賣毒品之犯罪事實」。

茲將上述12個判決與爭議問題，製作簡表臚列於後。

表1-8　判決與爭議問題簡表

判決與爭議問題	要旨
壹、販賣之定義	須包含販入及賣出始屬販賣
貳、販賣與轉讓之區別	差異在於有無營利意思
參、販賣與合資或代購之區別	合資購買，僅犯持有毒品罪，購買部分並無罪責。代購者在委託人係販毒者時，須負幫助販賣罪，委託人係吸食者時，須負幫助吸食罪
肆、運輸既遂販賣未遂時如何論罪	102年度第15次刑事庭會議採一行為說，從一重之運輸第一級毒品既遂罪處斷
伍、數販賣行為如何論罪	最高法院採數罪說
陸、成年人故意販賣毒品與少年是否應加重其刑	101年度第8次刑事庭會議決議採否定說
柒、轉讓第二級毒品未超過10公克應論以何罪	最高法院採重法優於輕法，應適用藥事法
捌、被告適用藥事法時其自白是否減輕其刑	104年度第11次刑事庭會議採否定說
玖、被告僅自白轉讓而非自白販賣是否仍得減輕其刑	最高法院判決有正反兩說，105年度台上字第3305號判決則採否定說

表1-8　判決與爭議問題簡表（續）

判決與爭議問題	要旨
拾、被告在第三審始自白是否屬審判中自白	106年度第7次刑事庭會議決議採否定說
拾壹、被告主張阻卻違法事由是否非自白	最高法院判決採肯定說
拾貳、他案自白是否自白	最高法院判決採否定說

第五節　實務案例研究

壹、違法驗尿案

爭點：違法驗尿是否有證據能力？

一、案例事實

　　被告甲○○前因施用第一級毒品案件，經依法院裁定送觀察、勒戒及強制戒治後，於民國96年7月18日強制戒治執行完畢，由臺灣士林地方法院檢察署檢察官以96年度戒毒偵字第47號為不起訴處分確定。再因施用第一級毒品案件，經臺灣板橋地方法院以101年度訴字第2278號判決處有期徒刑六月確定。又因施用第一級毒品案件，經臺灣士林地方法院以102年度審訴字第147號判決處有期徒刑八月確定，上開三案件合併定應執行有期徒刑一年確定，於103年8月16日縮短刑期執行完畢。詎其仍未戒除毒癮，於前案強制戒治執行完畢釋放後5年內，再犯施用毒品罪，經法院判處罪刑後，復基於施用第一級毒品海洛因之犯意，於104年10月18日為警採尿往前回溯5日內之某時許，在不詳地點，以不詳方式，施用第一級毒品海洛因。嗣因毒品案件遭通緝，於104年10月18日15時28分許，為警在臺北市○○區○○○路○段○號前緝獲，且經警採集其尿液送驗，結果呈嗎啡、可待因陽性反應，因認被告涉犯毒品危害防制條例第10條第1項之

施用第一級毒品罪嫌等語。

二、法條規定

毒品危害防制條例第25條：「（第1項）犯第十條之罪而付保護管束者，或因施用第一級或第二級毒品經裁定交付保護管束之少年，於保護管束期間，警察機關或執行保護管束者應定期或於其有事實可疑為施用毒品時，通知其於指定之時間到場採驗尿液，無正當理由不到場，得報請檢察官或少年法院（地方法院少年法庭）許可，強制採驗。到場而拒絕採驗者，得違反其意思強制採驗，於採驗後，應即時報請檢察官或少年法院（地方法院少年法庭）補發許可書。（第2項）依第二十條第二項前段、第二十一條第二項、第二十三條第一項規定為不起訴之處分或不付審理之裁定，或依第三十五條第一項第四款規定為免刑之判決或不付保護處分之裁定，或犯第十條之罪經執行刑罰或保護處分完畢後二年內，警察機關得適用前項之規定採驗尿液。（第3項）前二項人員採驗尿液實施辦法，由行政院定之。警察機關或執行保護管束者依第一項規定通知少年到場採驗尿液時，應併為通知少年之法定代理人。」

三、正反意見

公訴人檢察官認被告涉犯施用一級毒品罪，係以：（一）被告於警訊中之供述；（二）被告於前揭時間所採尿液，經送臺灣尖端先進生技醫藥股份有限公司以酵素免疫分析法（EIA）初步檢驗、氣相層析質譜儀（GC/MS）確認檢驗，結果呈嗎啡及甲基安非他命之陽性反應乙節，有該公司104年11月3日濫用藥物檢驗報告、臺北市政府警察局偵辦毒品案件尿液檢體委驗單；（三）被告刑案資料查註紀錄表、全國施用毒品案件紀錄表及矯正簡表等，認定被告於前案強制戒治執行完畢釋放後五年內，再犯施用毒品罪，經法院判處罪刑確定後，再犯本件施用毒品案件，為其依據。

被告就於上揭時地施用第一級毒品海洛因等事實，固於一審調查、審理時均自白不諱，惟仍辯稱：當日警方係以通緝為由直接至被告住處進行逮捕，且採尿時均有告知員警被告為通緝犯、並非現行犯，應無須採尿，

且不願採尿，但員警堅持通緝犯一定要採尿，故被告質疑警方並未依法定程序對被告採尿。

四、臺灣高等法院105年度上訴字第1755號刑事判決

（一）依毒品危害防制條例之規定，除被告同意採尿外，實須「有事實可疑為施用毒品」，且經通知不到場或到場而拒絕採驗者，始得報請檢察官許可強制採尿；或「隨時之強制驗尿」。

（二）被告在警局並未同意警員採集其尿液：被告警詢筆錄雖記載：因係北投分局列管之毒品驗尿人口，故經警逮捕後採尿送驗等情，且被告於警訊中亦供稱「（問：你目前為本分局所列管之毒品驗尿人口，警方現在對你採尿送驗，你是否清楚？）我清楚並配合警方採尿送驗」、「我以前有聽說毒品通緝不用強制驗尿，我今天是因為我是北投分局所列管的治安顧慮毒品驗尿人口，所以才配合警方採尿送驗的」，惟經原審勘驗該警詢錄音光碟，其逐字內容附件所示，並無任何「同意配合驗尿」之供述，此有原審105年4月11日勘驗筆錄可佐，依上縱可認尿液是為被告親自排放、封加蓋，惟尚難以此遽認告有同意警員採尿，應予陳明。

（三）本案亦無強制採尿之適用。

（四）查警方並未在被告身上查獲任何毒品或施用毒品之器具，僅因被告有毒品前科及陳稱104年9月中旬有施用毒品，即未得被告同意予以採尿，雖無證據證明員警係明知違法而故意為之，然員警上開所為已違反法定程序。被告於本案採集之尿液，雖經警以法定程序送交鑑定機關鑑定後製作濫用藥物尿液檢驗報告之書證，然因鑑定之標的物即被告排放採集之尿液，並非符合法定程序或經被告同意而獲取之，此份鑑定報告與先前違法情形，具有前因後果之直接關聯性，仍有刑事訴訟法第158條之4規定之適用，而本院斟酌前述侵害被告基本人權之種類及其輕重、犯罪所生之危險或實害、禁止使用該證據對於抑制違法蒐證之效果等因素綜合考量後，認仍應排除該份尿液採驗報告書之證據能力，而不得作為認定被告犯罪之證據。揆諸首開說明，自應為被告無罪之諭知。

五、心得

任何員警都知，施用一級或二級毒品者難以戒絕，故經常以各種名目蒐其口袋或逼其驗尿，無論何者均有可能獲得持有毒品或施用毒品之證據，惟搜索之程序均未依法律規定。此種現象亦受上級長官漠視或暗中鼓勵，誠非良好執法現象。若長此以往，難保民國103年6月間，海岸巡防署海王姓士官長為了查緝私菸，將GPS定位追蹤器安裝在陳男車上之有罪案例，不會在警察身上發生。

因為該案雖經陳男向地方檢察署控訴，但遭不起訴處分，經再議後亦遭駁回，乃轉而向法院申請交付審判，法院竟然裁定許可，從而乃有一連串上訴至最高法院的判決。觀其經過，很容易讓人推測法院想以此案彰顯其重視嫌疑犯人權的立場。果若如此，則難保不會有法院主動告發違法驗尿乃「強制罪」。

貳、誘捕偵查案

爭點：誘捕偵查是否教唆犯罪？

一、案例事實

被告甲○○前曾因違反肅清煙毒條例及麻醉藥品管理條例案件，經臺灣臺中地方法院分別判處有期徒刑確定。其基於販賣第一級毒品海洛因營利之犯意，先行向真實姓名、年籍不詳之人買入供以販賣用之海洛因。於91年5月25日上午某時，林○利撥打甲○○之行動電話，向甲○○購買海洛因，甲○○於當日上午10時許，在臺中市○○路與大墩二街口將新臺幣500元之海洛因交付販賣給林○利。林○利因施用海洛因過量昏倒，經送醫急診救治後，為警前往醫院查證時得知，而策動林○利供出毒品來源，林○利即於同日17時43分許，以行動電話撥打給甲○○，佯稱欲購買1,000元之海洛因，並約定於同日18時10分許，在臺中市○○路與大墩二街口交易，甲○○遂將海洛因一小包交給乙○○，由乙○○前往上開路口欲交付給林○時，為警當場查獲。

二、法條規定

無法條規定，僅在刑法總則有教唆犯罪之規定。

三、正反意見

二審原判決於理由內說明以：91年5月25日下午，甲○○既係因林○利主動以電話交涉欲購買毒品海洛因，始交付乙○○持毒品海洛因前往約定地點，此部分應認甲○○原無販毒之故意，至為灼然，其販賣毒品犯意之形成，肇因於員警安排提供之毒品交易機會甚明，本案警方既係以「陷害教唆」，以引誘或教唆犯罪之不正當手段，使原無犯罪故意之人因而萌生犯意而實行犯罪行為，再進而蒐集其犯罪之證據而予以逮捕偵辦……甲○○縱因警方之「陷害教唆」而萌生販賣海洛因之故意，始請乙○○攜帶毒品海洛因前往交易，為導正警察爾後辦案不要以此等「陷害教唆」之方式破案，其因此所取得之證據資料，並無容許性，應不具有證據能力，不得作為不利被告認定之依據云云，資為有利於甲○○及乙○○之認定。

檢察官上訴意旨則執以指摘，原審判決認事用法違背最高法院上開決議。

四、最高法院97年度台上字第5667號刑事判決

學理上所稱之「陷害教唆」，屬於「誘捕偵查」型態之一，而「誘捕偵查」，依美、日實務運作，區分為二種偵查類型，一為「創造犯意型之誘捕偵查」，一為「提供機會型之誘捕偵查」。前者，係指行為人原無犯罪之意思，純因具有司法警察權者之設計誘陷，以唆使其萌生犯意，待其形式上符合著手於犯罪行為之實行時，再予逮捕者而言，實務上稱之為「陷害教唆」；後者，係指行為人原已犯罪或具有犯罪之意思，具有司法警察權之偵查人員於獲悉後為取得證據，僅係提供機會，以設計引誘之方式，佯與之為對合行為，使其暴露犯罪事證，待其著手於犯罪行為之實行時，予以逮捕、偵辦者而言，實務上稱此為「釣魚偵查」。關於「創造犯意型之誘捕偵查」所得證據資料，係司法警察以引誘或教唆犯罪之不正當手段，使原無犯罪故意之人因而萌生犯意而實行犯罪行為，進而蒐集其犯

罪之證據而予以逮捕偵辦。縱其目的在於查緝犯罪，但其手段顯然違反憲法對於基本人權之保障，且已逾越偵查犯罪之必要程度，對於公共利益之維護並無意義，其因此等違反法定程序所取得之證據資料，應不具證據能力；而關於「提供機會型之誘捕偵查」型態之「釣魚偵查」，因屬偵查犯罪技巧之範疇，並未違反憲法對於基本人權之保障，且於公共利益之維護有其必要性，故依「釣魚」方式所蒐集之證據資料，非無證據能力。

然依原判決事實認定：甲○○基於販賣第一級毒品海洛因營利之犯意，先行向真實姓名、年籍不詳之人買入供以販賣用之海洛因等情。如果無訛，則甲○○買入海洛因後，即在伺機販賣，如何得認其於91年5月25日上午販賣海洛因予林○利後，已不再具有販賣之意思，而係因林○利之聯絡，始再起意販賣？原判決之理由說明與最高法院85年3月12日、85年度第4次刑事庭會議決議所持之見解相左，難謂合於經驗法則與論理法則。能否認本件屬司法警察之「陷害教唆」？饒堪研求。且其理由之說明與事實之認定亦相齟齬，有判決理由矛盾之違背法令。檢察官上訴意旨執以指摘，即非無理由，應認原判決仍有撤銷發回之原因

五、心得

學理上所稱之「陷害教唆」，屬於「誘捕偵查」型態之一，而「誘捕偵查」，依美、日實務運作，區分為二種偵查類型：一為「創造犯意型之誘捕偵查」；一為「提供機會型之誘捕偵查」。前者違法，後者則合法，但兩者間的界線仍然十分曖昧。甚至依美國實務運作，提供機會型之誘捕偵查仍將因：（一）誘捕偵查之誘餌是否過度肥大？（二）誘捕偵查之誘餌會否不斷抖動？而轉變其性質成為創造犯意型之誘捕偵查。故辦案員警仍宜充分注意不可過度，否則仍可能罹罪。

本文參考美日兩國相關法院判決及學說意見後認為，決定是否提供機會型誘捕偵查，亦即「行為人是否原本已有犯意」，更具體的標準應該是：（一）進行提供機會型誘捕偵查時，應確認該犯罪是否為無被害人的犯罪、組織犯罪或者惡性重大的犯罪？（二）進行提供機會型誘捕偵查時，應確認行為人是否已有嫌疑？（三）提供機會型誘捕偵查所用的手

段，是否逾越一般人可以抗拒的程度。並且，三種要件都需存在始可。

參、控制下交付案

爭點：控制下交付是否必須檢查總長許可？

一、案例事實

　　吳○杰與現住美國、姓名年籍不詳、自稱「吳○鴻」之成年友人均明知大麻係屬毒品危害防制條例第2條第2項第2款所列管之第二級毒品，且經行政院公告列為「管制物品項目及其數額」甲類第4款所定之管制進出口物品，不得私運進口，亦需經中央衛生主管機關核准後始得輸入，竟仍基於運輸第二級毒品入境、走私管制物品進口及擅自輸入未經核准藥品之犯意聯絡，由吳○杰於100年8月間某日，以電話聯絡「吳○鴻」並向其購買價值新臺幣5萬元含第二級毒品大麻成分之煙草，並指示「吳○鴻」以寄送包裹運輸毒品之方式，寄至其位於臺北市○○區○○街○○巷○○號5樓住處，並約明採化名方式寄送，以掩飾運輸毒品之事實。嗣於同月下旬某日時許，「吳○鴻」即受吳○杰之指示，自美國不詳地點，以郵寄方式寄出如附表編號四所示紙箱包裹1件，包裹編號為CP00000000US號，寄件人為「Angel a Kim」、寄件地址為「2405 Forest Ave. San Jose. CA95128U.S.A」，收件人及收件人地址為「Daniel Hu」、「臺北市○○街○○巷○○號5樓」，包裹內放置如附表編號三所示之運動鞋1雙，該運動鞋內另藏有附表編號一、二所示含第二級毒品大麻成分之煙草，而以空運方式，利用不知情美國及我國郵務及空航人員寄送來臺，於同月29日寄達我國而運輸第二級毒品大麻入境。上開包裹嗣經財政部臺北關稅局臺北郵局支局於郵檢時，發現內藏有上開毒品而予扣押，並函送法務部調查局航業調查處處理。航調處即由基隆調查站人員張○平等人，將上開毒品取出後，會同臺北郵局包裹投遞股稽查陳○吉，於101年8月31日11時許，至吳○杰上開住處，由陳○吉按鈴投遞，吳○杰當場確認其為該包裹之收件人，陳○吉遂將該包裹交吳○杰親自簽收，航調處基隆調查站人員隨即入

內逮捕吳○杰。

二、法條規定

毒品危害防制條例第32條之1:「(第1項)為偵辦跨國性毒品犯罪,檢察官或刑事訴訟法第二百二十九條之司法警察官,得由其檢察長或其最上級機關首長向最高法院檢察署提出偵查計畫書,並檢附相關文件資料,經最高法院檢察署檢察總長核可後,核發偵查指揮書,由入、出境管制相關機關許可毒品及人員入、出境。(第2項)前項毒品、人員及其相關人、貨之入、出境之協調管制作業辦法,由行政院定之。」

三、正反意見

辯護人為被告辯稱:(一)本案是跨國性毒品案件,依毒品危害防制條例第32條之1規定,應報請最高法院檢察署核可後核發偵查指揮書,由入出境管制機關許可入境,本件承辦單位未依該規定,作業程序有嚴重瑕疵,被告遭逮捕時,司法警察並未聲請到拘票或聲請票,而將被告以現行犯逮捕,製作筆錄,違反法律規定,是被告於調查局詢問時,雖自白有向美國友人購買大麻之行為,然此部分應無證據能力。(二)上開扣案內藏含第二級毒品大麻成分煙草之包裹,係臺北關稅局臺北郵局支局於100年8月29日郵檢時查獲扣押後,函送航調處處理等情,是應認本件運輸第二級毒品之犯罪行為,於上開包裹遭郵檢查獲並扣押時即告終了。張○平等嗣後將上開毒品取出後,會同證人陳○吉於101年8月31日11時許,前往被告上開住處投遞,確認被告為上開包裹之收件人之各項所為,顯係對於已犯罪終了之被告,以設計引誘方式,迎合其要求,使其暴露犯罪事證,司法警察依現行犯予以逮捕,殊非妥適。

但反對意見認為:(一)本件司法警察並未聲請拘票或搜索票,而係以現行犯逮捕被告等情,業據證人張○平於原審證述在卷,且有法務部調查局逮捕通知書附卷可稽,本件辯護人以證人張○平於原審之證述無證據能力,容有誤會。

(二)按為偵辦跨國性毒品犯罪,檢察官或刑事訴訟法第229條之司法警察官,得由其檢察長或最上級機關首長向最高法院檢察署提出偵查計

畫書，並檢附相關文件資料，經最高法院檢察總長核可後，核發偵查指揮書，由入出境管制相關許可毒品及人員入出境，為毒品危害防制條例第32條之1所明文規定。查檢察長或司法警察官之最上級機關首長之提出偵查計畫書或檢查總長核發偵查指揮書均非偵辦跨國毒品案件之必要程序，辯護人主張本案作業程序有瑕疵，亦有誤會。

四、最高法院103年度台上字第190號刑事判決

為偵辦跨國性毒品犯罪，檢察官或刑事訴訟法第229條之司法警察官，得由其檢察長或最上級機關首長向最高法院檢察署提出偵查計畫書，並檢附相關文件資料，經最高法院檢察署檢察總長核可後，核發偵查指揮書，由入、出境管制相關機關許可毒品及人員入、出境，毒品危害防制條例第32條之1第1項固有明文。然該規定係因檢、警單位為偵辦跨國性毒品犯罪，於毒品尚未入、出境之前，認有實施控制下交付之必要，而規定得由檢、警單位提出偵查計畫書，經最高法院檢察署檢察總長核可，核發偵查指揮書，由入出境管制相關機關許可「毒品」及「人員」入、出境之程序。此與本案已由國外以郵件寄送方式夾帶第二級毒品大麻入境，在寄達我國境內之前，檢、警單位並不知情，而係由財政部臺北關稅局於該郵包已進入我國境內，於有關單位查驗上開郵包時始緝獲，財政部臺北關稅局於查獲後乃依據海關緝私條例第16條之1規定移送航調處處理，並副知臺灣臺北地方法院檢察署，有財政部臺北關稅局100年8月29日北郵緝移字第0000000000號函、臺北關稅局扣押貨物運輸工具收據及搜索筆錄可憑，是本件運輸第二級毒品大麻已進入我國境內始為查緝機關發現，自與上開規定為實施控制下交付之必要，由入出境管制相關機關許可「毒品」及「人員」入、出境之程序並不相同，自無從適用該條規定，上訴意旨指摘本案作業程序有瑕疵，即有誤會。

五、心得

所謂控制下交付，乃指偵查機關即使發現毒品或武器等違禁品，亦不直接取締，反而在充分監視下容許其運送並予以跟蹤，以追查相關不法交易人員的一種偵查方法。這種偵查方法乃為因應巧妙的犯行、犯罪組織

的強力自衛行為、末端嫌疑人的不易供述、運輸情況的難以辨明等情況而生,並被視為是掌控這類運輸及販賣違禁品的組織,以及真正受領人及輸入人的有效方法。

但在實施控制下交付時,違禁品可能在中途被使用或逸失,故有時也採取將其內容物取出,代以無害物的所謂「無害的控制下交付」（clean controlled delivery）。與此相反,讓違禁品依原本程序運輸的方式,則稱為「自然的控制下交付」（live controlled delivery）。違禁品在運送過程中,偵查機關為達偵查之目的,應容忍違禁品被使用或逸失。

有關上述的容忍,在通常時候,國家機關雖然有防止危險發生或擴大的責任,但就如同為防止新型態犯罪而在一定範圍內容許的「誘補偵查」一般,防止危險的要求,應該也不是絕對的。

此外,在進行控制下交付時,領取物品的人將成立收受違禁品之罪。原本在正常情形下,若一發現違禁品,即取締申請輸入人的話,則不會有後來的領取人亦成立受讓或持有違禁品之罪的情形,故偵查這種犯罪的手法若與誘補偵查比較,將因沒有任何偵查機關的不當行為,而較不會被認為是違法的偵查行為。

最後,貨物抵達領取人的住居地時,尚有回收時所應注意的法律問題。偵查機關雖有可能及時逮捕領取人,並伴隨無令狀的搜索及扣押,但因難以確認領取人知情,或領取人知悉該物係違禁品,故難以保證一定可以及時逮捕並進行搜索與扣押,此時,即應事先取得法官許可的搜索及扣押令狀。

本文以為,控制下交付也非必須檢察總長許可,此僅牽涉到證物滅失時之責任問題而已,若像本案根本無需申請檢察總長的許可。

第六節　結論

基於毒品,尤其是第一級與第二級毒品的成癮性、濫用性、耐藥性與社會危害性,處理毒品對人類侵害問題的人,應該都會深覺嚴肅與難過,

因為世界各國近幾十年來都沒有成功克服過毒品的危害。那些過度樂觀的決策者，在反省我國七十年來的毒品問題時，應該感受到刑事政策的過度樂觀，將會令毒品問題難以收拾。故每一個作為，都應該有強大證據的支持，否則即不應率爾變更原有制度，例如1997年的制度變革，即不無過度樂觀之嫌。

作者以一個警察的立場，回顧毒品危害防制條例的沿革、規範、判決與爭議問題及案例研究之後，有以下幾點心得：

一、本條例之規範領域種類繁多，乃以問題解決方式訂定之法，但何種措施有效，何種措施聊備一格，尚無可信的證據出現。例如，舊防制策略究竟何處不良，以至於無法產生預期效果？至今為止尚無可信資料，只是疊床架屋新成立許多專責機關而已，如毒品防制局或基金會等，但這些新單位究竟要用何種指標來檢測其效果，尚無可信辦法。

二、本條例對於違法行為之規範整齊排列有如棋盤，乍看似可讓違法者無所遁形，但實際上許多難以用正常社會眼光理解的行為及特殊名詞，如合資購買或代購等，仍無處不在。其實質乃取締人員未能查扣到有利證據，以至於讓法官無法駁斥違法人員的諸多不實說詞。從此而言，取締人員的偵查與蒐證素養，實為緝毒的重要元素。

三、警察取締各種違反毒品危害防制條例之行為，經常用的是績效評比制度，也就是由各警察局及分局以正面或負面排名方式，激勵及逼迫所屬提高取締率，此誠為盲目之作法，因為不知目的為何及要到何處停止。但若將人力交給其他單位運用，又因其他單位無法掌控社區，而致事倍功半，例如2018年的安居專案即是。故若能由警察決策單位如刑事警察局，組一個績效考核小組，改變若干取締方式及頻率，例如改採總量管制方式，可能會讓效果不同。

第二章

洗錢防制法

傅美惠

第一節 本法立法目的與沿革

壹、洗錢防制之立法背景與立法目的

一、洗錢防制之立法背景

　　我國洗錢防制法（以下稱「本法」）制定於1996年10月（1997年4月施行），為亞洲第一部防制洗錢之專法。本法之「立法背景」主要為：我國現存之法規中，保護善意第三者財產之規定易遭濫用，且因混合財產難以追蹤、確認，致使沒收、追徵等刑罰或處分無法有效剝奪重大犯罪所得之不法利益。故在傳統以人或物為主之偵查手段之外，加上以金錢或利益為重點之偵查方法，針對財產犯罪或毒品犯罪等特定之重大犯罪，一方面加強取締及追查犯罪所得，藉以減少不法資金之來源及隔絕不法資金之流通；另一方面防止第二次（再一次）犯罪。再者，本法之制定，除為因應我國社會治安之惡化或為健全我國金融秩序外，亦有作為國際社會之成員，針對洗錢犯罪行為國際化之傾向，加強與他國合作關係之必要[1]。

二、洗錢防制之立法目的及其結構

　　2016年12月9日修正前本法（以下稱「舊法」）第1條所揭櫫之立法目的為「防制洗錢，追查重大犯罪[2]」，2016年12月9日修正後本法（以下稱「新法」）將其擴增為「防制洗錢，打擊犯罪，健全防制洗錢體系，穩定金融秩序，促進金流之透明，強化國際合作[3]」。除將其保護法益明文擴大至金融法秩序之維持外，尚更重視以「健全防制洗錢體系」之觀點，藉由對特定不法利得之發現及追查，導出制裁產生不法利得之「特定犯罪」之果。因此，洗錢犯罪之偵查可謂是從一般金流之異常情況之申報、查處及追蹤、查緝（勾稽、比對）等形成開啟偵查之線索後，進而找出實施該犯罪之行為及行為人，使該前置犯罪（predicate offense）之行為人受到應

---

[1]　李傑清，《洗錢防制的課題與展望》，法務部調查局編印，2004年12月，頁33。

[2]　參照本法第1條立法理由。

[3]　參照本法第1條修正立法目的及立法理由。

有之處罰外，對源自該前置犯罪之所得，亦得以發還被害人或沒收、追徵，避免該犯罪所得不當影響金融法秩序或阻礙國家司法機關之制裁，可謂具有「由錢找人[4]」之特徵[5]。

貳、本法之立法沿革

「洗錢」係指犯罪者將其不法行為活動所獲得之資金或財產，透過各種交易管道，轉換成為合法來源之資金與財產，以便隱藏其犯罪行為，避免司法之偵查。鑑於洗錢犯罪行為影響一國金融秩序與經濟發展甚鉅，世界各主要國家均制定相關之反制洗錢法律。我國亦體認防制洗錢之重要，為順應潮流，於1996年制定本法，是亞洲國家第一部防制洗錢之專法，並於1997年加入「亞太防制洗錢組織」（The Asia/Pacific Group on Money Laundering, APG），為創始會員國，彰顯我國參與國際間健全金融體制及打擊不法犯罪之決心。

近二十年來，隨著犯罪集團洗錢態樣及洗錢管道不斷推陳出新，本法歷經幾次修正（先後於2003年1月13日全文修正、2006年5月5修正、2007年6月14日全文修正、2008年5月23日修正、2009年5月19日修正、2016年3月25日修正、2016年12月9日全文修正、2018年11月2日修正），惟修正內容，均以刑事追訴為核心，未能與國際規範接軌，防制效果無法彰顯。又我國於2007年間接受APG第二輪相互評鑑，被列為應予後續追蹤名單（我國於2001年間接受APG第一輪相互評鑑，國際評比佳），並於2018年接受APG第三輪相互評鑑。

為健全洗錢防制體系，符合國際規範，政府於2013年起即推動本法修法工作，期間，2016年8月間發生兆豐銀行紐約分行遭美裁罰案[6]，再度

4　李傑清，〈從比較法觀點論我國洗錢防制法與日德相關法規〉，《法令月刊》，49卷5期，1998年5月，頁22。

5　有關洗錢犯罪偵查、犯罪所得之分享及刑事司法互助之詳細說明，參照李傑清，〈偵查、沒收及分享洗錢犯罪所得之國際合作—兼論新洗錢防制法的相關規定〉，《檢察新論》，21期，2017年1月，頁96-111；另有關洗錢防制之立法目的及其結構，參照李傑清，前揭註5文，頁97。

6　DFS於2015年1月至3月間就兆豐銀紐約分行之業務內容進行查核，其主要之重點係針對風險

引發國人對於洗錢犯罪之高度重視，並間接加速本法修法進程。本法修正草案於2016年12月9日經立法院三讀通過，12月28日公布，且於2017年6月28日正式施行，期本次修法通過可帶動並落實我國洗錢防制工作，增進我國整體金融活動信譽評等[7]。

再者，為配合2018年APG第三輪相互評鑑進程，完成相關法制與配套措施，即：一、APG相互評鑑程序，係從法制、金融及執法等三大面向，評量各國洗錢防制與打擊資恐工作，我國在第二輪相互評鑑時，因國內洗錢防制法部分規定與國際規範未盡相符，且無資恐防制法制，以及洗錢犯罪之追訴定罪不足等，致列為應予後續追蹤名單；二、針對第二輪相互評鑑之缺失，以及2018年第三輪相互評鑑之到來，法務部於2015年提出「因應亞太防制洗錢組織第三輪相互評鑑籌備計畫」，已陸續完成包括本法修法，還有刑法沒收新制、刑事訴訟法沒收及保全扣押相關修正及增訂「沒收特別程序」專編、資恐防制法、財團法人法、國際刑事司法互助法之立法；三、配合洗錢防制新法修正通過，法務部刻正訂定相關授權子法、宣導及講習等配套措施。同時為順利通過第三輪相互評鑑，我國將積極爭取參與亞太防制洗錢組織相關活動及合作機會；四、另金管會已依國際標準進行落差分析，據以修正發布銀行業防制洗錢及打擊資恐注意事項。強化有關規定，包括加強董事會治理、內部控制三道防線及人員教育訓練等機制，以督促金融機構塑造重視法遵[8]之企業文化。此外為因應第

管理、營運控管、法令遵循以及資產品質等項目為調查。DFS於2016年2月提出調查報告，其中發現兆豐銀紐約分行之內部控管機制令人極度不安（extremely troubling），且於法令遵循上存有諸多缺失。首先在洗錢防制人員之指派上，已突顯兆豐銀之輕忽態度，蓋人員多由總行派任，卻對美國相關法令了解甚微，甚至紐約分行之法令遵循長（Chief Compliance Officer），就亦欠缺正確且適當之認識。此外，在職務安排上，法令遵循人員多半同時身兼其他職務，且該職務與法令遵循之目的存有本質性之衝突，導致法令遵循與經營管理間無法有效劃分，造成人員難以投注心力於法令遵循事項，更隱含著潛在之職務或利益衝突。有關美國相關規範之細節介紹，參照林仁光，〈由兆豐銀案談銀行監理—由銀行治理及銀行保密法之遵循出發〉，《月旦法學雜誌》，259期，2016年12月，頁21以下。

[7] 李映昕，〈兆豐金重罰七年補牢，洗錢防制啟動最大規模修法〉，《天下雜誌》，2016年9月12日，取自〈http://www.cw.com.tw/article/article.action?id=5078324〉，最後閱覽日：2019年4月15日。

[8] 兆豐銀行紐約分行遭美國重罰57億元，原因之一是法務人員兼法遵人員。法遵跟法務有什麼差別？法務和法遵在銀行內部之角色如下：

三輪相互評鑑對執行效能之重視，金管會亦將強化金融檢查及相關裁罰等監理措施，以進一步提升金融機構之法令遵循[9]程度及執行效能[10]。

第二節　本法特定犯罪範圍與洗錢行為之態樣

壹、本法特定犯罪範圍

本法第3條規定，本法所稱特定犯罪，指下列各款之罪：

一、最輕本刑為六月以上有期徒刑以上之刑之罪。

二、刑法第121條第1項、第123條、第201條之1第2項、第268條、第339條、第339條之3、第342條、第344條、第349條之罪。

三、懲治走私條例第2條第1項、第3條第1項之罪。

四、破產法第154條、第155條之罪。

五、商標法第95條、第96條之罪。

職稱	法務	法遵
角色	銀行內部的律師	督促銀行遵循銀行管理法令的人，例如要注意銀行準備金是否足夠、網路交易安全、基金交易風險等。
工作內容	銀行與客戶之間契約、合約的把關者	風險的第二道管控者，能夠理解風險藏在哪裡，有整合跨部門防堵風險的能力。
資格	大多具律師資格或法律系畢業有實務經驗者	不一定是律師。但要懂法規，要有豐富的金融實務經驗，懂業務，熟悉整個銀行的運作。

〈法遵是什麼？一分鐘看懂法務和法遵的差別〉，《TVBS新聞網》，2016年8月28日，取自〈https://news.tvbs.com.tw/politics/671121〉，最後閱覽日：2019年4月15日。

9　鑑於國際恐攻、販毒、詐騙等犯罪手法日新月異，全球對於洗錢防制越來越嚴格，「國際反洗錢師」此一新職業興起，受到重視。國內許多銀行行員受機器人理財、金融科技等影響，紛紛轉往法遵、反洗錢等風控部門，法遵、反洗錢與公司治理將是未來金融監理重點。方華香，〈論兆豐遭美重罰後之銀行法遵趨勢——以我國《洗錢防制法》之修正為中心〉，立法院法制局議題研析，2017年12月6日，取自〈https://www.ly.gov.tw/Pages/Detail.aspx?nodeid=6590&pid=164611〉，最後閱覽日：2019年4月15日。

10　林順益、邱錦添，《最新洗錢防制法實用》，元照出版，2019年1月，初版第1刷，頁6、7。

六、廢棄物清理法第45條第1項後段、第47條之罪。

七、稅捐稽徵法第41條、第42條及第43條第1項、第2項之罪。

八、政府採購法第87條第3項、第5項、第6項、第89條、第91條第1項、第3項之罪。

九、電子支付機構管理條例第44條第2項、第3項、第45條之罪。

十、證券交易法第172條第1項、第2項之罪。

十一、期貨交易法第113條第1項、第2項之罪。

十二、資恐防制法第8條、第9條之罪。

十三、本法第14條之罪。

貳、洗錢行為之態樣

本法第2條規定,本法所稱洗錢,指下列行為:

一、意圖掩飾或隱匿特定犯罪所得來源,或使他人逃避刑事追訴,而移轉或變更特定犯罪所得。

二、掩飾或隱匿特定犯罪所得之本質、來源、去向、所在、所有權、處分權或其他權益者。

三、收受、持有或使用他人之特定犯罪所得。

修正後,該條明定洗錢行為之處罰包括處置、分層化及整合等三階段行為(舊法條文區分掩飾或隱匿自己或他人洗錢之犯罪所得)。

第三節　本法之主要處理規定

新法洗錢防制之主要處理規定,大致分為五大區塊:一、提升洗錢犯罪追訴可能性;二、建置透明化金流軌跡;三、提升洗錢防制體質;四、強化國際合作[11];五、本法洗錢刑責規定,分述如下:

---

11 以下相關整理內容,參照蔡佩玲,〈錢的秩序與遊戲—洗錢防制新法解析〉,《月旦刑事法評論》,2017年3月,頁111以下;王志誠,〈洗錢防制法之發展趨勢—金融機構執行洗錢防制之實務問題〉,《月旦法學雜誌》,267期,2017年8月,頁7以下。

壹、強化追訴洗錢犯罪

一、放寬洗錢犯罪之前置犯罪門檻（第3條）

原條文有關洗錢犯罪之前置犯罪（predicate offense），係著眼於「重大犯罪」為規範，而所指之「重大犯罪」，則兼採法定刑門檻及列舉罪名之混合規範方式。其中有關法定刑門檻部分，現行法係以最輕本刑為五年以上有期徒刑以上之刑之罪為要件。然洗錢犯罪之處罰，其有關前置犯罪之連結，並非洗錢犯罪之成立要件，僅係對於違法、不合理之金流流動起訴洗錢犯罪，作不法原因之連結。現行重大犯罪係指最輕本刑三年以上有期徒刑之罪，過度限縮洗錢犯罪成立之可能，亦模糊洗錢犯罪之前置犯罪之規定，僅在對於不法金流進行不法原因之連結而已。本法於2016年12月9日修正參考FATF40項建議之第3項建議採取門檻式規範者，其最低標準應至少採取最重本刑為一年以上有期徒刑之罪，或最輕本刑為六個月以上有期徒刑之罪之規範模式。相較之下，我國洗錢犯罪之前置犯罪因以「重大犯罪」為規範，造成洗錢犯罪成立門檻似嫌過高，而為APG於2007年第二輪相互評鑑指出我國前置犯罪之法定刑門檻規範過嚴，致洗錢犯罪難以追訴。為澈底打擊洗錢犯罪行為，並匡正前置犯罪之功能，修正本法第3條第1項本文為「特定犯罪」，並於第1款明定採取最輕本刑六月以上有期徒刑以上之刑之罪為規範門檻。

FATF40項建議要求各國之洗錢犯罪前置特定犯罪至少應包括其所列之特定犯罪，即包含參與組織犯罪、恐怖主義行為（包含資助恐怖主義）、販賣人口與移民偷渡、性剝削（包含兒童性剝削）、非法買賣毒品及麻醉藥品、非法買賣軍火、贓物販售、貪污行賄、詐騙、偽造貨幣、仿造品及產品剽竊、環保犯罪、謀殺及重傷害、綁架非法拘禁及強押人質、強盜或竊盜、走私、勒索、偽造、著作權侵害、內線交易及市場操作、稅務犯罪等類型。經檢視現行條文並審酌我國洗錢風險後，因多數罪名已可為第1款最輕本刑六個月以上含括，故增列第5款商標法第95條侵害商標或團體商標罪、第96條第1項侵害證明標章罪、第96條第2項販賣或意圖販賣而持有他人註冊證明標章之標籤罪；第6款廢棄物清理法第45條第1項後

段、第47條之罪；第7款稅捐稽徵法第41條詐術逃漏稅捐罪、第42條詐術未扣繳或未代徵稅捐罪及第43條第1項、第2項教唆或幫助詐術逃漏稅捐罪。

電子支付機構管理條例第47條已明定第44條及第45條之罪為本法第3條所定之重大犯罪；資恐防制法第10條亦明定第8條及第9條為本法所稱之重大犯罪。考量本法為洗錢防制專法，且已將「重大犯罪」用語更改為「特定犯罪」，爰將上開相關規定併予規範於第9款、第12款。

原第2項所列犯罪均須以犯罪所得達新臺幣500萬元以上，始屬本法所稱重大犯罪，其立法目的在合理限縮洗錢犯罪適用範圍。然2005年2月2日修正公布之刑法已刪除連續犯、常業犯規定，基於一罪一罰原則而分別認定行為人每次犯罪行為犯罪所得，致犯罪集團總犯罪金額龐大。惟因單一犯罪金額難以達新臺幣500萬元，非屬本法所稱重大犯罪，而無洗錢犯罪之適用。另參酌FATF40項建議第3項建議，就洗錢犯罪之前置特定犯罪，得以列舉特定犯罪類型，或以最重本刑一年以上有期徒刑之罪或最輕本刑六個月以上有期徒刑之罪方式規範，並無以犯罪所得之金額為規範方式，且APG於2007年相互評鑑時已具體指摘我國洗錢罪門檻過高。綜合上述，爰刪除本項犯罪所得在新臺幣500萬元以上之限制規定，將第2項第1款、第2款所列罪名酌修後，分別移列至修正條文第2款、第8款中規範，以茲明確[12]。

二、擴充洗錢行為定義（第2條）

2016年12月9日修正前本法第2條有關洗錢行為之定義，係分為自己洗錢罪及他人洗錢罪，差別實益在他人洗錢罪之刑度較諸自己洗錢罪為高，此種規範方式之基礎思考，是將自己洗錢罪等同贓物罪理解，認為洗錢只是事後處理贓物之行為，其可罰性較低。實際上，洗錢行為紊亂了正常之金融活動，間接影響整體國家、商業及民眾金融活動之效率及正確性，本身是對於金融秩序之一大挑釁，具有可罰性，至於為自己洗錢或為

---

12 參照本法第3條修正理由。

他人洗錢，至多是洗錢態樣不同，其破壞金融秩序之本質無異。又舊法明定之自己洗錢罪及他人洗錢罪，也未能完整包含洗錢行為之所有模式，因此2016年12月9日修正，不再以自己洗錢行為及他人洗錢行為作為規範樣態，而依照國際規範「防制洗錢金融行動工作組織」（Financial Action Task Force on Money Laundering，以下簡稱FATF）40項建議第3項建議，參採維也納公約及巴納摩公約規定，將洗錢行為之處置（placement）、多層化（layering）及整合（integration）等階段，均納入洗錢行為之定義，完整規範所有洗錢行為模式[13]。以下將2016年12月9日修正前、後之規定，分述如下：

（一）2016年12月9日修正前

2016年12月9日修正前本法（以下稱「舊法」）第2條規定，有關洗錢行為之定義：

1.掩飾或隱匿因自己重大犯罪所得財物或財產上利益者。例如：犯罪行為人將自己犯罪所得加以漂白之行為。

2.掩飾、收受、搬運、寄藏、故買或牙保他人因重大犯罪所得財物或財產上利益者。例如：他人明知是非法資金，卻仍為重大犯罪行為人漂白黑錢之行為。

（二）2016年12月9日修正後

2016年12月9日修正後本法（以下稱「新法」）第2條規定，本法所稱洗錢行為，包括下列三種行為態樣：

1.移轉或變更型（處置）：意圖掩飾或隱匿特定犯罪所得來源，或使他人逃避刑事追訴，而移轉或變更特定犯罪所得。

2.掩飾或隱匿型（多層化）：掩飾或隱匿特定犯罪所得之本質、來源、去向、所在、所有權、處分權或其他權益者。

3.收受、持有或使用型（整合）：收受、持有或使用他人之特定犯罪所得[14]。

---

[13] 蔡佩玲，〈洗錢防制法新法修正重點解析〉，《檢察新論》，21期，2017年1月，頁50-51。
[14] 蔡佩玲，前揭註13文，頁51。

　　鑑於舊法區分洗錢罪之類型有二：自己洗錢罪，及他人洗錢罪，被認為無法包括洗錢在處置、多層化及整合三階段內所有之犯罪類型[15]，故新法增訂持有、使用之洗錢態樣，例如：（1）知悉收受之財物為他人特定犯罪所得，為取得交易之獲利，仍收受該特定犯罪所得；（2）專業人士（如律師[16]或會計師）明知或可得而知收受之財物為客戶特定犯罪所得，仍收受之。

　　本法於2016年12月9日修正，係參酌英國犯罪收益法案第七章有關洗錢犯罪釋例，縱使是公開市場上合理價格交易，亦不影響洗錢行為之成立，判斷重點仍在於主觀上是否明知或可得而知所收受、持有或使用之標的為特定犯罪之所得。

三、明定洗錢犯罪不以前置犯罪有罪為必要（第4條）

　　本法第4條規定，本法所稱特定犯罪所得，指犯第3條所列之特定犯罪而取得或變得之財物或財產上利益及其孳息。前項特定犯罪所得之認定，不以其所犯特定犯罪經有罪判決為必要。

　　有關洗錢犯罪之追訴，主要係透過不法金流流動軌跡，發掘不法犯罪所得，經由洗錢犯罪追訴遏止犯罪誘因。因此，洗錢犯罪之追訴，不必然僅以特定犯罪本身經有罪判決確定為唯一認定方式。況洗錢犯罪以特定犯罪為前置要件，主要著眼於對不法金流軌跡之追查，合理建構其追訴基礎，與前置之特定犯罪成立與否，或是否有罪判決無關，故不以該特定犯罪行為經有罪判決為唯一證明方法。縱該特定犯罪行為因程序問題（如因被告經通緝而無法進行審判程序者）或其他原因（如被告因心神喪失）而無法或尚未取得有罪判決者，檢察官仍得以判決以外之其他積極事證證明財物或財產上利益屬特定犯罪所得。況FATF40項建議第3項建議，要求各國於進行洗錢犯罪之立法時，應明確規定「證明某資產是否為特定犯罪所

15　李傑清，前揭註5文，頁99。

16　若當事人以疑似洗錢交易之財產支付律師費用，律師是否該當洗錢罪等問題之詳細說明，請參閱李傑清，〈論我國律師收受源自重大犯罪所得之報酬是否成立洗錢罪〉，《律師雜誌》，320期，2006年5月，頁26-40。

得時，不須其前置特定犯罪經有罪判決為必要」且APG於2007年第二輪相互評鑑及其後進展分析報告中，均多次質疑我國未立法明定而有缺失，為因應上開國際組織建議，增訂本法第4條第2項規定「前項特定犯罪所得之認定，不以其所犯特定犯罪經有罪判決為必要」，以資明確[17]。

四、增訂特殊洗錢犯罪（車手條款）（第15條）

新法有關洗錢犯罪之處罰[18]，採不同之規範方式，分別為第14條「一般洗錢犯罪」及第15條「特殊洗錢犯罪」[19]。本法第15條第1項規定，收受、持有或使用之財物或財產上利益，有下列情形之一，而無合理來源且與收入顯不相當者，處六月以上五年以下有期徒刑，得併科新臺幣500萬元以下罰金：（一）冒名或以假名向金融機構申請開立帳戶；（二）以不正方法取得他人向金融機構申請開立之帳戶；（三）規避第7條至第10條所定洗錢防制程序。前項之未遂犯罰之。

此乃規範對違反洗錢防制規定而取得無合理來源且與收入顯不相當之財產或財產上利益之洗錢犯罪，遏止詐欺犯罪集團橫行[20]。洗錢犯罪之偵辦在具體個案中經常只見可疑金流，未必了解可疑金流所由來之犯罪行為，是以多數國家就洗錢犯罪之立法，多以具備前置犯罪為必要，以合理限制洗錢犯罪之成立，至於前置犯罪是否經判決有罪則非所問。亦即，只要有證據證明該可疑金流與特定犯罪有所連結即可，蓋從犯罪者之角度觀察，犯罪行為人為避免犯行遭查獲，會盡全力滅證，但對於犯罪之成果即犯罪所得，反而會盡全力維護，顯見洗錢犯罪之本質上本無從確知犯罪行為之存在，僅為合理限制洗錢犯罪之處罰，乃以不法金流與特定犯罪有連結為必要。然在不法金流未必可與特定犯罪進行連結，但依犯罪行為人取得該不法金流之方式，已明顯與洗錢防制規定相悖，有意規避洗錢防制規定，為落實洗錢防制，避免不法金流流動，對於規避洗錢防制規定而取得

---

17 參照本法第4條修正理由。
18 王皇玉，〈洗錢罪之研究—從實然面到規範面之檢驗〉，《政大法學評論》，132期，2013年4月，頁238-239。
19 蔡佩玲，前揭註13文，頁52。
20 林順益、邱錦添，前揭註10書，頁13。

不明財產者，亦應處罰，爰參考澳洲刑法立法例予以規範，增訂第15條第1項。惟此種特殊洗錢罪，應適度限制其適用範圍，定明其所收受、持有、使用之財產無合理來源，與收入顯不相當，且其取得以符合下列列舉之類型者為限：

（一）類型一：行為人冒名或以假名向金融機構申請開立之帳戶。行為人特別使用冒名或假名方式進行金融交易，規避金融機構之客戶審查機制，產生金流追蹤斷點，影響金融交易秩序，參酌澳洲刑法第400條第9項第2款第2目，於第1項第1款規定。

（二）類型二：行為人以不正方法取得他人向金融機構申請開立之帳戶。行為人雖未使用冒名或假名之方式為交易，然行為人以不正方法，例如：向無特殊信賴關係之他人租用、購買或施用詐術取得帳戶使用，製造金流斷點，妨礙金融秩序。此又以我國近年詐欺集團車手在臺以複製或收受包裹取得之提款卡大額提取詐騙款項案件為常見。況現今個人申請金融帳戶極為便利，行為人捨此而購買或租用帳戶，甚至詐取帳戶使用，顯具高度隱匿資產之動機，更助長洗錢犯罪發生，爰為第1項第2款規定。

（三）類型三：行為人以不正方法規避本法所定客戶審查、紀錄保存及大額與可疑交易申報及入出境申報等規範，例如：提供不實資料，或為規避現金交易50萬元以上即須進行大額通貨交易申報規定，刻意將單筆400萬元款項，拆解為10筆40萬元交易，顯亦有隱匿其資產用意，參酌澳洲刑法第400條第9項第2款第1目，爰為第1項第3款規定。

為澈底防制洗錢，第1項特殊洗錢罪之未遂行為，諸如車手提款時即為警查獲，連續在金融機構進行低於大額通報金額之金融交易過程中即為警查獲等情形，均應予以處罰，爰為第2項規定。

五、增訂洗錢沒收及擴大沒收規定（第18條）

本法第18條第1、2項規定，犯第14條之罪，其所移轉、變更、掩飾、隱匿、收受、取得、持有、使用之財物或財產上利益，沒收之；犯第15條之罪，其所收受、持有、使用之財物或財產上利益，亦同。

以集團性或常習性方式犯第14條或第15條之罪，有事實足以證明行

為人所得支配之前項規定以外之財物或財產上利益，係取自其他違法行為所得者，沒收之。

FATF40項建議之第4項建議，各國應立法允許沒收洗錢犯罪行為人洗錢行為標的之財產。原條文僅限於沒收犯罪所得財物或財產上利益，而未及於洗錢行為標的之財物或財產上利益，爰予修正，並配合104年12月30日修正公布之中華民國刑法，將追繳及抵償規定刪除。至於洗錢行為本身之犯罪所得或犯罪工具之沒收，以及發還被害人及善意第三人之保障等，應適用104年12月30日及105年6月22日修正公布之中華民國刑法沒收專章之規定。

我國近來司法實務常見吸金案件、跨境詐欺集團案件、跨國盜領集團案件等，對國內金融秩序造成相當大之衝擊，因其具有集團性或常習性等特性，且因集團性細膩分工，造成追訴不易。另常習性犯罪模式，影響民生甚鉅，共通點均係藉由洗錢行為獲取不法利得，戕害我國之資金金流秩序。惟司法實務上，縱於查獲時發現與本案無關，但與其他違法行為有關聯且無合理來源之財產，如不能沒收，將使洗錢防制成效難竟其功，且縱耗盡司法資源仍未能調查得悉可能來源，而無法沒收，產生犯罪誘因，而難以杜絕犯罪行為。為彰顯我國對於金流秩序公平正義之重視，而有引進擴大沒收之必要。所謂擴大沒收，係指就查獲被告本案違法行為時，亦發現被告有其他來源不明而可能來自其他不明違法行為之不法所得，雖無法確定來自特定之違法行為，仍可沒收之。因此，為杜絕不法金流橫行，如查獲以集團性或常習性方式之洗錢行為時，又查獲其他來源不明之不法財產時，參考2014歐盟沒收指令第5條、德國刑法第73d條、第261條、奧地利刑法第20b條第2項、第165條，增訂擴大沒收違法行為所得規定，爰增列第2項。

關於有事實足以證明被告財產違法來源之心證要求，參諸2014/42/EU歐盟沒收指令第5條及立法理由第21點指出，法院在具體個案上綜合檢察官所提出之直接證據、間接證據或情況證據，依個案權衡判斷，系爭財產實質上較可能源於其他違法行為。而法院在認定財產係源於其他不明違法行為時，所得參考之相關事實情況，例如行為人所得支配之財產價值與其

合法之收入不成比例，亦可作為源於其他違法行為之認定基礎[21]。

貳、金流軌跡透明化

建制透明化金流軌跡，係與相關行業關係最為密切之區塊。新法為能有效建立完善之監管體系，首先第5條擴大受管制之行業類別，第2項增列融資性租賃業，第3項並將律師、會計師、地政士及不動產經紀業、信託及公司服務業等一併納入新法架構中。其次，於第7條至第10條則就防制洗錢之相關措施為規定，第7條係課予受管制行業之客戶審查義務，且客戶之資料至少應保存五年；第8條係交易紀錄保存義務，亦有五年保存期限之要求；第9條係大量通貨交易申報義務，凡屬一定金額以上之交易，應向主管機關報告其內容；第10條則係可疑交易申報義務，一旦於交易過程中發現有洗錢嫌疑時，應向主管機關申報該筆交易[22]。

一、由金融機構擴大至非金融機構之事業及人員，均納入規範（第5條）

（一）金融機構

進入21世紀以來，洗錢犯罪活動已成為國際社會共同面臨之重大問題，尤其跨國、跨地區之洗錢犯罪活動[23]，甚多國家之金融機構均牽涉其中，因金融機構是經濟活動中資金流動之主要渠道及樞紐，其在為社會提供便捷之金融服務之同時，自然也為洗錢活動開啟了方便之門，渠等利用資金帳戶洗錢、利用金融市場上之交易行為洗錢、利用網路上銀行、手機銀行或ATM轉帳洗錢、利用外匯交易洗錢、利用投保方式掩飾洗錢、利用境內外金融機構之金融業務洗錢[24]。在實務上，金融機構之金融服務之

---

21 參照本法第18條修正理由。

22 方瑋晨，〈論新修正洗錢防制法對銀行法律遵循之影響—以兆豐案為觀察之起點〉，憲政法制（政策報告），2018年11月7日，取自〈www.taiwansig.tw/index.php〉，最後閱覽日：2019年4月15日。

23 有關跨國犯罪之詳細介紹，參照孟維德，《跨國犯罪》，五南圖書，2015年10月，修訂3版，頁109-110。

24 林順益、邱錦添，前揭註10書，頁41、42。

不斷改革與創新，客觀上也使洗錢犯罪手段也不斷翻新。因而為健全洗錢防制體系，金融機構應有確實履行法律規定之金融機構反洗錢之義務[25]。

金融機構是指專門從事與金融服務有關活動之金融仲介服務機構，依其性質劃分為多種類型。本法所稱金融機構，包括下列機構：

1. 銀行。

2. 信託投資公司。

3. 信用合作社。

4. 農會信用部。

5. 漁會信用部。

6. 全國農業金庫。

7. 辦理儲金匯兌、簡易人壽保險業務之郵政機構。

8. 票券金融公司。

9. 信用卡公司。

10. 保險公司。

11. 證券商。

12. 證券投資信託事業。

13. 證券金融事業。

14. 證券投資顧問事業。

15. 證券集中保管事業。

16. 期貨商。

17. 信託業。

18. 其他經目的事業主管機關指定之金融機構。

辦理融資性租賃、虛擬通貨平臺及交易業務之事業，適用本法關於金融機構之規定（參照本法第5條第1項、第2項）。

本法第5條第1項係採取列舉方式，明定金融機構之範圍，以資明

---

[25] 有關金融機構及其從業人員在防制洗錢之權責與義務之詳細說明，參照詹德恩，〈失能的犯罪防制機制──檢視洗錢防制法第8條〉，《法令月刊》，67卷9期，2016年9月，頁116以下；林漢堂，〈論金融機構及其從業人員防制洗錢之法律責任──以洗錢防制法第7條、第8條罰則規定之探討為主〉，《成大法學》，18期，2009年12月，頁235。

確。另於同條第2項明定，辦理融資性租賃、虛擬通貨平臺及交易業務之事業，適用本法關於金融機構之規定。因我國於2007年接受APG第二輪相互評鑑時，即經指出融資性租賃業未經納入洗錢防制法規範之金融活動。考量融資性租賃在近日金融活動中轉趨重要，且為洗錢態樣之一，風險趨高，因此增訂辦理融資性租賃業務之事業，適用本法關於金融機構之規定[26]。

　　此外，法務部為因應亞太防制洗錢組織（APG）2018年11月來臺評鑑，2018年11月2日本法修正，首度將虛擬通貨平臺及交易業務事業，納入洗錢防制法規範，並明訂，非金融業人員若違反洗錢防制，得處以5萬元以上、100萬元以下罰鍰。金融機構則會被處50萬元以上、1,000萬元以下罰鍰[27]。我國在2018年11月5日至16日接受亞太防制洗錢組織（APG）第三輪相互評鑑，力拼列入最高等級之「一般追蹤名單」。若我國未列入「一般追蹤名單」，將使臺灣資金匯出入大受影響、金融機構在海外之業務受到限縮、國人赴海外投資遭受嚴格審查等種種不利結果，國際聲譽也因此受到影響。因應虛擬貨幣發展、使用頻繁，修法也將虛擬通貨平臺及交易業務事業，納入洗錢防制法規範範圍；同時增訂洗錢防制法之域外效力，即便屬於外國之犯罪行為，只要在中華民國境內有洗錢行為，就會受到洗錢防制相關規範[28]。

（二）非金融機構之事業及人員

　　由於金融機構之金融服務不斷發展與創新，洗錢犯罪活動手段也不斷翻新，然由於金融機構受到政府之嚴格監督，其所作之預防和打擊洗錢犯罪活動，已促使不法分子意識到不能單純利用金融機構，而轉向非金融機

---

[26]　林順益、邱錦添，前揭註10書，頁40、41。

[27]　參照本法第6條第4項規定：「違反第一項規定未建立制度，或前項辦法中有關制度之實施內容、作業程序、執行措施之規定者，由中央目的事業主管機關限期令其改善，屆期未改善者，處金融機構新臺幣五十萬元以上一千萬元以下罰鍰；處指定之非金融事業或人員新臺幣五萬元以上一百萬元以下罰鍰。」

[28]　〈力拼APG評鑑！立院三讀洗錢防制法，虛擬貨幣也納管〉，《新頭殼newtalk》，2018年11月2日，取自〈https://newtalk.tw/news/view/2018-11-02/161347〉，最後閱覽日：2019年4月15日。

構之事業及人員從事洗錢活動，以減低風險。因此，新法修正，洗錢防制體系由金融機構擴大至非金融機構之事業及人員，以作綿密之監督[29]。

　　非金融機構之事業及人員，其日常經營活動內容範圍廣泛與大眾之物質文化生活密切相關，且普通以現金為交易方式，便利資金之移轉與取得，從洗錢犯罪活動之歷史觀察，最初洗錢犯罪活動，即係借助於非金融機構之事業及人員加以完成，例如早在20世紀初，美國芝加哥黑手黨即以從事毒品買賣、走私武器等犯罪活動，為掩飾犯罪所得來源及其收益性質，購買洗衣機開設洗衣服務，將犯罪所得混入正常營業所得，向當地稅務機關申報納稅，將犯罪所得「漂白」。又如有人利用從事政府職務上之便利，為多名請託人謀取工程，非法收取不法賄賂，然後以家人名義購買房產、珠寶，或以投資方式實施洗錢，其間也有透過地政業、會計師及家人等情形。從而，洗錢防制體系有由金融機構擴大至非金融機構之事業及人員之必要[30]。

　　參照FATF40項建議之第22、23項建議均指出，各國應將執業特性可能為洗錢行為所利用之非金融機構之事業及人員，包括律師、會計師、公證人、地政士及不動產經銷業、貴金屬珠寶業、信託及公司服務業等納入洗錢防制體系規範。我國先前因應2007年間第二輪相互評鑑，將銀樓業者納入洗錢防制法規範，至其他非金融機構之事業及人員，則僅透過內部倫理規範，以勸導性方式提升洗錢防制作為，而為第二輪相互評鑑報告結果指摘「中華臺北顯然未曾審慎考慮將非金融機構之事業及人員納入洗錢防制規範[31]」。

　　FATF40項建議之第22項建議，指出「特定非金融專業人員遇有下列狀況應遵循『第10項建議』客戶審查要求及『第11項建議』交易紀錄保存要求：1.賭場；2.不動產經紀人；3.貴金屬與寶石交易商；4.律師、公證人或其他獨立法律專業人士與會計師為客戶進行下列交易時：買賣不動產；管理客戶金錢、證券或其他資產；管理銀行、或證券帳戶；為公司設立、

29　林順益、邱錦添，前揭註10書，頁42。
30　林順益、邱錦添，前揭註10書，頁45。
31　蔡佩玲，前揭註13文，頁53。

營運或管理所需之資金安排（organization of contributions for the creation, operation or management of companies）；設立、營運或管理法人或信託或其他與信託類似之協議（creating, operating or management of legal persons or arrangements, and buying and selling of business entities）……」，第23項建議係非金融專業人員應適用申報可疑交易報告義務。因此，律師、公證人、其他獨立法律專業人員及會計師代理客戶或為客戶進行特定金融交易時，應負有客戶審查義務、交易紀錄保存義務，及申報可疑交易報告義務。惟舊法僅限於「機構」，而未及於自然人，為使相關機關得依法指定獨立執業之專業人士納入洗錢防制體系，因而將非金融事業或人員納入規範，至於實際適用內容，應參照上開國際規範精神認定，並於本法相關授權命令中明定，俾利遵循。另由法務部參考國際規範，評估我國洗錢態樣與風險，斟酌我國國情，對於未來其他業務特性或交易型態易為洗錢犯罪利用之事業及從業人員，得會同中央目的事業主管機關報請行政院指定之。

此外，增訂第5條第4項之理由如下：

1. 因第3項之指定對於特定之非金融事業或人員影響甚大，且涉及我國防制洗錢政策之決定，宜由本法主管機關法務部會同中央目的事業主管機關報請行政院指定。惟其事務涉司法院時，考量會同指定之機關層級對等，宜由行政院會同司法院指定之，爰於第7項明定其依據。

2. 依第2項指定之事業或人員，本質上非金融機構，僅因所從事之交易類型，或從業特性易為洗錢犯罪利用，而指定納入洗錢防制體系，其業務內容、交易型態及適用本法規定之範圍與金融機構並非全然相同，爰定明於指定時得一併指定其適用交易類型及第9條有關大額交易通報之排除適用，以資明確。

3. 交易類型之指定，例如銀樓業部分，原即為法律規定適用本法之業別，因我國國情文化，民眾有購買飾金供作佳節喜慶賀禮用途，相對於購買金磚金塊等，非屬洗錢高風險行為，可由中央目的事業主管機關於適用之交易型態類型內排除。

4. 有關第9條大額交易通報義務，並非一律適合適用於辦理融資性租

貸業務及非金融事業或人員，且國際規範有關非金融事業或人員之通報義務亦以可疑交易通報為必備要件。因此，法務部會同中央目的事業主管機關指定適用之事業及人員時，可依其交易態樣，指定排除第9條大額交易通報義務之適用。

從而，新法規定，本法所稱指定之非金融事業或人員，指從事下列交易之事業或人員：

1. 銀樓業。
2. 地政士及不動產經紀業從事與不動產買賣交易有關之行為。
3. 律師、公證人、會計師為客戶準備或進行下列交易時：
   （1）買賣不動產。
   （2）管理客戶金錢、證券或其他資產。
   （3）管理銀行、儲蓄或證券帳戶。
   （4）有關提供公司設立、營運或管理之資金籌劃。
   （5）法人或法律協議之設立、營運或管理以及買賣事業體。
4. 信託及公司服務提供業為客戶準備或進行下列交易時：
   （1）關於法人之籌備或設立事項。
   （2）擔任或安排他人擔任公司董事或秘書、合夥之合夥人或在其他法人組織之類似職位。
   （3）提供公司、合夥、信託、其他法人或協議註冊之辦公室、營業地址、居住所、通訊或管理地址。
   （4）擔任或安排他人擔任信託或其他類似契約性質之受託人或其他相同角色。
   （5）擔任或安排他人擔任實質持股股東。
5. 其他業務特性或交易型態易為洗錢犯罪利用之事業或從業人員。

第2項辦理融資性租賃、虛擬通貨平臺及交易業務事業之範圍、第3項第5款指定之非金融事業或人員，其適用之交易型態，及得不適用第9條第1項申報規定之前項各款事業或人員，由法務部會同中央目的事業主管機關報請行政院指定。

第1項金融機構、第2項辦理融資性租賃業務事業及第3項指定之非金

融事業或人員所從事之交易，必要時，得由法務部會同中央目的事業主管機關指定其使用現金以外之支付工具。

第1項、第2項及前2項之中央目的事業主管機關認定有疑義者，由行政院指定目的事業主管機關。

前3項之指定，其事務涉司法院者，由行政院會同司法院指定之（參照本法第5條第3項至第7項）。

二、全面要求客戶審查、交易紀錄保存、通報義務（第7-10條）

洗錢防制之國際規範FATF40項建議規範重點，包括金流透明、強化追訴、國際合作。其中金流透明之執行方式是透過踐履客戶審查程序（Customer Due Diligence）、保存交易紀錄，及通報義務完成，分述如下：

（一）全面要求客戶審查（第7條）

金融機構及指定之非金融事業或人員應進行確認客戶身分程序，並留存其確認客戶身分程序所得資料；其確認客戶身分程序應以風險為基礎，並應包括實質受益人之審查。

前項確認客戶身分程序所得資料，應自業務關係終止時起至少保存五年；臨時性交易者，應自臨時性交易終止時起至少保存五年。但法律另有較長保存期間規定者，從其規定（參照本法第7條）。

金融機構及指定之非金融事業或人員對現任或曾任國內外政府或國際組織重要政治性職務之客戶或受益人與其家庭成員及有密切關係之人，應以風險為基礎，執行加強客戶審查程序。確認客戶身分範圍、留存確認資料之範圍、程序、方式及前項加強客戶審查之範圍、程序、方式之辦法，由中央目的事業主管機關會商法務部及相關機關定之；於訂定前應徵詢相關公會之意見。前項重要政治性職務之人與其家庭成員及有密切關係之人之範圍，由法務部定之。違反第1項至第3項規定及前項所定辦法者，由中央目的事業主管機關處金融機構新臺幣50萬元以上1,000萬元以下罰鍰、處指定之非金融事業或人員新臺幣5萬元以上100萬元以下罰鍰。

所謂客戶審查程序是指了解客戶（know your customer），洗錢防制

第一線觀察金流動態之從業人員，應對客戶本身、客戶與交易之地緣關係、交易之內容等均有一定之了解。近幾年因應我國電信詐欺犯罪增多，政府力推金融機構進行客戶審查，避免人頭帳戶產生，因此金融機構面對開戶人與交易行欠缺地緣關係（如非上班地點、非住所地等），或是開戶者聲稱係為小孩使用，均強化審查力道，不予開戶或要求由子女本人到場，以降低人頭帳戶比率，成效卓著[32]。

確認客戶身分程序依FATF40項建議應以風險為本，並應包括實質受益人（Beneficial Owner）之審查。另FATF40項建議之第12項建議，金融機構對於擔任政治上重要職務之客戶或受益人與其家庭成員及有密切關係之人（close associates）等，除執行一般客戶審查措施外，應以風險為基礎，執行加強客戶審查程序。另依FATF40項建議第10項及第22項建議，無法完成客戶審查程序時，應不得開立帳戶、開始業務關係、執行交易，或應終止業務關係，並應考量對客戶申報可疑交易報告，是如第5條第1項至第3項之機構或人員因無法完成客戶審查程序而終止業務關係，或申報可疑交易報告並同時終止業務關係，均屬業務終止之正當事由。

考量各業別有其執業特性，主管機關於訂定前應徵詢相關公會之意見。違反規定及所定辦法者，應處金融機構及指定之非金融事業或人員之罰鍰，分別修正為新臺幣50萬元以上1,000萬元以下，及5萬元以上100萬元以下。

（二）交易紀錄保存（第8條）

金融機構及指定之非金融事業或人員因執行業務而辦理國內外交易，應留存必要交易紀錄。交易紀錄之保存，自交易完成時起，應至少保存5年。但法律另有較長保存期間規定者，從其規定。留存交易紀錄之適用交易範圍、程序、方式之辦法，由中央目的事業主管機關會商法務部及相關機關定之；於訂定前應徵詢相關公會之意見。

違反規定及所定辦法者，由中央目的事業主管機關處金融機構新臺幣50萬元以上1,000萬元以下罰鍰、處指定之非金融事業或人員新臺幣5萬元

---

32 蔡佩玲，前揭註13文，頁54-55。

以上100萬元以下罰鍰（參照本法第8條）。

FATF40項建議之第11項及第22項建議，金融機構及指定之非金融事業或人員對國內外交易所有必要紀錄，應至少保存五年，以確保迅速提供權責機關對相關資訊之請求；該相關交易紀錄須足以重建個別交易，並授權中央目的事業主管機關會商法務部及相關機關訂定留存交易紀錄之適用交易範圍、程序及方式之辦法。

（三）通報義務（第9、10條）

1.大額交易通報（第9條）

金融機構及指定之非金融事業或人員對於達一定金額以上之通貨交易，除本法另有規定外，應向法務部調查局申報。金融機構及指定之非金融事業或人員依前項規定為申報者，免除其業務上應保守秘密之義務。該機構或事業之負責人、董事、經理人及職員，亦同。第1項一定金額、通貨交易之範圍、種類、申報之範圍、方式、程序及其他應遵行事項之辦法，由中央目的事業主管機關會商法務部及相關機關定之；於訂定前應徵詢相關公會之意見。違反第1項規定或前項所定辦法中有關申報之範圍、方式、程序之規定者，由中央目的事業主管機關處金融機構新臺幣50萬元以上1,000萬元以下罰鍰；處指定之非金融事業或人員新臺幣5萬元以上100萬元以下罰鍰（參照本法第9條）。

依本法規定，金融機構同時負有通報可疑交易義務及大額通貨交易義務；又FATF40項建議之第21項建議，雖僅要求對金融機構依法通報可疑交易義務者予以免責，而未明確提及金融機關申報大額通貨交易之免責規定。惟金融機構依法申報可疑交易者，既得免除其業務上應保守秘密之義務，同理金融機構依本條申報大額通貨交易者，亦應免除其保守秘密義務，始得強化金融機構申報大額通貨交易報告義務。又有關大額交易通報，依國際規範，對於指定之非金融事業或人員而言，並非強制規定，但適用於指定非金融事業或人員時，應併予考量。

2.可疑交易通報（第10條）

金融機構及指定之非金融事業或人員對疑似犯第14條、第15條之罪

之交易，應向法務部調查局申報；其交易未完成者，亦同。金融機構及指定之非金融事業或人員依前項規定為申報者，免除其業務上應保守秘密之義務。該機構或事業之負責人、董事、經理人及職員，亦同。第1項之申報範圍、方式、程序及其他應遵行事項之辦法，由中央目的事業主管機關會商法務部及相關機關定之；於訂定前應徵詢相關公會之意見。前項、第6條第3項、第7條第4項、第8條第3項及前條第3項之辦法，其事務涉司法院者，由司法院會商行政院定之。違反第1項規定或第3項所定辦法中有關申報之範圍、方式、程序之規定者，由中央目的事業主管機關處金融機構新臺幣50萬元以上1,000萬元以下罰鍰；處指定之非金融事業或人員新臺幣5萬元以上100萬元以下罰鍰（參照本法第10條）。

依FATF40項建議之第23項建議，若指定之非金融事業或人員懷疑資金來源不法時，應儘速依法律規定，向金融情報中心申報該可疑交易。又依FATF40項建議之第10項及第22項建議，無法完成客戶審查程序時，應不得開立帳戶、開始業務關係、執行交易，或應終止業務關係，並應考量對客戶申報可疑交易報告[33]。

另依FATF40項建議之第21項及第23項建議，金融機構、指定之非金融事業或人員，及該機構或事業之董事、經理人及職員，於申報可疑交易報告時，應免除業務上應保守秘密義務。我國於申報義務考量國內現金基礎較高，定有大額交易申報強化措施，申報人員亦應免除保守秘密義務規範，現行得免除規範似僅限於機構、事業本身，為臻明確。又考量我國中小型商業型態居多，為免在無董事職務之商業型態未能完整規範，參諸商業登記法第10條、公司法第8條有關負責人之定義，於第2項後段併列機構或事業之負責人亦得免除業務上應保守秘密之義務。

三、客戶審查程序細緻化、實質受益人及高知名度政治人物加強審查（第7-10條）

本次修法不僅將客戶審查義務與交易紀錄保存義務改為原則性規

---

[33] 蔡佩玲，前揭註13文，頁50、51。

定，其中針對客戶審查義務之履踐，新法第7條更採細緻化規範方式包含以風險為本，且包括實質受益人（Beneficial Owner）審查、高知名度政治人物（Politically Exposed Persons，簡稱PEP）與其家庭成員、親信應加強審查。

在實質受益人部分，例如匯款人或受款人對象為法人時，應持續追蹤其持股名單至自然人股東名單。在高知名度政治人物之加強審查部分，針對客戶或受益人為現在或曾任國內外政府或國際組織重要政治性職務之本人、其家庭成員及親信，均應採加強審查措施。至於何謂高知名度政治人物，各國有不同之規範，新法第7條第4款後段：「前項重要政治性職務之人與其家庭成員及有密切關係之人之範圍，由法務部定之。」明定由法務部訂定授權命令。此即所謂「高知名度政治人物條款」，將使第一線人員執行客戶審查程序有所依據[34]。

四、強化邊境金流管制、擴大旅客入出境通關申報及通報義務（第12條）

FATF40項建議之第32項建議，要求各國應該有相關措施可以偵測現金和無記名可轉讓金融工具之跨國運送，包括憑藉申報制度或其他揭露制度。且各國應確保相關機關有法律授權，可以對被懷疑與洗錢有關或未據實申報、揭露之現金或無記名可轉讓金融工具能夠加以扣留及沒收。

原條文規定申報物品限於旅客攜帶外幣現鈔及有價證券，惟對於旅客攜帶新臺幣現鈔、黃金或一定金額以上有可能被利用做洗錢之金融商品，卻均無申報義務、處罰及沒入規定。為與國際洗錢防制立法趨勢接軌，並呼應國內執法機關實務上需求，爰修正第1項第1款增列新臺幣現鈔，並增訂第1項第3款、第4款申報義務之範圍。

香港澳門關係條例第33條第1項規定香港或澳門發行之幣券，在臺灣地區之管理準用管理外匯條例之有關規定。是其洗錢防制管理，自亦應比照外幣予以規範。入出境之物品，除經由旅客隨身攜帶入出境外，尚包含

34　蔡佩玲，前揭註13文，頁55。

貨物運送及郵件包裹寄送等途徑，而貨物運送若涉及進出口，雖亦有相關申報規定，惟如未依法申報，僅限於應稅貨物或管制物品有相關裁罰規定，為澈底防制利用通關進出口洗錢途徑。其以郵件包裹運送情形，依郵包物品進出口通關辦法第6條、第15條應辦理報關程序。

另有關新臺幣出入境，原條文係以有無依規定申報而為放行或沒入之；與中央銀行法係依有無超過限額而為是否予以退運而不同處理。為明確適用原則俾兼顧避免新臺幣國際化之行政管理目的及防制洗錢之立法目的，本法明文規範。

鑑於臺灣地區與大陸地區人民關係條例第38條及第92條規定，已就大陸地區發行之貨幣進出入臺灣地區定有相關規範，且明定該等貨幣僅限額內得進出入臺灣地區，與外幣入出境之管理，係以有無依規定申報而為放行或沒入之處理不同。為明確法規適用原則並兼顧防制洗錢之立法目的，定明大陸地區發行之貨幣進出入臺灣地區，應依上開條例相關規定辦理，並就總價值超過該條例所定限額時，規定海關應向法務部調查局通報。

依本法第12條規定，旅客或隨交通工具服務之人員出入境攜帶下列之物，應向海關申報；海關受理申報後，應向法務部調查局通報：

（一）總價值達一定金額以上之外幣、香港或澳門發行之貨幣及新臺幣現鈔。

（二）總面額達一定金額以上之有價證券。

（三）總價值達一定金額以上之黃金。

（四）其他總價值達一定金額以上，且有被利用進行洗錢之虞之物品。

以貨物運送、快遞、郵寄或其他相類之方法運送前項各款物品出入境者，亦同。

前揭之一定金額、有價證券、黃金、物品、受理申報與通報之範圍、程序及其他應遵行事項之辦法，由財政部會商法務部、中央銀行、金融監督管理委員會定之。

外幣、香港或澳門發行之貨幣未依規定申報者，由海關沒入之；申報

不實者，其超過申報部分由海關沒入之；有價證券、黃金、物品未依規定申報或申報不實者，由海關處以相當於未申報或申報不實之有價證券、黃金、物品價額之罰鍰。

新臺幣依規定申報者，超過中央銀行依中央銀行法第18條之1第1項所定限額部分，應予退運。未依規定申報者，由海關沒入之；申報不實者，其超過申報部分由海關沒入之，均不適用中央銀行法第18條之1第2項規定。

大陸地區發行之貨幣依規定方式出入境，應依臺灣地區與大陸地區人民關係條例相關規定辦理，總價值超過同條例第38條第5項所定限額時，海關應向法務部調查局通報。

附帶一提，為配合106年6月28日新修正之洗錢防制法實施，財政部修正旅客或隨交通工具服務之人員出入國境攜帶外幣現鈔或有價證券申報及通報辦法名稱為洗錢防制物品出入境申報及通報辦法，旅客或隨交通工具服務之人員入出境攜帶，及以貨物運送、快遞、郵寄或其他相類之方法運送下列現鈔或物品，應向海關申報：

（一）總價值逾新臺幣10萬元之現鈔。

（二）總價值逾人民幣2萬元之現鈔。

（三）總價值逾等值1萬美元之外幣、香港或澳門發行之貨幣現鈔。

（四）總面額逾等值1萬美元之有價證券。

（五）總價值逾等值2萬美元之黃金。

（六）鑽石、寶石及白金總價值逾等值新臺幣50萬元且超越自用目的，並有被利用進行洗錢之虞之物品。

新臺幣、人民幣、外幣及香港或澳門發行之貨幣，未申報或申報不實者依法沒入。有價證券、黃金、鑽石、寶石及白金等物品，未申報或申報不實者，處以相當於未申報或申報不實等價額之罰鍰。

參、健全洗錢防制體質

一、強化洗錢內控監督機制及教育訓練（第6、22條）

（一）強化洗錢內控監督機制及教育訓練（第6條）

配合105年7月27日公布施行之資恐防制法以及本法第11條有關高風險國家或地區之防制措施，金融機構有另訂相關注意事項以利執行之必要，定明金融機構應將所採取相關處分及措施之內部程序納入其防制洗錢注意事項。

為強化洗錢防制內控監督機制，依本法第6條規定，金融機構及指定之非金融事業或人員應依洗錢與資恐風險及業務規模，建立洗錢防制內部控制與稽核制度；其內容應包括下列事項：

1. 防制洗錢及打擊資恐之作業及控制程序。
2. 定期舉辦或參加防制洗錢之在職訓練。
3. 指派專責人員負責協調監督第1款事項之執行。
4. 備置並定期更新防制洗錢及打擊資恐風險評估報告。
5. 稽核程序。
6. 其他經中央目的事業主管機關指定之事項。

前揭制度之執行，中央目的事業主管機關應定期查核，並得委託其他機關（構）、法人或團體辦理。前揭制度之實施內容、作業程序、執行措施，前項查核之方式、受委託之資格條件及其他應遵行事項之辦法，由中央目的事業主管機關會商法務部及相關機關定之；於訂定前應徵詢相關公會之意見。

（二）明定主管機關之查核權及違反之法律效果（第6條）

我國為APG之會員，應踐履會員執行防制洗錢政策責任，依FATF40項建議之第1項建議，國家應持續更新國家洗錢風險評估[35]並採取策進作為，為使洗錢防制政策能持續性推行，定明中央目的事業主管機關之查核

---

[35] 有關洗錢風險評估之詳細敘述，請參照梁鴻烈，〈我國洗錢防制法之檢討與修正〉，《檢察新論》，21期，2017年1月，頁131-135。

權及違反之效果，並定明中央目的事業主管機關之查核權得委託其他機關（構）、法人或團體辦理。金融機構及指定之非金融事業或人員規避、拒絕或妨礙查核者，應處罰鍰。

違反規定未建立洗錢防制內部控制與稽核制度，或前揭辦法中有關制度之實施內容、作業程序、執行措施之規定者，由中央目的事業主管機關限期令其改善，屆期未改善者，處金融機構新臺幣50萬元以上1,000萬元以下罰鍰；處指定之非金融事業或人員新臺幣5萬元以上100萬元以下罰鍰。金融機構及指定之非金融事業或人員規避、拒絕或妨礙現地或非現地查核者，由中央目的事業主管機關處金融機構新臺幣50萬元以上500萬元以下罰鍰；處指定之非金融事業或人員新臺幣5萬元以上50萬元以下罰鍰（參照本法第6條）。

（三）查核裁處調查，主管機關得委辦地方政府辦理（第22條）

本法涉及防制洗錢注意事項之執行、客戶審查、交易紀錄保存、大額交易及可疑交易通報等義務之實踐。其執行層面包括高度監理之金融機構及低度監理之經指定之非金融事業或人員，為落實我國洗錢防制政策，並考量執行層面涉及各相關業別，為使中央目的事業主管機關得依據其推行政策執行查核與裁罰之實際需求，委辦地方政府辦理，並由地方政府定期陳報查核成效，定明委辦依據。

查核、裁處及其調查，中央目的事業主管機關得委辦直轄市、縣（市）政府辦理，並由直轄市、縣（市）政府定期陳報查核成效。依財政收支劃分法第37條第2項規定，中央目的事業主管機關委辦地方政府執行時，應負擔委辦經費（參照本法第22條）。

二、設置洗錢防制基金（第20條）

「任何人均不得坐享犯罪所得」係司法正義價值所在，實則，龐大之犯罪所得係犯罪主要誘因，且犯罪所得經由洗錢行為移轉變更、分層化後，造成追討困難，不僅未能遏止犯罪，司法正義亦難以實踐。考量追討犯罪所得涉及廣大資源運用，包括人力建置、金流分析、查扣鑑價、查扣物變價、沒收物管理、境外執行司法折衝費用、律師費用等諸多困難因

素，以及現行實務在跨境犯罪處理上往往有應發還之跨境被害人不明而影響發還時程之情形，參酌美國、英國等國均有基金法制，於犯罪所得追討之運用成效卓著，為提升追討犯罪所得效能，充實執法機關執行此類特殊業務所需經費，並使現有跨境犯罪之贓款發還被害人流程標準化，參酌美國聯邦法典第二十八章第524條規定，定明法務部得設置基金。從而，依本法第20條規定，法務部辦理防制洗錢業務，得設置基金。

肆、加強國際合作

鑑於洗錢犯罪行為多係橫跨多國所為，國際間如何相互合作實至關重要，未有妥適之合作，恐於金流追查之過程中發生斷裂。因此，於新法第19條第2項明定犯罪所得撥交他國之制度，以及第21條情報互相交換之機制等，以利跨國間打擊洗錢犯罪行為，透過對金源流動之管制，降低行為人犯罪之可能[36]。

一、明定防制洗錢及打擊資恐之法源（第11條）

依據FATF40項建議之第19項建議與註釋，對於高風險國家，各國應能夠要求或獨立採取適當防制措施（counter-measure），此等防制措施包含要求金融機構運用特定之強化客戶審查措施、對於與被列名國家或該國個人之業務往來關係或金融交易予以限制、禁止金融機構信賴位於被列名國家之第三者所為之客戶審查程序、要求金融機構審查、修正或在必要情形下終止與列名國家金融機構之通匯關係等。

目前我國對於防止FATF所列明之高風險國家，僅依據原條文第8條與金融機構對達一定金額以上通貨交易及疑似洗錢交易申報辦法第7條第4款規定進行疑似洗錢交易申報，未獨立採取高風險國家防制措施，與前開建議規範未符。考量現行高風險國家名單均係由法務部調查局轉知，爰定明金融目的事業主管機關得要求金融機構採取與風險相當且有效之防制措施

---

36 方瑋晨，前揭註22文。

之明確法源依據[37]。

依本法第11條規定，為配合防制洗錢及打擊資恐之國際合作，金融目的事業主管機關及指定之非金融事業或人員之中央目的事業主管機關得自行或經法務部調查局通報，對洗錢或資恐高風險國家或地區，為下列措施：

（一）令金融機構、指定之非金融事業或人員強化相關交易之確認客戶身分措施。

（二）限制或禁止金融機構、指定之非金融事業或人員與洗錢或資恐高風險國家或地區為匯款或其他交易。

（三）採取其他與風險相當且有效之必要防制措施。

前揭所稱洗錢或資恐高風險國家或地區，指下列之一者：

（一）經國際防制洗錢組織公告防制洗錢及打擊資恐有嚴重缺失之國家或地區。

（二）經國際防制洗錢組織公告未遵循或未充分遵循國際防制洗錢組織建議之國家或地區。

（三）其他有具體事證認有洗錢及資恐高風險之國家或地區。

二、沒收洗錢犯罪所得之返還與分享（第19條）

聯合國反貪腐公約第57條明定有關國際互助追討犯罪所得之返還與分享。惟原條文之規範僅在外國政府、機構或國際組織協助我國執行沒收時，可由法務部撥交全部或一部款項予協助方，然就我國協助外國政府、外國機構或國際組織執行沒收場合，卻無具體請求分享規範，使實務運作無從遵循，故應可由法務部向受協助之外國政府、機構或國際組織請求國際分享，在我國與外國政府、機構或國際組織互為協助之情形，均有沒收分享機制之適用；又國際合作追討犯罪所得之法制規定不盡相同，如英美法系國家在刑事沒收制度外，多設有民事沒收之對物訴訟制度，為利國際合作，沒收分享制度不應限於執行沒收犯罪所得，亦應包含其他追討犯罪

---

37 參照本法第11條增訂理由。

所得之作為在內。

　　犯本法之罪沒收之犯罪所得為現金或有價證券以外之財物者，得由法務部撥交檢察機關、司法警察機關或其他協助查緝洗錢犯罪之機關作公務上使用。我國與外國政府、機構或國際組織依所簽訂之條約或協定或基於互惠原則協助執行沒收犯罪所得或其他追討犯罪所得作為者，法務部得依條約、協定或互惠原則將該沒收財產之全部或一部撥交該外國政府、機構或國際組織，或請求撥交沒收財產之全部或一部款項。沒收財產之撥交辦法，由行政院定之（參照本法第19條）。

三、強化我國與國際之洗錢防制合作（第21條）

　　為防制洗錢，政府依互惠原則，得與外國政府、機構或國際組織簽訂防制洗錢之條約或協定。對於外國政府、機構或國際組織請求我國協助之案件，除條約或協定另有規定者外，得基於互惠原則，提供受理申報或通報之資料及其調查結果。

　　此外，為強化臺灣地區與大陸地區、香港及澳門間之洗錢防制合作，準用前揭規定，亦得本於互惠原則，簽訂防制洗錢之協定，並得為情資交換（參照本法第21條）。

伍、本法洗錢刑責規定

一、固有洗錢罪（第14、16條）

（一）第14條

　　有第2條各款所列洗錢行為者，處七年以下有期徒刑，併科新臺幣500萬元以下罰金。

　　前項之未遂犯罰之。

　　前二項情形，不得科以超過其特定犯罪所定最重本刑之刑。

（二）第16條

　　法人之代表人、代理人、受雇人或其他從業人員，因執行業務犯前二條之罪者，除處罰行為人外，對該法人並科以各該條所定之罰金。

犯前二條之罪，在偵查或審判中自白者，減輕其刑。

前二條之罪，於中華民國人民在中華民國領域外犯罪者，適用之。

第14條之罪，不以本法所定特定犯罪之行為或結果在中華民國領域內為必要。但該特定犯罪依行為地之法律不罰者，不在此限。

二、特殊洗錢罪（第15條）

收受、持有或使用之財物或財產上利益，有下列情形之一，而無合理來源且與收入顯不相當者，處六月以上五年以下有期徒刑，得併科新臺幣500萬元以下罰金：

（一）冒名或以假名向金融機構申請開立帳戶。

（二）以不正方法取得他人向金融機構申請開立之帳戶。

（三）規避第7條至第10條所定洗錢防制程序。

前項之未遂犯罰之。

三、不法所得資產之凍結（第13條）

檢察官於偵查中，有事實足認被告利用帳戶、匯款、通貨或其他支付工具犯第14條及第15條之罪者，得聲請該管法院指定六個月以內之期間，對該筆交易之財產為禁止提款、轉帳、付款、交付、轉讓或其他必要處分之命令。其情況急迫，有相當理由足認非立即為上開命令，不能保全得沒收之財產或證據者，檢察官得逕命執行之。但應於執行後三日內，聲請法院補發命令。法院如不於三日內補發或檢察官未於執行後三日內聲請法院補發命令者，應即停止執行。

前項禁止提款、轉帳、付款、交付、轉讓或其他必要處分之命令，法官於審判中得依職權為之。

前二項命令，應以書面為之，並準用刑事訴訟法第128條規定。

第1項之指定期間如有繼續延長之必要者，檢察官應檢附具體理由，至遲於期間屆滿之前五日聲請該管法院裁定。但延長期間不得逾六個月，並以延長一次為限。

對於外國政府、機構或國際組織依第21條所簽訂之條約或協定或基於互惠原則請求我國協助之案件，如所涉之犯罪行為符合第3條所列之

罪，雖非在我國偵查或審判中者，亦得準用前四項規定。

對第1項、第2項之命令、第4項之裁定不服者，準用刑事訴訟法第四編抗告之規定。

四、洩密罪（第17條）

公務員洩漏或交付關於申報疑似犯第14條、第15條之罪之交易或犯第14條、第15條之罪嫌疑之文書、圖畫、消息或物品者，處三年以下有期徒刑。

第5條第1項至第3項不具公務員身分之人洩漏或交付關於申報疑似犯第14條、第15條之罪之交易或犯第14條、第15條之罪嫌疑之文書、圖畫、消息或物品者，處二年以下有期徒刑、拘役或新臺幣50萬元以下罰金。

五、沒收（第18條）

犯第14條之罪，其所移轉、變更、掩飾、隱匿、收受、取得、持有、使用之財物或財產上利益，沒收之；犯第15條之罪，其所收受、持有、使用之財物或財產上利益，亦同。

以集團性或常習性方式犯第14條或第15條之罪，有事實足以證明行為人所得支配之前項規定以外之財物或財產上利益，係取自其他違法行為所得者，沒收之。

對於外國政府、機構或國際組織依第21條所簽訂之條約或協定或基於互惠原則，請求我國協助執行扣押[38]或沒收之案件，如所涉之犯罪行為符合第3條所列之罪，不以在我國偵查或審判中者為限。

---

[38] 有關犯罪所得及扣押之詳細敘述，請參閱林俊杰，〈論犯罪所得及得為證據物品之扣押〉，中正大學法律學系碩士論文，2013年7月，頁57-58。

第五節 本法之爭議問題

壹、舉證責任反置，有矯枉過正之嫌

2016年12月9日本法修正，洗錢防制法第18條第2項規定「以集團性或常習性方式犯洗錢罪者，有事實足以證明行為人所得支配之財產或財產上利益，係取自其他違法行為所得者，沒收之」，意指特針對未來如詐欺犯罪集團，以集團性、常習性方式犯洗錢罪者，除犯罪所得財物外，其他可疑之不法利得也將「擴大沒收」[39]，除非犯罪嫌疑人提出證明收入合法才能返還。新法修正後將「舉證責任倒置」，即使檢調單位查獲與特定犯罪無關，但與其他違法行為有關聯且無合理來源之財產時，將可以「擴大沒收」，犯罪行為人須提出反證才能返還。

本法修正增列「擴大沒收」機制，且採「舉證責任反置」，無異採取「抄家式」財產沒收，非但違反憲法及刑法上「無罪推定」、「不自證己罪」、「正當法律程序」、「罪責」、「罪刑均衡」、「刑止一身」等原則[40]。刑法或特別刑法之主要處罰原則，係建構在以法定原則為指導之行為刑法與罪責原則之上。如純為防衛社會，或基於一般或特別犯罪目的，對於刑罰一味加重，採「抄家式」沒收，其後果將使得人民之法律價值與法律情感鈍化，使得國家法治不再是法治，而僅將「以法治國」導向「以刑治國」之毀滅道路罷了[41]，因此，過當或不必要之刑事處罰，不僅無法確認法規範意識，反倒會引起更大之動亂，這是犯罪學古典學派大師貝加利亞於兩百年前之啟示，所以，當權者不僅是要留意在平時處理犯罪問題時會不會反應過當而引起社會動盪[42]，不當之刑罰，很可能為極權主義造

---

39 陳炎輝，〈從兆豐銀行弊案淺述洗錢防制法修正方向〉，《政風月刊》，廉政法令宣導，2017年2月，頁8-11。

40 鄧湘全，〈防制組織犯罪所採取擴大沒收制度之檢討〉，《刑事法雜誌》，42卷4期，1998年8月，頁36以下。

41 柯耀程，〈刑罰相關規定之修正方向—刑法修正草案提高刑度及累犯修法之評釋〉，《月旦法學雜誌》，92期，2003年1月，頁76。

42 李茂生，〈論刑法部分條文修正草案中保安處分相關規定〉，《月旦法學雜誌》，93期，2003年2月，頁106以下。

橋鋪路而不自知,政治或法律哲學上給集權主義合理化,給多數暴力提供藉口[43]。

另一個重點,特定洗錢行為之舉證責任反置,從檢警轉移到當事人身上,是洗錢之一部分「舉證責任」轉移了。過去,洗錢舉證責任在檢警身上,也就是檢警需要找到證據,確認當事人有重大犯罪之嫌,並且藉由重大犯罪來獲取不法所得,才能稱之為「洗錢」。但國際上之作法是,只要發現有不合理之資金或交易,就可能會認為對方有洗錢疑慮,因此將舉證責任歸給當事人,如果當事人無法解釋資產或交易來源時,就可能被認為有洗錢嫌疑。因為從司法實務上來說,要認定當事人有重大犯罪較難,但是查出不合理之金錢流動,比較容易。新增洗錢防制法將一部分之舉證責任,轉移到當事人身上。只要是透過以假名開戶、以不正方式取得他人帳戶等方式取得財物,舉證責任就在當事人身上。偵辦洗錢犯罪時,常常只有見到可疑金流,但是未必了解這筆可疑金流是從何犯罪行為而來。因此,修法後當事人必須主動證明可疑金流之合理來源,否則檢警可以認為當事人可能有洗錢嫌疑。修法後,減輕了檢警之舉證責任。舉證責任轉移到當事人身上,有助於防制洗錢犯罪。新法修正增訂「車手條款」及「人頭帳戶條款[44]」刑度不輕,但有些人之所以從事詐騙,不論是車手還是人頭戶,多是屬於社會較為弱勢或不諳世事之年輕族群,是因為本身是經濟弱勢、迫不得已、或無知,如果用這條洗錢罪懲處,恐怕過於嚴格,有矯枉過正之嫌[45],對於這類人,嚴刑峻罰是否有其必要性[46],或可以達到目的,恐怕要打上一個大大之問號[47]。

---

[43] 林東茂,〈刑事政策與自由主義〉,《甘添貴教授六秩祝壽論文集—刑事法學之理想與探索(四)》,學林文化,2002年,1版,頁18。

[44] 慶啟人,〈如何防制人頭帳戶成為洗錢管道芻議〉,《國會月刊》,35卷4期,2007年4月,頁71-95。

[45] 中華開發金控公司法遵長詹德恩是國內少數兼具理論實務洗錢防制專家學者,對此懇切提出呼籲。〈參照洗錢防制法修正,首將擴大沒收納入新制〉,《匯流新聞網》,2016年11月5日,取自〈https://cnews.com.tw/〉,最後閱覽日:2019年4月15日。

[46] 詹德恩、林佳儀,〈嚴刑峻罰真能防制洗錢?這裡有詳細敘述〉,《檢察新論》,21期,2017年1月,頁119-120。

[47] 行政院,政策與計畫,熱門議題,〈洗錢防制法修正—健全洗錢防制體系,接軌國際〉,2017年1月23日,取自〈http://www.ey.gov.tw/hot_topic.aspx?n=E14C7319776814F3&sms=CA44

貳、增列「擴大沒收」機制，突顯「為刑而刑」之錯置 現象

為了加強遏止食安犯罪[48]，防杜沒收法制上之漏洞，104年11月刑法修正所謂的「大統條款、頂新條款」，且明定自105年7月1日起施行。修法後刑法沒收制度乃有重大變革，除新增「沒收」專章，並把「沒收」修正為獨立性之法律效果，並擴大沒收客體及主體等，導致沒收本質上之質變。刑法修正重點包括：一、重新定位沒收本質，沒收係刑罰與保安處分以外之獨立法律效果，揚棄過往「主刑與從刑不可分原則」；二、擴大犯罪所得沒收範圍，並及於第三人；三、於被告死亡、逃匿經通緝等情形，亦可單獨宣告沒收[49]。

刑法將「沒收」修正為具獨立性之法律效果，和非拘束人身自由之保安處分一樣，適用「裁判時」之法律，並且新增「沒收」專章，不一定要有主刑，可單獨宣告沒收。沒收修正後，沒收定性為從刑，違禁物與犯罪工具之沒收係為預防再供作犯罪使用，影響社會治安，而犯罪所得之沒收係避免任何人坐享犯罪所得而失公平正義，並遏阻犯罪誘因，又沒收之性質，應依其規範目的定之，即因沒收標的物性質及其所有權歸屬之不同，或為刑罰，或為保安處分，或為準不當得利之衡平措施，或兼具上開不同性質，沒收修正為具獨立性之法律效果，將第38條至第40條之2相關沒收規定，獨立列於第五章之一，章名為「沒收」，其將沒收性質定性為具有獨立性，新列第五章之一；刪除沒收、追徵、追繳或抵償為從刑之規定（修正條文第34條）；增訂替代沒收之追徵規定，亦即統一沒收之替代手段為追徵（修正條文第38條、第38條之1），修法後不論沒收或追徵之性質均非屬從刑；另增訂於無主刑存在時，亦得單獨宣告沒收，修正後刑法第40條明定：「沒收，除有特別規定者外，於裁判時併宣告之。違禁

2E2D3CA6D504〉，最後閱覽日：2019年4月15日。

48 薛智仁，〈犯罪所得沒收制度之典範？—評析食安法第49條之1之修正〉，《臺大法學論叢》，44卷特刊，2015年11月，頁1329。

49 林宗志，〈論犯罪資產之沒收與保全—以第三人正當權利為中心〉，《輔仁法學》，48期，頁206-218。

物或專科沒收之物得單獨宣告沒收。第三十八條第二項、第三項之物、第三十八條之一第一項、第二項之犯罪所得，因事實上或法律上原因未能追訴犯罪行為人之犯罪或判決有罪者，得單獨宣告沒收。」

　　基於沒收本質的改變，相關規範也連帶隨著發生變動，例如：從刑僅剩下「褫奪公權」一種（刑法第36條參照）、將宣告多數沒收自數罪併罰中刪除（刑法第51條參照）、緩刑之效力除不及於從刑與保安處分之宣告外，亦不及於沒收之宣告，因沒收定性為具獨立性之法律效果，與暫不執行為適當之緩刑本旨不合，應不受緩刑宣告之影響，修正緩刑之效力不及於沒收（刑法第74條第4項參照）；另沒收雖非從刑，然長期不宣告沒收或不予執行，有礙於法秩序之安定性，增訂沒收之時效及執行期間，並刪除專科沒收之行刑權時效規定（修正條文第40條之2、第84條）。凡此種種，均宣示沒收既非刑罰，亦非保安處分，修法後沒收定性為具獨立性之法律效果。

　　本法修正增列「擴大沒收」機制，除突顯「為刑而刑」之錯置現象[50]外，欲以此達成抗制詐欺電信犯罪之效果，恐怕僅是緣木求魚罷了，更突顯政府對抗制詐欺電信犯罪已無能為力。

　　沒收修法後刑法沒收制度雖有重大變革，除新增「沒收」專章，並把「沒收」修正為獨立性之法律效果[51]，並擴大沒收客體及主體等，導致沒收本質上之質變。但沒收本質上不無一般預防或特別預防之目的，具有「類似刑罰」之性質[52]。沒收制度中「沒收犯罪所得」才是真正與唯一之剝奪犯罪不法利益之正當性手段。原則上「沒收犯罪所得」係基於追

---

[50] 我國近一、二十年來的刑事政策之走向應定位為「從寬容走向嚴格的刑事政策」，參照林山田，〈刑法改革與刑事立法政策—兼評2002年刑法部分條文修正案〉，《月旦法學雜誌》，92期，2003年1月，頁12。

[51] 向來以對人之刑事制裁為主要思考，而忽略對物（財產）之刑事制裁，從而將沒收定位為從刑與屬人性，導致司法實務無力爭奪不法所得之困境，使犯罪變得有利可圖，無法抗制犯罪、無法預防犯罪，故提出現行刑法對沒收制度之二大錯誤：1.沒收定性錯誤；2.沒收適用範圍限制之錯誤。參照柯耀程，《犯罪不法利益剝奪手段的檢討與重建》，一品文化，2015年10月，初版，頁68以下。

[52] Karl Lackner, a.a.O., § 74, Anm. La.

求犯罪預防之公益目的,「沒收犯罪所得[53]」屬於一種「準狀態衡平之措施」,犯罪所得沒收固然是借鏡民法之不當得利制度,但是,在法律性質上不完全等於民法之不當得利,而僅止於類似不當得利返還之衡平措施[54],利得沒收是一種與透過訴訟程序要求返還不法取得之物類似之國家高權行為,其法律性質是一種「準不當得利之衡平措施」,本質上非屬刑罰,自不適用嚴格證明法則[55],但是對於犯罪行為人而言,仍有可能產生「類刑罰反射作用」。沒收不法所得定位在恢復法秩序之功能,亦即經由不法行為導致之財產變動牴觸法秩序,利得沒收之直接目的在於將財產之分配回復到合法財產秩序之狀態[56],以及任何人皆不得保有不法獲利,其作為類似不當得利之衡平措施(而不是刑罰[57]),在適用上當然及於第三人不法獲利之情形[58]。同時,亦將被告投入之成本及費用,視為犯罪行為之一部,沒收不法所得則有可能被理解為以(積極之)一般預防為目的之刑罰手段。換言之,沒收不法所得作為一種刑罰手段,其功能一方面是為了回復遭行為人破壞之法秩序;另一方面,將犯罪行為人投入之成本及費用,均視為犯罪內容而加以沒收,則有必要符合不法與罪責之衡平意義[59]。

---

[53] 有關犯罪所得沒收之詳細敘述,參照許恒達,〈非定罪之犯罪所得沒收—借鏡德國法制〉,《刑事政策與犯罪研究論文集(17)》,法務部司法官學院,2014年10月,頁19-35。

[54] 余麗貞,〈刑法沒收新制簡介〉,105年度刑法沒收新制講習會,法務部主辦,2016年3-10月,頁5。

[55] 新刑法第38條之2立法理由;林鈺雄,〈利得沒收新法之審查體系與解釋適用〉,《月旦法學雜誌》,251期,2016年4月,頁11。

[56] 王玉全,〈犯罪成本之沒收—以德國法之總額原則為借鏡〉,刑事沒收新制的挑戰研討會,法務部、台灣法學會、刑事法研究會等主辦,2016年4月22日,頁2。

[57] 犯罪所得沒收其性質究為刑罰或類似不當得利之衡平措施之詳細敘述,參照薛智仁,〈販賣毒品罪之犯罪所得沒收範圍—最高法院100年度台上字第842號判決〉,《台灣法學雜誌》,224期,2013年5月,頁64-65。

[58] 林鈺雄,〈法人犯罪及不法利得之沒收—評大統混油案刑事判決〉,《台灣法學雜誌》,261期,2014年12月,頁109;許澤天,〈樂見非常上訴帶來利得沒收本質釐清的契機〉,《台灣法學雜誌》,265期,2015年2月,頁8;陳重言,〈簡評大統混油案之非常上訴—啟動沒收機裁的觀念改造工程〉,《台灣法學雜誌》,265期,2015年2月,頁88。

[59] 古承宗,〈財產刑罰作為「剝奪不法利益」之手段—兩岸(財產)刑罰制度比較〉,《軍法專刊》,55卷4期,2009年8月,頁132。

　　沒收除了應考量犯罪行為之責任原則外，並且要考量「適當性原則」，換言之，沒收應考量主刑與沒收之累積損害，不得超越責任平衡之限度，故如沒收之結果與犯罪情節所應受之非難相較，顯然過當者，不得逾知沒收[60]，亦即應受「超量禁止原則」之嚴格拘束。換言之，對於行為人而言，其所受之處罰，將形成累積效應[61]。我國刑法雖無「適當性原則」之明文，但法理上應受「刑法謙抑思想」、「刑罰最後手段原則」之支配，乃屬當然；另沒收「情勢適當原則」是一項憲法保障財產權之精神下分離出來之法則，為貫徹人權保障之終極目標，立法上及司法實務上均有加以注意實踐之價值[62]。

參、缺乏一致性之保護法益

　　就國際防制洗錢基準所制定之前置犯罪，不斷擴增之結果，事實上不僅難以突顯防制洗錢法制原本是對抗毒品等重大犯罪及組織犯罪之主要目的，同時亦無法清楚呈現其擴充至包含財產犯罪在內一切犯罪之明確界線，作為防制洗錢罪國際基準之FATF40項建議在事實上根本沒有主要或確定之單一法益，充其量只是企圖將重大犯罪或特定犯罪所有可能之保護法益均欲涵蓋在內所形成具有多元、複合或相互重疊之保護法益，且在實質上欠缺其所強調保護法益之清楚輪廓，故造成依照FATF40項建議所制定之各國洗錢罪缺乏一致性之保護法益。「40項建議（修正版）」之內容，主要是基於一般預防（威嚇）及特別預防（制裁）之考量，故為確保其有效性，不斷在刑事程序法及實體法方面多所建議，事實上並無明確且主要之保護法益[63]。

60　德國刑法第74條b參照，其適用情形雖為判決時屬於犯人及其共犯者所有，供犯罪之物或犯罪所得或所生之物所為之沒收，參閱蘇俊雄，〈論共犯之責任共同原則對沒收宣告之適用性問題—評最高法院88年度台上字第6234號刑事判決〉，《月旦法學雜誌》，66期，2000年11月，頁204。

61　有關刑罰與保安處分之詳細介述，參照柯耀程，〈重刑化犯罪抗治構想的隱憂與省思〉，《變動中的刑法思想》，1999年，初版，頁458。

62　蘇俊雄，〈論共犯之責任共同原則對沒收宣告之適用性問題—評最高法院88年度台上字第6234號刑事判決〉，《月旦法學雜誌》，66期，2000年11月，頁204。

63　李傑清，前揭註1書，頁48。

　　洗錢罪與前置犯罪之連結，有其相互間之因果關係及合理性，但該建議似乎企圖將所有可能之犯罪皆列為前置犯罪之立法方式，不斷擴大洗錢罪構成要件之結果，不利於刑法法益機能之發揮，亦可能促成以確保保護法益有效性為由，形成將廣泛一般行為均予犯罪化之危險[64]。

　　事實上，不論德國、我國之洗錢犯罪，打擊層面上早已逸脫抗制毒品犯罪與組織犯罪，包山包海之「前置犯罪[65]」，不論與洗錢之間之關聯性高低，均得以揭露所有可能之上游犯罪之相關資產，進一步予以沒收、追訴。如此立法恐難達成洗錢防制法之立法目的，2016年12月9日修法為了與國際接軌，一味地迎合FATF40項建議標準[66]，不但與法治國刑法之罪責原則及行為刑法完全不相容，甚且刑法體系及其基礎原則都要付出極高之代價，甚至崩解，仍難跳脫重刑化抗制犯罪效應之迷思[67]。洗錢防制法除「防制洗錢」外，尚有「打擊犯罪」之立法目的，即可驗證立法者企圖一網打盡所有犯罪之期待。然而這種刑事立法重刑化，具有處罰早期化、嚴格化及擴大化之傾向[68]，完全不顧刑罰對於洗錢風險之無能為力或補充性角色，只是赤裸裸地利用無效之刑罰，推卸國家洗錢防制之義務[69]。

---

64 李傑清，前揭註1書，頁48-49。
65 參照本法第3條立法理由第3點。
66 我國試圖透過此次擴大洗錢防制法之管制範圍與強度，澈底翻新陳舊規範，提高打擊洗錢犯罪行為之效果，並合乎FATF之標準。最終期能通過2018年APG之相互評鑑，否則一旦被認定為高風險洗錢國家，恐對我國對外貿易形成致命性之打擊。新修正之洗錢防制法固引起多方關注，例如首次遭納入監控體系之律師與會計師，未來應如何於保密義務與可疑交易申報義務間取得平衡點，以及此類行業又應如何建構法令遵循機制，均係備受探究之處，相關討論參照許順雄、許斯雁，〈會計師及律師因應新版洗錢防制法之實務〉，《會計研究月刊》，2017年9月，頁72以下；楊演松，〈會計師應客戶要求保管財物與洗錢防制之探討〉，《會計師季刊》，2017年9月，頁43以下；許筱欣、王聰宇，〈律師作為洗錢防制法令之規範對象：德國法制簡介〉，《全國律師》，20卷10期，頁42以下；另有關防制洗錢國際組織及標準與相互評鑑之詳細說明，參照徐萃文，〈金融機構之防制洗錢監理〉，《檢察新論》，21期，2017年1月，頁124-130。
67 有關重刑化抗制犯罪之詳細敘述，參照盧映潔，〈法律人的老調新彈—論重刑思考〉，《甘添貴教授六秩祝壽論文集—刑事法學之理想與探索》，學林文化，2002年，頁183；柯耀程，〈刑罰相關規定之修正方向—刑法修正草案提高刑度及累犯修法之評釋〉，《月旦法學雜誌》，92期，2003年1月，頁73。
68 高橋則夫，〈刑事的保護早期化刑法限界〉，《法律時報》，75卷2號，2003年，頁15-16。
69 古承宗，〈刑法作為保障食品安全之手段—兼評彰化地方法院矚易字第1號判決、臺灣高等法院臺中分院101年度矚上易字第295號判決〉，《台灣法學雜誌》，261期，2014年12月，

肆、防制洗錢掛萬漏一，會有排擠效應

　　洗錢罪前置犯罪多樣化、包山包海的結果，除可能會使得刑事犯及行政犯的界線更加模糊外（如將沒有條件限制的逃漏稅捐罪列為前置犯罪），最重要的是淡化單純、少數前置犯罪所凝聚成重點式犯罪打擊面的結果，將使得洗錢防制法最本然「防制重大犯罪及組織犯罪性洗錢」的立法目的更難實現，嚴重影響各金融機構、偵查機關及司法機關寶貴的人力、物力的資源，同時對可能更經常出現防制洗錢掛萬漏一的結果，對重大犯罪抗制會有排擠效應。洗錢罪前置犯罪多樣化、包山包海，是否會因人力、物力的資源不足，讓罪犯逍遙法外，而產生重大犯罪抗制不能之弊端，而造成司法必須向重大犯罪妥協之嚴重後果。因此，不宜以法定刑為唯一的標準[70]，宜先縮小前置犯罪打擊面於少數較嚴重的特定重大犯罪[71]，以突顯其防制洗錢特別預防及一般預防之作用後，再依侵害法益之大小、犯罪所得之高低等基準適度增減前置犯罪應該也是合理的選項。

第六節　實務案例研究

壹、甲公司張○涉嫌詐欺及違反洗錢防制法等案

一、案例事實

　　A銀行客戶甲公司OBU帳戶近一年少有交易，突於2015年1月26日自國外乙公司匯入美金1,121,793.75元，翌（27）日A銀行即收到國外電文告知該筆交易疑涉詐騙，要求凍結該筆資金並予退還。

頁74-81；薛智仁，前揭註48文，頁1328。

[70] 例如：日本即不以一定高度之法定刑為選擇洗錢前置犯罪之標準，請參閱李傑清，前揭註1書，頁62。

[71] 例如：2001年12月29日修正之中華人民共和國刑法第191條第1項即規定洗錢罪的前置犯罪僅有毒品犯罪、黑社會性質的組織犯罪、走私犯罪及恐怖活動犯罪，請參閱李傑清，前揭註1書，頁63。

（一）國際詐騙集團手法身分、年籍與人數不詳之國際詐欺集團，於2015年1月22日，在不詳地點，意圖為自己不法之所有，偽冒瑞士乙公司執行董事名義寄發電子郵件通知瑞士B銀行，要求自乙公司帳戶分別匯款美金859,939.75元、美金1,121,793.75元予丙公司及臺灣A銀行甲公司OBU帳戶。瑞士B銀行疏於查證因而陷於錯誤，誤認該封付款通知之電郵係乙公司執行董事之指示，故於2015年1月22日辦理該2筆匯款，將美金859,939.75元匯至丙公司設於中國大陸C銀行之帳戶，另將美金1,121,793.75元匯至甲公司A銀行帳戶。翌（23）日，國際詐欺集團故技重施，再度偽冒乙公司執行董事名義寄發電子郵件通知瑞士B銀行，自乙公司帳戶分別匯款美金2,450,765.63元、美金2,161,895.32元，至丁公司設於英國及戊公司設於波蘭之銀行帳戶。瑞士B銀行再次陷於錯誤，誤信該付款通知為乙公司執行董事之指示，又於2015年1月23日辦理該2筆匯款。乙公司共計遭詐騙美金6,594,394.45元（約合新臺幣209,945,736.15元）。

（二）甲公司負責人張○○涉案情形

緣於2014年12月30日，仲介人林○○聯繫張○○有無意願提供OBU帳戶，協助轉匯款項至香港地區，並允以扣除相關手續費用後之尾數，作為借用OBU帳戶酬金，張○○即同意提供由其擔任負責人之境外甲公司設於A銀行OBU帳戶。前述國際詐欺集團於2015年1月26日將自乙公司詐得之款項美金1,121,793.75元匯至甲公司OBU帳戶後，然因A銀行於翌日接獲該筆匯款疑涉詐欺之電文，張○○無法將資金轉匯至香港，張○○即於2015年2月3日及4日轉帳美金1萬元、111,000元至其使用之帳戶作為酬金（尾數），再轉匯美金100萬元至甲公司設於D銀行外幣帳戶。經A銀行即時通報該等異常交易及協助，方即時查扣該等款項，總計查扣金額為美金101萬元。

（三）他國處理本案情形

乙公司於2015年1月22日、23日同時遭國際詐騙集團以相同手法使瑞士B銀行陷於錯誤，自乙公司帳戶匯出款項至中國大陸之丙公司、英國之丁公司及波蘭之戊公司帳戶，其中匯至英國與中國大陸之甲公司張○○涉嫌詐欺及違反洗錢防制法等案，款項已全數追回並返還予乙公司，而匯至

波蘭之款項,則已返還乙公司73%款項。

二、所犯法條

就上面所發生之事實來判斷,張○○等人意圖為自己不法之所有,偽冒瑞士乙公司執行董事名義寄發電子郵件通知瑞士B銀行,要求自乙公司帳戶分別匯款予丙公司及臺灣A銀行甲公司OBU帳戶。瑞士B銀行疏於查證因而陷於錯誤,誤認該封付款通知之電郵係乙公司執行董事之指示,故於2015年1月22日辦理該2筆匯款,張○○等人之行為已觸犯刑法第339條之4加重詐欺罪,可處一年以上七年以下有期徒刑,得併科100萬元以下罰金;另客戶突有不尋常之大額存款(如將多張本票、支票存入同一帳戶),且與其身分、收入顯不相當或與本身營業性質無關者,此等可疑洗錢表徵,可能構成本法洗錢罪。

三、洗錢案件檢方之處理方式

臺灣新竹地方法院檢察署於2016年5月間,以詐欺及違反洗錢防制法等罪起訴張○○等人。

四、偵辦單位(調查局)之處理

(一)A銀行警覺客戶交易習慣及金額有異常改變,隨即向法務部調查局申報可疑交易報告,使偵辦單位得以於犯罪行為發生之初即掌握案關資金流向。

(二)銀行後續配合偵辦單位依法查扣不法所得,大幅降低被害人損失。

(三)國際詐騙集團利用跨國移轉資金方式隱匿不法所得之犯罪手法,增加各國追查、查扣資金難度,更突顯洗錢防制國際合作之重要性。

貳、乙銀行ATM遭盜案

一、案例事實

2016年7月間,乙銀行向權責監理機關通報該銀行發生數十台ATM疑

似遭駭事件，已無故短少7,000餘萬元現金，同時向法務部調查局新北市調查處提出檢舉，該處隨即主動協助展開調查。

安○○等22人及其餘具駭客專長之不知名人士，係境外犯罪集團成員，渠等基於意圖為自己或他人不法所有之共同犯意，於2016年5月31日由犯罪集團成員使用位於瑞士不明位址之主機與乙銀行倫敦分行主機建立異常連線，竊取管理者帳號密碼後，入侵該銀行伺服器取得伺服器權限，嗣於2016年6月至7月間，分批將預先製作之犯案工具程式偽裝為更新檔，以乙銀行伺服器派送至部分乙銀行ATM。2016年7月上旬，由集團成員貝○○等14人，分至各該負責之乙銀行ATM（至少22家分行、41台ATM），聯繫犯罪集團成員以倫敦分行伺服器為跳板，遠端操控受駭ATM，執行預先植入之犯案程式行吐鈔，詐領總計83,277,600元款項後，即植入並執行加密刪除程式，以湮滅入侵紀錄及犯罪證據。前述犯罪集團成員安○○於2016年7月中旬至B市某公園登山步道置放贓款，旋遭警方逮捕，蒐獲不法所得計17,170,900餘元；另潘○○及米○○至某火車站地下一樓置物櫃取得寄藏之贓款，旋於2016 年7月17日遭警方逮捕，共起獲贓款60,248,000萬元，臺北地方法院檢察署總計查扣77,418,900餘元。經由國際合作，該集團主嫌已於西班牙落網，其餘款項透過艾格蒙組織向各國金融情報中心了解前開22名外籍人士相關外國帳戶及交易情資，持續追查中。

二、所犯法條

就上面所發生之事實來判斷，貝○○等人之行為已觸犯刑法第339條之2第1項之非法由自動付款設備取財罪及刑法第359條之無故刪除、變更他人電腦之電磁紀錄罪，非法由自動付款設備取財罪可處三年以下有期徒刑、拘役或30萬元以下罰金、妨害電腦使用罪可處五年以下有期徒刑、拘役或科或併科20萬以下罰金；另前述集團成員貝○○等人自乙銀行ATM取出詐得款項總計83,277,600元後，贓款現金分置於C酒店客房、某火車站地下一樓置物櫃，以及B市某公園等處，等待車手聽取指示取款，再以人身輸運出境，此等洗錢手法，可能構成本法洗錢罪。

三、洗錢案件檢方之處理方式

臺灣臺北地方法院檢察署於2016年9月間，以詐欺罪及妨害電腦使用等罪起訴安○○、潘○○及米○○等人。臺北地方法院審理後於2017年1月以無故變更、刪除他人電腦電磁紀錄罪，判處安○○等人有期徒刑五年、併科新臺幣60萬元罰金，沒收贓款7,700餘萬元。經上訴，二審臺灣高等法院分別判處安○○有期徒刑四年十月併科50萬元罰金、潘○○有期徒刑四年六月併科30萬元罰金、米○○有期徒刑四年八月併科40萬元罰金，並應於刑之執行完畢或赦免後驅逐出境。後雙方上訴，最高法院於2017年8月間駁回上訴，全案定讞。

四、偵辦單位（調查局）之處理

繼乙銀行ATM遭入侵盜領現金後，2017年10月份中秋假日期間，復發生丙銀行網路系統遭駭，丙銀行之某外幣帳戶遭轉帳美元6,010萬餘元至斯里蘭卡、柬埔寨及美國等地人頭帳戶，研判駭客集團往往選擇假日或深夜，金融機構較難即時稽查自動化設備異常交易之時段植入並執行惡意程式，透過該等惡意程式竊取相關管理權限之帳號密碼，進而駭入ATM或其他主機。近來社會大眾頻繁使用金融機構自動化設備或網路銀行功能，該等交易難以完成客戶實質審查，易淪為洗錢管道，金融機構宜隨時審視、稽核相關自動化設備資安防護升級、交易紀錄保存及限額管制等措施，強化員工資安訓練，同時落實電腦使用之管理權限分級與網路實體隔離等資安程序。

參、丙公司羅○○地下通匯案

一、案例事實

法務部調查局於2013年10月間受理金融情資分析後發現，該行客戶鄭○○帳戶陸續有不特定第三人存入款項，累積若干金額後一次大額提領。羅○○（馬來西亞籍）係丙公司負責人，2013年3月間起，羅○○等人基於違法經營匯兌業務，賺取手續費及利率價差謀利之犯意，經營在臺

外籍勞工之海外匯兌業務，並於各地成立丙公司之分公司或營業據點，於X市及Y市設帳務中心及中部管理中心，僱用多名不同國籍員工負責招攬、處理印尼、泰國、越南、菲律賓等國之外籍勞工委託海外匯兌之業務。該集團辦理匯兌，除以匯款數額自行訂定不同之手續費級距標準外，並自行決定匯率以賺取匯差利益。為便利匯兌資金調度與流動，鄭○○先將丙公司各分公司以現金方式收取之外籍勞工委託之匯款統一存（匯）入丙公司等在D銀行等多家金融機構申設之帳戶，再由丙公司帳務中心辦理結購美金後存入事先以丁公司名義設立之OBU帳戶，復由丁公司指定印尼、泰國、越南、菲律賓由羅○○所控制之個人或公司帳戶，嗣再行轉匯予外勞指定之境外帳戶。總計2013年3月至2016年12月期間，該集團非法收取新臺幣500餘億元之匯款，並收取手續費7億餘元，涉嫌違反銀行法。

二、所犯法條

就上面所發生之事實來判斷，羅○○等人之行為已觸犯銀行法；另同一帳戶於同一營業日之現金存、提款交易，分別累計達一定金額以上，且該交易與客戶身分、收入顯不相當或與本身營業性質無關者，此等可疑洗錢表徵，可能構成本法洗錢等罪。

銀行法第29條第1項規定：「除法律另有規定者外，非銀行不得經營收受存款、受託經理信託資金、公眾財產或辦理國內外匯兌業務。」同法第125條第1項規定：「違反第二十九條第一項規定者，處三年以上十年以下有期徒刑，得併科新臺幣一千萬元以上二億元以下罰金。其因犯罪獲取之財物或財產上利益達新臺幣一億元以上者，處七年以上有期徒刑，得併科新臺幣二千五百萬元以上五億元以下罰金。」同時銀行法第125條第1項之罪係洗錢防制法第3條第1項所列舉之洗錢罪前置犯罪。

實務上，最高法院91年度台上字第6499號判決（92年度台上字第1934號判決亦同）謂：「銀行法第125條第1項違反同法第29條第1項除法律另有規定外，非銀行不得辦理國內外匯兌業務罪，所謂「匯兌業務」，係指行為人不經由現金之輸送，而藉與在他地之分支機構或特定人間之資金清算，經常為其客戶辦理異地間款項之收付，以清理客戶與第三人間債

權債務關係或完成資金轉移之行為。」

三、洗錢案件檢方之處理方式

臺灣臺中地方法院檢察署於2017年4月間，以羅○○等人違反銀行法提起公訴。

四、偵辦單位（調查局）之處理

（一）私立就業服務機構（即外勞仲介公司）取得勞動部許可證及評鑑證明文件，可受託代理外籍勞工匯出在臺薪資。惟羅○○等人所收受款項不限薪資，並存入多個公司、個人帳戶後，自行轉匯至他國，顯不符規定。

（二）與國際匯兌相關之交易，因牽涉匯率換算，故交易金額常有尾數。且以非法匯兌為業需具備一定交易量方能獲利，通常具備交易筆數多及累積交易金額高之特徵[72]。

---

[72] 《洗錢案例彙編（第七輯）》，法務部調查局編印，2018年5月，頁1-54。

第三章

槍砲彈藥刀械管制條例

吳耀宗

第一節　前言

　　由於槍枝問題對社會治安有相當程度的威脅，再加上臺灣在解嚴前處於高壓統治的氛圍下，因此，我國早於民國72年便認為，隨著工商業發達、經濟繁榮，社會結構發生重大變遷，犯罪型態亦已急遽變化，私造槍彈刀械以為犯罪，日益增多，以致槍擊事件暴力犯罪時常發生，政府有鑑於此一現象如任令其發展，勢必嚴重危害社會秩序與國家安全，人民之生命財產亦無法保障，因此決定對於槍砲彈藥刀械予以嚴格管制[1]，而訂定槍砲彈藥刀械管制條例（以下簡稱槍砲條例）。

　　槍砲條例當初剛制定出來的面貌與現今頗有差異，其僅有制裁規定，而完全欠缺管理之內容，因此，被理解為刑事單行法或特別刑法，故也被批評為「名實不符」[2]，不過歷經幾次修正後，已具備不少管理的內容，因此，槍砲條例實不應再理解為「特別刑法」，而比較類似「附屬刑法」或「行政刑法」。

第二節　立法沿革之概述

　　槍砲條例從民國72年6月制定公布施行以來，迄今共歷經13次修正，最近一次修正是民國106年6月，從最初的15條條文到現今的23條條文，雖然條文數增加不多，但實質內容變動不小，以下針對重要修正內容，概述如次：

　　（一）民國74年1月18日修正第7條，並增訂第13條之1：主要是將「炸彈」與普通步槍、馬槍、手槍同列相同處罰等級。

　　（二）民國79年7月16日增訂第13條之2、第13條之3：主要是增訂自

1　《法律案專輯（第59輯）》，槍砲彈藥刀械管制條例，立法院秘書處編印，1984年6月，頁2。

2　吳耀宗，《武器管制法制之研究》，1993年4月，頁232。

首、自白的減免刑罰特別規定。

（三）民國85年9月25日修正第4條、第6條、第13條之2、第14條，並增訂第9條之1：主要是將「改造模型槍」列入管制客體範圍，並單獨針對「改造模型槍」設計處罰條款；另外要求中央主管機關須於修法後6個月內針對獵槍、魚槍、刀械專供生活習慣特殊國民之生活工具者，訂定管理辦法。

（四）民國86年11月24日修正公布全文25條：主要有：1.增列「肩射武器」、「砲彈」、「槍彈主要組成零件」為管制客體，並予以規範處罰；2.增列槍彈之管制處罰行為態樣包含「轉讓、出租、出借」，並對於違反者，予以規範處罰；3.全面提高違反本條例之法定刑並增列財產刑；4.公務員或經選舉產生之公職人員明知犯本條例之罪而予以包庇者，加重其刑至二分之一；5.增訂誣告他人犯本條例之罪之處罰，處以所誣告之罪之刑；6.增訂犯本條例之罪之強制工作規定；7.增訂原住民涉及自製之獵槍之減免刑罰特別規定。

（五）民國89年7月5日修正第3條、第6條、第11條：僅是配合現實的文字修正，無關宏旨。

（六）民國90年11月14日修正第6條、第10條、第20條，並增訂第5條之1、第6條之1，同時刪除第19條、第23條、第24條：主要有：1.增訂槍砲彈藥刀械管理辦法之授權依據；2.將原住民涉及違反自製獵槍之規範，予以除罪化，改科處行政罰；3.刪除違憲的強制工作（因應釋字第471號解釋）。

（七）民國93年6月2日修正第6條之1、第20條，並增訂第5條之2：主要有：1.增訂對於撤銷或廢止許可之槍砲彈藥刀械予以給價收購制度；2.對於違反專供射擊運動用槍砲之管理規定者，予以除罪化，改科處行政罰。

（八）民國94年1月26日修正第4條、第8條、第16條、第20條，增訂第20條之1，並刪除第10條、第11條、第17條：主要有：1.刪除所謂「改造模型槍」之管制與處罰；2.再度提高「未經許可製造、販賣或運輸鋼筆槍、瓦斯槍、麻醉槍、獵槍、空氣槍或第4條第1項第1款所定其他可發射

金屬或子彈具有殺傷力之各式槍砲者」之法定刑；3.刪除有違憲之虞的誣告罪特別規定；4.增訂所謂「模擬槍」之管制，違反者，科處行政罰。

（九）民國97年11月26日修正第7條：主要是增訂意圖供犯罪之用，以強盜等非法方法持有依法執行公務之人所持有之本條例第7條第1項所列槍砲、彈藥者，得加重其刑至二分之一。

（十）民國98年5月27日修正第5條之2、第25條：主要是配合民法修正，將「禁治產宣告」修正為「監護宣告」，並增列「受輔助宣告」。

（十一）民國100年1月5日修正第8條、第20條：主要是因應大法官釋字第669號解釋有關空氣槍管制處罰之違憲宣告，而增訂空氣槍減輕刑罰之特別規定。

（十二）民國100年11月23日修正第7條：配合公民與政治權利國際公約及經濟社會文化權利國際公約施行法之要求，刪除部分死刑之處罰。

（十三）民國106年6月14日修正第5條之2：主要是針對原住民經許可持有自製獵槍或魚槍者，限縮應予撤銷或廢止許可之範圍。

第三節 管制客體與範圍

從槍砲條例之法律名稱以及各個條文的規定來看，其管制的客體主要可分為三大類，亦即「槍砲」、「彈藥」、「刀械」，其中「槍砲」、「彈藥」尚且包括「主要組成零件」。茲分述如次：

壹、槍砲及其主要組成零件

依槍砲條例第4條第1項第1款規定，本條例所稱「槍砲」係指：火砲、肩射武器、機關槍、衝鋒槍、卡柄槍、自動步槍、普通步槍、馬槍、手槍、鋼筆槍、瓦斯槍、麻醉槍、獵槍、空氣槍、魚槍及其他可發射金屬或子彈具有殺傷力之各式槍砲及其主要組成零件（但無法供組成槍砲之用者，不在此限）。

　　有關槍砲主要組成零件，係由內政部警政署公告[3]，例如自動步槍主要組成零件為：槍管、槍身、槍機、槍閂、撞針、彈匣、上下節套、擊錘、扳機；又如手槍主要組成零件為：槍管、槍身、槍機、撞針、轉輪、滑套、彈匣、擊錘[4]。

　　至於所謂「無法供組成槍砲之用者」，依該公告之附註說明，係指：「一、經加工、改（製）造成為飾品或其他器械者。二、經使用、破壞或變形，非加工、條護不能再供組成槍砲、彈藥者。」

　　槍與砲之區別是在於發射體之直徑大小，槍係指發射體之直徑未達20公厘之管狀武器，大於或等於20公厘則為砲。然而除了槍與砲之區分外，本條例所列之各式槍砲種類，有些並不符合現代武器之用語，而且沒有一定邏輯（依口徑？依發射威力？依操作模式？依功能？）可以依循，例如所謂「獵槍」，似乎是指可以用來打獵之槍枝，但事實上所謂獵槍乃霰彈槍之俗稱；又例如何謂「馬槍」？（騎馬使用的槍或射擊馬的槍？）何謂「瓦斯槍」？（射出催淚瓦斯的槍或動力來源為加壓瓦斯的槍？）因此，有關槍砲及其主要組成零件，實務上往往聚焦於槍枝種類認定問題、是否具有殺傷力以及如何鑑定判斷是否具有殺傷力，而且不時引發爭論，簡述如次：

一、槍枝種類認定問題與主要零組件

　　有涉及所謂鋼筆手槍之認定，如「上訴人等與郭○榮使用鐵管鑽孔等方法製造之所謂鋼筆手槍，其性能、構造及型式等，究與槍砲條例第4條第1款前段列舉之『鋼筆槍』有別，顯屬『其他可發射金屬或子彈具有殺傷力』之槍枝[5]」。

　　有涉及所謂土造獵槍，如「惟按槍砲條例第8條第1項所稱之獵槍，並不以正式工廠所產製之制式獵槍為限；倘若係非法製造者所仿製，而其

---

[3] 86年11月24日台（86）內警字第8670683號。
[4] 此應注意的是，在上述公告中尚列舉了所謂「改造模型槍」，但事實上槍砲條例現行規定已無此類型，由此可見，有關槍砲主要組成零件之公告與現行規定有些脫節。
[5] 76年台上字第2929號。

型式、結構、功能與殺傷力均與一般工廠所產製之獵槍相若者，亦屬上開條例所稱獵槍之範圍，不能論以同條例第11條第1項所稱之其他具有殺傷力之槍枝[6]」。

有涉及所謂仿造手槍，如「未經許可持有之槍枝，究係屬槍砲條例第7條第4項所稱之『手槍』，抑係同條例第8條第4項所稱之『可發射金屬或子彈具有殺傷力之各式槍砲』，端視槍枝本身之構造與威力而定，非以其是否為各國合法武器廠製造之槍枝為斷。苟槍枝經鑑定結果雖屬仿造，然其構造精良，型式及性能與一般制式手槍相當，即應論以未經許可持有手槍罪，否則該條例第7條第1項之製造手槍罪，將形同具文[7]」。

有涉及所謂土製手槍問題[8]，如次：

> **法律問題**：某甲未經許可，擅自製造具有殺傷力之「土製手槍」乙把，究犯何罪？
>
> **研討意見**：
>
> 甲說：某甲係犯槍砲條例第1條第2項之製造手槍罪（可處五年以上有期徒刑）。蓋其所製造之土製手槍，已具殺傷力，即屬手槍之一種，自應依製造手槍罪處罰。司法實務上，過去均適用同條例第10條第1項處罰（只可處五年以下有期徒刑），無異使同條例第7條第2項之製造手槍罪形同具文。
>
> 乙說：某甲係犯槍砲條例第10條第1項之製造其他可發射金屬或子彈具有殺傷力之各式槍砲罪，因其所製造者，既只係土製手槍，即非同條例第7條第2項所稱之手槍，此為實務上一貫之見解。
>
> 丙說：應視該「土製手槍」之構造與威力而定，苟其經鑑定之結果，其構造與威力，已與一般制式手槍相當時，即應成立槍砲條例第7

6　90年台上字第4357號。
7　106年台上字第3965號。
8　臺灣高等法院臺中分院81年元月份法律座談會。

條第2項之罪，如其構造粗糙，威力不強，則祇成立同條例第10條第1項之罪（標準可統一訂定）。

　　研討結論：多數贊成丙說。

　　臺灣高等法院審核意見：同意研討結論。

　　司法院第二廳研究意見：同意臺灣高等法院審核意見。

　　「槍砲條例所管制擅自製造、販賣、運輸、持有者，乃係該條例第4條所列之槍、彈藥、刀械，並不包括單純之彈匣在內（彈匣如附於槍枝內，應屬槍枝之一部分）。而其他法令，亦無禁止擅自持有單純彈匣之規定，故單純之彈匣應非違禁物[9]」。

　　「李招科受讓高順良而持有之改造手槍一支，經送鑑定結果，認係由仿BERETTA廠84型半自動手槍製造之槍枝，換裝土造金屬槍管而成之改造手槍，因欠缺槍機，不具有殺傷力，但該改造手槍中的金屬槍身、土造金屬槍管及金屬滑套各一件，係屬於槍砲主要組成零件……經核並無判決不備理由之情形[10]」。

二、關於殺傷力問題

　　槍砲條例自從制定實施以來，所謂殺傷力之認定判斷，一直困擾著實務界[11]，從最初的不知所云（如「所謂殺傷力，乃指對人體使用，足以使人死亡或身體傷害之情形而言[12]」，或「所稱殺傷力，係指對於人身具有殺傷之能力而言，至於認定標準，係屬個案認定之問題[13]」）。而後逐漸有相對客觀的標準（如發射動能20焦耳／平方公分）；從需以實際測試為必要，然後到不以實際試射為絕對必要（所謂性能檢視法），迂迴發展，非常不容易。茲舉數則判決如次。

　　「認定《槍砲條例》之槍枝殺傷力之標準，係以在最具威力之適當距

9　85年台非字第261號；附帶說明的是，彈匣於86年11月24日始被公告為主要組成零件。
10　100年台上字第2529號。
11　吳耀宗，前揭註2書，235頁。
12　內政部警政署77年4月27日（77）警署保字第29996號函。
13　法務部77年11月30日（77）檢字第20900號函。

離以彈丸穿入人體皮肉層之動能為基準……如被告同時販賣仿造玩具手槍及子彈時，是否具有殺傷力，應各自分別鑑定，如仿造玩具手槍以裝有底火、火藥之子彈或金屬物可擊發並達可穿入人體皮肉層之動能之基準時，即具有殺傷力。並不以所販賣之子彈，因無底火，而無法以其所販賣之仿造手槍擊發，即據以認定該仿造手槍未具有殺傷力[14]」。

「槍砲條例第10條第1項之罪，以所製造之槍砲具有殺傷力為要件，本件扣案編號○○○號改造玩具手槍，經內政部警政署刑事警察局鑑定結果，固認『主要材質為塑膠，槍管及轉輪彈倉均已貫通，以擊發底火為發射動力、機械性能良好，可供擊發子彈使用』等情，惟是否具殺傷力，該局則未進一步予以鑑驗，僅檢附『槍枝殺傷力鑑驗說明』供為參考，該說明雖亦謂『槍枝以擊發底火藥為發射動力者，依本局對送鑑槍枝之同型式槍枝實驗結果，槍枝倘裝填子彈適當，則其最具威力之發射動能，均可達20焦耳／平方公分以上，足以穿入人體皮肉層……』等語。但對本件扣案之上開改造之玩具手槍，與該局用以實驗之槍枝，其材質、機能、改造後之構造是否完全相同？該實驗結果能否類比、援引適用於本件槍械，則未進一步說明，準此，內政部警政署刑事警察局顯未對本件槍枝之是否具殺傷力乙節為鑑驗，該鑑驗通知書如何得為本件槍枝具有殺傷力之認定基礎，原判決未說明其理由，自有判決理由不備[15]」。

「經查，被告所持槍枝既為玩具手槍，且其槍管材質為塑膠，如前述於發射時該槍枝可能爆裂，則塑膠材質之槍管顯無法有效擊發具有殺傷力之子彈至明，且縱認可以擊發子彈而達到20焦耳／平方公分之動能，然於發射時，該塑膠槍管既會爆裂，則亦難認其可以有效擊發，蓋如認其可以有效擊發，而又認其槍枝會爆裂，則認該槍枝具有殺傷力，豈非自相矛盾，綜上所述，前揭玩具手槍自非屬槍砲條例第4條第1款之『其他可能發射金屬或子彈具有殺傷力之槍枝』，是被告所辯，應堪採信[16]」。

「被告所持有玩具手槍，經刑事警察局裝填玩具槍用金屬空彈殼試

---

[14] 84年台非字第115號。

[15] 84年台上字第3664號。

[16] 86年上易字第7938號。

射，惟因子彈爆炸高壓，造成槍管爆裂，無法再供擊發子彈使用，可見刑事警察局係裝填超過該玩具手槍可負荷之子彈而在不正常使用狀態下試射，其鑑定結果，不足據為認定該玩具手槍具有殺傷力之憑據；又該玩具手槍之槍管已爆裂，無法證明在正常狀態下可擊發子彈或金屬並能穿透人體皮肉層，此外無其他確切證據可資證明，自不能臆測其具有殺傷力，應認被告犯罪不能證明[17]」。

「槍枝殺傷力之鑑定，非必以試射為唯一之鑑驗方法，如依『檢視法』、『性能檢驗法』實際操作送鑑槍枝之機械結構與功能，經檢測後認其結構完整，且擊發功能良好、正常，可供擊發適用子彈使用，而為具殺傷力之研判，苟非其鑑定有未盡確實或欠缺完備情事，即不得以未經實彈射擊鑑測，遽認其鑑定結果為不可採。本案槍枝經送刑事警察局鑑定結果，係仿半自動手槍製造之槍枝，換裝土造金屬槍管改造而成，擊發功能正常，可供擊發適用子彈使用，認具殺傷力，有該局鑑定書可稽。刑事警察局係採取國內外槍、彈鑑定領域共同認可之『檢視法』、『性能檢測法』實施鑑驗，確認該槍枝具殺傷力，考量正確、合法及安全等原則，應無再以『動能測試法』實際進行試射之必要[18]」。

「槍砲條例所管制之槍砲、彈藥、刀械，均係以具殺傷力者始能屬之，此觀同條例第4條第1項各款之規定自明；且其中第1、2款包括之槍砲、彈藥主要組成零件，其無法供組成槍砲、彈藥之用者，則不在此限，同條第2項並定有明文。原判決以警方自上訴人住處查扣之槍身一支、土造金屬槍管2支、槍機1個及撞針2支，經送請內政部警政署刑事警察局鑑定結果為：槍身（半成品）一支（槍枝管制編號：○○○○號），係仿SIGSAUER廠P220型半自動手槍製造之玩具槍身及滑套，欠缺槍管、複進簧及複進簧桿，無法供發射子彈使用，認不具殺傷力；改造槍管2支，係土造金屬槍管，可供上述槍枝管制編號：○○○○號槍枝使用；槍機1個，係土造金屬撞針室；撞針2支，均係土造撞針，可供上述土造金屬撞

---

[17] 92年台上字第1589號。
[18] 103年台上字第298號。

針室使用，……認均屬內政部於86年11月24日以（86）台內警字第867063號公告各式槍枝之主要組成零件，乃就該部分犯行論以槍砲條例第13條第4項之未經許可持有槍枝主要組成零件罪。<u>但上述鑑定書既認定該槍身部分係屬『玩具槍身及滑套』。又『欠缺槍管、複進簧及複進簧桿，無法供發射子彈使用，認不具殺傷力』，對於其餘送鑑土造槍管、撞針、撞針室，是否均可作為槍砲彈藥刀械管制條例所管制具殺傷力槍枝之主要組成零件，且未有認定說明。是以扣案槍身、槍管、撞針等是否確屬前述管制槍枝之主要組成零件，即尚非無詳求之餘地</u>。原審未進一步向鑑定機關查詢，逐一審認明白，即遽行判決，自嫌速斷[19]」。

事實上，如何認定「殺傷力」並無絕對的標準，只是目前實務上逐漸形成有一定的共識而已，而且深受鑑定機關或鑑定人之鑑定意見所影響，然而迄今在實務上仍無絕對的拘束力。

貳、彈藥及其主要組成零件

依槍砲條例第4條第1項第2款規定，本條所稱「彈藥」係指各式槍砲所使用之砲彈、子彈及其他具有殺傷力或破壞性之各類炸彈、爆裂物及其主要組成零件（但無法供組成彈藥之用者，不在此限）。

至於彈藥主要組成零件，依內政部警政署之公告[20]，炸彈包括：彈殼、彈頭、撞針、壓力板、縱火劑、毒劑、引信、傳爆管、雷管、火藥。爆裂物包括：火藥、炸藥、雷管、制式導火索。

有關彈藥之實務重要判決，茲舉數則如次。

「查魚鏢即魚槍箭係供魚槍發射之用，其與外有彈殼，內填火藥，可藉火藥爆炸力發射彈頭、金屬或其他有殺傷力之物，一般意義上所理解之子彈有別，尚難認為槍砲條例第4條第2款之『子彈』。原審將魚鏢認定為該條例第4條第2款之『彈藥』，論以該條例第11條第3項未經許可無故持有彈藥罪，與其所犯無故持有魚槍罪間，有想像競合犯關係，從一重處

---

[19] 95年台上字第7078號。
[20] 86年11月24日台（86）內警字第8670683號。

斷，見解尚有未洽[21]」。

「按槍砲條例所謂之彈藥，係指具有殺傷力或破壞性之子彈、炸彈或爆裂物而言。此觀該條例第4條第2款之規定甚明。上訴人改造之子彈，業經內政部警政署刑事警察局鑑定結果，認定不具殺傷力，有該局鑑驗通知書在卷可稽。原判決仍論處上訴人同條例第11條第4項、第1項之製造彈藥未遂罪刑，其適用法則顯有不當[22]」。

「槍砲條例所稱彈藥，依該條例第4條第1項第2款規定，係指同條項第1款各式槍砲所使用之砲彈、子彈及其他具有殺傷力或破壞性之各類炸彈、爆裂物而言。故就其立法意旨言，若『子彈』未具殺傷力或破壞性者，即不屬該條例所列管之子彈甚明，從而該不具殺傷力或破壞性之『子彈』，即難認係違禁物[23]」。

「槍砲條例第4條第1項第2款，雖就該條例所稱之彈藥，規定為係指同條、項第1款各式槍砲所使用之砲彈、子彈及其他具有殺傷力或破壞性之各類炸彈、爆裂物。但就如何可認為具有殺傷力或破壞性與爆裂物，則無定義性之規定，自當由實務加以補充。一般而言，殺傷力係針對人體而著眼，其認定，係『指在最具威力的適當距離，以槍砲彈丸可穿入人體皮肉層』，據日本科學警察研究所研究結果，每平方公分動能達20焦耳以上之彈丸，即可穿入人體皮肉層，向為我國司法實務參採；此動能基準，於槍砲彈丸之場合，固可經儀器測定，然於爆裂物之情形，無法依儀器測定其動能標準，當就其爆炸傷害效應而為認定，倘依其爆震波之超壓、人體位移加速減速傷害、高熱或爆破碎片等情況，足以對人體或其皮肉層造成傷害，即該當殺傷力；至於破壞性，乃針對物件而著眼，凡能對於物件予以破壞、毀損者，即具有破壞性，不以喪失全部作用為必要，造成瑕疵仍屬之；而爆裂物，則指其物具有爆發性，且有破壞力，可於瞬間將人殺傷或物毀損者。政府鑑於爆竹、煙火，因存有炸藥成分，其製造或施放，皆具有危險性，故於92年間，制定爆竹煙火管理條例一種，以為規範，其第

---

[21] 83年上易字第1819號。
[22] 84年台上字第1937號。
[23] 94年台上字第5716號。

1條後段規定：『本條例未規定者，適用其他法律之規定』（按此部分於99年修正時刪除，理由為當然解釋，無待明文），是凡不屬於此條例所稱之爆竹、煙火，而具有殺傷力或破壞性之爆裂物，當仍有《槍砲彈藥刀械管制條例》之適用。依《爆竹煙火管理條例》第2條第1項規定，其所稱之爆竹煙火，係指供節慶、娛樂及觀賞之用，不包括信號彈、煙霧彈或其他類似物品；且就其成品之危險性與所含（火）藥劑量多寡，分類為二種，一為『高空煙火』，二為『一般爆竹煙火』（按99年修正，改以施放技能作為區分標準，分成『專業爆竹煙火』和『一般爆竹煙火』）。無論何類，依其第6條規定，須經申請許可之後，始得製造；又縱屬一般爆竹煙火，其販賣人依第7條第1項規定，猶應事先經中央主管機關認可型式及個別認可，發給『型式認可證書』及『附加認可標示』，始得為之；第10條規定不得以自動販賣、郵購、電子購物或其他無法辨識購買者年齡之方式為之；第11條第1項規定兒童施放，應由父母、監護人或其他實際照顧之人陪同（後二條文，嗣經修正條次為第12、13條），足見嚴謹管理，非許貿然從事，免致公共危險。<u>再所謂製造行為，除初製者外，尚包括改造在內，亦不論外觀情況或實質內容（兼及增加效用或增強功能）之改變，祇要將原物施加人工，變易其結構，縱僅變動其使用方式，仍然該當。倘將主管機關核准一定型式之一般爆竹煙火，任意加工，非供節慶、娛樂或觀賞使用，既經刑事警察機關（構）鑑定認為具有殺傷力之爆裂物，則是否仍可認為屬於上揭爆竹煙火管理條例所稱之爆竹煙火，事涉專業智識，當由主管爆竹煙火事務之『消防』機關（構）提供鑑定意見，以憑釐清，審理事實之法院若逕為不同於『刑事警察』機關（構）之鑑定判斷認定，遽為無罪諭知，應認有查證未盡之違失，足以構成撤銷之原因</u>[24]」。

槍砲條例有關炸彈爆裂物之管制處罰同樣也是以「殺傷力」或「破壞性」為其要件，惟其係利用火炸藥爆炸產生的巨大能量來造成殺傷和破壞，威力遠大於槍彈刀械，其殺傷破壞機制也完全不同，包括：1.衝擊波

---

[24] 101年台上字第1689號。

危害；2.碎片危害；3.火災危害四；4.間接危害共四種[25]，因此，有關殺傷力或破壞性之認定判斷實屬另一專業複雜問題，目前司法實務上也僅能依靠鑑定意見來認定判斷，無所謂客觀量化的一定標準。

參、刀械

依槍砲條例第4條第1項第3款規定，本條例所稱之「刀械」係指「武士刀、手杖刀、鴛鴦刀、手指虎、鋼（鐵）鞭、扁鑽、匕首、（各如附圖例式）及其他經中央主管機關公告查禁，非供正當使用具有殺傷力之刀械」。

而所稱「其他經中央主管機關公告查禁，非供正當使用具有殺傷力之刀械」，依照內政部之公告，目前有「各類型鏢刀、非農用掃刀、鋼筆刀、蛇刀、十字弓」[26]。

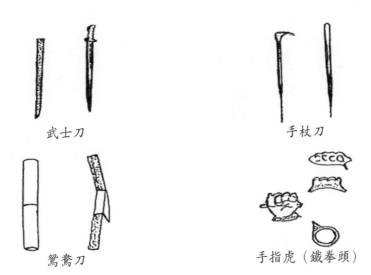

武士刀　　　　　　　　　　　手杖刀

鴛鴦刀　　　　　　　　　　手指虎（鐵拳頭）

---

25 詳細說明，見孟憲輝，〈隱藏爆炸物檢測技術綜論〉，《警學叢刊》，35卷2期，2004年9月，頁50以下。

26 90年11月20日台（90）內警字第9081482號，並廢止原先公告查禁之「彈簧刀」、「蝴蝶刀」與「藍波刀」。

套筆

鋼（鐵）鞭

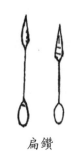

扁鑽

匕首

各類型鏢刀

非農用掃刀

十字弓

蛇刀

　　上述所列管制之各種刀械，除了形式、外觀、名稱外，文獻上認為關鍵是在於「非供正當使用」與「具有殺傷力」[27]，其中所稱「正當使用」，依槍砲彈藥刀械管理辦法第21條，人民或團體因紀念、裝飾、健身表演練習或正當休閒娛樂之用，得申請持有刀械，由此可知，至少「紀念」、「裝飾」、「健身表演」、「正當休閒娛樂」應屬於「供正當使用」之範疇。

　　有關刀械之管制，實務上最大的困擾同樣也是在於認定的問題，由於僅有圖例[28]，本來即不易認定，縱使後來公告查禁的各類型鏢刀、非農用掃刀等，輔有文字說明，然而文獻指出，在警察實務上仍經常產生困擾[29]。

　　目前警察實務上為了解決管制刀械之認定問題而制定了刀械鑑驗及許可作業規範與刀械鑑驗規範要點提要以作為刀械鑑驗之標準，依文獻之整理，包含如次幾項原則：「非供正當使用」、「刀械外觀」、「開鋒狀態」、「具有殺傷力」、「刀械長度」[30]等。不過論者多認為，其法位階根本不足且欠缺明確性，違反罪刑法定原則與法律保留原則[31]。

肆、管制客體範圍之商榷

　　槍砲條例之管制客體範圍，以槍枝為例，單純以槍枝之名稱作為管制標準，欠缺槍枝的基本定義，且不符合現代槍枝之基本知識，例如所稱馬槍、卡柄槍與較短較輕的步槍根本就是同一[32]，同時如前所述，其分類方式並無一定邏輯可以依循，是以，有必要全面加以檢討；同樣地，對於刀械之管制，係以刀械之名稱、外觀作為主要規範基準，然而刀械名稱本

---

27 馮強生，〈我國刀械管制之探討〉，《中央警察大學學報》，55期，2018年，頁84。
28 其實在立法草案中，原本有文字說明（如武士刀：外型似長刀，刀刃長短不一，手把稍長，可供雙手握用），但在立法院審議過程時，被立法者刪除，詳見陳治慶，〈槍砲彈藥刀械管制條例管制刀械之研究〉，《警學叢刊》，43卷5期，2013年3月，頁150以下。
29 陳治慶，前揭註28文，頁157以下；馮強生，前揭註27文，頁88。
30 陳治慶，前揭註28文，頁154。
31 陳治慶，前揭註28文，頁158；馮強生，前揭註27文，頁90。
32 孟憲輝，〈輕型槍枝辨識綜論〉，《刑事科學》，53期，2002年3月，頁110。

非絕對，而且外觀易產生出入不一致，因此，論者多主張應改以刀刃的大小、長度、開鋒程度、鑑驗方式等作為管制的基準[33]，甚至應該澈底檢討刀械管制之必要性[34]。

第四節　管制方式與管理辦法

由於槍砲條例第5條：「前條所列槍砲、彈藥，非經中央主管機關許可，不得製造、販賣、運輸、轉讓、出租、出借、持有、寄藏或陳列。」第5條之1：「手槍、空氣槍、獵槍及其他槍砲、彈藥專供射擊運動使用者，非經中央主管機關許可，不得製造、販賣、運輸、轉讓、出租、出借、持有、寄藏或陳列。」第6條：「第四條第一項第三款所列之各式刀械，非經主管機關許可，不得製造、販賣、運輸、轉讓、出租、出借、持有。」第6條之1：「（第1項）第五條及第六條所定槍砲、彈藥、刀械之許可申請、條件、廢止、檢查及其他應遵行事項之管理辦法，由中央主管機關定之。（第2項）第五條之一所定槍砲、彈藥之許可申請、條件、期限、廢止、檢查及其他應遵行事項之管理辦法，由中央目的事業主管機關會同中央主管機關定之。」第20條第3項：「前二項之許可申請、條件、期限、廢止、檢查及其他應遵行事項之管理辦法，由中央主管機關定之。」（關於自製獵槍與漁槍），因此，內政部制定頒布了槍砲彈藥刀械許可及管理辦法（以下簡稱槍砲管理辦法）。依據本條例與槍砲管理辦法，關於槍砲等武器係採取許可制，亦即「原則禁止、例外許可」，而且係在一定目的與條件之下，才能可能獲得許可。

此辦法涵蓋的面相範圍相當廣泛，包括「政府機關（構）依法令規定配用者」、「學術研究機關（構）因研究發展需要者」、「各級學校因軍

---

33 陳治慶，前揭註28文，頁158以下；馮強生，前揭註27文，頁94以下。

34 文獻上有提到，在實務上的刀械犯罪，以持非管制之西瓜刀或開山刀為普遍現象，管制刀械如手指虎等之危險性顯不及於非管制刀械，參閱馮強生，前揭註27文，頁96。

訓教學需要者」、「動物保育機關（構）、團體因動物保育安全需要」、「廠商經營槍砲、彈藥輸出入貿易、主要組成零件製造外銷或製造魚槍內銷、外銷及槍枝保養營業項目者」、「原住民因傳統習俗文化，供作生活工具之用，製造、運輸或持有自製之獵槍或魚槍」等等。

第五節　管制處罰之主要行為態樣

槍砲條例所管制處罰的行為態樣包含「製造、販賣、運輸、轉讓、出租、出借、持有、寄藏或陳列」，而且原則上分為「製造、販賣、運輸」、「轉讓、出租、出借」、「持有、寄藏或意圖販賣而陳列」三個群組，然後再依照管制客體之不同〔即：1.火砲、肩射武器、機關槍、衝鋒槍、卡柄槍、自動步槍、普通步槍、馬槍、手槍或各類砲彈、炸彈、爆裂物（第7條）；2.鋼筆槍、瓦斯槍、麻醉槍、獵槍、空氣槍及其他可發射金屬或子彈具有殺傷力之各式槍砲（第8條）；3.子彈（第12條）；4.槍砲、彈藥之主要組成零件（第13條）；5.刀械（第14條）；6.魚槍（第9條）〕以及主觀犯意之不同，而分別為不同法定刑之設計。

壹、未經許可製造、販賣、運輸

所稱製造，學理上認為，加工於原料或材料而製作危險物品，包括製作與改造，行為人只要有製造行為即為已足，並不以專業製造為必要[35]，實務上似乎亦採相同看法，例如「槍砲條例所稱之手槍，並不限於正式兵工廠所產製之制式手槍；非法製造者所仿製，其殺傷力與制式手槍相若或超過制式手槍之仿製手槍，亦屬手槍範圍，不能論以其他具有殺傷力之槍枝。否則犯人非法仿製手槍，其殺傷力與制式手槍相若或超過制式手槍時，若不能論以製造手槍罪，而正式兵工廠所產製之手槍又屬合法製

---

[35] 林山田，《刑法各罪論（下）》，2006年10月，頁321；甘添貴，《刑法各論（下）》，2010年2月，頁75。

造,則將使槍砲彈藥刀械管制條例之未經許可製造手槍罪,永無適用餘地[36]」。

所稱販賣,通說認為,包括販入或賣出,甚至包括交換在內[37]。實務則認為,「槍砲彈藥刀械管制條例規定之販賣行為,並不以販入之後復行賣出為要件,只須以營利為目的,販入或賣出有一於此,犯罪即屬既遂[38]」。

所稱運輸,係指一切運轉與輸送,包括國內外輸出與輸入[39],實務有認為,「按槍砲彈藥刀械管制條例第7條所謂之運輸,係指以非販賣,非持有之意思,而以單純運輸之意思將物自一地運至相當距離之另一地,並含有運輸之作用者而言[40]」。

另外,關於「意圖供犯罪之用」,實務提到,「槍砲彈藥刀械管制條例第8條第1項,既將製造、販賣、運輸為併列之規定,有一於此即構成犯罪。該條第2項所稱意圖供自己或他人犯罪之用而犯前項之罪,係指意圖供自己或他人犯未經許可製造、販賣或運輸以外之其他罪行之用,而為製造、販賣或運輸行為之意,至若其所規定製造、販賣、運輸行為之本身,應不在意圖供自己或他人犯罪之用之列;其同條例第11條第1、2項之規定亦然[41],應予以贊同。

貳、未經許可轉讓、出租、出借

在此要特別說明的是,有關「未經許可轉讓出租出借」之客體,並沒有包含刀械。關於「未經許可轉讓出租出借」,實務相關重要見解如次。

「核被告未經許可出借甲槍之行為,係犯槍砲條例第11條第2項之罪,其未經許可持有甲槍之低度行為應被未經許可出借甲槍之高度行為吸

---

36 89年台上字第41號。
37 林山田,前揭註35書,頁322;甘添貴,前揭註35書,頁75;陳子平,《刑法各論(下)》,2016年9月,頁135。
38 80年台上字第2473號。
39 陳子平,前揭註37書,頁135。
40 79年台上字第981號。
41 77年台上字第5721號判例。

收，不另論罪[42]」。

「被告非法出借槍枝前之非法持有槍枝，倘其係先非法持有，之後再另行起意出借，其先前之非法持有槍枝及之後之出借槍枝行為，自應分論併罰，如其係基於出借而非法持有槍枝，則其出借前之持有槍枝行為當然為出借槍枝行為所吸收，而僅論以出借槍枝罪[43]」。

「所謂販賣行為，須有營利之意思，方足構成。倘於有償讓與他人之初，係基於營利之意思，並已著手實行（如兜售等），而因故無法高於購入原價出售，最後不得不以原價或低於原價讓與他人時，仍屬販賣行為；苟始終無營利之意思，縱以原價或低於原價有償讓與他人，即難謂為販賣行為，僅得以轉讓罪論處[44]」。

參、未經許可持有、寄藏或意圖販賣而陳列

在此應予注意的是，關於「刀械」部分，僅管制處罰「未經許可持有或意圖販賣而陳列」。另再說明的是，「未經許可持有、寄藏」並未針對主觀上「意圖供犯罪之用」而有加重處罰之規定；而「陳列」，則是僅限於「意圖販賣而陳列」，換言之，如非「意圖販賣」而陳列，則不在處罰之列。

有關此部分的重要實務判決與法律問題，茲列舉如則如次。

「（一）寄藏與持有，均係將物置於自己實力支配之下，僅寄藏必先有他人之持有行為，而後始為之受寄代藏而已，故寄藏之受人委託代為保管，其保管之本身，亦屬持有，不過，此之持有係受寄之當然結果。（二）槍砲條例第7條第4項，第11條第2項係將『持有』與『寄藏』為分別之處罰規定，則單純之『持有』，固不包括『寄藏』，但『寄藏』之受人委託代為保管，其保管之本身所為之『持有』，既係『寄藏』之當然結果，法律上自宜僅就『寄藏』行為包括之評價，不應另就『持有』予以論

---

[42] 89年訴字第291號。
[43] 99年台上字第6689號。
[44] 101年第10次刑庭會議（三）。

罪[45]」。

「槍砲條例所謂之『持有』，係指行為人將該條例所指之各式槍砲、彈藥、刀械、及主要組成零件，置於自己實力支配下之狀態而言必須行為人主觀上對該等物品有執持占有之意思，客觀上並已將之置於自己實力得為支配之狀態，始足當之。如僅係偶然短暫經手，主觀上欠缺為自己執持占有之意思，客觀上亦無將之置於自己實力支配下之狀態，自與應評價為犯罪行為之『持有』有別[46]」。

「查槍砲條例所稱『未經許可』，係指未經有權機關之許可而言，包含自始未受許可，受許可後已撤銷，以及受附條件之許可，但未符合許可之條件或逾越其範圍等情形。警員有無使用槍、彈之必要，原應由該管警察局決定，如無職務上之必要，且未遵守上級機關之命令或領用槍、彈程序之規定，擅自持槍、彈外出，仍屬未經許可[47]」。

法律問題：甲借款新臺幣（下同）10萬元與乙，乙同時交付甲具有殺傷力仿92型半自動手槍製造之槍枝1支（下稱改造手槍）作為質押，以擔保甲之債權。甲取得上開改造手槍後，攜回住處並將之放置在房間衣櫃內，迨於民國104年1月1日，始為警查獲。試問：甲之所為係槍砲彈藥刀械管制條例第8條第4項所稱之「寄藏」行為？或僅為單純之「持有」行為？

討論意見：

甲說：寄藏行為。

一、槍砲彈藥刀械管制條例第8條第4項、第12條第4項，均係將「持有」與「寄藏」為分別之處罰規定，而寄藏與持有，均係將物置於自己實力支配之下，僅寄藏必先有他人之持有行為，而後始為之受「寄」代「藏」而已。故寄藏之受人委託代為保管，其保管之本身，亦屬持有。不過，此之持有係受寄之當然結果，故僅就寄藏行為為包括之

45　74年台上字第3400號判例。

46　98年台上字第2366號。

47　100年台上字第2331號。

評價，不應另就持有行為予以論罪。寄藏與持有之界定，應以實力支配係「為他人」或「為自己」而占有管領為判別準據。從而就收以為質物，亦屬寄藏（最高法院102度台上字第4389號判決參照）。

二、乙以上開改造手槍為質物，供作其向甲質借款項之擔保，倘乙如期清償借款，仍可取回槍枝，故甲僅暫時為乙保管而持有，乃「為他人」占有管領上開改造手槍，所為該當寄藏之要件，不應再就持有行為論罪。

三、按「質權人應以善良管理人之注意，保管質物；質權人非經出質人之同意，不得使用或出租其質物。但為保存其物之必要而使用者，不在此限。」民法第888條第1、2項定有明文。依此，甲既須以「善良管理人」之注意義務為乙保管上開改造手槍，且於保管期間內，非經乙同意，不得使用或出租質物，甲為乙之管理人，自係「為他人」占有，所為核屬寄藏行為。

乙說：持有行為。

一、所謂「持有」，係指為自己占有槍砲、子彈，置於自己實力支配下之意；所謂「寄藏」，係指受寄他人之槍砲、子彈，為之隱藏而言。上開槍彈係他人交付被告作為借款之擔保物，其既因借貸而質押於被告住處，被告即非受他人委託，而為之隱藏，被告顯係為自己占有該槍彈而持有，非屬受託寄藏上開槍彈而持有（最高法院93年度台上字第4352號判決參照）。

二、「質權之設定，因供擔保之動產移轉於債權人占有而生。質權人不得使出質人或債務人代自己占有質物。」此為民法第885條第1、2項所明定。觀其立法理由謂：「動產質權以占有由債務人或第三人移轉之動產為其成立及存續之要件，故質權人須占有質物，始能保全質權之效力。為使質權之關係明確，並確保質權之留置作用，爰於第2項增列質權人亦不得使債務人代自己占有質物。」依此，質權之本質在於將質物移轉由質權人占有，意在保障質權人，故質權人占有質物即係「為自己」占有。題示情形，甲既為質權人，即非「為他人」占有，而屬單純之持有行為甚明。

三、稱動產質權者，謂債權人對於債務人或第三人移轉占有而供其債權擔保之動產，得就該動產賣得價金優先受償之權；質權人於債權已屆清償期，而未受清償者，得拍賣質物，就其賣得價金而受清償；約定於債權已屆清償期而未為清償時，質物之所有權移屬於質權人者，準用第873條之1之規定，民法第884、893條定有明文。依設題所示，甲乙雙方合意由乙將該改造手槍移轉由甲占有，作為債權之擔保，若甲未受清償，依法得就上開改造手槍賣得之價金受償，或由甲取得該改造手槍之所有權，甲固然於乙清償借款時須同時返還上開改造手槍，但於甲占有該改造手槍期間，其主觀上所著重者乃自己之債權能否獲得滿足，顯無為乙隱藏之意，甲應係「為自己」占有，所為乃單純之持有行為。

四、民法第889條第1項規定：質權人得收取質物所生之孳息。但契約另有約定者，不在此限。同法第891條規定：質權人於質權存續中，得以自己之責任，將質物轉質於第三人。其因轉質所受不可抗力之損失，亦應負責。由此可見，質權人於權利存續期間，原則上得就質物收取孳息，並得將質物轉質於第三人，顯然質權人不只是為他人保管質物，於占有質物期間，對質物仍有本於自己之利益。再者，民法第432條、第468條亦同樣規定承租人、借用人應以善良管理人之注意，保管承租物、借用物。然在向他人借用或承租改造手槍之情形，均屬「為自己」占有而論以持有行為，非寄藏行為。凡此，均不能單以質權人不得使用或出租質物，及須對質物盡善良管理人之注意義務，即認是為他人占有。

初步研討結果：採甲說。

審查意見：採乙說。（實到：18人，甲說：7票，乙說：9票）

研討結果：照審查意見通過（經付表決結果：實到78人，採甲說25票，採乙說47票）。

第六節　加重處罰之情形

壹、意圖犯罪以非法方式而持有槍砲等武器

槍砲條例第7條第5項：「意圖供自己或他人犯罪之用，以強盜、搶奪、竊盜或其他非法方法，持有依法執行公務之人所持有之第一項所列槍砲、彈藥者，得加重其刑至二分之一。」

此項係於民國97年11月新增訂的，其立法理由為：「一、近年來黑槍氾濫，社會秩序惡化，非嚴格查禁槍砲彈藥，不足以維護治安。犯罪集團擁槍自重，嚴重威脅執勤警察安全。爰修訂本條關於持有、製造、販賣等相關處罰規定，將刑度依比例提高。二、依法執行公務之人所使用之制式武器較一般土制槍械精良，為避免制式槍械受意圖犯罪人覬覦，杜絕意圖犯罪之人取得制式武器進而犯罪，避免襲警奪槍事件發生，爰新增第五項。三、本項所重者在於以不法方式取得制式武器之結果，故以強盜、搶奪、竊盜，或其他不法方法取得制式武器皆屬本條之範疇，而不因其行為之態樣而有區別其論刑輕重。四、為嚇阻將所奪取之警槍用於強盜、搶奪等犯罪之情形，爰規定得加重強盜、搶奪或其他犯罪刑責二分之一[48]。」

不過該條項增訂，迄今似乎不見有任何裁判，也許真的是產生重大的嚇阻作用。

貳、未經許可攜帶刀械加重處罰之情形

槍砲條例第15條：「未經許可攜帶刀械而有下列情形之一者，處二年以下有期徒刑：一、於夜間犯之者。二、於車站、埠頭、航空站、公共場所或公眾得出入之場所犯之者。三、結夥犯之者。」

本條所稱「攜帶」係指攜而帶之，隨手可及之，攜帶雖然也是持有之一種，惟其概念應較「持有」為狹隘。實務亦採相同觀點，如「修正前

---

[48] 取自〈https://lis.ly.gov.tw/lglawc/lawsingle?00105EC85AF9000000000000000001400000000400FFFFFFD00^01175097110700^00190001001〉。

槍砲彈藥刀械管制條例第13條（即修正後第15條）之非法攜帶刀械罪，就行為人對刀械有事實上之管領力而言，固與非法持有無異。然該條各款所列情形，係擇危險性較高之非法攜帶刀械行為，對其行為之人數或行為之時、地設其規定，法定刑亦較非法持有為重。非法攜帶刀械如有該條各款所列情形，自應適用該條論處，不能僅論以非法持有刀械罪[49]」。

參、公務員或公職人員包庇犯本條例特定之罪

　　槍砲條例第16條：「公務員或經選舉產生之公職人員明知犯第七條、第八條或第十二條之罪有據予以包庇者，依各該條之規定加重其刑至二分之一。」

　　所稱「包庇」，應係指以相當之保護，而排除外來之阻力，使其不易發覺者而言，自以有積極的包庇行為為必要，與單純縱容或不予取締之消極行為有別[50]。

　　本條立法理由：「目前黑槍氾濫的情況下，經選舉產生的民意代表或者是所謂的公務人員，極有可能利用其職責而為上述之包庇情事，爰比照組織犯罪條例、貪污治罪條例及肅清煙毒條例，做一加重其刑之規定[51]。」

　　本文認為，公務員因包庇某特定犯罪而加重處罰，應與其職務行使有關，否則，只因其具有公務員身分而加重，實有違反平等原則、罪責原則等憲法基本原則之虞。

肆、其他加重處罰之情形

　　槍砲條例第18條第4項後段：「犯本條例之罪……拒絕供述或供述不實者，得加重其刑至三分之一。」

　　本條項後段係於民國86年全文修正時所增列，但立法理由僅謂：

49　87年台上字第483號。
50　83年台上字第2334號。
51　取自，〈https://lis.ly.gov.tw/lglawc/lawsingle?00105EC85AF900000000000000000014000000004FFFFFD^01175086111100^00190001001〉。

「一、條次變更。原條文第十三條之二移列。二、文字修正。三、本條自首報繳槍械之目的，係鼓勵犯罪者自新，然依目前法律規定，對於實質上或裁判上一罪之案件，自首一部者其效力及於全部，為防杜別有居心之犯罪者，藉本條自首之寬典，而逃避法律制裁，爰參照貪污治罪條例第八條之立法例增列第三項，規定犯罪者必須報繳其全部槍砲、彈藥、刀械，方得邀減免其刑之寬典，若有報繳不實者，不實部分仍依本條例所定之罪論處。」對於「拒絕供述或供述不實者，得加重其刑至三分之一」此部分，理由何在，隻字未提。

按緘默權或不自證己罪原則乃被告在刑事訴訟程序之中極為重要權益[52]，此項原則可說是現代法治國家的棟梁，屬於公平審判的核心內涵[53]。據此，本條項規定「拒絕供述或供述不實者，得加重其刑至三分之一」顯然與刑事訴訟法之重要原則相違背，嚴重侵害人民之訴訟權而有違憲問題。

實務對此規定曾討論如次[54]：

法律問題：被告某甲於87年1月15日未經許可，持有制式手槍一把為警查獲，並於同年2月15日經檢察官起訴，嗣於審理時表示行使緘默權而拒絕陳述，應否依同法第18條第4項規定加重其刑至三分之一？

討論意見：

甲說：肯定說，按槍砲彈藥刀械管制條例第18條第4項規定犯本條例之罪，於偵查或審判中自白，並供述全部槍砲、彈藥、刀械之來源及去向，因而查獲或因而防止重大危害治安事件之發生者，減輕或免除其刑。拒絕供述或供述不實者，得加重其刑至三分之一；且本條例係為管制槍砲、彈藥、刀械，維護社會秩序、保障人民生命財產安全，所特別制定之法律（參見該條例第1條），自應優先適用，被告既於審理時拒絕陳述，應依同法第18條第4項規定加重其刑至三分之一。

---

52 刑事訴訟法第156條第4項：「被告未經自白，又無證據，不得僅因其拒絕陳述或保持緘默，而推斷其罪行。」
53 林鈺雄，《刑事訴訟法（上）》，2017年9月，頁162。
54 87年2月27日司法院第三十八期司法業務研究會法律問題。

乙説：否定説，基於以下三點理由應採否定説，即不得加重其刑至三分之一。

一、刑事訴訟法第95條第2款規定被告得保持緘默，無須違背自己之意思而爲陳述，係爲落實憲法保障基本人權所爲之具體規定，本質上即具憲法效力，其位階應高於槍砲彈藥刀械管制條例第18條第4項之規定，自應優先適用。

二、次就訴訟原則而言，程序法則應先於實體法則之適用，即先程序後實體之原則；刑事訴訟法之規定爲一程序規定，自應優先於實體法之槍砲彈藥刀械管制條例之適用。

三、再就法律制定之先後而言，槍砲彈藥刀械管制條例係86年11月24日修正公布施行，並於同年月26日生效，而刑事訴訟法之修正則於86年12月19日修正公布，並於同年月21日生效，依後法優於前法之原則，應認刑事訴訟法修正公布施行並生效後，即已排除槍砲彈藥刀械管制條例第18條第4項關於被告拒絕陳述應加重其刑規定之適用。

研討結論：保留。

第七節　減免刑罰之情形

壹、關於空氣槍之減輕其刑

槍砲條例第8條第6項特別針對空氣槍部分而減輕其刑，其為：「犯第一項、第二項或第四項有關空氣槍之罪，其情節輕微者，得減輕其刑。」此一減輕規定乃是源自於大法官釋字第669號解釋認為舊法有關空氣槍的處罰，不論行為人犯罪情節之輕重，均以無期徒刑或五年以上有期徒刑之重度自由刑相繩，違反憲法比例原則。該號解釋：「槍砲條例第八條第一項規定：『未經許可，製造、販賣或運輸鋼筆槍、瓦斯槍、麻醉槍、獵槍、空氣槍或第四條第一項第一款所定其他可發射金屬或子彈具有

殺傷力之各式槍砲者，處無期徒刑或五年以上有期徒刑，併科新臺幣一千萬元以下罰金。』其中以未經許可製造、販賣、運輸具殺傷力之空氣槍為處罰要件部分，不論行為人犯罪情節之輕重，均以無期徒刑或五年以上有期徒刑之重度自由刑相繩，對違法情節輕微、顯可憫恕之個案，法院縱適用刑法第五十九條規定酌減其刑，最低刑度仍達二年六月以上之有期徒刑，無從具體考量行為人所應負責任之輕微，為易科罰金或緩刑之宣告，尚嫌情輕法重，致罪責與處罰不相對應。首揭規定有關空氣槍部分，對犯該罪而情節輕微者，未併為得減輕其刑或另為適當刑度之規定，對人民受憲法第八條保障人身自由權所為之限制，有違憲法第二十三條之比例原則，應自本解釋公布之日起至遲於一年屆滿時，失其效力。」

大法官該號解釋確實是有道理的，因為實務上所查獲的空氣槍，其動能差異甚大[55]，以該號解釋之系爭空氣槍為例，其經測試後之發射動能為每平方公分21焦耳，僅超出實務向來所採的每平方公分20焦耳之標準一點點而已，卻面臨無期徒刑或五年以上有期徒刑之重刑，不僅有違比例原則，同時亦有違平等原則。

貳、自首或自白之減免刑罰之情形

槍砲條例第18條針對自首與自白之要件與法律效果有特別規定，其分別為「犯本條例之罪自首，並報繳其持有之全部槍砲、彈藥、刀械者，減輕或免除其刑；其已移轉持有而據實供述全部槍砲、彈藥、刀械之來源或去向，因而查獲者，亦同（第1項）。」「前項情形，於中央主管機關報經行政院核定辦理公告期間自首者，免除其刑（第2項）。」「犯本條例之罪，於偵查或審判中自白，並供述全部槍砲、彈藥、刀械之來源及去向，因而查獲或因而防止重大危害治安事件之發生者，減輕或免除其刑（第4項前段）。」

按，自首在刑法上原即有所規定，刑法第62條：「對於未發覺之罪

---

55 學說上有主張應針對空氣槍進一步做分級管制，參見孟憲輝、陳全儀、李協昌，〈空氣槍分級管制之可行性〉，《刑事科學》，79期，2015年9月，頁19以下。

自首而受裁判者，得減輕其刑。但有特別規定者，依其規定。」本條有關自首之規定，即屬特別規定，其法律效果雖然比刑法優待，但其要件亦更為嚴格（如「並報繳其持有之全部槍砲、彈藥、刀械」）。至於在偵查或審判中自白者，在我國某些刑事立法中，亦有類似減免刑罰規定（如貪污治罪條例第8條後段），惟此處規定更為嚴格。

關於自白部分，有爭論的是，如果僅供述全部槍砲、彈藥、刀械之「來源」或者「去向」其中之一者，是否可減免其刑？實務討如次[56]：

> **法律問題**：某甲非法寄藏可發射子彈具有殺傷力之槍枝及子彈，於偵查及審判中自白寄藏槍、彈之犯罪事實，並供述槍、彈係乙寄放，警方並因而查獲乙。則甲寄藏槍、彈犯行部分，得否依槍砲彈藥刀械管制條例第18條第4項之規定，減輕其刑？
>
> **討論意見**：
>
> 甲說：否定說
>
> 槍砲彈藥刀械管制條例第18條第1項及第4項，就犯該條例之罪而自首或自白者，依其犯罪後態度、可罰性及自首、自白後對社會治安貢獻度之不同，而為不同條件之減輕或免除其刑之規定。自首者，惡性及可罰性較輕，故對治安貢獻度之要求較寬，如槍砲、彈藥、刀械仍在其持有中者，只須報繳，即可減免其刑；如已移轉持有，則只須據實供述槍砲、彈藥、刀械之來源或去向之一，因而查獲者，即可減免其刑。至於在偵查或審判中自白者，因其已被查獲，惡性及可罰性較重，故就其對治安貢獻度之要求較高，須供述全部槍砲、彈藥、刀械之來源及去向二者，因而查獲或因而防止重大危害治安事件之發生者，始得減免其刑，其規定符合比例原則。故依法條文義解釋及立法本旨，自白者，如僅供述槍砲、彈藥、刀械之來源或去向之一，不得依槍砲彈藥刀械管制條例第18條第4項減免其刑。某甲既僅供述寄藏槍、彈之來源，自無前揭規定之適用。

乙說：肯定說

　　槍砲彈藥刀械管制條例第18條第4項前段規定「犯本條例之罪，於偵查或審判中自白，並供述全部槍砲、彈藥、刀械之來源及去向，因而查獲或因而防止重大危害治安事件之發生者，減輕或免除其刑。」依其犯罪型態兼有來源及去向者，固應供述全部之來源及去向，始符合上開規定。但其犯罪行為，僅有來源而無去向，或僅有去向而無來源者，祇要供述全部來源，或全部去向，因而查獲或因而防止重大危害治安事件之發生時，即符合減輕或免除其刑之規定，並非謂該犯罪行為，必須兼有來源及去向，始有該條項之適用。否則情節較重者（兼有來源及去向），合於減免之規定，情節較輕者（僅有來源而無去向，或僅有去向而無來源），反而不合於減免之規定，豈不造成輕重失衡。某甲自白並供述寄藏之槍、彈來自乙，警方並因而查獲乙，應有前揭規定之適用。

　　決　議：採乙說。

第八節　原住民或漁民違犯有關自製獵槍魚槍之特別規定

壹、本條之增訂理由與爭議

　　槍砲條例第20條：「（第1項）原住民未經許可，製造、運輸或持有自製之獵槍、魚槍，或漁民未經許可，製造、運輸或持有自製之魚槍，供作生活工具之用者，處新臺幣二千元以上二萬元以下罰鍰，本條例有關刑罰之規定，不適用之。（第2項）原住民相互間或漁民相互間未經許可，販賣、轉讓、出租、出借或寄藏前項獵槍或魚槍，供作生活工具之用者，亦同。（第3項）前二項之許可申請、條件、期限、廢止、檢查及其他應遵行事項之管理辦法，由中央主管機關定之。（第4項）於中華民國九十年十一月十四日本條例修正施行前，原住民單純僅犯未經許可製造、運

輸、持有及相互間販賣、轉讓、出租、出借或寄藏自製之獵槍、魚槍之罪，受判處有期徒刑以上之刑確定者，仍得申請自製獵槍、魚槍之許可。（第5項）主管機關應輔導原住民及漁民依法申請自製獵槍、魚槍。（第6項）第一項、第二項情形，於中央主管機關報經行政院核定辦理公告期間自動報繳者，免除其處罰。」

在上述規定中，最近引起學界與實務界熱切討論的乃原住民「自製獵槍」的問題。本條規定首見於民國86年，當時係針對原住民關於自製獵槍的減免刑罰特別規定，其理由：「基於原住民所自製之獵槍，係屬傳統習慣專供獵捕維生之生活工具，且其結構、性能及殺傷力，均遠不及制式獵槍，為恐原住民偶一不慎，即蹈法以第八條相加，實嫌過苛，原增訂得減輕或免除其刑規定。」而後於民國90年修正予以除罪化，其理由：「原住民使用獵槍是有其生活上之需要，以法律制裁持有生活必需品之行為，是對原住民人權之嚴重傷害。因此，原住民持有獵槍者只要登記即可合法，而未經登記者則以行政罰加以處罰，這不但符合行政程序法之規定，也保障了原住民基本之生活權益。」由此可知，槍砲條例之所以對於原住民或漁民設有「自製獵槍或漁槍」之行政罰特別規定，其所考量的是「原住民獵捕維生之必需的生活工具」。

不過究竟何謂「自製獵槍」，近來實務爭議甚大，甚至檢察總長為此提起非常上訴[57]，而最高法院在審理此案時，停止審理而申請釋憲[58]。在此爰將司法實務「自製獵槍」之相關重要見解，簡述如次。

貳、行政主管機關之立場與變動

惟在介紹司法實務見解之前，有必要針對槍砲條例主管行政機關內政部警政署之立場略作說明。民國87年警政署為因應警察實務的需要而對於

---

[57] 「王光祿持槍案，檢察總長正式提起非常上訴」，取自〈http://titv.ipcf.org.tw/news-25670〉。
[58] 「光祿獵槍案，最高法院裁定停審釋憲」，取自〈https://www.cna.com.tw/news/firstnews/201709285009.aspx〉。

「自製獵槍」函釋如次[59]：「原住民傳統習慣專供捕獵維生之生活工具，由申請人自行獨力製造或與非以營利為目的之原住民在警察分局核准之報備地點協力製造完成，以逐次由槍口裝填黑色火藥於槍管內，打擊底火或他法引爆，將填充之射出物射出，非使用彈頭、彈殼及火藥之子彈者」，其中所稱「射出物」為：「供自製獵槍引爆槍管內火藥後發射之用，填充於槍管內，遠小於槍管內徑之固體物，如玻璃片、彈丸等，且不含具有彈頭、彈殼及火藥之子彈。」而後在民國100年修正槍砲管理辦法第2條第3款中，明文定義自製獵槍，其內容大致與前揭函釋相同；然而在民國103年又做了相當修正如次：「自製獵槍：指原住民為傳統習俗文化，由申請人自行獨力或與非以營利為目的之原住民協力，在警察分局核准之地點，並依下列規定製造完成，供作生活所用之工具：（一）填充物之射出，須逐次由槍口裝填黑色火藥於槍管內，以打擊底火或他法引爆，或使用口徑為0.27英吋以下打擊打釘槍用邊緣底火之空包彈引爆；（二）填充物，須填充於自製獵槍槍管內發射，小於槍管內徑之玻璃片、鉛質彈丸固體物；其不具制式子彈及其他類似具發射體、彈殼、底火及火藥之定裝彈；（三）槍身總長（含槍管）須38英吋（約96.5公分）以上[60]。」

參、司法實務見解之變遷

在司法實務上，有關自製獵槍之認定，一開始深受行政主管機關立場之影響，而後逐漸擺脫行政主管之影響，甚至進一步去質疑而另外提出自己的看法。茲列舉如次。

「原住民未經許可、製造、運輸、陳列或持有自製之獵槍，供作生活工具之用者，減輕或免除其刑，固於槍砲條例第20條第1項定有明文。惟關於原住民未經許可，製造子彈，觸犯同條例第12條第1項之罪者，並無同條例第20條第1項減輕或免除其刑規定之適用。本件原判決……因認被告等此部分行為，同犯槍砲條例第12條第1項的未經許可製造子彈罪，但

---

59 台（87）內警8770116函。
60 槍砲管理辦法於民國103年有關自製獵槍定義之修正，應係受到司法實務見解之影響。

竟適用同條例第20條第1項之規定，均予以諭知免刑之判決，揆諸上開說明，此部分之判決，顯有適用法則不當之違背法令[61]」，其認為自製供獵槍發射之霰彈不屬於自製獵槍之範疇。

「槍砲條例第20條第1項所稱：原住民未經許可持有自製之獵槍，供作生活工具之用者，必以其持有之獵槍係自製者，或依該條第2項規定原住民相互間販賣、轉讓者為限，此觀該條之規定自明。查原判決既認定本件查獲之土造獵槍一支，係被告甲○○於民國86年間以新臺幣3,000元向不詳姓名之男子購得，即與該條例第20條第1項之規定不合，乃原判決依該條例第11條第4項論以被告未經許可持有可發射子彈之土造獵槍罪，竟引用同條例第20條第1項之規定，諭知免刑之判決，揆諸上開說明，原判決即有判決適用法則不當之違法[62]」。此認為向他人購買之土造獵槍非屬「自製獵槍」。

「然法律對於取締違反槍砲條例之行為，既併考量原住民傳統生活及習俗文化，而為前開輕處罰鍰之規定，據甲○○於偵查中供稱：伊係海端鄉公所聘僱之溪流保育員，平日在家做農、種梅子；乙○○供稱：伊在海端村擔任幹事，屬臨時人員，平日在種田；復與丙○○於原審供稱：當時三人欲至丙○○在利稻種高麗菜之園地趕山豬云云，甲○○、乙○○二人於擔任公職之外，與丙○○平日均務農維生，如果無訛，則甲○○製造上開槍枝、彈藥，及乙○○、丙○○持有上開槍枝、彈藥之目的，何以並無上開法律所定『供生活工具之用』之情形[63]？」此認為「自製獵槍」並非專以「捕獵生活之需要」為限。

「所謂『自製獵槍』，依內政部87年6月2日台（87）警字第87701166號函……是以，此之『自製獵槍』結構簡單，常見者是一端開口，另一端則封閉而留下細微小孔之鐵管，裝設固定架在木質槍托上，再於槍托上設一彈簧連接扳機及擊錘，火藥及射出物由開口一端填入，以鐵條伸入鐵管，將火藥與射出物擠壓至封閉端，當扣動扳機時，可藉彈簧作

---

[61] 88年台非字第321號。

[62] 89年台非字第387號，相同見解者，90台非字第68號。

[63] 95年台上字第204號。

用使擊錘向前撞擊封閉鐵管一端，使得所裝填之火藥藉封閉端之小孔與擊錘接觸撞及產生火花引燃爆炸，再將裝填於槍管內之射出物射出，以達射殺獵物目的。『自製獵槍』與『土造霰彈槍』雖均為土造長槍，但『自製獵槍』所擊發者非預先製造完成之霰彈，而是以火藥逐次填塞在槍管內，再與射出物相配合後擊發者；且『自製獵槍』是於槍管開口裝入火藥及射出物，並非在後膛裝彈，屬最原始結構之槍枝；其特徵為：發射速度慢、無法連發（無預先製造之子彈，射擊時需逐次裝填火藥、射出物，再以鐵條自槍管前端伸入壓實）、不穩定（以擊錘直接撞及黑色火藥或底火引爆，火藥品質、裝填技術均影響其能否順利射擊）、威力不大（火藥非集中裝填於藥筒內，而是與射出物共同散落於槍管內，影響爆炸力）、攜帶不便（長約1.5至2公尺為制式霰彈槍之2倍，又需另行攜帶火藥、小彈丸及通槍鐵條供配用）。故可發射『制式霰彈』之『土造霰彈槍』，即非本條例第20條所指之『自製獵槍』[64]」，其認為「土造霰彈槍」可發射「制式霰彈」，非屬「自製獵槍」。

「蓋原住民傳統自製之獵槍，一般而言，結構簡單、性能較差、威力不大，僅配合其生活領域，專供狩獵及文化活動之用，且其自製方式及使用範圍行之已久，已具有生活文化價值，為尊重其傳統生活及自治精神，縱未依法登記，其製造、運輸、陳列或持有自製之獵槍，既作為生活工具之用，僅以行政罰為已足，自無科以刑事處罰之必要。惟若與原住民之生活無關，而非供為生活上所需要之工具，甚且持供非法用途者，自無該條之適用，仍應適用該條例有關刑罰之規定論罪科刑。本件扣案系爭土造長槍二支經內政部警政署刑事警察局鑑定結果，認係土造長槍，由具擊發結構之木質槍身及土造槍管組合而成，擊發功能正常，可供擊發口徑0.27吋建築工業用彈（作為發射動力），用以發射彈丸使用，認具殺傷力。亦即其發射方式係利用擊發填裝於槍管彈室處之口徑0.27吋建築工業用，所產生之高壓氣體推送出由槍口處填塞之鋼珠或金屬發射物等語，有該局98年11月2日刑鑑字第0980143278號鑑驗書及99年9月14日刑鑑字第0990115388

---

[64] 96年台上字第1674號。

號函可稽，而內政部99年8月24日內授警字第0990871678號函表示，該部參據原住民傳統使用自製獵槍，針對原住民自製之獵槍，已於87年6月2日以台（87）內警字第8770116號函釋（下稱原住民自製獵槍函釋）表示……。扣案系爭土造長槍2支，認係槍砲條例第4條第1項第1款『其他可發射金屬或子彈具殺傷力之各式槍炮』，且係擊發口徑0.27吋建築工業用彈作為發射動力，已非上開解釋之原住民自製獵槍等語。似已說明其認定原住民自製獵槍之具體標準，係參據原住民傳統使用自製獵槍而來，並認系爭扣案土造長槍2支擊發口徑0.27吋建築工業用彈作為發射動力，並不符合上開原住民自製獵槍之標準。則究竟內政部上開原住民自製獵槍函釋，有無事實根據，是否基於專業意見對原住民自製獵槍之客觀具體解釋，又以口徑0.27吋建築工業用彈作為發射動力，是否屬原住民傳統自製簡易獵槍之方式？此攸關系爭土造長槍2支，是否屬原住民自製獵槍之判斷，原判決就此未予辨明，自有進一步調查、審酌之必要[65]」。此認為系爭土造長槍擊發口徑0.27吋建築工業用彈作為發射動力，並不符合內政部原住民自製獵槍之標準，惟內政部自製獵槍之函釋，有無事實根據，是否基於專業意見，則表懷疑。

有強調「專為其於生活中從事狩獵、祭典等活動使用，而以傳統方式所製造、運輸或持有之自製簡易獵槍，始符立法本旨」，如「槍砲條例第20條第1項經民國90年11月14日……修正立法理由『原住民使用獵槍是有其生活上之需要，以法律制裁持有生活必需品之行為，是對原住民人權之嚴重傷害。因此，原住民持有獵槍者只要登記即可合法，而未經登記者則以行政罰加以處罰，這不但符合行政程序法之規定，也保障了原住民基本之生活權益。』及槍砲彈藥刀械許可及管理辦法第15條第1項規定意旨，所謂『原住民製造、運輸或持有供作生活工具之用之自製獵槍』，自應以原住民本諸其文化傳統所形成之特殊習慣，專為其於生活中從事狩獵、祭典等活動使用，而以傳統方式所製造、運輸或持有之自製簡易獵槍，始符立法本旨。若與原住民之生活無涉，而非供為生活上所需要之工具，甚且

---

[65] 101年台上字第1563號。

持供非法用途者,自無該條項之適用,仍應適用該條例有關刑罰規定論罪科刑[66]」。

「中華民國憲法增修條文第10條第11項規定:『國家肯定多元文化,並積極維護發展原住民族語言及文化。』為落實憲法保障原住民族基本權利,促進原住民族生存發展,建立共存共榮之族群關係,原住民族基本法第10條規定,政府應保存維護原住民族文化,第30條亦規定,制定法律,應尊重原住民族之傳統習俗、文化及價值觀,保障其合法權益等旨。因此,在依相關法律踐行保障原住民族之基本權利,促進其生存發展時,自應尊重其傳統習俗、文化及價值觀。而依同法第19條之規定,原住民基於傳統文化、祭儀或自用,得在原住民族地區依法從事獵捕野生動物之非營利行為,原住民基於此項需求,非因營利,以自製獵槍從事獵捕野生動物即屬其基本權利。槍砲條例第20條第1項即在尊重原住民族此一權利下,逐步將原住民為供作生活工具之用而製造或持有自製獵槍之行為,從刑事罰改為行政罰,以資因應。此所謂『自製之獵槍』係指原住民為供作生活工具之用,而自行製造本條例第4條具有獵槍性能之可發射金屬或子彈具有殺傷力之槍枝而言,所自製之獵槍裝填火藥或子彈之方式,法律既未設有限制,無論『前膛槍』或『後膛槍』均應包括在內;又狩獵係原住民族傳統維生方式之一,並與其祭典文化有關,原住民在狩獵過程中,可訓練膽識、學習互助精神及生存技能,亦得藉與族人分享狩獵經驗與成果,獲得認同,提升在部落族人中之地位,故原住民族自製獵槍獵捕野生動物,乃其傳統生活習俗文化之重要內容。惟因社會整體發展急遽變遷,原住民族生活型態亦隨之改變,復因野生動物保育法獵捕規定之限制,難期其仍專以狩獵維生或以狩獵為其生活主要內容,基於維護原住民傳統習俗文化及發展之考量,本條項『供作生活工具之用』之解釋,自應因應生活型態之改變而放寬,只要本於與其傳統習俗文化目的有關而自行製造或持有之獵槍,即應認係供作生活工具之用,不以專恃狩獵維生或以狩獵為其生活主要內容者為限,然如溢出此範圍而使用自製獵槍,自不在此限。從而,

---

[66] 99年台上字第5771號。

中央主管機關上開87年6月2日函釋及依本條例第20條第3項授權訂定之槍砲彈藥刀械許可及管理辦法第2條第3款將自製獵槍定義為『原住民傳統習慣專供捕獵維生之生活工具』、『其結構、性能須逐次由槍口裝填黑色火藥於槍管內,以打擊底火或他法引爆,將填充物射出』等情,增加法律所無之限制,已逾越法律之授權,法院自不受其拘束。至原住民既得供作生活工具之用而自製獵槍,自包括該獵槍所適用之『自製子彈』,為本條例第20條第1項規定之『隱藏性』要件,此乃法律條文與法規體系之當然解釋[67]」。其將「自製獵槍」理解為自行製造本條例第4條具有獵槍性能之可發射金屬或子彈具有殺傷力之槍枝,包括「前膛槍」與「後膛槍」,並認為內政部上開函釋與槍砲管理辦法對於自製獵槍之定義已逾越法律授權,法院不受其拘束,而所謂「自製獵槍」包括該獵槍所適用之「自製子彈」。

「原判決綜合全案證據資料,本於事實審法院職權推理之作用,認定上訴人就其先後向梁建斌購買不具殺傷力之2支空氣槍,確有分別以更換彈簧之『創製』方式及塞住彈簧活塞內小洞之『改造』行為,增加該等空氣槍之動能,使均成具殺傷力槍枝之犯行。因而維持第一審論處上訴人未經許可製造空氣槍(二罪)罪刑,駁回上訴人在第二審之上訴……查:槍砲條例第4條第1項第1款所規定之槍砲,係將獵槍、空氣槍、魚槍分別列舉,足見三者係分屬不同種類之槍械。而同條例第20條第1項係規定:『原住民未經許可,製造、運輸或持有自製之獵槍、魚槍,或漁民未經許可,製造、運輸或持有自製之魚槍,供作生活工具之用者,處新臺幣二千元以上二萬元以下罰鍰,本條例有關刑罰之規定,不適用之。』並未將空氣槍一併列入。則原住民未經許可,製造空氣槍,既非屬上開規定之適用範圍,自不得據以主張排除同條例之刑罰非難[68]」。其認為原住民未經許可製造(改造)空氣槍不屬於自製獵槍。

「槍砲條例第20條第1項於民國90年11月14日修正公布前,原規定

---

[67] 102年台上字第5039號。
[68] 102年台上字第5203號。

『原住民未經許可，製造、運輸、陳列或持有自製之獵槍，供作生活工具
之用者，減輕或免除其刑，並不適用前條之規定。』修正後（第1項）則
規定『原住民未經許可，製造、運輸或持有自製之獵槍（略），供作生活
工具之用者，處新臺幣2萬元以下罰鍰，本條例有關刑罰之規定，不適用
之。』觀其修法理由，顯係在尊重原住民族傳統習俗、文化及價值觀之權
利下，逐步將原住民為供作生活工具之用而製造或持有自製獵槍之行為，
從刑事罰改為行政罰。且所稱『供作生活工具之用』，應因應生活型態之
改變而放寬，只要本於與其傳統習俗文化目的有關而自行製造或持有之獵
槍，即應認係供作生活工具之用，不以專恃狩獵維生或以狩獵為其生活主
要內容者為限，但如溢出此範圍而使用自製獵槍，自不在此限。是以若與
原住民之生活無關，而非供為生活上所需要之工具，甚且持供非法用途
者，自無該條項之適用，仍應適用該條例有關刑罰之規定論罪科刑[69]」。
其主張自製獵槍所稱「供作生活工具之用應放寬認定，只要本於與其傳統
習俗文化目的有關而自行製造或持有之獵槍，即應認係供作生活工具之
用，不以專恃狩獵維生或以狩獵為其生活主要內容者為限。

　　「槍砲條例所管制之槍枝，無不可用於獵殺動物，故同條例第20條
第1項……排除適用刑罰者，應僅以『原住民自製之獵槍、魚槍，或漁民
自製之魚槍』為限，即所謂『原住民自製之獵槍』，應解為『原住民本於
其文化傳統所形成之特殊習慣，專用於生活中從事狩獵、祭典等活動使
用，而以傳統方式所製造、持有之自製獵槍』。即須係原住民自行製造，
目的僅供狩獵、祭典等活動使用，且其發射速度較慢、威力較小、攜帶較
為不便之『長槍』，始與立法本旨相契合；至於攜帶方便之「手槍」雖亦
可用於獵殺動物，但因攜帶時不容易為人所察覺，倘用於對人或人群犯罪
（開槍），勢必對社會治安造成重大危害，應不屬於上開規定所謂『原住
民自製獵槍』之列[70]」。此判決仍維持過去實務上多數見解，應解為原住
民本於其文化傳統所形成之特殊習慣，專用於生活中從事狩獵、祭典等活

[69] 104年台上字第1563號。
[70] 106年台上字第365號。

動使用，而以傳統方式所製造、持有之自製獵槍，且其發射速度較慢、威力較小、攜帶較為不便之長槍。

肆、學說見解

關於此問題，文獻上有不少人反對前揭內政部的函釋，或主張只要該槍砲是原住民自己製作（非制式）且用以打獵，就可算是自製獵槍，不管其外型、構造及性能是否與內政部函釋意見有異[71]；或贊成司法實務上對於自製獵槍採取寬鬆的認定（如肯定102年度台上字第5093號判決）[72]。甚至有從根本上質疑槍砲條例有關自製獵槍之規範，其主張，原住民在傳統文化中以所謂「自製獵槍」從事狩獵，根本就是一種誤解、偏見、歧視，因為早在19世紀原住民所擁有的槍枝有多數是制式槍枝（如毛瑟槍、士乃得槍），而且絕大部分是與漢人交易而來，根本無所謂「自製獵槍」之傳統文化[73]；再者，要求原住民僅能使用高度危險性的自製獵槍從事傳統捕獵活動，不僅無視於原住民的安全問題，而且顯然將其狩獵活動理解為一種傳統、原始、落伍、不能與時俱進的文化活動，這是一種過度限制[74]；或者從憲法、兩公約、原住民族基本法的角度論述，不僅肯定原住民之狩獵權，而且認為其狩獵方式與工具並無限制[75]；另外值得重視的不同意見，有從自製獵槍的安全性角度出發，認為不管是內政部函釋或最高法院最近較寬鬆的見解，均缺乏科技或武器專業概念之立論，對於原住民的生命身體安全與社會治安皆造成隱憂，其主張應全面檢討允許原住民因

---

[71] 王皇玉，〈原住民持有槍械問題之研究〉，《台灣原住民族研究季刊》，5卷1期，2012年春季號，頁27；謝煜偉，〈刑法解釋與原住民狩獵文化〉，《台灣法學雜誌》，241期，2014年2月，頁180。

[72] 許恒達，〈重新檢討原住民自製獵槍之管制與處罰〉，《台灣原住民族研究季刊》，7卷3期，2014年秋季號，頁138。

[73] 王皇玉，前揭註71文，頁28；陳采邑，〈揭開原住民自製獵槍的神秘面紗〉，《全國律師》，頁23以下；鄭川如，〈王光祿原住民自製獵槍案—最高法院104年度台上字第3280號刑事判決評釋〉，《法令月刊》，68卷9期，2016年9月，頁84。

[74] 許恒達，前揭註72文，頁139。

[75] 陳新民，〈最高法院的覺醒—由提出王光祿釋憲案所引發最高法院提出釋憲案制度與原住民權益保障的法制問題〉，《政大法學評論》，155期，2018年12月，頁27以下；鄭川如，前揭註73文，頁79以下。

傳統文化生活之需要而使用槍枝之政策[76]。

第九節　模擬槍之管理與處罰

　　槍砲條例第20條之1：「（第1項）具打擊底火且外型、構造、材質類似真槍者，為模擬槍。模擬槍，足以改造成具有殺傷力之槍枝者，由中央主管機關會同目的事業主管機關公告查禁。（第2項）模擬槍之輸入，應先取得內政部警政署之同意文件。（第3項）製造、販賣、運輸或轉讓第一項公告查禁之模擬槍者，處新臺幣五十萬元以下罰鍰；其情節重大者，得併命其停止營業或勒令歇業。但專供外銷及研發並向警察機關報備者，不在此限。（第4項）出租、出借、持有、寄藏或意圖販賣而陳列第一項公告查禁之模擬槍者，處新臺幣三萬元以下罰鍰。（第5項）改造模擬槍可供發射金屬或子彈，未具殺傷力者，處新臺幣十萬元以下罰鍰。（第6項）警察機關為查察經公告查禁之模擬槍，得依法派員進入模擬槍製造、儲存或販賣場所，並應會同目的事業主管機關就其零組件、成品、半成品、各種簿冊及其他必要之物件實施檢查，並得詢問關係人。（第7項）前項規定之檢查人員於執行檢查任務時，應主動出示身分證件，並不得妨礙該場所正常業務之進行。（第8項）規避、妨礙或拒絕第六項之檢查或提供資料者，處新臺幣二十萬元以上五十萬元以下罰鍰，並得按次處罰及強制執行檢查。（第9項）公告查禁前已持有第一項模擬槍之人民或團體，應自公告查禁之日起六個月內，向警察機關報備。於期限內完成報備者，其持有之行為不罰。（第10項）第一項公告查禁之模擬槍，不問屬於何人所有，沒入之。但專供外銷及研發並向警察機關報備或前項情形者，不在此限。」

　　本條之所以增訂，其真正目的乃在避免玩具槍被改造成所謂土制手槍

---

[76] 孟憲輝，〈原住民自製獵槍管理問題之探討〉，《警學叢刊》，47卷4期，2017年2月，頁16以下。

或改造手槍,因為在實務上改造手槍占查獲槍枝之最大宗[77]。因此,有必要將「具打擊底火且外型、構造、材質類似真槍」「足以改造成具有殺傷力之槍枝」之「玩具槍」(即模擬槍)予以公告查禁並納入管理[78],而且改造模擬槍可供發射金屬或子彈,未具殺傷力者,科處10萬元以下罰鍰。

由此可知,如果改造模擬槍可供發射金屬或子彈而具有殺傷力者,則應該科處刑罰,惟究竟依槍砲條例第7條第1項抑或第8條第1項加以論處,則容易產生疑義。實務有認為,「未經許可製造、販賣、持有之槍枝,究係屬上開條例第7條第1項所稱之『手槍』,或屬該條例所管制之『其他可發射金屬或子彈具有殺傷力之槍枝』,應視槍枝本身之構造與威力而定,並非以其是否屬於制式槍枝為斷。苟經鑑定結果,該仿造槍枝構造精良,型式及性能與一般制式手槍相當,即應成立非法製造、販賣、持有手槍罪;如其構造粗糙,雖可發射子彈具有殺傷力,但威力不強,則僅成立非法製造、販賣、持有其他可發射金屬或子彈具有殺傷力之槍枝罪。……倘將模擬槍改造成可供發射金屬或子彈,而未具殺傷力者,依同條第5項規定處以罰鍰。然若將模擬槍改造成有殺傷力之槍枝,則應依其摹仿原廠制式槍枝之型式、結構、性能是否與制式槍枝相當,而分別適用同條例第7條第1項製造手槍罪,或第8條第1項之製造可發射金屬或子彈具殺傷力之槍枝罪處斷,此為文義與體系解釋之當然結果。依前述之說明,A槍、B槍之材質、結構、性能精良,與一般制式手槍相當,係屬『手槍』;C槍可供擊發『適用子彈』,不能擊發『制式子彈』,係屬其他可發射金屬或子彈具殺傷力之手槍。上訴意旨(一),徒憑己見,空言扣案之槍枝3枝係屬模擬槍,顯非有據,自不足採[79]」。

---

77 高一書,〈改造模擬槍實務問題檢討〉,《刑事科學》,73期,2012年9月,頁82。
78 本條所稱之「模擬槍」在行政院原本送審法案中本來即針對玩具槍,只是在立法院審議過程被修改為「模擬槍」,詳細立法過程之說明,見高一書,前揭註77文,頁83以下。
79 107年台上字第3724號。

第十節　結語

　　如果我們對照參考近來國外一再發生的大規模槍擊案件問題（如2017年10月1日美國拉斯維加斯槍擊案件，58人死亡，515人受傷；2019年3月15日紐西蘭槍擊案件，49人死亡，數十人受傷），可以得知槍枝濫用或管理不當問題對於社會治安影響甚鉅，因此，幾經利益衡量，槍枝嚴格管制之立法政策仍有繼續之必要，亦即本文認為，仍應維持「原則禁止，例外許可」模式；惟我國現行槍砲條例本身尚存有不少問題，除了部分規定有法理爭議已如前述外，最主要還是在於有關管制客體的範圍之界定，由於其欠缺現代武器之基本觀念與定義，以至於經常流於武器種類名詞與殺傷力有無之爭論，連帶地也影響到科刑之輕重，甚至有罪無罪之天壤之別，是以，應結合現代武器專家重新全面檢討管制客體之範圍，實乃當務之急。

第四章

通訊保障及監察法

梁世興

第一節 本法立法目的與沿革

壹、本法立法目的

通訊科技高度發展的時代，人與人交往的距離縮短，知識的傳遞與交流更為頻繁，造成人類文明的快速進步。同樣地，通訊科技亦成為犯罪者的犯罪工具，使得犯罪在進行時能更迅速且隱密，對於社會秩序及國家安全有很大的影響，因此，為有效對抗犯罪活動，實有必要對通訊的運用加以監察。相較於傳統犯罪偵查的強制處分，通訊監察雖是屬於新興的科技偵查方式，但運用於情報蒐集上，在有通訊存在的年代中，即有通訊監察的運用，例如、於戰爭中截聽敵方的無線電及電報等通訊內容。隨著通訊科技的發展，通訊方式越來越多類型，且對於通訊內容的保護也越來越強，因此，通訊監察在犯罪偵查活動中被應用的需求則越來越重要，但也越來越困難。對於找尋犯罪證據及追查人犯的任務，通訊監察提供許多幫助，甚至能即時阻止可能的犯罪發生[1]，但過度的依賴，常引發濫權通訊監察的情況而飽受批判。

凡人均有不欲人知之思想，或有僅欲傳給特定人之言論，因此若自己的思想言論，隨時都有可能遭受到第三人的秘密通訊監察，則無論在何時、何處都已無法從自己心中說出真心話，唯有保持沉默，始能保護自己，在此種情形下，思想表現自由已被毀滅無遺，更毋庸論及人性尊嚴的保障[2]，為防止上述情形的發生，則有賴於對個人秘密通訊自由及隱私權之保障。所謂「秘密通訊自由」是指人民得以在不為第三人所知之情形下，利用各種可能之通訊方式，與他人互相傳遞訊息，做意見、資訊等之交流，除了通訊內容有保持秘密不為人所知之自由外，通訊之對象、時

---

[1] 此並非是指「預防犯罪」，因為現行通訊保障及監察法中並不容許進行「預防性通訊監察」，而其之所以能夠阻止可能的犯罪發生，是指在合法的通訊監察進行中，得到其他犯罪將要發生的情報，進而逮捕現行犯，阻止犯罪的發生。

[2] 張瑜鳳，〈刑事訴訟程序中有關「通訊監察」之研究〉，《法律評論》，63卷1期，1997年3月，頁6。

間、方式及使用頻率等,均在本項秘密通訊自由權之保障範圍。因此,若有任何第三人或國家機關違法探知上述通訊內容,即是侵犯秘密通訊自由[3]。至於所謂「隱私權」是指個人人格上之利益,不受不法之僭用或侵害,其與公眾無合法關連之私事,不得妄予發布公開,而其私人之活動,不得以可能造成之一般人精神痛苦或感覺羞辱之方式入侵之權利,亦即不受干擾之權利[4]。

為保障上述基本人權,憲法第12條規定:「人民有秘密通訊之自由。」旨在確保人民就通訊之有無、對象、時間、方式及內容等事項,有不受國家及他人任意侵擾之權利。此項秘密通訊自由乃憲法保障隱私權之具體態樣之一,為維護人性尊嚴、個人主體性及人格發展之完整,並為保障個人生活私密領域免於國家、他人侵擾及維護個人資料之自主控制,所不可或缺之基本權利[5]。然而,對於基本人權的保障並非是絕對而毫無限制[6],近來在社會學派學者所倡導的「權衡利益說」,主張社會公益與個人私益發生衝突時,應著重保障比較重大的法益[7]。故在憲法第23條中規定,基於「防止妨礙他人自由、避免緊急危難、維持社會秩序或增進公共利益」等目的所必要時,國家得以法律限制人民的基本人權。

因此,在通訊保障及監察法(以下簡稱通保法)第1條立法目的即開宗明義指出,係「為保障人民秘密通訊自由及隱私權不受非法侵害,並確保國家安全,維護社會秩序」。期待在秘密通訊自由及隱私權之人權保障與偵查效益之間取得平衡。

---

3 林三欽,〈通訊監察與秘密通訊之自由〉,《憲政時代》,23卷2期,1997年10月,頁5。

4 蔡碧玉,〈從「偷拍事件」談隱私權保護之刑事立法〉,《法令月刊》,49卷4期,1998年4月,頁24-28;劉靜怡,〈隱私權:第二講隱私權保障與國家權力的行使—以正當程序和個人自主性為核心〉,《月旦法學教室》,2007年,頁39-49。

5 司法院大法官會議釋字第631號,2007年7月20日。

6 自有了人類社會後,個人的自由權利就需受到限制。啟蒙時代的盧梭在「社會契約論」中,認為人民的天賦人權即必須透過社會契約的締結,以限制個人自己的人權。因此人權的可限制性及必要限制性和人權的肯定論自始自終是一起存在與發展。陳新民,《中華民國憲法釋論》,三民書局,1995年9月,頁159。

7 洪進,〈各國憲法對人權之保障〉,《憲政思潮》,36期,1976年11月,頁139-140。

貳、本法法制化沿革

一、1999年法制化前之狀況

在通保法制定前，犯罪偵查上運用通訊監察之偵查手段有其必要性，但亦伴隨著侵害國民秘密通訊自由權及隱私權之問題，故政府認有應儘速立法明確規範通訊監察之要件及程序之必要，於是在1992年1月研擬了「通信監察法草案」送請立法院審議，直至1999年7月始完成立法程序。其中除了因立法怠慢外，草案中關於通訊監察之範圍、要件及程序上之保護措施等多數的條文，均極具爭議性，委員之間難以形成共識，亦是造成立法遲延的主因[8]。

然而在這期間，犯罪偵查上運用通訊監察之需求並未停止，於是法務部於1992年制頒「檢察機關實施通訊監察應行注意要點[9]」與「國內犯罪案件通訊監察作業執行要點[10]」這二個僅具行政命令性質的公函，作為偵查機關執行通訊監察的依據。在1994年修正頒布的「檢察機關實施通訊監察應行注意要點」其主要內容（如附錄1）：（一）重罪原則；（二）最後手段性原則；（三）一定期間原則；（四）司法警察官為聲請人，檢察官為核發者；（五）通訊監察方法；（六）通訊監察書的記載事項等，可謂是現行通保法的前身，但其法理基礎是援引刑事訴訟法中，賦與檢察官搜索扣押強制處分權的規定[11]。這樣的作為明顯違法憲法第23條法律保留原則之要求。

8　陳運財，《國家權力實施通訊監察之界限及其制衡，偵查與人權》，元照出版，2014年4月，頁340。

9　本要點是在1992年11月26日，法務部以法（81）檢字第17814號函請臺灣高等法院檢察署轉頒實施，後經1994年6月4日、1994年10月26日、1994年11月11日、1997年3月17、1998年11月5日、2000年3月30日、2007年12月7日、2014年6月27日、2014年8月13日、2015年3月2日、2018年10月23日等11次修正。

10　本要點是在1993年2月18日，法務部以法（82）檢字第3611號函發布實施，後經1996年8月2日及1998年11月5日兩次修正，最終於2000年4月28日廢止。

11　江舜明，〈通訊監察在刑事程序法上之理論與實務〉，《法學叢刊》，42卷4期，1997年10月，頁112。

二、1999年7月制定公布通保法

　　行政院1992年1月送請立法院審議之「通信監察法草案」共計31條，經過一讀審查後，照行政院通過僅17條條文，相關論點爭議之大，由此可知。其中主要的爭議點[12]如下：（一）如何界定實施通訊監察之範圍，包括受監察之客體以及得實施通訊監察之犯罪案件的範圍？（二）有無必要將預防重大犯罪及蒐集國家安全情報之部分列入通訊監察之範圍？（三）通訊監察之理由及必要性如何予以限定及明確化？（四）偵查中通訊監察書之核發是否應交由法官決定？（五）有無容許緊急實施通訊監察之必要？（六）通訊監察之執行是否應由一適任之機關統籌辦理？（七）對於非法通訊監察之處罰刑度應否加重？等爭點。由這些爭點可見，通訊監察法制化的爭議主要是在於秘密通訊自由及隱私權之人權保障與偵查效益之間如何取得平衡的認知差距上。其中最大的爭議點之一，偵查中之通訊監察書之核發權限的歸屬，最後三讀通過的版本第5條第2項：「前項通訊監察書，偵查中由**檢察官**依司法警察機關聲請或依職權核發，審判中由法官依職核發。」

　　依最高檢察署的統計資料顯示，偵查中檢察官核准司法警察機關聲請通訊監察書的比率高達97.18%，可謂是有求必應，而核准通訊監察之案件中，達成預期通訊監察之目的而定罪的比率卻不及二成，且實施通訊監察後，依法通知受監察人之件數比率更是僅有4.43%，絕大多數均未受通知[13]。可見關於通訊監察之實務運作，審核不夠嚴謹，濫權通訊監察之問題不可忽視，而未落實事後的通知義務，則導致關係人無從救濟以回復其權益。其中，容許偵查中檢察官得依職權核發通訊監察書可謂是法制面造成浮濫通訊監察的關鍵原因，對此學說上主張通訊監察之強制處分應儘速修法改採法官保留之令狀原則的呼聲不斷，尤其在2001年1月刑事訴訟法修正搜索改採法官保留之令狀原則後，愈加突顯檢察官可核發通訊監察書

---

[12] 《立法院公報》，第84卷第5期（上），1995年1月18日，頁104以下。
[13] 「法務部所屬檢察機關通訊監察執行情形」專案報告，立法院第4屆第2會期全體委員會議，1999年12月22日，頁11-14。

的不合理性[14]。2002年5月法務部部長公開宣布於一年內推動修法,將偵查中通訊監察書的核發由檢察官轉給法官,而2005年立法院第6屆第1會期部分委員亦提案修正通保法部分條文將通訊監察書之決定權歸屬法官,並且一併針對1999年之通保法中,有爭議的條文提出修正案[15],於是在2007年6月15日三讀修正通過第5條至第7條、第11條、第12條、第14條至第17條、第32條、第34條條文,2007年7月11日總統令公布,並自公布後5個月施行。

特別的是在通保法修正改採法官保留之令狀原則後,同年7月20日大法官作出釋字第631號解釋,指出:「憲法第十二條規定:『人民有秘密通訊之自由。』旨在確保人民就通訊之有無、對象、時間、方式及內容等事項,有不受國家及他人任意侵擾之權利。國家採取限制手段時,除應有法律依據外,限制之要件應具體、明確,不得逾越必要之範圍,所踐行之程序並應合理、正當,方符憲法保護人民秘密通訊自由之意旨。中華民國八十八年七月十四日制定公布之通訊保障及監察法第五條第二項規定:『前項通訊監察書,偵查中由檢察官依司法警察機關聲請或依職權核發』,未要求通訊監察書原則上應由客觀、獨立行使職權之法官核發,而使職司犯罪偵查之檢察官與司法警察機關,同時負責通訊監察書之聲請與核發,難謂為合理、正當之程序規範,而與憲法第十二條保障人民秘密通訊自由之意旨不符,應自本解釋公布之日起,至遲於九十六年七月十一日修正公布之通訊保障及監察法第五條施行之日失其效力。」

三、2007年7月修正通保法之要點

2007年7月11日公布修正第5條至第7條、第11條、第12條、第14條至第17條、第32條、第34條條文,並自公布後5個月施行。其主要修正如下:

---

14 陳運財,前揭註8書。
15 《立法院公報》委員會紀錄,第94卷第33期,2005年4月28日。

（一）擴大及修正通訊監察之犯罪類型

第5條第1項第2款增訂刑法第201條之1偽造、變造信用卡之罪；因應刑法修正刪除常業犯之規定，將第5條第1項第2款常業詐欺及常業重利之規定刪除；因應槍砲彈藥刀械管制條例修正，將第5條第1項第8款槍砲彈藥刀械管制條例第8條第4項、第11條第4項之規定刪除；配合軍事審判法及陸海空軍刑法之修正，於第5條第1項增訂第15款之規定，將陸海空軍刑法所規範之部分罪名納入得通訊監察之範圍。

（二）改採法官保留之令狀原則

偵查中通訊監察書之核發，改由法官審核。並增列法官得對執行人員為適當指示之規定，俾使相關執行人員確實遵守法律規範。

（三）不得抗告之限制

因採行通訊監察通常均在犯罪偵查初期，首重隱密，如其聲請遭法院駁回，再行補強事證重行聲請即可；如准其循抗告程序救濟者，不但使程序無調拖延，且徒增通訊監察對象外洩機會，故增訂第5條第3項。

（四）執行機關報告義務

為落實人權保障，故增訂第5條第4項，使執行機關應負於通訊監察期間提出報告之義務，若發現無通訊監察之必要時，得由法院撤銷通訊監察書，儘早停止通訊監察，以維人權。

（五）違法取證之排除

為落實人權保障，故明定違反本條之相關規定執行通訊監察所取得之證據應予排除。至於違法之情節是否重大，則應由法官據個案予以審核。

（六）緊急通訊監察必須要有法院裁定

通訊監察權屬於強制處分權之一種，為使人民基本權利受到適當的保護，爰將通訊監察書的核發權修正為聲請法院裁定後為之，以資明確。

（七）關於國安之通訊監察

國安之通訊監察書之核發，應先經綜理國家情報工作機關所在地之高等法院專責法官同意。若情況急迫時，綜理國家安全情報工作機關應即將

通訊監察書核發情形，通知綜理國家情報工作機關所在地之高等法院之專責法官補行同意；並將原規定之「24小時」修正為「48小時」。增訂第4項：「違反前二項規定進行通訊監察行為所取得之內容或所衍生之證據，於司法偵查、審判或其他程序中，均不得採為證據。」

（八）明定執行機關與建置機關內涵

鑒於實務上對「執行機關」、「建置機關」常發生混淆，致通訊監察書或通訊監察聲請書之記載用語不一，極為紊亂，爰第11條增列第1項第9款「建置機關」及第2項有關執行機關、建置機關內涵之規定。

（九）核發通訊監察書程序不公開

通訊監察係秘密蒐證之方法首重隱密，爰增列第11條第3項之規定。

（十）通訊監察期滿重新聲請及提前停止監察規定

為保障受監察人權益，並使法官有合理時間審酌通訊監察期間屆滿後有無繼續監察必要，爰參考刑事訴訟法第108條第1項之立法例修正第12條第1項，明定聲請繼續監察，應附具體理由，至遲於期間屆滿之二日前，重新聲請。另外，偵查或審判中之通訊監察有無停止之必要，偵查主體之檢察官或審理案件之法官知之甚詳，且停止監察並無侵害人權之虞，故第5條、第6條之通訊監察期間屆滿前，偵查中即得由檢察官、審判中由法官停止監察，爰修正第12條第2項。至第7條之通訊監察期間屆滿前之停止監察，則由綜理國家情報工作機關首長為之，乃增訂第12條第3項。

（十一）電信與郵政事業應協助義務及收費

為達成通訊監察之目的，電信與郵政事業應負有協助執行通訊監察之義務。又為使該協助執行義務明確化，爰於第14條第2項後段增列協助執行義務之內容為「執行機關得使用該事業之通訊監察相關設施與其人員之協助」。但其因協助執行通訊監察所生設備使用與配合之人力成本等必要費用，該事業應得請求執行機關支付，以資衡平。又因該必要費用應支付之項目與標準，較為瑣碎，基於明確化之要求，故其項目及費額由交通部會商有關機關訂定公告之。

除協助執行通訊監察之義務外，電信事業另應負有協助建置機關建

置、維持通訊監察系統之義務，且其通訊系統應具有配合執行監察之功能，爰將該義務內容增列於第4項。但基於人民工作及營業自由基本權之保障，為避免電信業者因過苛之協助通訊監察義務，而阻礙電信資訊科技之發展，所以，電信業者關於建置與維持通訊監察設備之義務，應以「符合建置時之科技及經濟上合理性為限，並不得逾越期待可能性」作為義務之界線，爰於第14條第4項增列但書規定，以合理限縮電信業者之義務範圍。

電信事業協助建置通訊監察系統所生之必要費用，應由建置機關負擔。至於因協助維持通訊監察功能正常作業所生之必要費用，由於應支付之項目及費額標準，較為瑣碎，基於明確化之要求，由交通部會商有關機關訂定公告之。

（十二）通訊監察結束之通知

雖然偵查中通訊監察書改由法官核發，惟因檢察官為偵查主體，偵查中通訊監察結束之通知，是否有妨害監察之目的，自以檢察官較為熟悉，為免影響偵查，仍由檢察官作初步審核；蒐集情報之通訊監察，係屬國家情報機關之職掌，為免影響情報蒐集，自應由該機關首長作初步審核，均不宜由通訊監察書核發人審核。但決定不通知時，仍應經核發通訊監察書或接辦該職務之法官許可，修正第15條第1項。不通知之原因消滅後，執行機關擬補行通知時，仍應依第1項程序辦理，爰修正第15條第2項。

（十三）通訊監察所得資料之處置

為正確判斷通訊監察所得資料與監察目的有無關連，爰修正第17條第2項。執行機關銷燬通訊監察所得資料，係屬一般行政事項，與偵查、審判事務無直接關連，爰修正第17條第3項。

（十四）軍事審判機關之準用

本法第5條既將偵查中通訊監察書之核發權，修正由法院行使，故本條配合第5條之修正而調整，將軍事審判案件，偵查中通訊監察書之核發權，亦移由軍事法院行使。另增訂軍事審判官於行使通訊監察書時，對執行人員為適當指示之明文，俾能督促執行機關確實依法執行，避免侵害人

權。

為落實人權保障，故增訂第32條第3項之規定，使執行機關負應於通訊監察期間提出報告之義務，若發現無通訊監察之必要時，得由法院撤銷通訊監察書，儘早停止通訊監察，以保障人權。

為使相關機關落實本法之規定，並確實保障人權，使執行機關不再有違法情事，故增訂第32條第4項有關違法取得之內容，均不得作為證據之規定。

四、2014年1月修正通保法之要點

2014年1月29日修正公布第1條、第5條至第7條、第12條、第13條、第15條、第16條、第18條、第27條、第32條條文；增訂第3條之1、第11條之1、第16條之1、第18條之1、第32條之1條條文；並自公布後5個月施行，其主要增修如下：

（一）增列通聯紀錄（通信紀錄及通訊使用者資料）適用通保法

為保障憲法第12條人民秘密通訊自由並落實司法院大法官會議第631號解釋意旨，將通信紀錄、通訊使用者資料納入通訊監察法制範圍內，增訂第3條之1通聯紀錄之定義及增訂第11條之1取得程序規定。

（二）擴大及修正通訊監察之犯罪類型

增訂第5條第1項第16款、營業秘密法第13條之2第1項、第2項之罪；第17款森林法第52條第1項、第2項之罪；第18款廢棄物清理法第46條之罪。

（三）容許檢察官他字案之偵查得實施通訊監察及嚴謹聲請通訊監察之程序

修正第5條第3項規定：「聲請書應記載偵、他字案號及第十一條之事項，其監察對象非電信服務用戶，應予載明；並檢附相關文件及監察對象住居所之調查資料，釋明有相當理由可信其通訊內容與本案有關，且曾以其他方法調查仍無效果，或以其他方法調查，合理顯示為不能達成目的或有重大危險情形。」

（四）強化通訊監察之監督措施及限制

修正第5條第4項規定：「執行機關應於執行通訊監察期間內，每十五日至少作成一次以上之報告書，說明通訊監察行為之進行情形，以及有無繼續執行通訊監察之需要。檢察官或核發通訊監察書之法官並得隨時命執行機關提出報告。」及第5項規定：「通訊監察書之聲請，應以單一監察對象為限，同一偵、他字或相牽連案件，得同時聲請數張通訊監察書。」另增訂第13條第3項規定：「執行機關除有正當理由者外，應至少每三日派員取回監錄內容。」第4項：「前項監錄內容顯然與監察目的無關者，不得作成譯文。」

（五）規範續行通訊監察之期間上限

修正第12條第1項規定：「第五條、第六條之通訊監察期間，每次不得逾三十日，第七條之通訊監察期間，每次不得逾一年；其有繼續監察之必要者，應釋明具體理由，至遲於期間屆滿之二日前，提出聲請。但第五條、第六條繼續之監察期間，不得逾一年，執行機關如有繼續監察之必要者，應依第五條、第六條重行聲請。」

（六）強化通訊監察結束後之通知義務

修正第15條規定：「（第1項）第五條、第六條及第七條第二項通訊監察案件之執行機關於監察通訊結束時，應即敘明受監察人之姓名、住所或居所、該監察案件之第十一條第一項各款及通訊監察書核發機關文號、實際監察期間、有無獲得監察目的之通訊資料及救濟程序報由檢察官、綜理國家情報工作機關陳報法院通知受監察人。如認通知有妨害監察目的之虞或不能通知者，應一併陳報。（第2項）通訊監察結束後，檢察官、綜理國家情報工作機關逾一個月仍未為前項之陳報者，法院應於十四日內主動通知受監察人。但不能通知者，不在此限。（第3項）法院對於第一項陳報，除有具體理由足認通知有妨害監察目的之虞或不能通知之情形外，應通知受監察人。（第4項）前項不通知之原因消滅後，執行機關應報由檢察官、綜理國家情報工作機關陳報法院補行通知。原因未消滅者，應於前項陳報後每三個月向法院補行陳報未消滅之情形。逾期未陳報者，法院

應於十四日內主動通知受監察人。」

（七）建立通訊監察資料之連續流程履歷紀錄

增訂第18條第2項規定：「依第五條及第六條規定通訊監察書之聲請、核發、執行、通訊監察所得資料之保管、使用、銷燬，應就其經辦、調閱及接觸者，建立連續流程履歷紀錄，並應與臺灣高等法院通訊監察管理系統連線。」及第3項規定：「前項其他執行通訊監察之機關每月應將所有截聽紀錄以專線或保密方式傳遞至臺灣高等法院通訊監察管理系統。」

（八）定期公告通訊監察相關統計資料

增訂第16條之1規定：「通訊監察執行機關、監督機關每年應製作該年度通訊監察之相關統計資料年報，定期上網公告並送立法院備查。」

（九）另案通訊監察、欠缺關聯性資料及違法通訊監察之證據能力

增訂第18條之1規定：「（第1項）依第五條、第六條或第七條規定執行通訊監察，取得其他案件之內容者，不得作為證據。但於發現後七日內補行陳報法院，並經法院審查認可該案件與實施通訊監察之案件具有關聯性或為第五條第一項所列各款之罪者，不在此限。（第2項）依第五條、第六條或第七條規定執行通訊監察所取得之內容或所衍生之證據與監察目的無關者，不得作為司法偵查、審判、其他程序之證據或其他用途，並依第十七條第二項規定予以銷燬。（第3項）違反第五條、第六條或第七條規定進行通訊監察行為所取得之內容或所衍生之證據，於司法偵查、審判或其他程序中，均不得採為證據或其他用途，並依第十七條第二項規定予以銷燬。」

（十）增訂國會監督機制

增訂第32條之1規定：「（第1項）法務部每年應向立法院報告通訊監察執行情形。立法院於必要時，得請求法務部報告並調閱相關資料。（第2項）立法院得隨時派員至建置機關、電信事業、郵政事業或其他協助執行通訊監察之機關、事業及處所，或使用電子監督設備，監督通訊監察執行情形。（第3項）本法未規定者，依立法院職權行使法或其他法律

之規定。」

五、2016年4月修正通保法之要點

配合兒童及少年性剝削防制條例實施，修訂第5條第1項第12款名稱。

六、2018年5月修正通保法之要點

關於第24條及第25條違法監察通訊所得之資料，不問屬於犯人與否，均沒收之。其沒收範圍較刑法為大，惟違法監察通訊所得之資料所具社會危害性與違禁物有別，其沒收不應與違禁物為相同之處理，應回歸適用刑法之規定。故第26條規定刪除。

第二節 通訊監察原則與範圍類型

壹、通訊監察原則

通訊監察干預人民基本權利甚大，在對被告或犯罪嫌疑人與他人間實施通訊監察時，除應遵守法律的要件，以免造成人民的基本權受到侵害外，對於一些憲法上的基本原則亦應注意，例如：比例原則[16]、法律保留原則[17]、正當法律程序原則[18]等。通保法第2條第2項規定：「前項監察，

---

[16] 比例原則是介於國家權力及人民自由權間之一種目的和手段間的考量，主要功能在於防止國家一切措施的過度干預確保基本人權的實現，其是源自於人類理性，要求受到合理的對待，是存於每個人內心的自然法則。蔡震榮，《行政法理論與基本人權之保障》，三鋒出版社，1984年3月，頁115。

[17] 法律保留原則乃是要求行政機關的行政行為若有干預人民的自由權利時，必須要以法律定之，其是源自於法治國原則與基本人權。蔡震榮，前揭註16書，頁76。

[18] 正當法律程序之「正當」，並非有固定意義之技術性概念，而是依個別狀況所需要之保護，彈性予以界定。經判例法之發展，不僅指程序正當，且包含實質正當。意即不僅保障程序之公平，在實體方面，禁止政府以實質上不正當之法令剝奪人民之生命、自由及財產。換言之，被告憲法上之權利典章須忠實的履行，且一項法律條款之訂定必須是公平、合理及適當的。羅明通，〈憲法上正當法律程序之判斷基準—由釋字第三八四號解釋談起〉，《司法週刊》，752期，1995年11月29日。

不得逾越所欲達成目的之必要限度，且應以侵害最少之適當方法為之。」
即要求應注意比例原則。除此以外，通保法於立法時，亦針對通訊監察的
特性以及為保障人民秘密通訊自由之基本權，而納入以下諸原則[19]：

一、重罪原則

　　所謂「重罪原則」是指只有對於重罪才可實施通訊監察，否則不被
允許。然而，何謂「重罪」？在刑事訴訟法中關於輕微或重大犯罪之界
定，有單採法定刑度，例如，刑事訴訟法第76條之重罪拘提原則及第101
條之重罪羈押原則，抑或是採法定刑度與罪名併列，例如，第376條有關
輕微案件之範圍。在通保法中是採法定刑度與罪名併列制。在法定刑度方
面，通保法第5條第1項第1款規定「一、最輕本刑為三年以上有期徒刑之
罪」，即屬於重大犯罪；而在罪名列舉方面，通保法第5條第1項第2款至
第18款規定，將最輕本刑未達三年以上有期徒刑之罪，基於偵查之需要，
在必要的時候即可進行通訊監察。惟若例外情形過多，則將架空以重罪為
主之通訊監察原則，將演變成無所不聽（濫聽）之後果。

二、最後手段性（必要性）原則

　　所謂「最後手段性原則」是指通訊監察的對象除了必須是重罪外，在
實際執行上還必須有實施通訊監察之必要，此乃考量通訊監察會對人民基
本權造成不可逆之侵害，所以通訊監察必須是在其他偵查方法已用盡，仍
無法取得犯罪證據時，始能採用的取證方式，此即是通保法第5條第1項中
所規定「……且不能或難以其他方法蒐集或調查證據者，……」的意旨，
亦即通訊監察之運用，於犯罪偵查活動上具有最後手段性。

三、相關性原則

　　所謂「相關性原則」是指通訊監察之手段與犯罪偵查之目的之間必須
且有相關性，由於電話為社會上最常用且方便之通訊設備，雖然被告或犯
罪嫌疑人有可能利用電話傳遞犯罪信息，但並非一切電話通話皆與犯罪有

---

[19] 蔡敦銘，〈通訊通訊監察與證據排除〉，《刑事法雜誌》，39卷1期，1995年2月，頁5-7；黃
朝義，《刑事訴訟法》，新學林出版，2017年9月，5版，頁318-320。

關。為保護電話通話之隱私，對於通訊監察應限於與犯罪有關者，如與犯罪無關，即使係被告或犯罪嫌疑人之電話通話，亦不應予以通訊監察。例如，就追捕逃犯而言，須是該逃犯固定或經常聯繫之密友方屬通訊監察之對象，而不得任意將與該逃犯熟識之人列入通訊監察之範圍。此即是通訊保障及監察法第5條第1項規定「有事實足認為……，而有相當理由可信其通訊內容與本案有關，……」及第6條規定「有事實足認為……」的立法目的。

四、令狀原則

所謂「令狀原則」是指為了使通訊監察的實施有明確的依據及界限，並且使法官的核發程序能較為慎重，所以在通保法第11條規定：「通訊監察書應記載下列事項：案由及涉嫌觸犯之法條、監察對象、監察通訊種類及號碼等足資識別之特徵、監察處所、監察理由、監察期間及方法、聲請機關、執行機關及建置機關等項目。」使執行通訊監察者能有明確執行依據及界限，不能任意的變更，以確保人民基本權利的保障，故在實施通訊監察前應獲得令狀之許可。

五、一定期間原則

所謂「一定期間原則」是指通訊監察實施及所得資料應有一定期限，以保障人民的基本權，使其不受到不必要之侵害，藉由期限的規定以加強法官的審核或監督的功能。通保法第12條規定：「（第1項）第五條、第六條之通訊監察期間，每次不得逾三十日，第七條之通訊監察期間，每次不得逾一年；其有繼續監察之必要者，應釋明具體理由，至遲於期間屆滿之二日前，提出聲請。但第五條、第六條繼續之監察期間，不得逾一年，執行機關如有繼續監察之必要者，應依第五條、第六條重行聲請。（第2項）第五條、第六條之通訊監察期間屆滿前，偵查中檢察官、審判中法官認已無監察之必要者，應即停止監察。（第3項）第七條之通訊監察期間屆滿前，綜理國家情報工作機關首長認已無監察之必要者，應即停止監察。」

另外，對於通訊監察所得資料的保存期限，通保法第17條規定：

「監察通訊所得資料，應加封緘或其他標識，由執行機關蓋印，保存完整真實，不得增、刪、變更，除已供案件證據之用留存於該案卷或為監察目的有必要長期留存者外，由執行機關於監察通訊結束後，保存五年，逾期予以銷燬。」此亦是一定期間原則的精神。

六、事後通知原則

受限於通訊監察之本質，無法於通訊監察時先行提示通訊監察書，並且通常受通訊監察者很難察覺到自己受到監察[20]，故為求慎重以及兼顧受通訊監察者之權益保障，在通訊監察結束後，應即通知受通訊監察人已受通訊監察的事實、期間以及被通訊監察的理由等相關事項，賦予其事後請求救濟的機會與管道[21]。通保法第15條第1項規定：「第五條、第六條及第七條第二項通訊監察案件之執行機關於監察通訊結束時，應即敘明受監察人之姓名、住所或居所、該監察案件之第十一條第一項各款及通訊監察書核發機關文號、實際監察期間、有無獲得監察目的之通訊資料及救濟程序報由檢察官、綜理國家情報工作機關陳報法院通知受監察人。如認通知有妨害監察目的之虞或不能通知者，應一併陳報。」

貳、通訊監察範圍類型

通保法所適用的範圍類型包含**通訊監察**及**通聯紀錄調取**。

一、通訊監察

（一）通訊定義

通訊指的是人與人之間透過一定的介質或媒體所為的意思交換，其可以是人與人之間的談話、信件的往返、電話中的談話、傳真、電子郵件、

---

20 通訊監察與搜索扣押，此二者在本質上是相同的，都是會對個人的隱私權造成侵害，但基本上其彼此間仍是有下列差異：1.通訊監察屬於一種情報之蒐集活動；搜索扣押係僅就對象保全證據行為；2.通訊監察易附隨地監察到與犯罪無關的第三人談話；而搜索扣押之客體明確而特定；3.通訊監察是長期、多次反覆的作為；搜索扣押通常僅是一次之作用；4.行搜索扣押時應先出示搜索票，以明示處分之對象及範圍；通訊監察必須是秘密地實施，難以想像能夠在執行前對受通訊監察人提示通訊監察書。

21 陳運財，〈通訊監察之性質及其法律規範〉，《東海法學研究》，13期，1998年12月，頁21。

簡訊或即時通訊等，無論是何種方式，都必須是兩個以上的特定人間的意思交換，才是通訊[22]。通保法中第3條所稱「通訊」包含如下：1.利用電信設備發送、儲存、傳輸或接收符號、文字、影像、聲音或其他信息之有線及無線電信；2.郵件及書信；3.言論及談話。幾乎已包括現代所有可能的溝通方式，即使日新月異的通訊軟體發展，仍未超出現行法的定義範圍。

（二）通訊類型[23]

通訊類型有三大類型：

1.利用電信設備發送、儲存、傳輸或接收符號、文字、影像、聲音或其他信息之有線及無線電信：此處所稱有線及無線電信，包括電信事業所設公共通訊系統及專用電信。此一類型的通訊必須符合以下四要件[24]：（1）利用電信設備；（2）透過以光、電磁系統或其他科技產品所發送、儲存、傳輸或接收；（3）內容為符號、文字、影像、聲音或其他訊息；（4）傳送模式可以是有線或無線。據此，電信通訊除了包含實體電話線路所進行的電話語音通話外，也還涵蓋由行動電話進行的通話、簡訊、電子郵件、網路語音通話服務及即時通訊等意思或思想的交換。

2.郵件及書信：指信函、明信片、特製郵簡、新聞紙、雜誌、印刷物、盲人文件、小包、包裹或以電子處理或其他具有通信性質之文件或物品。其中以電子處理之文件或物品，指的是使用者利用電腦等設備，將特定資料傳送至郵政服務提供者，由其列印成實體郵件，再以傳統郵件寄送的方式遞送至收件人的郵件[25]。

3.言論及談話：指人民非利用通訊設備所發表之言論或面對面之對話；其以手語或其他方式表達意思者，亦包括在內。

（三）通訊內容具有隱私或秘密之合理期待者為限

有事實足認受監察人對其通訊內容有隱私或秘密之合理期待者，應

---

22 李榮耕，《通訊保障及監察法》，新學林出版，2018年2月，頁19。

23 通訊保障及監察法施行細則第2條。

24 李榮耕，前揭註22書，頁23-24。

25 李榮耕，前揭註22書，頁21-22。

就客觀事實加以認定[26]。亦即，受監察人要能夠主張合理隱私期待，必須是該個人能否在主觀上表現出真實的隱私期待，以及該期待為一般人所認為是合理的[27]。無合理隱私或秘密期待的通訊，不是通保法所要保護的對象。

（四）通訊監察與監聽

何謂監聽？有學者[28]認為：「秘密通訊自由為憲法基本人權之一，惟為對抗犯罪，在犯罪尚可預防之際，各國刑事訴訟法或其他有關之法規（如電信法），每每規定犯罪偵查機關之檢察官或司法警察官，得在一定條件下，對於犯罪嫌疑人與他人的電話通話，得實施通訊監察之行為。監聽（Wiretapping）與竊聽（Eavesdropping）不同者[29]，即此為犯罪偵查機關所實施之行為，其目的在於調查犯罪，倘其行為符合刑事訴訟法或其他有關法規定者，自應作為對於秘密通訊自由保護之例外，不認為對於電話秘密之侵害。」

另有學者[30]認為：「竊聽乃指對於聲音加以扣押者而言，得分為電話線竊聽（Wiretapping）與竊聽（Eavesdropping）二類。所謂電話線竊聽，專指有關電話通話線路被截取（Intercept）而言，即第三人未經同意而對他人間電話線路中途予以機械力插入截取（mechanical interception）或秘密連結電話線以監探內容，此種截取，須違反電話線本來物質狀態，始足構成。而所謂竊聽，原在屋簷下或隔牆之偷聽，此種範圍顯然較廣，凡未與電話線有直接接觸，未侵及線路系統，均屬之。隨著科學進步，尚發展所謂電子竊聽（Electronic eavesdropping）即利用秘密擴音器、偵聽器、感應圈等電子設計，或附著於附著於牆上、屋頂、室內，而將聲音傳送於外處的密探——即『神祕的第三耳』（A Secret Third Ear），電子竊

26　通訊保障及監察法施行細則第2條第4項。
27　王兆鵬，〈重新定義高科技時代下的搜索〉，《新刑訴‧新思維》，2004年10月，頁61-62。
28　蔡墩銘，〈通訊通訊監察與證據排除〉，《刑事法雜誌》，39卷1期，1995年2月，頁2。
29　通訊監察或竊聽的區別有學者是以有無合法依據為判斷標準，且蔡氏對Wiretapping與Eavesdropping二個名詞似乎有所誤解，江舜明著，前揭註11文。
30　陳志龍，〈秘密通訊自由之侵害及其取得證據之適格性研究〉，臺灣大學法律研究所碩士論文，1979年6月，頁39。

聽與傳統竊聽之不同者，在於後者乃在於聲音可及處，附耳以聽；前者，竊聽在聲音不可及之處，仍可得知談話內容。」此部分，皆可在我國通保法中找到符合通訊的定義，而可適用我國通保法。

　　另有學者[31]則認為包含言論及談話，「按會話者雙方當事人於非公共場所及非公眾得出入之場所進行會話時，不論是否面對面會話，或以電話方式會話，均不希望第三者聽到會話之內容，但第三者（包括司法警察官在內）有時未經會話者當事人之同意，在其不知情之情況下，偷偷摸摸擅自聽取或收錄其會話之內容，做為刑事上之證據，此即一般人所稱之竊聽、盜聽、偷聽及法務部所稱之監聽」。

　　綜上所述，全是為了對監聽所下的定義，認為監聽是指為了對聲音加以記錄、保留，而針對他人在客觀上有隱私或秘密之合理期待下，使用電信設備的通話或是在非公開場所的會談或是面對面的談話[32]等，在合法授權的通訊監察書下使用電子設備加以截取記錄。實際上，此即通保法所稱之通訊監察。通訊類型如此多樣，實務目前所最常運用的是透過電信設備之電話通訊監察[33]，即所謂電話監聽，就規範對象與保護範圍而言，通訊監察是監聽之上位概念，亦即，監聽是通訊監察方法之一種[34]。亦即，通訊監察的對象除了私人的對話之外，主要是以電話監聽為範圍。電話監聽是指在發話者與受話者在通話時，從中加以截取其通話內容。而其截取的方式有以下六種[35]：

1.利用電話副機之截取

　　此係指利用使用電話者之一方的電話副機，截取其談話內容。此種情

---

[31] 田正恒，〈竊聽之合法性及證據能力〉，《法令月刊》，38卷1期，1987年1月，頁18。

[32] 通訊保障及監察法施行細則第2條第3項規定：「本法第三條第一項第三款所稱言論及談話，指人民非利用通訊設備所發表之言論或面對面之對話；其以手語或其他方式表達意思者，亦包括在內。」對於以無聲的溝通──手語，只能透過影像的記錄才可達成，因此，本文的通訊監察客體中，不包括手語。

[33] 其中亦包括行動電話的通訊監察。

[34] 江舜明，前揭註11文，頁101。

[35] 盧仁發主持，楊世智、陳金圍等研究，〈通訊監察制度之研究〉，臺北地方法院82年研究報告，臺北地方法院檢察署印行，1993年6月，頁19-21。

形是否為電話監聽？在1975年之Rathbun v. U.S.案[36]中，美國聯邦最高法院認為電話副機是二端所延伸的部分，通訊本身並非是特權，一方不可強制他方僅秘密使用一部話機，且任何一方除聽講電話外，尚有權錄音或公開其內容，若志願將內容提供警方，則亦不受限制，因此若第三人經一方同意可以利用電話副機聽取談話內容，則非截取，反之，若未經同意，則是截聽電話。

2.電話錄音

此係指電話使用者的一方，使用錄音機記錄自己與他人的談話紀錄，由於是一方自主之行為，所以並非是截取談話內容，而不構成電話監聽。

3.附著於電話機之截取

此係指以電子裝置附著於電話使用者一方的電話機內，同時銜接發、受話筒而能聽取雙方的通話內容。此種情形構成電話監聽與電子監聽。但其若僅在發話筒內裝置無線麥克風，由於只聽到一方的談話，則此時並非電話監聽，而是電子監聽。

4.利用未與電話機或電話線連接之電子偵聽裝置截取

此係指將電子裝置放於室內，而截取屋內的談話，是電子監聽，但若截取到的是電話對談內容，則其是否為電話監聽？在1942年之Goldman v. U.S.案[37]中，美國聯邦最高法院認為由於並未接觸到電話線，則此時之電子偵聽器，如同在場之他人，所能聽到的內容僅是一方而已，所以未算是電話監聽。

5.公用電話亭內之截取

若僅是在公用電話亭內放置電子偵聽裝置，而非在公用電話機內，在1964年之U.S. v. Borgese案，法院認為由於只能截取到發話者的聲音，而無法截取受話者的談話，此如同在亭外偷聽，所以未算是電話監聽。但

---

[36] Rathbun v. U.S., 355 U.S.107 (1975).
[37] Goldman v. U.S., 316 U.S. 129 (1942).

在1967年的Katz v. U.S.案[38]中，聯邦最高法院認為進入公用電話亭內的談話，並非意謂其已同意將談話內容公開傳播，其對隱私權仍有合理的期待，因此公用電話亭內電子偵聽裝置是侵犯人權。

6. 電信機房之截取

此種截取方式是最典型的電話監聽，其是在電信局機房內，直接於交換機或是同性質之機器線路上截取電話內容。

二、通聯紀錄調取

通聯紀錄包含通信紀錄及通訊（信）使用者資料二種[39]，通保法第3條之1所稱「通信紀錄者[40]」是指電信使用人使用電信服務後，電信系統所產生之發送方、接收方之電信號碼、通信時間、使用長度、位址、服務型態、信箱或位置資訊等紀錄。而「通訊（信）使用者資料」[41]，是指電信使用者姓名或名稱、身分證明文件字號、地址、電信號碼及申請各項電信服務所填列之資料。通訊（信）使用者資料是申請電信服務時所填列的申請人資料，並不一定為實際使用者。

此類紀錄原本是電信公司用於收取電信費用之記帳紀錄，在1999年的通保法中並未被列入通訊內容而未被通保法所保障。大法官釋字第631號解釋文指出：「憲法第十二條規定：『人民有秘密通訊之自由。』旨在確保人民就通訊之有無、對象、時間、方式及內容等事項，有不受國家及他人任意侵擾之權利。國家採取限制手段時，除應有法律依據外，限制之要件應具體、明確，不得逾越必要之範圍，所踐行之程序並應合理、正當，方符憲法保護人民秘密通訊自由之意旨。」通聯紀錄亦應屬於憲法保護人民秘密通訊自由之範圍，而在2014年的修法中被增訂，並且採取法官

---

38 Katz v. U.S., 389 U.S., 389 U.S. 347 (1967).

39 黃朝義，〈通聯紀錄調取與另案監聽修法評析〉，《中央警察大學法學論集》，26期，2014年4月，頁4。

40 另可參考電信法第2條第8款規定：「通信紀錄：指電信使用人使用電信服務後，電信系統所產生之發信方、受信方之電信號碼、通信日期、通信起訖時間等紀錄，並以電信系統設備性能可予提供者為原則。電信號碼係指電話號碼或用戶識別碼。」

41 通訊保障及監察法施行細則第13條之1第1項：「本法第十一條之一第一項所稱通信使用者資料，指本法第三條之一第二項之通訊使用者資料。」

保留之令狀原則。

此次的增訂明確定義其內容，亦明訂調取的程序及實質要件，但忽略了通聯紀錄的運用並不僅限於犯罪偵查上，更常是運用於失蹤人口的協尋及自殺的救援等，程序上如此的嚴格，是否適當恐需再斟酌。另外通聯紀錄除了受通保法所規範外，因為從通聯紀錄中可以直接或間接地識別該個人，故同時有著個人資料保護法的適用[42]。

第三節　通訊監察之對象及犯罪類型

壹、通訊監察之對象

為防止通訊監察對人民基本權造成的侵害，對於受通訊監察人的範圍就必須以與達成犯罪偵查目的有相當關係之人為限，始能對其實施通訊監察，特別是要注意受監察人不必然是通訊設備或門號的持有人。通保法第4條規定：「本法所稱受監察人，除第五條及第七條所規定者外，並包括為其發送、傳達、收受通訊或提供通訊器材、處所之人。」分析如下：

一、被告、犯罪嫌疑人

此處是指涉犯通保法第5條及第6條所列舉之案件的被告或犯罪嫌疑人，始能對其進行通訊監察。所以即使有相當理由可信監察第三人可以取得犯罪證據，仍不得對第三人進行通訊監察。

若被告或犯罪嫌疑人為現役軍人而由軍事審判機關偵審時，其通訊監察準用通保法之規定（通保法第30條）。

---

[42] 個人資料保護法第2條第1款規定：「個人資料：指自然人之姓名、出生年月日、國民身分證統一編號、護照號碼、特徵、指紋、婚姻、家庭、教育、職業、病歷、醫療、基因、性生活、健康檢查、犯罪前科、聯絡方式、財務情況、社會活動及其他得以直接或間接方式識別該個人之資料。」

二、外國勢力或境外敵對勢力工作人員

通保法第9條規定如下：（一）為外國勢力或境外敵對勢力從事秘密情報蒐集活動或其他秘密情報活動，而有危害國家安全之虞，或教唆或幫助他人為之者；（二）為外國勢力或境外敵對勢力從事破壞行為或國際或跨境恐怖活動，或教唆或幫助他人為之者；（三）擔任外國勢力或境外敵對勢力之官員或受僱人或國際恐怖組織之成員者。

三、發送、傳達、收受通訊之人

又有稱之為傳遞人[43]，其是指在通訊上給予被告或犯罪嫌疑人協助之人，不管其是否明知或有意促進或支持被告犯罪目的之達成，為了盡可能地防範被告利用他人以規避通訊監察法律之適用，所以有必要對傳遞人實施通訊監察。由於此舉明顯擴大通訊監察的範圍，因此對傳遞人的通訊監察要件應有更嚴格的限制，以保障傳遞人的人權，特別是其中可能涉及證人或辯護人的通訊監察，若毫無限制的對其進行通訊監察，將可能與刑事訴訟法中所設計的制度相衝突，例如，對於辯護人實施通訊監察。

四、提供通訊器材、處所之人

本款是指只要有事實能夠認為被告有使用該通訊設備，即可進行通訊監察，而不管提供者知道被告犯罪與否。現行法的規定，顯得太過於簡單，使得受通訊監察人的範圍太過廣泛，故應再加上一個與犯罪有「相當關聯性」的要件加以限縮，以免使無辜第三人亦受到通訊監察。

貳、通訊監察之犯罪類型

由於通訊監察的實施會侵害人民的基本權利，在衡量人民的基本權利與追訴犯罪的國家利益後，只有當實施通訊監察所獲得之利益大於受侵害之人民的基本權利時，方符合比例原則之要求，亦即僅有在偵查重大犯罪時，為了有效取得犯罪證據之必要，始容許實施通訊監察，是採取「重罪

---

43 江舜明，前揭註11文，頁96。

原則」來限定實施通訊監察的要件[44]。

一、重罪案件之通訊監察

然而，何謂重罪？在通保法中是採法定刑度與罪名併列制。通保法第5條第1項規定：「有事實足認被告或犯罪嫌疑人有下列各款罪嫌之一，並危害國家安全、經濟秩序或社會秩序情節重大，而有相當理由可信其通訊內容與本案有關，且不能或難以其他方法蒐集或調查證據者，得發通訊監察書。

一、最輕本刑為三年以上有期徒刑之罪。

二、刑法第一百條第二項之預備內亂罪、第一百零一條第二項之預備暴動內亂罪或第一百零六條第三項、第一百零九條第一項、第三項、第四項、第一百二十一條第一項、第一百二十二條第三項、第一百三十一條第一項、第一百四十二條、第一百四十三條第一項、第一百四十四條、第一百四十五條、第二百零一條之一、第二百五十六條第一項、第三項、第二百五十七條第一項、第四項、第二百九十八條第二項、第三百條、第三百三十九條、第三百三十九條之三或第三百四十六條之罪。

三、貪污治罪條例第十一條第一項、第四項關於違背職務行為之行賄罪。

四、懲治走私條例第二條第一項、第二項或第三條之罪。

五、藥事法第八十二條第一項、第四項或第八十三條第一項、第四項之罪。

六、證券交易法第一百七十三條第一項之罪。

七、期貨交易法第一百十二條或第一百十三條第一項、第二項之罪。

八、槍砲彈藥刀械管制條例第十二條第一項、第二項、第四項、第五項或第十三條第二項、第四項、第五項之罪。

九、公職人員選舉罷免法第一百零二條第一項第一款之罪。

十、農會法第四十七條之一或第四十七條之二之罪。

十一、漁會法第五十條之一或第五十條之二之罪。

---

[44] 陳運財，前揭註8書，頁364。

十二、兒童及少年性剝削防制條例第三十二條第一項、第三項、第四項、第五項之罪。

十三、洗錢防制法第十一條第一項至第三項之罪。

十四、組織犯罪防制條例第三條第一項後段、第二項後段、第六條或第十一條第三項之罪。

十五、陸海空軍刑法第十四條第二項、第十七條第三項、第十八條第三項、第十九條第三項、第二十條第五項、第二十二條第四項、第二十三條第三項、第二十四條第二項、第四項、第五十八條第五項、第六十三條第一項之罪。

十六、營業秘密法第十三條之二第一項、第二項之罪。

十七、森林法第五十二條第一項、第二項之罪。

十八、廢棄物清理法第四十六條之罪。」

　　由於通訊監察對人民的基本權利侵害很大，所以，並非是符合重罪就能實施通訊監察，仍必須注意必須是在其他偵查手段已無法有效偵查，而且通訊監察的實施對該案件的偵查是必要且具有效果的情形下，才能實施通訊監察，亦即，除了重罪原則外，還受到最後手段（必要性）原則的限制，以免使通訊監察範圍過大，而侵害人民的基本權。

二、緊急案件之通訊監察

　　有事實足認被告或犯罪嫌疑人犯罪，為防止他人生命、身體、財產之急迫危險；或有事實足信有其他通訊作為第5條第1項犯罪連絡而情形急迫者，司法警察機關得報請該管**檢察官**以口頭通知執行機關先予執行通訊監察，以利掌握偵辦時效。通保法第6條第1項規定其案件類型如下：

　　（一）刑法妨害投票罪章之罪。

　　（二）公職人員選舉罷免法之罪。

　　（三）總統副總統選舉罷免法之罪。

　　（四）槍砲彈藥刀械管制條例第7條、第8條之罪。

　　（五）毒品危害防制條例第4條之罪。

　　（六）擄人勒贖罪。

（七）以投置炸彈、爆裂物或投放毒物方法犯恐嚇取財罪。

（八）組織犯罪條例第3條之罪。

（九）洗錢防制法第11條第1項、第2項、第3項之罪。

（十）刑法第222條、第226條、第271條、第325條、第326條、第328條、第330條、第332條及第339條之罪。

三、通聯紀錄調取之案件

通保法第11條之1第1項規定通聯紀錄調取之案件如下：

（一）重罪

最重本刑三年以上有期徒刑之罪。

（二）通聯紀錄緊急調取案件

1. 最輕本刑十年以上有期徒刑之罪。

2. 強盜、搶奪、詐欺、恐嚇、擄人勒贖等罪。

3. 違反人口販運防制法之罪。

4. 槍砲彈藥刀械管制條例之罪。

5. 懲治走私條例之罪。

6. 毒品危害防制條例之罪。

7. 組織犯罪防制條例之罪。

第四節　通訊監察程序規定

壹、聲請程序

一、通訊監察部分

通訊監察的實施在我國是採令狀原則，所以在實施通訊監察前，先要取得通訊監察書的授權才可進行。然而，在通保法中，僅就核發通訊監察書的權限加以規定，並未詳細規定司法警察機關聲請通訊監察書之程序，因此，在通保法施行細則第11條中，對通訊監察書的聲請程序補充規定：

「依本法第五條或第六條規定聲請通訊監察者，其聲請書所載明本法第十一條第一項第五款之監察理由，應包括下列事項：

一、受監察人涉嫌本法第五條第一項或第六條第一項犯罪之具體事實。

二、受監察之通訊與上述犯罪具有關連性之具體事證。

三、就上述犯罪曾經嘗試其他蒐證方法而無效果之具體事實，或不能或難以其他方法蒐集或調查證據之具體理由。」

　　由上述聲請事項可以清楚發現，聲請機關要提出通訊監察聲請，不能夠僅基於「有犯罪嫌疑」，而是必須有具體事實做為聲請理由。另外須注意的是在上述聲請事項中，並未要求聲請通訊監察機關明確訂出所需要的通訊監察期間，雖然法定期間是不得逾越30日（適用於犯罪偵查活動），但若能在更短的期間完成執行通訊監察的目的，則應以最短期間為原則，以避免侵害人權，所以應要求聲請機關訂出實際所需要的通訊監察期間。

　　而在緊急通訊監察部分，檢察官應告知執行機關通保法第11條所定之事項，並於24小時內陳報該管法院補發通訊監察書；檢察機關為受理緊急監察案件，應指定專責主任檢察官或檢察官作為緊急聯繫窗口，以利掌握偵辦時效。法院亦應設置專責窗口受理前項聲請，並應於48小時內補發通訊監察書；未於48小時內補發者，應即停止監察。

　　此外在國安通訊監察部分，通保法第7條規定，當受監察人在境內設有戶籍者，其通訊監察書之核發，應先經綜理國家情報工作機關所在地之高等法院專責法官同意。但情況急迫者不在此限，惟綜理國家情報工作機關應即將通訊監察書核發情形，通知綜理國家情報工作機關所在地之高等法院之專責法官補行同意；其未在48小時內獲得同意者，應即停止監察。

二、通聯紀錄部分

　　通保法對於檢察官及司法警察官的規範不同，依通保法第11條之1第1項、第2項規定：「（第1項）檢察官偵查最重本刑三年以上有期徒刑之罪，有事實足認**通信紀錄**及**通信使用者資料**[45]於本案之偵查有必要性及關

45　通訊保障及監察法施行細則第13條之1：「本法第十一條之一第一項所稱通信使用者資料，指本法第三條之一第二項之通訊使用者資料。」

連性時，除有急迫情形不及事先聲請者外，應以書面聲請該管法院核發調取票。聲請書之應記載事項，準用前條第一項之規定。（第2項）司法警察官因調查犯罪嫌疑人犯罪情形及蒐集證據，認有調取**通信紀錄**之必要時，得依前項規定，報請檢察官許可後，向該管法院聲請核發調取票。」從條文文字上解讀，司法警察官對於通信使用者資料的取得，並不需取得調取票[46]。急迫原因消滅後，應向法院補行聲請調取票。

　　因為特定重罪，免用調取票。依通保法第11條之1第3項規定：「當檢察官、司法警察官為偵辦最輕本刑十年以上有期徒刑之罪、強盜、搶奪、詐欺、恐嚇、擄人勒贖，及違反人口販運防制法、槍砲彈藥刀械管制條例、懲治走私條例、毒品危害防制條例、組織犯罪防制條例等罪，**有需要時**，得由檢察官依職權或司法警察官向檢察官聲請同意後，調取通信紀錄，不受前二項之限制。」

　　關於國安之通聯紀錄調取，免用調取票。依通保法第11條之1第8項規定：「有調取第七條之監察對象通信紀錄及通訊使用者資料必要者，由綜理國家情報工作機關向電信或郵政事業調取，不受前七項之限制。」

貳、核發通訊監察令狀之要件及程序

一、通訊監察書

　　核發通訊監察書之法官，在審核檢察官依司法警察機關之聲請或職權以書面聲請時，除了審核擬通訊監察之範圍、理由是否符合本法規定外，更應進一步就其實質的內容綜合考量下列三項要件，以決定是否核發「通

---

[46] 智慧財產法院106年刑智上易字第65號判決持反對見解，認為「國家為偵查犯罪，而有查看人民通信紀錄，以及了解通信使用者資料時，已非毫無法律限制，且已經立法者列為法官保留及令狀原則之適用範圍。其中關於通信使用者資料部分，雖然表面上只對檢察官有所規定，而未規定司法警察官在取得通信紀錄時之法定程序，但檢察官在我國刑事偵查法制上，為唯一之偵查主體，司法警察官依其層級僅分別有協助檢察官偵查犯罪之職權，或受檢察官之指揮，偵查犯罪（刑事訴訟法第229、230條），依照法律之體系解釋，實在難以認為協助或接受指揮之司法警察官可以不受審查、自主取得人民之通信使用者資料，但作為偵查主體之檢察官卻反而要受法官保留及令狀原則之拘束。所以應認為司法警察官也應該比照檢察官受到同一限制，才符合我國刑事偵查法制之架構。」

訊監察書」：

（一）有事實足認被告或犯罪嫌疑人涉有通保法第5條得以被通訊監察之重大犯罪，並危害國家安全、經濟秩序或社會秩序情節重大。

（二）有相當理由可以相信透過通訊監察之執行處所與犯罪或犯罪嫌疑人有相當關連性，並可取得與本案有關之犯罪證據。

（三）已依通常偵查程序調查而無結果，或依通常調查程序顯無結果或存有對偵查員人身危險之虞者。且不能或難以其他方法蒐集或調查證據。

經審核認為符合上述要件後，即可核發「通訊監察書」授權執行通訊監察。在通訊監察書中應該記載的事項依通保法第11條規定：1.案由及涉嫌觸犯之法條；2.監察對象；3.監察通訊種類及號碼等足資識別之特徵；4.受監察處所；5.監察理由；6.監察期間及方法；7.聲請機關；8.執行機關；9.建置機關等項目，使得執行機關有明確的依據及界限。並且核發通訊監察書之程序，不公開之。

而對於國安監聽的通訊監察書聲請，通知高等法院專責法官同意通訊監察者，依通保法施行細則第12條規定：應備聲請書並記載下列事項：1.案由；2.監察對象及其境內戶籍資料；3.監察通訊種類及號碼等足資識別之特徵；4.受監察處所；5.監察理由及其必要性；6.監察期間；7.監察方法；8.執行機關；9.建置機關等項目。

二、調取票

檢察官聲請核發調取票者，司法警察官報請檢察官許可向法院聲請調取票或聲請檢察官同意調取通聯紀錄者，依通保法施行細則第13條之1規定：「應備聲請書並記載下列事項，向該管法院為之。但因急迫情形不及事先聲請而先為調取者，於取得相關資料後，應儘速向該管法院補發調取票：一、案由及涉嫌觸犯之法條。二、調取種類。三、聲請理由。四、執行機關。」

在通訊監察書中應該記載的事項依通保法第11條之1規定：「（第5項）調取票，應記載下列事項：一、案由。二、應調取之通信紀錄或使用

者資料。三、有效期間，逾期不得執行調取及調取後應將調取票交回之意旨。（第6項）第一項、第二項及第四項之聲請經法院駁回者，不得聲明不服。（第7項）核發調取票之程序，不公開之。」

參、通訊監察期間

由於通訊監察係對受監察對象長期間的記錄其通訊活動，對人民基本權影響很大，如非有必要，其期間不宜過長，並且為了解是否仍有繼續通訊監察之必要於期滿前要提出聲請，若有超出一年期間需要，則必須重新聲請。通保法第12條第1項規定：「第五條、第六條之通訊監察期間，每次不得逾三十日，第七條之通訊監察期間，每次不得逾一年；其有繼續監察之必要者，應釋明具體理由，至遲於期間屆滿之二日前，提出聲請。但第五條、第六條繼續之監察期間，不得逾一年，執行機關如有繼續監察之必要者，應依第五條、第六條重行聲請。」

並且為落實最短期間要求，在無監察必要時，應停止監察。在通保法第12條第2項、第3項規定：「（第2項）第五條、第六條之通訊監察期間屆滿前，偵查中檢察官、審判中法官認已無監察之必要者，應即停止監察。（第3項）第七條之通訊監察期間屆滿前，綜理國家情報工作機關首長認已無監察之必要者，應即停止監察。」

肆、通訊監察之執行機關與方法

一、執行機關

首先執行機關是由聲請通訊監察機關聲請指定或法官依職權核發通訊監察書時，由核發人指定之機關執行，如此可切合通訊監察的重點，並且能符合實際的需要，在目前的電話通訊監察有線電話、公共電話部分主要是調查局，行動電話部分，則由調查局與內政部警政署刑事局，來實施行動電話通訊監察[47]。

---

[47] 何明洲，《犯罪偵查學》，中央警察大學出版，2015年3月，頁130。

　　為使通訊監察順利，要求電信事業及郵政事業有協助執行及建置義務，並得要求所生必要費用，通保法第14條第2項至第5項規定：「（第2項）電信事業及郵政事業有協助執行通訊監察之義務；其協助內容為執行機關得使用該事業之通訊監察相關設施與其人員之協助。（第3項）前項因協助執行通訊監察所生之必要費用，於執行後，得請求執行機關支付；其項目及費額由交通部會商有關機關訂定公告之。（第4項）電信事業之通訊系統應具有配合執行監察之功能，並負有協助建置機關建置、維持通訊監察系統之義務。但以符合建置時之科技及經濟上合理性為限，並不得逾越期待可能性。（第5項）前項協助建置通訊監察系統所生之必要費用，由建置機關負擔。另因協助維持通訊監察功能正常作業所生之必要費用，由交通部會商有關機關訂定公告之。」

二、執行方法

　　隨著通訊科技發展及犯罪型態的不同，通訊監察的方法亦隨著改變，只要是能達到通訊監察目的所必要的方法皆可為之，但為了防止對人民秘密通訊自由及隱私權以外的基本人權造成侵害，例如，人民的住居安全，所以在通保法中第13條第1項規定：「通訊監察以截收、通訊監察、錄音、錄影、攝影、開拆、檢查、影印或其他類似之必要方法為之。但不得於私人住宅裝置竊聽器、錄影設備或其他監察器材。」明文禁止進入私人住宅內裝置通訊監察設備。

　　此外，通訊監察過程亦不應造成受監察者之通訊工具受到干擾，造成額外的侵權行為，因此，在通保法第13條第2項規定：「執行通訊監察，除經依法處置者外，應維持通訊暢通。」

　　並且為確保通訊監察不造成目的外的侵害，在通保法第13條第3項、第4項規定：「（第3項）執行機關除有正當理由者外，應至少每三日派員取回監錄內容。（第4項）前項監錄內容顯然與監察目的無關者，不得作成譯文。」

伍、通訊監察之通知及監督

一、通訊監察之通知

通訊監察的執行本來就必須是在秘密的情況下進行，方能順利取得有關犯罪證據的資料，所以不可能先出示通訊監察書給受通訊監察人之後再進行通訊監察。而「告知與聽聞」是屬於正當法律程序的重要內容[48]，所以在通訊監察結束後，應即通知受通訊監察人已受通訊監察的事實、期間以及被通訊監察的理由等相關事項，賦予其事後請求救濟的機會與管道[49]。

目前立法例有「強制通知原則」及「聲請通知原則」二種[50]。前者認為，為使通訊監察透明化，免除人民疑慮，執行機關應於通訊監察執行後，通知被監察人，採此原則有美國[51]、日本[52]及德國[53]。後者認為，執行通訊監察以後，如要強制通知受通訊監察人將徒增執行機關困擾，故不採強制通知原則，而是等待聲請人的提出聲請調查，採此原則的是英國[54]。

我國採取強制通知原則，由檢察官、綜理國家情報工作機關陳報法院通知受監察人。在通保法第15條第1項規定：「第五條、第六條及第七條第二項通訊監察案件之執行機關於監察通訊結束時，應即敘明受監察人之姓名、住所或居所、該監察案件之第十一條第一項各款及通訊監察書核發機關文號、實際監察期間、有無獲得監察目的之通訊資料及救濟程序報由檢察官、綜理國家情報工作機關陳報法院通知受監察人。如認通知有妨害監察目的之虞或不能通知者，應一併陳報。」

若檢察官、綜理國家情報工作機關未陳報通知，則由法院補充通

---

[48] 井上正仁，《搜查手段としての通信、會話的傍受》，有斐閣，1997年10月，頁230。

[49] 陳運財，〈通訊監察之性質及其法律規範〉，《東海法學研究》，13期，1998年12月，頁21。

[50] 盧仁發主持，楊世智、陳金圍等研究，前揭註35報告，頁100。

[51] U.S.C 18, Sec. 2518（8）（d），1968.

[52] 犯罪搜査のための通信傍受に關する法律，1999年，第30條規定。

[53] 德國刑事訴訟法第101條規定。

[54] Interception of Communication Act ,1985, 7 (4)，轉引自法務部，考察〈德國、英國通訊監察制度〉報告，1992年8月。

知，通保法第15條第2項至第4項規定：「（第2項）通訊監察結束後，檢察官、綜理國家情報工作機關逾一個月仍未為前項之陳報者，法院應於十四日內主動通知受監察人。但不能通知者，不在此限。（第3項）法院對於第一項陳報，除有具體理由足認通知有妨害監察目的之虞或不能通知之情形外，應通知受監察人。（第4項）前項不通知之原因消滅後，執行機關應報由檢察官、綜理國家情報工作機關陳報法院補行通知。原因未消滅者，應於前項陳報後每三個月向法院補行陳報未消滅之情形。逾期未陳報者，法院應於十四日內主動通知受監察人。」

對於執行機關陳報事項。通保法第15條第5項、第6項規定：「（第5項）關於執行機關陳報事項經法院審查後，交由司法事務官通知受監察人與該受監察之電信服務用戶。但不能通知者，不在此限。（第6項）前項受監察之電信服務用戶包括個人、機關（構）、或團體等。」

二、通訊監察之監督

通保法的立法，除了在法律要件、程序與法律效果上要求周延外，為了解執行機關是否確實依法執行通訊監察，並且了解通訊監察於犯罪偵查運用的情形，以作為將來修法的參考依據及防止濫權通訊情況發生，則通訊監察之監督屬重要的工作。現行監督的方式有二種：

（一）機關監督

偵查中檢察機關、審判中法院，國安通訊監察，由綜理國家情報工作機關進行監督，通保法第16條規定：「（第1項）執行機關於監察通訊後，應按月向檢察官、核發通訊監察書之法官或綜理國家情報工作機關首長報告執行情形。檢察官、核發通訊監察書之法官或綜理國家情報工作機關首長並得隨時命執行機關提出報告。（第2項）第五條、第六條通訊監察之監督，偵查中由檢察機關、審判中由法院，第七條通訊監察之監督，由綜理國家情報工作機關，派員至建置機關，或使用電子監督設備，監督通訊監察執行情形。偵查中案件，法院應定期派員監督執行機關執行情形。」

為落實監督效果，要求通訊監察之相關統計資料年報，定期上網公

告並送立法院備查。通保法第16條之1規定：「（第1項）通訊監察執行
機關、監督機關每年應製作該年度通訊監察之相關統計資料年報，定期上
網公告並送立法院備查。（第2項）前項定期上網公告，於第七條規定之
通訊監察，不適用之。（第3項）第一項統計資料年報應包含下列事項：
一、依第五條、第六條、第七條及第十二條第一項聲請及核准通訊監察之
案由、監察對象數、案件數、線路數及線路種類。依第十一條之一之調取
案件，亦同。二、依第十二條第二項、第三項之停止監察案件，其停止情
形。三、依第十五條之通知或不通知、不通知之原因種類及原因消滅或不
消滅之情形。四、法院依前條規定監督執行機關執行之情形。五、依第
十七條資料銷燬之執行情形。六、截聽紀錄之種類及數量。」

（二）國會監督

　　透過國會對於通訊監察運作的整體監督，以保障人民的基本權，防止
行政權所可能濫用通訊監察的侵害。通保法第32條之1規定：「（第1項）
法務部每年應向立法院報告通訊監察執行情形。立法院於必要時，得請求
法務部報告並調閱相關資料。（第2項）立法院得隨時派員至建置機關、
電信事業、郵政事業或其他協助執行通訊監察之機關、事業及處所，或使
用電子監督設備，監督通訊監察執行情形。（第3項）本法未規定者，依
立法院職權行使法或其他法律之規定。」

陸、通訊監察資料之使用限制及證據能力

一、通訊監察資料使用限制

　　為落實相關性原則要求，不得作目的外之使用，通保法第18條
規定：「（第1項）依本法監察通訊所得資料，不得提供與其他機關
（構）、團體或個人。但符合第五條或第七條規定之監察目的或其他法律
另有規定者，不在此限。（第2項）依第五條及第六條規定通訊監察書之
聲請、核發、執行、通訊監察所得資料之保管、使用、銷燬，應就其經
辦、調閱及接觸者，建立連續流程履歷紀錄，並應與臺灣高等法院通訊監
察管理系統連線。（第3項）前項其他執行通訊監察之機關每月應將所有

截聽紀錄以專線或保密方式傳遞至臺灣高等法院通訊監察管理系統。」

　　此外，除已供案件證據之用留存於該案卷或為監察目的有必要長期留存者外，若無留存必要或與監察目的無關者應予以銷燬。通保法第17條規定：「（第1項）監察通訊所得資料，應加封緘或其他標識，由執行機關蓋印，保存完整真實，不得增、刪、變更，除已供案件證據之用留存於該案卷或為監察目的有必要長期留存者外，由執行機關於監察通訊結束後，保存5年，逾期予以銷燬。（第2項）通訊監察所得資料全部與監察目的無關者，執行機關應即報請檢察官、依職權核發通訊監察書之法官或綜理國家情報工作機關首長許可後銷燬之。（第3項）前二項之資料銷燬時，執行機關應記錄該通訊監察事實，並報請檢察官、依職權核發通訊監察書之法官或綜理國家情報工作機關首長派員在場。」及第18條之1第2項：「依第五條、第六條或第七條規定執行通訊監察所取得之內容或所衍生之證據與監察目的無關者，不得作為司法偵查、審判、其他程序之證據或其他用途，並依第十七條第二項規定予以銷燬。」

二、違法通訊監察證據之證據能力

　　在現今的法治國家中，幾乎都肯定違法取得的證據不具有證據能力[55]。違法證據的排除，常引起是否會妨害犯罪偵查活動的疑慮，甚至影響國家刑罰權的行使，然而，在民主法治國家於制頒憲法條款時，既然已對人民基本人權的保障加以規定，則司法機關就有義務維護憲法規定的目的，亦即法院不能為了行使國家刑罰權而破壞憲法所要保護的法益。隨著對於正當法律程序的重視，要求程序正義要重於實體正義的趨勢越來越明顯，因此，除了要將違法取得的證據排除於法院審判之外，更希望能達成抑制執法人員將來的違法取證行為。

　　對於違法取得之通訊監察證據，採絕對排除原則，並且將毒樹果實理論明訂於法條。通保法第18條之1第3項規定：「違反第五條、第六條或第七條規定進行監聽行為所取得之內容或**所衍生之證據**，於司法偵查、審判

---

[55] 雖然各國對於違法證據排除的判斷標準不一，但共通的是都接受此概念，只是發展的方向略有差異，而隨著發展時間的長久，會有越來越多的共同點出現。

或其他程序中，均不得採為證據或其他用途，並依第十七條第二項規定予以銷燬。」

至於在合法通訊監察下，偶然截取到的通訊監察資料，即所謂「另案監聽」，則在一定條件下，認為有證據能力。通保法第18條之1第1項規定：「依第五條、第六條或第七條規定執行通訊監察，取得其他案件之內容者，不得作為證據。但於發現後七日內補行陳報法院，並經法院審查認可該案件與實施通訊監察之案件具有關連性或為第五條第一項所列各款之罪者，不在此限。」

柒、違反通訊監察規定之責任

通保法的制定是為保障人民秘密通訊自由不受非法侵害，因此對於違法通訊監察者的侵害行為就必須加以制裁，以落實保障基本人權的立法目的，並且亦使得受違法通訊監察者能有損害賠償的救濟途徑，在通保法中對於違法通訊監察者所要求的責任可分兩方面：

一、民事及國賠責任

對於違法通訊監察者應負的損害賠償責任，包括了財產上與非財產上的損害，並得請求回復名譽之適當處分，在通保法第19條規定：「（第1項）違反本法或其他法律之規定監察他人通訊或洩漏、提供、使用監察通訊所得之資料者，負損害賠償責任。（第2項）被害人雖非財產上之損害，亦得請求賠償相當之金額；其名譽被侵害者，並得請求為回復名譽之適當處分。（第3項）前項請求權，不得讓與或繼承。但以金額賠償之請求權已依契約承諾或已起訴者，不在此限。」

為了使被害者所受之損害，有較多之賠償機會，並為避免被害人對故意或過失的舉證責任困難，同時亦可藉以督促通訊監察者嚴守法律之分際，所以採推定過失原則。另外，由於通訊監察所成的實際損害數額難以計算，為避免被害人因為其所受損害金額舉證困難，而受到不利益的判決，所以採用「定額賠償」制度。在通保法第20條規定：「（第1項）前條之損害賠償總額，按其監察通訊日數，以每一受監察人每日新臺幣一千

元以上五千元以下計算。但能證明其所受之損害額高於該金額者，不在此限。（第2項）前項監察通訊日數不明者，以三十日計算。」

除了民事賠償外，為對人民的權利保障更完備，對於因為公務員或受委託行使公權力之人所造成的損害，亦規定可請求國家賠償。通保法第22條規定：「（第1項）公務員或受委託行使公權力之人，執行職務時違反本法或其他法律之規定監察他人通訊或洩漏、提供、使用監察通訊所得之資料者，國家應負損害賠償責任。（第2項）依前項規定請求國家賠償者，適用第十九條第二項、第三項及第二十條之規定。」

請求權時效及依據亦有明文規定，通保法第21條：「損害賠償請求權，自請求權人知有損害及賠償義務人時起，因二年間不行使而消滅；自損害發生時起，逾五年者亦同。」第23條：「損害賠償除依本法規定外，適用民法及國家賠償法規定。」

二、刑事責任

對於違法通訊監察者的刑事責任，目前相關的法律規定有刑法第315條之1[56]與通保法第24條規定：「（第1項）違法監察他人通訊者，處五年以下有期徒刑。（第2項）執行或協助執行通訊監察之公務員或從業人員，假借職務或業務上之權力、機會或方法，犯前項之罪者，處六月以上五年以下有期徒刑。（第3項）意圖營利而犯前二項之罪者，處一年以上七年以下有期徒刑。」然而，此二條規定所要保護的法益[57]及違法的法律效果並不相同[58]。

另外，對於無故洩漏或交付通訊監察所得之資料，無論該資料是合法或違法通訊監察行為所取得，違法者的刑事責任隨著其身分的不同，有

---

[56] 本條是妨害秘密罪，其犯罪類型有二類：1.無故利用工具或設備窺視、竊聽他人非公開之活動、言論、談話或身體隱私部位；2.無故以錄音、照相、錄影或電磁紀錄竊錄他人非公開之活動、言論、談話或身體隱私部位。

[57] 刑法中的規定主要是為了保護個人的隱私權。其所涵蓋的範圍較廣，除了秘密通訊自由部分外，尚包括個人非公開場所的活動自由；而通訊保障及監察法中的規定主要是為了保障人民秘密通訊自由。

[58] 刑法中的規定是三年以下有期徒刑、拘役或30萬元以下罰金；而通訊保障及監察法中的規定則為五年以下有期徒刑。二者最重刑並不相同，本文以為應將二者的最重刑度修改為相同，以避免同一行為因為適用的法律不同而有不同的法律效果。

不同的刑罰規定。通保法第25條:「（第1項）明知為違法監察通訊所得之資料,而無故洩漏或交付之者,處三年以下有期徒刑。（第2項）意圖營利而犯前項之罪者,處六月以上五年以下有期徒刑。」第27條:「（第1項）公務員或曾任公務員之人因職務知悉或持有依本法或其他法律之規定監察通訊所得應秘密之資料,而無故洩漏或交付之者,處三年以下有期徒刑。（第2項）法官或檢察官執行本法而有法官法第三十條第二項或第八十九條第四項各款情事者,應移送個案評鑑。（第3項）公務員或曾任公務員之人違反第十八條之一第二項、第三項規定,將本案通訊監察資料挪作他用者,處三年以下有期徒刑。」及第28條:「非公務員因職務或業務知悉或持有依本法或其他法律之規定監察通訊所得應秘密之資料,而無故洩漏或交付之者,處二年以下有期徒刑、拘役或新臺幣二萬元以下罰金。」

但對於特定的情況下,具阻卻罰法事由。通保法第29條規定:「監察他人之通訊,而有下列情形之一者,不罰:一、依法律規定而為者。二、電信事業或郵政機關（構）人員基於提供公共電信或郵政服務之目的,而依有關法令執行者。三、監察者為通訊之一方或已得通訊之一方事先同意,而非出於不法目的者。」及將第24條第1項、第25第1項及第28條之罪,定為告訴乃論罪。

三、行政責任

當電信事業及郵政事業違反協助執行義務時,通保法第31條規定:「有協助執行通訊監察義務之電信事業及郵政機關（構）,違反第十四條第二項之規定者,由交通部處以新臺幣五十萬元以上二百五十萬元以下罰鍰;經通知限期遵行而仍不遵行者,按日連續處罰,並得撤銷其特許或許可。」

第五節 本法爭議問題

現今犯罪日趨組織化與隱匿化，為更有效率地進行犯罪偵查活動，實施「通訊監察」乃是不可或缺的偵查手段。然而隨著通訊監察技術的日益精進，其所可能對基本人權產生侵害的危險亦是與之俱增。如何在保障國民的隱私權益與偵查效益取得均衡，一直是通訊監察很重要的課題，經歷多次的修法，可發現越來越朝向國民基本權利的保障，但也發現有擴大適用的犯罪類型，以下針對目前通保法有爭議的問題提出討論：

壹、通訊監察的犯罪類型之問題

通保法對於可通訊監察的犯罪類型是採法定刑度與罪名併列制。其中法定刑度方面是以最輕本刑為三年以上有期徒刑之罪，亦即重罪為限，在必要的時候即可進行通訊監察。雖然有必要原則的限制，但在具體實現上可能過於不明確，而對於某些最輕本刑為三年以上有期徒刑之罪，基本上並無實施通訊監察必要的案件，仍然實施通訊監察，例如，強制性交罪或傷害罪等，通常在其犯罪過程中並不會使用通訊工具，所應該自始即被排除於通訊監察的範圍之外[59]。換言之，採法定刑度的方式，易造成不必要的通訊監察發生。另外，在採列舉的罪名方面，則可能發生與前述相反的情形，漏列了需要使用通訊監察的犯罪類型，例如、對於經常是以電話為犯罪工具的恐嚇罪現行通保法並未列入。

對於可被通訊監察的罪名，在德國及日本皆是採列舉罪名的方式。例如、德國法中，亦列舉了11種法規的39種罪名[60]；而日本法則列舉了12種法規的54種罪名[61]，只有是屬於列舉出的罪名，才可進行通訊監察，如此通訊監察的範圍才不致於過廣。因此，未來對於通訊監察的犯罪類型有必要改採列舉罪名的方式，以防止通訊監察過於浮濫。

---

[59] 陳運財，前揭註8書，頁364。
[60] 連孟琦譯，《德國刑事訴訟法》，元照出版，2016年9月，頁76-79。
[61] 犯罪捜査のための通信傍受に する法律，1999年，別表一及別表二規定。

貳、對辯護人實施通訊監察之問題

刑事訴訟之辯護制度是為實現當事人平等原則，及兼顧被告或犯罪嫌疑人的人權保障，此由特定案件規定必須為強制辯護而可清楚了解。為使辯護人有效保護被告或犯罪嫌疑人的權利，刑事訴訟法第34條明文規定，賦予辯護人與被告或犯罪嫌疑人之接見、通信權，使得辯護人得充分了解案件始末，以便能夠對被告或犯罪嫌疑人做最有效之辯護。原則上除有湮滅、偽變造證據或串證之虞者，可設若干限制措施外，不得禁止辯護人自由接見被告或犯罪嫌疑人，並與之互通書信，亦即不受監視地自由接見被告及其通信不受檢閱[62]。

另外對於被告與辯護人之郵件、電報的往來，只有在該郵件、電報可認為是犯罪證據或有湮滅、偽變造證據或串證之虞或被告已逃亡者，才可對其扣押，除此之外不能扣押往來的書信。由此可知，辯護人亦是屬於通保法第4條所規定的發送、傳達、收受通訊之人，是可受通訊監察的對象。

然而，在刑事訴訟法中保障辯護人與被告或犯罪嫌疑人的口頭對話及互通書信（郵件或電報）的通訊自由，雖然法未明文承認被告或犯罪嫌疑人與辯護人間的電話通訊有不受通訊監察之通訊自由的保障，但其是否亦應屬於刑事訴訟法的保障，而禁止對辯護人通訊監察？就有效辯護而言，若偵查機關得通訊監察被告或犯罪嫌疑人與辯護人之通訊，從而得知辯護策略、其他有用之證據方法，或甚至被告自白犯罪事實，不論係基於法治國公平審判原則、當事人武器平等原則或正當法律程序原則，若僅是以辯護人為傳遞人就對其執行通訊監察，將使刑事訴訟辯護制度徒具形式[63]。此可從大法官釋字第654號解釋認為：「對於羈押法第二十三條第三項規定，律師接見受羈押被告時，有同條第二項應監視之適用，不問是否為達成羈押目的或維持押所秩序之必要，亦予以監聽、錄音，違反憲法第二十三條比例原則之規定，不符憲法保障訴訟權之意旨；同法第二十八條

62　黃東熊，《刑事訴訟法論》，三民書局，1999年3月，頁132。
63　江舜明，〈通訊監察界限與證據排除〉，《法學叢刊》，172期，1998年10月，頁101。

之規定，使依同法第二十三條第三項對受羈押被告與辯護人接見時監聽、錄音所獲得之資訊，得以作為偵查或審判上認定被告本案犯罪事實之證據，在此範圍內妨害被告防禦權之行使，牴觸憲法第十六條保障訴訟權之規定。」確保被告能與辯護人充分對話是保障被告防禦權行使之最基本要求。

憲法所保障的秘密通訊自由包括口頭對話、書信及電話通訊等，該條文是對羈押中的被告的接見及通信而規定，既然對於羈押中的被告都能保有口頭對話及書信的通訊自由，鑑於電話的使用已漸漸取代書信的往返，則對於非羈押中的被告與其辯護人的電話通訊更應該有保障，所以在解釋上應超越文義，認為被告或犯罪嫌疑人與其辯護人之間的秘密通訊自由應受到特別的保障，除有特別情形外，否則不得以辯護人為執行通訊監察的對象，如此才能達成刑事訴訟法中辯護制度制定的目的。

對於辯護人之通訊監察問題，德國學說與實務一致性意見，均認除有辯護人與被告有共犯所列舉可被通訊監察罪名之犯罪嫌疑外，應禁止對辯護人實施通訊監察。德國刑事訴訟法第148條第1項規定，被告即使受拘禁，有權與辯護人互通書信與口頭對話。該條明顯揭示被告有自由的、不受監視的與辯護人之通訊權，除有同條第2項被告因涉組織恐怖集團犯罪而受拘禁中，其與辯護人之通信例外受限制。在日本，除了禁止對辯護人進行通訊監察外，更擴大及於基於特別信賴關係可拒絕證言之人，例如，醫師、助產士等[64]宜在通保法第4條，增列將受通訊監察的被告或犯罪嫌疑人的辯護人排除於受監察人的範圍之外，除非係以該辯護人與核發的通訊監察中的犯罪有正犯或共犯的關係，則可不排除[65]。

參、調取通聯紀錄之問題

一、本質上非通訊內容

對於通訊內容以外之門號、位置、通話時間及使用者等通聯紀錄之通

---

64 犯罪のための通信傍受に關する法律，1999年，第16條規定。
65 李榮耕，〈律師及被告間通訊的監察〉，《政大法學評論》，146期，2016年9月，頁45。

訊狀態的資訊,屬於個人隱私資料,應受保護應無異議。但因為無涉實際的通訊內容本身,是否為憲法第12條秘密通訊自由所保障的核心內容,則尚有疑義。此外,比較通訊監察內容與通聯紀錄之間的差異,前者乃是對於將來可能發生的不確定的通訊內容,在通話進行中長時間的記錄通訊資料,具有高度範圍不確定的權利侵害,異於刑事訴訟上的傳統搜索扣押或勘驗,因此有必要採取法律保留及法官保留的規範。相對地,通聯紀錄之調取係對已經存在、且特定的通訊外觀(含通訊之門號、時間、位置)所為一次性的取得占有的行為仍屬刑事訴訟法上蒐集物證的性質,而與通訊監察之監聽處分顯不相同[66]。

二、嚴格的發動程序有害偵查之發動

犯罪偵查之初,往往僅有電話號碼及化名情資,倘若未能先行調閱該門號基本資料,則無從確認案件之管轄繫屬,亦無從得知該向何地檢署報請檢察官許可後,向該管法院聲請核發調取票,因此妨礙到後續的犯罪偵查而錯過辦案的最佳時機。另外,以偵辦一些與民生息息相關之竊盜、詐欺等輕微財產犯罪為例,警察機關無法直接調取通聯紀錄而為即時追查,除了增加追查時間外,對於追回的難度亦大為增加[67]。

三、應免除令狀原則之要求

令狀原則的功能主要在藉由法院對於個案的司法審查及令狀的明確記載,以收到對於個案事前控制、執行過程的節制以及事後救濟的擔保效果。因此,於採取強制處分法定原則之下,是否應同時設定令狀原則的規範,應再綜合審酌該項處分是否為直接之積極性干預,其所干預人民自由權利的範圍是否不易特定,並審酌對於該項處分是否有經事前司法審查的必要性、可行性以及得否由事後聲明不服或救濟管道可回復其權益等事項,以資決定應否採取令狀原則[68]。

調取通聯紀錄的行為本身雖屬積極的干預處分,惟與搜索扣押直接干

---

[66] 陳運財,前揭註8書,頁361。
[67] 黃朝義,前揭註39文,頁6-8。
[68] 陳運財,前揭註8書,頁361。

預處分有異，權利侵害性不高，且僅屬間接式的干預。此外，接受查詢的電信業者在守密義務及協助義務之間，必須盡到提供資訊之範圍與調取目的相符的把關者角色，特定提供個資的範圍，可發揮部分節制個資不當使用的功能。再者，調取通聯紀錄屬於司法警察機關蒐集資料的定型化調查作為，有無調取必要性，其實往往宜尊重偵查機關調查犯罪的專業判斷及急迫性考量，得由法院就個案介入審查的空間其實極其有限，基於以上理由，認為調取通聯紀錄只要立法明定條文，具有合法性的法律授權依據，並毋庸對調取行為課以法官保留之限制[69]。

四、通保法中應排除非為犯罪偵查之目的之調取

　　除犯罪偵查目的外，常有調取特定人通聯紀錄之必要，例如，在失蹤人口的事件中，若失蹤人身上帶有行動電話的話，則只要行動電話是處於開機的狀態，即有機會透過手機的定位找到失蹤者。透過通聯紀錄的取得，能即時鎖定特定人的所在位置，提供即時且必要的協助，確保特定人的生命或身體健康安全，過於強調隱私反而可能犧牲更為重要的利益。故有認為即使通保法第11條之1，將通聯紀錄限於本案之偵查有必要性及關連性時，行政機關仍可基於救助或防災目的，依據其他法令，如個人資料保護法、警察職權行使法等調取通聯紀錄[70]；亦有認為直接在其他救難防災的法規中，授權使用通聯紀錄，以兼顧人民隱私的保障及犯罪偵查與行政作為的需要[71]。

肆、另案通訊監察之問題

　　因為通訊監察是被動等待通訊資料的進入而加以截取記錄，在合法通訊監察的程序中偶然或無意間通訊監察到與本案無關之通訊內容，而涉及其他受通訊監察對象所犯或第三人所犯之犯罪事實時，如同另案扣押，故

---

[69] 陳運財，前揭註8書，頁362-363。

[70] 陳重言，〈刑事訴訟目的之通信（通聯）紀錄調取與使用〉，《檢察新論》，16期，2014年7月，頁44-45。

[71] 黃朝義，前揭註39文，頁15-16。

稱之為「另案通訊監察」。至於「他案通訊監察」[72]是指利用取得通訊監察書以通訊監察未能取得通訊監察書之其他案件之他案通訊監察行為。二者之區別，在於後者明顯是要規避通保法的程序要求，明顯是違法通訊監察行為，所取得的證據無證據能力並無爭議。

有爭議的是「另案通訊監察」所得資料之證據能力，關於另案通訊監察所得資料之證據能力之討論[73]，可以整理如下：

一、無限制說

此說認為通訊監察與搜索均屬干預隱私權的強制處分，故另案通訊監察可類推適用刑事訴訟法第152條另案扣押之規定，而承認其證據能力。於2014年增訂通保法第18條之1規定前，我國實務基本上採此說[74]。

二、關連性說

此說認為通訊監察之目的，在蒐集得通訊監察案件之相關資料，因此在依法執行本案通訊監察過程中，偶然發現與本案具有關連性之他案犯罪資訊，可予以通訊監察，並容許作為證據[75]。

---

[72] 97年台上字第2633號判決：「『另案監聽』所取得之證據，如若係執行監聽機關自始即偽以有本案監聽之罪名而聲請核發通訊監察書，於其監聽過程中發現另案之證據者，因該監聽自始即不符正當法律程序，且執行機關之惡性重大，則其所取得之監聽資料及所衍生之證據，不論係在通訊保障及監察法第五條第五項增訂之前、後，悉應予絕對排除，不得作為另案之證據使用。」

[73] 吳巡龍，〈監聽偶然獲得另案證據之證據能力〉，《月旦法學教室》，47期，2006年9月，頁86以下；黃惠婷，〈另案監聽〉，《月旦法學教室》，26期，2004年12月，頁121。

[74] 最高法院97年度台非字第549號判決認為：「實施通訊監察時，因無法預期及控制實際監察所得之通訊內容及範圍，在通訊監察過程中，不免會發生得知本案通訊監察目的範圍以外之通訊內容（有稱之為『另案監聽』、『他案監聽』者），此種監察所得與本案無關之通訊內容，如涉及受監察人是否另有其他犯罪嫌疑時，得否容許作為另案之證據使用，法無明文規定。此種情形因屬於本案依法定程序實施通訊監察時，偶然附隨取得之證據，並非實施刑事訴訟程序之公務員因違背法定程序取得之證據，自無刑事訴訟法第158條之4規定之適用。而同屬刑事強制處分之搜索、扣押，則於刑事訴訟法第152條明定，允許執行人員於實施搜索或扣押時，對於所發現『另案應扣押之物』，得以立即採取干預措施而扣押之，分別送交該管法院或檢察官（學理上稱為『另案扣押』）。則基於同一之法理，及刑事訴訟上發現真實之要求，自應容許將在本案通訊監察目的範圍以外，偶然獲得之資料，作為另案之證據使用。」

[75] 最高法院101年度台上字第1383號判決認為：「有偵查犯罪職權之公務員，依通訊保障及監察法規定聲請核發通訊監察書所取得之錄音內容，為實施刑事訴訟程序之公務員依法定程序取得之證據。又案中依法定程序執行通訊監察中偶然獲得之另案證據，其並非實施刑事

三、限制說

　　此說認為若另案通訊監察之他案亦屬於通訊保障及監察法第5條第1項規定得受監察之罪名時，可想像得向法院聲請再核發通訊監察書，因此以該當於法定之得通訊監察罪名為限，始可假定係合法干預，而得採為證據使用。

四、絕對禁止說

　　此說認為為保護秘密通訊自由，避免通訊監察機關一案吃到飽或恣意通訊監察等弊端，不論另案通訊監察之他案是否該當於法定得通訊監察之罪名，均不得作為證據。

　　2014年1月增訂第18條之1之第1項規定：「依第五條、第六條或第七條規定執行通訊監察，取得**其他案件**之內容者，不得作為證據。但於發現後**七日內補行陳報**法院，並經法院審查認可該案件與實施通訊監察之案件具有關連性或為第五條第一項所列各款之罪者，不在此限。」立法例採二、三說。其中「其他案件」指與原核准進行通訊監察之監察對象或涉嫌觸犯法條不同者[76]。亦即涉及到通訊監察書所記載監察對象以外之人的犯罪事實或者所記載案由及法條以外的犯罪事實。而所定之發現後七日內，自執行機關將該內容作成譯文並綜合相關事證研判屬其他案件之內容，報告檢察官時起算。實務上「陳報程序」是由執行機關向檢察官報告，再由檢察官向法院陳報[77]。

訴訟程序之公務員因違背法定程序所取得之證據。此種情形，應否容許其作為另案之證據使用，現行法制固未明文規定。然於與『另案扣押』相同之法理及善意例外原則，倘若另案通訊監察亦屬於通訊保障及監察法第5條第1項規定得受監察之犯罪，或雖非該項所列舉之犯罪，但與本案即通訊監察書所記載之罪名有關連性者，自應容許將該「另案監聽」所偶然獲得之資料作為另案之證據使用。」

[76] 通訊保障及監察法施行細則第16條之1第1項。
[77] 通訊保障及監察法施行細則第16條之1第2項：「本法第十八條之一第一項但書所定之發現後七日內，自執行機關將該內容作成譯文並綜合相關事證研判屬其他案件之內容，報告檢察官時起算。執行機關為報告時，應以書面載明下列事項，報由檢察官陳報法院審查：
一、本案通訊監察之監察對象及涉嫌觸犯法條。
二、該其他案件之內容。
三、該其他案件之內容與實施通訊監察之案件有關連性或為本法第五條第一項所列各款之罪之理由。」

伍、監察者爲通訊之一方或得一方同意之問題

通保法第29條第3款雖規定，監察他人之通訊，監察者為通訊之一方或已得通訊之一方事先同意，而非出於不法目的者，不罰。故在實體法上屬於不罰之行為。此部分並無爭議，有爭議的是程序上的問題，亦即透過此種方式所得的通訊內容有無證據能力？實務上有不同的看法：

一、違法說

此說屬於早期的實務[78]見解：「司法警察機關實施通訊監察時，必須合於通訊保障及監察法第5條第1項所規定之要件，且依法取得檢察官或法官所核發之通訊監察書，始得為之；其有通訊保障及監察法第6條所規定之急迫危險，經檢察官以口頭通知先予執行通訊監察者，亦應於24小時內補發通訊監察書，始符合法定程序。倘未依上開程序之通訊監察所取得之證據，即屬違背法定程序取得之證據，其有無證據能力之認定，依刑事訴訟法第158條之4規定，應審酌人權保障及公共利益之均衡維護，以為判斷。至於通訊保障及監察法第29條第3款雖規定，監察他人之通訊，監察者為通訊之一方或已得通訊之一方事先同意，而非出於不法目的者，不罰。乃基於衡平原則，對於當事人之一方，所賦予之保護措施。並非謂司法警察機關於蒐集證據時，得趁此機會，於徵得通訊之一方事先同意，即可實施通訊監察，而無須聲請核發通訊監察書，以規避通訊保障及監察法第5條、第6條所規定之限制。從而司法警察機關縱徵得通訊之一方事先同意而監察他人通訊，其所取得之證據有無證據能力，仍應依刑事訴訟法第158條之4規定，審酌人權保障及公共利益之均衡維護，以為判斷。否則，豈不發生得以迂迴方式徵得通訊之一方之同意，即可規避應由檢察官、法官核發通訊監察書之不當結果。」

二、合法說

此說為最近實務[79]的見解：「參酌通訊保障及監察法第29條第3款

『監察者為通訊之一方，而非出於不法目的者，不罰』之規定，係因受監察者對通訊之一方，並無通訊秘密及隱私期待可言，此與監察者在受監察者不知情之狀況下，截聽或截錄電話談話內容之情形有別。故公務員實施監察而為通訊之一方，如其所為非出於不法之目的，不惟在刑罰規範上屬於阻卻違法之事由，且因屬公務員基於保全證據之必要所實施之作為，即不發生違背法定程序取得證據之問題，其所取得之證據應有證據能力。本件警員毛○○以快遞人員名義與上訴人通話，係為確認上訴人是否係本件包裹之收件人，其基於偵查犯罪蒐證及保全證據之需要，將其本人與上訴人之通話內容予以錄音等情，業據毛○○證述明確。參酌毛○○與上訴人通話錄音之內容，毛○○並未對上訴人有施用詐術，或以不正方法誘使上訴人為不利於己之陳述等情事，毛○○錄音之作為顯非出於不法之目的；毛○○為確保其將來於檢察官偵查或審判中擔任證人時，就其與上訴人於電話中所交談之內容能為正確無誤之陳述，以錄音之方式保全其與上訴人於電話中交談之內容，毛○○錄音之作為亦具有正當性。另本件並非警員利用線民，徵得線民同意監聽線民與他人通訊，而以迂迴方式規避應取得通訊監察書之情形，毛○○之錄音作為並未違反通訊保障及監察法之立法目的，應認該通話錄音非屬違背法定程序所取得之證據，得作為證據。」

當一個人自願將自己個人的私密資訊與他人分享，便必須要承擔他人可能再告知第三人的風險，因此不能主張有隱私或秘密之合理期待[80]。從通保法係以有事實足認受監察人對其通訊內容有隱私或秘密之合理期待之通訊為限來看，合法說較合理。

---

[80] 此即風險承擔理論之概念，王兆鵬等著，《刑事訴訟法（上）》，2015年9月，3版，頁184-185。

第六節　實務案例研究

壹、另案通訊監察之證據能力

一、案例事實

警察機關因甲涉嫌販賣第一級毒品,對甲實施通訊監察,通訊監察期間偶然得知甲販賣之第一級毒品是由乙所提供,此外亦截錄到甲向丙進行恐嚇的過程。請問:

（一）對甲的通訊監察譯文可否直接作為乙販賣毒品罪及甲恐嚇罪的證據?

（二）檢察官未向法院聲請認可,該通訊監察譯文於乙案中有無證據能力?

二、解析

因為通訊監察是被動等待通訊資料的進入而加以截取記錄,在合法通訊監察的程序中偶然或無意間通訊監察到與本案無關之通訊內容,而涉及到通訊監察書所記載監察對象以外之人的犯罪事實或者所記載案由及法條以外的犯罪事實,如同另案扣押,故稱之為「另案通訊監察」。通保法第18條之1第1項規定:「依第五條、第六條或第七條規定執行通訊監察,取得其他案件之內容者,不得作為證據。但於發現後七日內補行陳報法院,並經法院審查認可該案件與實施通訊監察之案件具有關連性或為第五條第一項所列各款之罪者,不在此限。」亦即於發現後七日內補行陳報法院,並經法院審查認可符合本案案件之關連性或是通保法可通訊監察之案件下,此另案通訊監察所得證據有證據能力。

三、結論

（一）乙販賣毒品罪部分,因為與對甲實施之本案通訊監察部分具有關連性,若於發現後七日內檢察官補行陳報法院,並經法院審查認可,則甲的通訊監察譯文可作為乙販賣毒品罪之證據。而甲對丙恐嚇罪部分,並非屬於通保法第5條可受通訊監察的犯罪類型,故甲的通訊監察譯文不可

作為甲恐嚇罪之證據。

（二）檢察官未補行陳報法院，則該通訊監察譯文於乙案中有無證據能力？

1.認為可適用類推適用刑事訴訟法第158條之4之權衡理論[81]

通保法第18條之1第1項前段規定，取得其他案件之內容者，不得作為證據，除非有同項後段經法院審查認可，似採取原則禁止例外許可之規定，惟查，人民秘密通訊自由在合法執行通訊監察時已受侵害，使用合法執行通訊監察所取得之其他案件內容，並不會再度侵害人民秘密通訊之自由，若將取得之內容排除使用，亦無從回復人民秘密通訊自由之損害；再者，刑事訴訟法第228條第1項規定檢察官知有犯罪嫌疑者，應即開始偵查，若因執行機關在執行通訊監察取得其他犯罪案件之內容時，未依通訊保障及監察法施行細則第16條之1第2項由報由檢察官陳報法院審查認可，即一律強制不得作為證據，則不啻因執行機關之疏忽而使國家機關追訴犯罪受阻，故本院認為依第5條、第6條或第7條規定執行通訊監察，取得其他案件之內容者，縱未經陳報法院審查認可，仍可由法院依個案權衡判斷證據能力之有無。

2.認為無證據能力（否定說）[82]

上開通訊監察譯文所涉及被告上揭罪嫌，係於對林○○執行通訊監察時，取得本案被告販賣第二級毒品予林○○之內容，然此部分並未見有陳報法院審查認可等情，則依103年6月29日施行之通訊保障及監察法第18條之1第1項本文之規定，自不得作為證據，而無證據能力，自亦無從作為認定被告上揭罪嫌之補強證據。

最後實務採取後者**否定說**之立場[83]。

---

81 雲林地方法院104年度訴字第180號判決。
82 臺中地方法院104年訴字第228號判決。
83 2016年11月16日臺灣高等法院暨所屬法院105年法律座談會刑事類提案第36號。

貳、通訊之一方或得一方同意秘密錄音之合法性

一、案例事實

　　警察為破獲販毒集團，於是偽裝成毒品的買主，利用交易的過程，將其與毒販之間的對話秘密錄音，此秘密錄音之行為是否合法？

二、解析

　　當一個人自願將自己個人的私密資訊與他人分享，便必須要承擔他人可能再告知第三人的風險，因此不能主張有隱私或秘密之合理期待，通保法第29條第3款雖規定，監察他人之通訊，監察者為通訊之一方或已得通訊之一方事先同意，而非出於不法目的者，不罰。故在實體法上屬於不罰之行為。

　　然而，要注意的是自願的與人對話，雖然已無隱私或秘密之合理期待，但此種放棄亦僅限於對話的對象，一般而言並不希望該對話內容被記錄下來，而洩漏於其他第三人，甚至被當成不利於己之證據。口頭洩漏與秘密錄音是對隱私或秘密不同的程度侵害，不因對話的放棄隱私或秘密的合理期待，即當然對錄音部分無合理隱私或秘密的期待。因此，當事人之錄音並非全然屬於任意偵查而具有適法性，仍應就其目的、方式及利益權衡之觀點，綜合考量其適法性的問題[84]。

三、結論

　　從現行法的觀點來看，對話的秘密錄音因為不具隱私或秘密的合理期待，所以警察的秘密錄音行為是合法。但考量到口頭洩漏與秘密錄音是對隱私或秘密不同程度的侵害，是故，秘密錄音仍應在取得通訊監察書後始得進行，以落實秘密通訊人權的保障。

---

[84] 陳運財，前揭註8書，頁370-372。

參、未如期報告資料之證據能力

一、案例事實[85]

修正後通訊保障及監察法第5條第4項之規定，執行機關於監聽期間每十五日至少作成一次期中報告，若執行機關未於十五日內作成期中報告，其監察所得之全部資料有無證據能力？

二、解析

為防止浮濫通訊監察，故有一定期間要監督的規定，並要求執行機關定期做報告。以下是關於執行機關未於十五日內作成期中報告，其監察所得之全部資料有無證據能力的不同看法：

（一）十五日內有證據能力，十六日之後監察所得之資料不得作為證據使用

依修正後通訊保障及監察法第5條第4項係規定：「執行機關應於執行監聽期間內，每十五日至少作成一次以上之報告書，說明監聽行為之進行情形，以及有無繼續執行監聽之需要。」檢察機關聲請監聽既經法院核准，執行機關所違反者係未於十五日內作成期中報告，提出法院，因此，依據同法第18條之1第3項之規定，十六日之後監察所得之資料不得作為證據使用。十五日內所取得之監聽資料應有證據能力。

（二）全部無證據能力

依修正後第18條之1第3項規定：「違反第五條、第六條及第七條規定進行監聽行為所取得之內容或所衍生之證據，於司法偵查、審判或其他程序中，均不得採為證據。」既然已違反強制規定，應認為全部無證據能力。

（三）十五日內有證據能力，十六日之後監察所得之資料應依刑事訴訟法第158條之4規定，定其證據能力之有無

司法警察若非故意迴避應事先聲請核發通訊監察書之規定，應認非屬

---

[85] 2014年11月19日臺灣高等法院暨所屬法院103年法律座談會刑事類提案第35號。

情節重大。何況法官亦未依通訊保障及監察法第5條第4項後段之規定撤銷原核發之通訊監察書。應依刑事訴訟法第158條之4之規定，定其證據能力之有無。

（四）監察所得之資料應依刑事訴訟法第158條之4規定，定其證據能力之有無，十六日之後無證據能力

依修正後通訊保障及監察法第18條之1第3項規定：「違反第五條、第六條或第七條規定進行監聽行為所取得之內容或所衍生之證據，於司法偵查、審判或其他程序中，均不得採為證據。」檢察機關聲請監聽既經法院核准，執行機關僅係違反同法第5條第4項應於十五日內作成期中報告提出法院之強制規定，何況法官亦未依同法第5條第4項後段之規定撤銷原核發之通訊監察書。故十五日內監察所得之資料應依刑事訴訟法第158條之4規定，定其證據能力之有無，十六日之後監察所得之資料，因執行機關已違反強制規定，應認為無證據能力。

三、結論

實務認為第（四）說較適合，亦即十五日內監察所得之資料應依刑事訴訟法第158條之4規定，定其證據能力之有無，十六日之後監察所得之資料，因執行機關已違反強制規定，應認為無證據能力。

肆、緊急通訊監察聲請補發被駁回，駁回前所得資料之證據能力

一、案例事實[86]

檢察官依據通訊保障及監察法第6條之規定於103年7月1日進行緊急監察，雖於24小時內聲請補發通訊監察書，然為法院駁回其聲請，其原先監察所得資料，有無證據能力？

二、解析

通訊監察所得資料係屬於已確定的紀錄資料是否採絕對排除以落實法

---

[86] 2014年11月19日臺灣高等法院暨所屬法院103年法律座談會刑事類提案第36號。

律程序之要求或是採相對排除以利真實發現有以下二種說法：

（一）應依刑事訴訟法第158條之4規定，權衡其證據能力之有無

檢察官若非故意迴避應事先聲請核發通訊監察書之規定，應認非屬情節重大，應依刑事訴訟法第158條之4之規定，定其證據能力之有無。

（二）無證據能力

依修正後通訊保障及監察法第18條之1第3項規定：「違反第五條、第六條或第七條規定進行監聽行為所取得之內容或所衍生之證據，於司法偵查、審判或其他程序中，均不得採為證據。」換言之，只要違反同法第6條之規定所取得之監聽內容或衍生之證據均不得作為證據使用。再者，修正前同法第6條第3項有關「違反本條規定進行監聽行為『情節重大』者，所取得之內容或所衍生之證據，於司法偵查、審判或其他程序中，均不得採為證據」之規定，足見立法者有意將違背法定程序所取得之證據，不得作為證據使用。

三、結論

採（一）說，認為：「通保法第18條之1第3項之規定，不問違反第5條至第7條規定之情節究係為何？一律採證據絕對排除，是否妥當？並非無疑。而法院駁回檢察官緊急監察聲請之原因，若係因對不得實施緊急監察之案件而實施緊急監察或有恣意實施緊急監察等情形，核屬違反通保法第6條之規定所進行監察行為，應依同法第18條之1第3項之規定，排除原先緊急監察所得之證據資料；其餘非因故意迴避事先聲請核發通訊監察書而實施緊急監察所得之證據資料，宜依刑事訴訟法第158條之4之規定，決定其證據能力之有無。」

附錄1　檢察機關實施通訊監察應行注意要點（1994年11月11日）

一、檢察機關為偵查犯罪而監察通訊，應依本注意要點辦理。

二、檢察機關實施通訊監察，以左列案件為限：

(一) 檢察機關辦理重大刑事案件注意事項第二項各款所列之重大刑事案件。

(二) 犯懲治盜匪條例第五條第一項、第二項之盜匪罪。

(三) 犯槍砲彈藥刀械管制條例第七條第四項之持有、寄藏或意圖販賣而陳列槍砲彈藥罪。

(四) 犯懲治走私條例第二條第一項、第二項及第四條至第六條之走私罪。

(五) 犯肅清煙毒條例第五條第一項之販賣、運輸、製造煙毒罪（數量未達二百公克）、同條第二項至第四項、第七條之販賣、運輸、製造、栽種或意圖販賣而持有煙毒、吸用器具罪。

(六) 犯貪污治罪條例及其他刑事特別法之貪污犯罪。

(七) 犯銀行法第一百二十五條、證券交易法第一百七十一條、第一百七十二條第一、二項、第一百七十三條第一項、稅捐稽徵法第四十一條、公平交易法第三十五條、國外期貨交易法第三十六條、妨害國幣懲治條例第三條、藥事法第八十二條、第八十三條第一項、第四項之罪。

(八) 犯刑法第一百三十六條之聚眾妨害公務罪。

(九) 犯刑法第一百七十三條第一項、第一百七十四條第一項之放火罪。

(十) 犯刑法第一百八十七條之加重危險物罪。

(十一) 犯刑法第二百二十二條之輪姦罪、第二百二十六條第一項後段、第二項之因強姦等致被害人於重傷或自殺罪。

(十二) 犯刑法第三百四十六條之恐嚇取財罪。

（十三）犯刑法第一百四十三條之投票受賄罪、第一百四十四條之投票行賄罪、第一百四十五條之利誘投票罪、公職人員選舉罷免法第八十八條第一項之違法接受捐助罪、第八十九條第一項之對候選人行賄罪、第八十九條第二項之候選人受賄罪、第九十條之一第一項之對有投票權人行賄罪、第九十一條第一項第一款之對於團體機構之行賄罪、第九十一條之一之包攬買票罪。

（十四）犯刑法第三百四十五條之常業重利罪。

三、通訊監察之對象以左列者為限：

（一）被告或犯罪嫌疑人。

（二）發送、傳達或收受前款之人之通訊者。

（三）第一款之人所使用通訊器材或處所之所有人或占有人。

四、實施通訊監察，以不能或難以其他方法調查證據發見真實者為限。

五、通訊監察之期間，每次不得逾三十日；其有繼續監察之必要者，得於期間屆滿前，依原程序延長之。期間屆滿前，已無監察之必要者，應即停止監察。

六、監察通訊以截收、監聽、監錄或其他必要之方法為之。

七、向檢察官聲請核發通訊監察書之司法警察官，以刑事訴訟法第二百二十九條第一項之司法警察官（含同級之法務部調查局人員）為限。

八、司法警察聲請核發通訊監察書，應具聲請書記載左列事項（格式如附件一）：

（一）案由及涉嫌觸犯之法條。

（二）監察對象。

（三）監察之通訊種類及號碼等足資識別之特徵。

（四）監察處所。

（五）監察理由。

（六）監察期間。

（七）監察方法。

九、監察通訊應用通訊監察書,由檢察長或其授權之主任檢察官、檢察官核發,交由聲請機關協調法務部調查局所屬單位執行,並副知協助執行之電信機構,其應記載之事項如左(格式如附件二):

(一)案由及涉嫌觸犯之法條。

(二)監察對象。

(三)監察之通訊種類及號碼等足資識別之特徵。

(四)監察處所。

(五)監察理由。

(六)監察期間。

(七)監察方法。

(八)聲請機關或依職權核發之旨。

(九)執行機關。

(十)協助執行機構。

　　對於第二點第十三款之案件,其通訊監察書於總統、副總統之選舉,由最高法院檢察署檢察總長或其授權之主任檢察官、檢察官核發;於省(市)長選舉,由高等法院或其分院檢察署檢察長或其授權之主任檢察官、檢察官核發;其餘選舉,由地方法院或其分院檢察署檢察長或其授權之主任檢察官、檢察官核發。

十、監察通訊得資料,得由執行機關通知聲請機關或依職權核發通訊監察書之檢察機關取回。

十一、聲請機關取回前點之資料後,應整理與案情有關之部分,作成紀錄送交核發通訊監察書之檢察機關。

　　檢察總長、檢察長或其授權之主任檢察官、檢察官於必要時得調取前項有關資料。

　　對於第二點第十三款所列案件之通訊監察,聲請機關於實施監察後,應即將監察結果陳報核發通訊監察書之檢察機關。

十二、監察通訊所得資料,執行機關、聲請機關及依職權核發通訊監察書之檢察機關,均應加封緘或其他標識,由機關或公務員簽章,保存

完整,不得增、刪、變更,並不得提供與偵查、審判機關以外之其他機關(構)、團體或個人。

第五章

組織犯罪防制條例

黃朝義、呂倩茹

第一節 前言

　　我國組織性犯罪[1]發展之淵源，始於幫派起源，而因歷史、地理環境之條件，受到中國、日本之影響；臺灣與中國僅一海之隔，早期至臺灣拓荒之人民，多來廣東、福建2省，為固守自身利益及地域觀念，因應土地爭奪與宗族械鬥，易組成團體，反映了移民社會之特性，即為日後幫派之前身；而日本於臺灣之殖民時期，因不容許不良幫派組織，曾發布臺灣浮浪者取締規則，總共5項條文，並成立浮浪者收容所，取締不務正業之遊民、日本進入臺灣之浪人等，期能以高壓手段整肅原有之幫派組織。惟嚴厲之治安對策，並未令臺灣之幫派消失，反而致日本之幫派勢力，亦因此進駐臺灣[2]；至國民黨政府撤退至臺灣之後，島內新、舊移民互存，自然容易發生衝突，且政府有意之族群區隔，更加深了此種矛盾之緊張關係[3]。

　　傳統幫派反應於整體社會結構環境之現象，依形式、組織型態、發展模式可區分承襲日據時代浪人型態之「臺灣人幫派」、秘密結社模式之「外省人幫派」；再依組合性質，可區分三類：（一）組織型：具有固定入幫儀式，嚴密規範制度，輔以企業化商業經營理念，且組織之地盤範圍大，隨其活動而不同，最具有侵略性之類型；（二）角頭型：以特定地區為地盤，其興衰與地方發展關係密切，多涉及地方政治派系活動；（三）組合型：由不特定之不良分子聚合而成，基於一時共同犯意，為實行犯罪行為，抑或謀求非法利益而聚集，並無固定組織層級與地盤[4]。

1　本文為避免「組織犯罪」與「犯罪組織」二者文字表面之混清，故將「組織犯罪」稱為「組織性犯罪」（organizational crime），並強調其非個人為犯罪行為，亦非單純數人共同為犯罪行為；而係數參與者結合成為一組織體，並以組織體之形式，而為犯罪行為，具有複合性犯罪概念，藉此突顯其組織性之特色。

2　李傑清，《剝奪組織犯罪所得之研究──臺灣及日本組織犯罪現象與對策之比較》，元照出版，2001年10月，頁38-43。

3　吳景欽，〈防制組織犯罪法律規範之研究〉，輔仁大學法律研究所，博士論文，2006年，頁57。

4　章光明、許福生，〈臺灣地區組織犯罪幾個現象面之觀察〉，《警學叢刊》，31卷5期，2001年3月，頁84-85。

　　自1980年代中期展開一系列之「一清專案」、「迅雷專案」、「治平專案」等掃黑行動,雖產生震撼效果,惟卻造成幫派之勢力重整,指揮體系紊亂,不僅未解決組織幫派問題,反導致幫派組織越來越龐大,分布範圍更廣[5]。且隨著我國經濟發展情勢擴展,幫派規模從零星、分散,快速膨脹擴充與轉型,影響力大增,加上治安政策敗壞、警紀不彰等因素,成為嚴重之治安問題。現今之組織性犯罪,亦有別於以往之暴力滋事之傳統犯罪,其發展為犯罪手段多樣式、獲取鉅額經濟利益,甚為使少數之組織核心參與者規避法律責任,改以合法企業之經營模式,淡化上、下層之繫屬關係;再者,組織內部之倫理觀念、制裁機制,對組織成員之影響力有限;三者,現代型組織性犯罪因經濟之發展,已擴及經濟面,改以企業化、國際化方式,更迅速掠取最大利益,犯罪手段遊走合法、非法之間,更甚者涉及政治面,利用政府機關之政治利益,建立共生關係[6]。

　　換言之,我國之組織性犯罪,發展至今,已非僅傳統幫派之街頭犯罪,不僅對成員有學歷要求,且以企業組織之型態,介入經濟產業,甚至參選公職,跨入政治範疇;顯見我國之組織性犯罪已然邁向智慧型犯罪,藉由成員之高學識,犯罪模式也較為精細,分工更為專業,並以企業營運之型態,或介入企業之營運,以合法掩飾非法,進而粉飾不當利得之非法性,更因科技日新月異,犯罪地跨越國界藩籬,遍布多國,造成莫大經濟損失,若我國仍是以傳統之幫派犯罪思維,對抗現今之組織性犯罪,不僅無法發揮法制功能,更恐成為組織犯罪之搖籃。

第二節　法制之發展歷程

　　臺灣因1980年代經濟快速繁榮發展,以及民主轉型之劇烈變化,黑

5　楊志強,〈我國防制組織犯罪策略成效之探討〉,國立中興大學國家政策與公共事務研究所,碩士論文,2016年1月,頁31-34。

6　莊俊仁,〈我國組織犯罪防制之研究〉,國立臺灣海洋大學海洋法律研究所,碩士論文,2008年6月,頁41-43。

道幫派覬覦鉅額之利益，不斷擴張涉獵範疇，並以組織化、企業化型態，牟取更高報酬。針對黑道幫派跨入各行各業，侵害他人法益、危害社會秩序，甚至戕害民主法治的發展，雖業經幾次專案之掃黑行動整頓，不僅成效不理想外，反使幫派組織更加龐大；而針對幫派之強盜、流氓行為，所訂定之懲治盜匪條例、臺灣省戒嚴時期取締流氓辦法、動員戡亂時期檢肅流氓條例、檢肅流氓條例等規範，莫不因構要成件不明確、逾越必要程度、欠缺實質正當，被宣告違憲，且前述規範僅適用於個人之流氓行為，無法有效防制組織性犯罪，致使法制系統未臻完備。

有鑑於幫派勢力不斷擴大、治安惡化之事實，加上專案掃蕩成效不彰、法制規範缺漏，且參照美國、德國、日本等國際立法例，皆有訂定懲治組織性犯罪之專法或特別命令，顯見我國於防制組織性犯罪法制之訂定，亦係不容推諉之事實。

由動員戡亂時期檢肅流氓條例至組織犯罪防制條例，顯見社會環境之變遷與法治觀念之轉變，儘管犯罪組織之發展，與幫派之發展息息相關，然幫派僅為犯罪組織呈現型態之一部分，藉由對組織犯罪防制條例之立法淵源，確認其立法之緣由，思考其刑事政策擬定發展之路徑脈絡，始能完整檢討個別條文之疏漏。

壹、立法沿革

我國針對幫派之強盜、流氓行為，早於1944年施行懲治盜匪條例，不分犯罪情況及結果，法定刑為唯一死刑，立法甚嚴，卻流於情法失平。雖大法官會議有釋字第384號解釋但並未宣布違憲，為兼顧人民權利及刑事政策妥適，於2002年經立法院宣布廢止[7]。1955年10月24日公布施行之臺灣省戒嚴時期取締流氓辦法，係我國取締流氓最早之法律依據，全文共11條，如認定為「情節重大流氓」者，依警備總司令部核發之拘票，即可拘提至職業訓練所施以管訓，認定為「列冊輔導流氓」者，由各警察機關

7　司法院，大法官會議釋字第263號解釋，取自〈http://www.judicial.gov.tw/constitutionalcourt/p03_01.asp?expno=263〉，最後閱覽日：2018年1月23日。

列冊輔導一至三年；惟流氓之構成要件不明確、取締程序未經司法機關審查，且僅屬行政命令位階，不具法律地位[8]。但因對維護社會秩序頗有功效，為使手段合法化，之後經立法程序，以單獨立法方式，兼顧維持治安及保障人權，於1985年7月19日公布施行動員戡亂時期檢肅流氓條例，動員戡亂時期檢肅流氓條例本質仍屬戒嚴時期之法令，由軍事機關主導，雖提升為法律位階，對流氓行為有較明確之規範，卻未達司法偵審對基本人權之要求。隨著動員戡亂時期之終止，並因應人權保障之潮流，於1992年7月29日公布實施檢肅流氓條例，本項業務移至警察機關承接，對於敲詐勒索、強逼討債等不法行為，明文處罰規定，具有行政法與刑事法之性質，兼具實體法與程序法規定，其特色為程序上排除檢察機關介入、以警察機關為主管機關、強調輔導與監管功能、建立秘密證人制度、針對個人流氓犯行等，將檢肅流氓加以法制化，奠定初步掃黑法治之基礎[9]；惟檢肅流氓條例因構成要件過於寬泛模糊，經大法官會議釋字第384、523、636號解釋，認為逾越必要程度，欠缺實質正當，而三度遭宣告違憲，且僅適用個人之流氓行為，對本質為多數人犯罪之組織性犯罪無法防制，故至2009年1月31日爰予廢止，而失其效力，轉而以組織犯罪防制條例為執法依據，以求完備法制，對組織性犯罪採取嚴厲處罰措施[10]。

然我國實體法對於多數人犯罪之規範，於組織犯罪防制條例制定前，主要係依據刑法第154條犯罪結社罪、檢肅流氓條例等。「犯罪結社罪」係以預防犯罪結社之成立，而避免因此危及公共秩序與社會安寧之抽象危險犯，屬預防性立法[11]，惟「犯罪結社罪」之構成要件規定欠缺明確性，定義模糊、特徵也難以區辨，致使雖以數人共同犯罪為構成要件，而行為人是否構成犯罪，卻需由個別法條解釋，無法因應型態多變之組織性犯罪，且與國際立法例相較，過於簡陋；而檢肅流氓條例雖參酌實際取締

---

8 楊志強，前揭註5文，頁24。
9 鄭文竹，〈檢肅流氓條例之研究〉，中央警察大學，1995年5月，頁134-148。
10 許福生，〈從嚴格刑事政策觀點論組織犯罪抗制對策〉，《警學叢刊》，27卷2期，1996年9月，頁131-133。
11 林山田，《刑法各罪論（下冊）》，2006年，5版，頁196。

案例，法制迭經修正，但因本質屬行政法性質，且因採便宜程序，有侵害人權之疑義，業經解釋為違憲而失效[12]，故對於犯罪組織之懲處及防制，已有疏漏，難以有效規範組織性犯罪之惡化，於經社會大眾輿論要求及參考國際之立法例，對以企業化、組織化從事犯罪活動之團體，於現有法律之外，擬訂定專法或特別法令等規範，作為抗制組織性犯罪之法律基礎，充分發揮掃黑及除暴之功能，故組織犯罪防制條例應運而生[13]。

組織犯罪防制條例立法之濫觴，係對於幫派活動猖獗，不僅擁槍自重、霸占地盤等傳統暴力犯罪型態，如走私、販毒等，近年來更是改以組織化、企業化型態實行，甚至干擾公職選舉活動、介入公共招標工程等，屢屢遊走於法律規範之邊緣，企圖以合法掩飾非法，不僅致使正常行業無法運作，更是對人民之生命、財產，及社會公共秩序造成威脅，於舊有法制無法發揮抗制功效下，為貫徹各界對於組織性犯罪防制之期望，行政院於1995年5月24日台（84）法字第18551號函指示法務部，依立法院函辦理，擬定「暴力團體犯罪防治法草案」送院審議；因此法務部蒐集外國相關立法例，編印《各國反黑法律彙編》送請內政部、國防部及相關所屬檢察機關，綜合彙整行政院法規會、司法院、國家安全局等單位及專家學者之意見，彙整後於1995年12月19日法（84）檢字第29214號函報行政院，由內政部與其共同研擬「組織犯罪防制法草案」；進而法務部於1996年6月15日法（85）檢字第14697號函請內政部表示意見、7月20日完成綜合檢討、7月24日舉行公聽會並完成「組織犯罪防制法草案」、8月8日法（85）檢字第20082號函報請行政院審查；行政院於9月5日通過院會審查、9月10日行政院函請立法院審議；10月9日立法院完成審查並提交院會討論，終至11月22日完成三讀程序，於12月13日施行[14]。

因社會整體經濟發展之繁榮發展，我國犯罪型態轉變為組織化、專

---

[12] 許福生，〈臺灣地區組織犯罪防制策略之研究〉，中央警察大學學報，36期，2000年3月，頁297。

[13] 行政院函請審議「組織犯罪防制條例草案」案，立法院議案關係文書，院總字第1731號，1996年9月14日，頁3。

[14] 法務部檢察司，《法務部掃黑白皮書》，2008年8月27日，頁26-28。

業化，甚至國際化，犯罪趨勢儼然從個體犯罪轉變為集體犯罪，衝擊著社會治安，而且不論係非法之毒品、地下錢莊、職業賭場等，抑或合法之宗教、企業，舉凡有利可圖者，幾乎無孔不入。為能澈底防制組織性犯罪，且取信於民，須透過立法程序，建構完整法制，合乎法治國家之要求；因此，儘管組織犯罪防制條例之審議過程，對於多項爭議性條文，如沒收組織財產、限制黑道參選、政黨連坐等，難以達成共識，致審議過程緩慢[15]，但因震驚全國桃園縣長劉宅血案之轉捩點，本條例終得完成三讀並公布施行[16]。

貳、條文規範類型與內容

本條例可謂我國首部抗制組織性犯罪之專法，係規範有關組織性犯罪之定義、量刑、特殊證據制度、證人保護、參政排黑條款及訴訟程序，並區分人與財產二部分規範，除刑罰加重刑期外，尚擴大沒收犯罪組織財產之範圍；然而，本條例於1996年12月11日公布施行後，直至2016年為配合刑法沒收新制之實施，始修訂第7條規定，刪除有關「全部或一部不能沒收者，追徵或追繳其價額」之規定[17]，於2017、2018年大幅修訂前，內容共計19條。為我國自檢肅流氓條例廢止後，打擊幫派犯罪之執法依據，其內容包含[18]：

一、犯罪組織之定義與型態

（一）犯罪組織之意義（第2條）

　　1.內部特徵：為具有責任能力之3人以上人數、具有服從決策單位意志之內部層級管理結構、以犯罪為宗旨或其成員從事犯罪：

---

[15] 行政院函請審議「組織犯罪防制條例草案」案，前揭註13文，頁1。

[16] 蘇南桓，《組織犯罪防制條例之實用權益》，永然文化，1998年7月，頁152-153。

[17] 組織犯罪防制條例部分條文修正草案，立法院議案關係文書，院總第1613案委員提案第19175號，2016年5月18日，頁249-250。

[18] 莊俊仁，前揭註6文，頁166-172；張學昌，〈組織犯罪之概念暨司法判解實證研究〉，國防大學國防管理學院法律學研究所，碩士論文，2005年6月，頁41-45。

（1）3人以上人數：因組織性犯罪係為多數人犯罪，為突顯此一特徵，故明文規定為3人以上。

（2）內部管理結構：意指犯罪組織內部上命下從之階層化體系。

（3）以犯罪為宗旨：係觀察組織活動之實質面，而非僅形式之創立宗旨。

2. 外部特徵：則具有以眾暴寡之集團性、存續一段時間非偶發之常習性、危害公共安寧秩序之脅迫性或暴力性，雖皆為一相對寬泛之概念，但以組織成員所實施之犯罪行為，作為認定犯罪組織之要件，即係希以客觀事實為構成要件，舉證將更為明確，以避免犯罪組織定義困難之窘境；又此等特徵要件，實務認為應具備其中「集團性、常習性及脅迫性」或「集團性、常習性及暴力性」，始構成犯罪組織[19]：

（1）集團性：回應3人以上之規定，即多數人組成之組織。

（2）常習性：排除一時性、臨時性之犯罪結合。

（3）脅迫性或暴力性：此項規定屬補充性，係指使用暴力之可能性，非指須經常使用暴力。

（二）組織性犯罪之犯罪型態（第3條第1項至第3項）

1. 依行為人於組織內所扮演之角色，區分為「發起」、「主持」、「操縱」、「指揮」、「參與」，雖「發起」、「成立」、「參與」皆可含括於加入犯罪組織之情狀，採取廣義認定參與行為態樣，然其行為之可罰性，仍應依循法益保障之原則[20]：

（1）發起、主持、操縱或指揮者：擔任此等角色者，於犯罪組織中也較具影響力與控制力，故應處以較重之刑罰。而「發起」之行為，係於行為後即完成，「主持」、「操縱」、「指揮」等行為，則具有繼續犯之性質；惟「發起」之行

---

[19] 彭美英，〈刑法第154條參與犯罪結社罪之檢討〉，《月旦法學雜誌》，159期，2008年8月，頁253。

[20] 周靖安，〈犯罪結社之可罰性基礎與解釋策略〉，國立臺灣大學法律學系研究所，碩士論文，2017年7月，頁189。

為,可為其後之「主持」、「操縱」、「指揮」等行為吸收。

(2) 參與者:所謂「參與」,係指加入犯罪組織而言,大法官會議釋字第556號解釋認為「參與」行為,係指加入組織成為其之成員,至於是否有實際參與犯罪行為,則非所問;且「參與」犯罪組織之行為,係屬持續行為,故為繼續犯之性質,於未經自首或其他足以證明脫離組織之積極事實時,參與行為繼續存在[21]。

2. 再犯加重:明定再犯者,因行為人對法規範之反應考量,訂定累犯規範,應處較重之刑度,以避免犯罪組織死灰復燃或更加壯大;且此項規定,並未排斥刑法有關累犯規定之適用[22]。

3. 強制工作:對於再犯「發起、主持、操縱或指揮犯罪組織」之罪者及參與者,強制其工作三年、五年,並無裁量空間,係為消滅再犯危險之特別預防功能考量,具有嚇阻功效,以達教化、治療之目的,雖因強制工作係剝奪受刑人之人身自由,但因組織性犯罪以分工、結構階層化從事犯罪行為,且成員間具有常習性、隱密性及控制關係,所引起之危害遠超過一般犯罪,故以強制工作補充刑罰之不足,並協助其再社會化,並未牴觸人民身體自由之保障[23]。

二、處罰之規範

(一)加重處罰之型態(第4條)

1. 公務員或經選舉產生之公職人員:係避免犯罪組織之成員,以此等身分潛伏於公務機關中,滲透政府,利用職權擷取暴利,或漂白其身分;此款限制行為主體之特定身分,屬不純正身分犯。

2. 強迫加入或妨礙脫離犯罪組織:本款認為此種具有行為手段之特殊

---

[21] 王兆鵬,〈大法官釋字第556號解釋之評釋〉,《台灣本土法學雜誌》,45期,2003年4月,頁61。

[22] 行政院函請審議「組織犯罪防制條例草案」案,前揭註13文,頁6。

[23] 司法院,大法官會議釋字第528號理由書,取自〈http://www.judicial.gov.tw/constitutionalcourt/p03_01.asp?expno=528〉,最後閱覽日:2018年3月15日。

性，以妨礙他人意思決定、行動自由之情況，惡性重大，不論有形
或無形，皆應加重其刑至二分之一。

3. 令未成年人加入：本款之客體，限於未滿18歲之人，係指處罰欲利
用未成年人從事犯罪行為之型態，以遏止此種情況。

（二）想像競合（第5條）

對於利用犯罪組織之資源及其彰顯於外之特徵，實行其他犯罪行為
者，侵害法益更鉅，故本條例規定從一重處斷外，加重其刑至二分之一。

（三）資助犯罪組織者（第6條）

因經濟命脈攸關犯罪組織是否得以強大，因此，本條例對於非犯罪組
織成員，資助犯罪組織者，因刑事政策考量，對此種具有特殊性質之幫助
行為，認為具有高度不法性，故不以從犯之地位著手，認定為一獨立之犯
罪行為，將其正犯化加以處罰。

（四）組織成員參加組織所有之財產（第7條）

因犯罪組織之財產，為組織得否存續、壯大之重要基礎，故對於組織
成員參加組織後之所有財產，及參加後未能證明合法來源之財產，除發還
與被害人者，皆沒收之，採取了「舉證責任轉換」之規定，避免執法機關
於舉證上證明不法來源所存在之困難，以澈底剝奪犯罪組織再犯之憑藉。

（五）包庇犯罪組織之公務員、公職人員的處罰（第9條）

本條之犯罪主體，限於公務員及經選舉產生之公職人員，對其主觀
明知且有據之犯罪組織，加以包庇，即提供相當保護之積極作為，並排除
外在阻力者，予以處罰，以遏阻民意代表等之包容庇護行為，性質為作為
犯，單純之縱容或消極之不取締，則不包在內。

三、程序規定

（一）組織成員之自首、提供資料、自白（第8條）

因組織性犯罪之發展，趨於隱密，造成偵查之取證困難，故對於組
織成員之自首、提供資料、自白等，而查獲犯罪組織者，得減輕或免除其
刑，除可從組織內部鬆動其管理體系，並可鼓勵組織成員脫離組織，改過

自新。

（二）檢舉人身分保密（第11條）

有鑑於犯罪組織之犯罪手段兇殘，對於被害人及證人之人身安全保障，故於與被告訴訟防禦權之衡平下，規範相關其身分資料之保護、偵查程序中之適當保障規定。

（三）證人、被害人之保障（第12條）

1. 保障：因犯罪組織具有持續性，故對於證人之威脅性，遠較一般刑事案件更重大，為鼓勵其勇於舉證，故對證人提供更確切之保障，又為兼顧被告詰問權，因此針對不同情況，採取不同之保護手段：（1）對於證人身分有關之個人資料，另行封存，採完全保密原則；（2）如有受強暴、脅迫、恐嚇或其他報復行為之虞者，法院、檢察機關得依聲請或職權，拒絕與被告之對質、詰問，或辯護人之檢閱、抄錄相關文書。惟此處之限制，僅係對於有關證人之身分資料，而案件真實部分，則仍得容許被告或辯護人之權利行使，此即符合憲法必要及比例原則之利益衡量[24]。
2. 證據：本條例採取證人之筆錄，須於檢察官或法官面前作成，且踐行刑事訴訟法所定之程序，始得採為證據。

（四）軍事審判程序準用之（第16條）

因軍事審判程序有別於刑事審判程序，而組織性犯罪亦可能影響整體國防制度之健全，故本條例之檢舉人、被害人、證人保護之相關規定，於軍事審判程序準用之。

（五）與檢肅流氓條例之競合（第17條）

檢肅流氓條例之「感訓」，與組織犯罪防制條例之「刑罰」，皆屬侵害人身自由之規範，於二條例競合適用時，優先適用組織犯罪防制條例，顯見組織犯罪防制條例為特別法之地位[25]。

---

[24] 王兆鵬，《刑事被告的憲法權利》，元照出版，2004年5月，2版，頁300、313、317。
[25] 陳柏良，〈防制組織性犯罪立法模式之研究〉，國立政治大學法律研究所，碩士論文，2009年8月，頁233。

四、其他規定

（一）檢舉獎金（第10條）

對於犯罪未發覺前之檢舉人，所檢舉之犯罪，經判決有罪者，除給予檢舉獎金外，並以法律規定嚴格保護其身分資料，且偵查機關應將該資料另行封存，不得隨案移送法院，以鼓勵勇於檢舉之人。

（二）連坐條款（第13條、第14條）

為了遏止黑道和政黨相互勾結介入政治，經有期徒刑以上之判刑確定者，不得登記為公職人員候選人，稱為「禁止黑道參選條款」，且對於推薦之政黨，無異助紂為虐，故採連坐條款，處以罰鍰，負連帶責任。

（三）簽訂國際協定（第15條）

因組織性犯罪並非僅局限於國內，跨國性之犯罪情勢造成之侵害，惡性更為重大，故應積極簽訂國際刑事司法合作之協定，俾利加強國際合作，共同打擊組織性犯罪。

（四）自新條款部分（第18條）

於本條例施行後二個月內，具備「未發覺犯罪前」、「脫離該組織」、「向警察機關登記」等構成要件者，免除其刑，以勸誘重歸正途，本條為限時自新條款。

我國於解嚴之民主轉型後，幫派分子有利可圖，進而與政黨掛勾，黑金政治儼然成型，且犯罪組織亦轉型組織化，犯罪手段更專業，或已動搖法治之根本，因此催生了組織犯罪防制條例，本條例之規範內容，不論於規範之面向，或規範之刑度，皆顯示出我國澈底打擊組織性犯罪之決心，為一具有里程碑之規範。

參、修訂之必要

一個法治國家，為避免法律規範失去應有之準繩作用，應建構完整之刑事立法規範，作為法律依據之基礎，以之抗制組織性犯罪，達到兼顧實質及程序正義，以及憲法保障之人身自由。我國為防制組織性犯罪，而

訂定組織犯罪防制條例，而組織犯罪防制條例規範之核心係為「犯罪組織」，惟「犯罪組織」規制之對象範圍，遠大於「黑道」、「幫派」等，且傳統之犯罪方式，現今亦改以組織化型態，甚或滲入商業經濟、政治活動；我國立法者將本條例規範方向建構限於「黑道」、「幫派」，致使本條例訂定內容偏於狹隘；且係因社會公共安全之防制，而將「犯罪組織」加以前置處罰，而組織性犯罪之行為，則為對社會公共安全危害之具體化，然「犯罪組織」並不等同於「組織性犯罪」，二者之關連性亦絕非僅為單純加重處罰之處理。

　　儘管本條例法案總說明有提及立法理由，惟總說明所揭示之內容，位居補充地位，並非法律條文，而無拘束力，致本條例之立法目的用語過於抽象，解釋範圍恐無限擴張[26]；且各種態樣之犯罪皆可以組織性方式進行，立法源由認為組織性犯罪限於暴力性質，實過於窄化適用對象，致不合時宜；再者，條例中之「內部管理結構」、非刑法用語之「集團性」及「暴力性」、「資助」[27]、「行為類型」[28]等概念，其之定義不清；另有關處罰刑度與犯罪惡性之失衡[29]、加重事由之妥適、減輕條款態樣狹隘、援助制度與訴訟權保障之不周；皆突顯本條例規範內容涉及適用對象、範圍之不完備。顯見本條例規範內容，或為本條例自身條文之疑問，或為與刑法規範扞格之處，致使本條例適用上之困境，雖本條例係為掃黑及防暴而訂定，為思考及我國刑事法體制之衡平，實有待商榷之處。

　　此外，我國組織犯罪防制條例亦係於參照相關國家之立法例後訂定，雖彰顯有心遏止國內組織性犯罪之情況，但因片斷擷取各相關國家立法例之要件，倉促研擬之立法結果，未對條例之內容深入剖析了解，造成規範對象不明確，並創設異於現行實體法及程序法架構之法律效果，且實質法律之精神，亦未落實討論，衍生亂世用重典之譏，造成更多適用之疑

26　邱文隆，〈我國對抗組織犯罪法制運作之研究〉，國防管理學院法律研究所，碩士論文，2000年6月，頁37-39。
27　我國目前有訂定「資助」之法規名稱、法條內容，共計65筆，惟此65筆法條皆未針對「資助」概念加以定義，資料查自《法源法律網》。
28　彭美英，前揭註19文，頁255。
29　余振華，《刑法總論》，三民書局，2017年，頁586-588。

義。

　　組織犯罪防制條例自1996年12月11日制定後實施，舊法規範係以傳統幫派暴力行為觀點，規範組織性犯罪之行為，對於以合法掩飾非法、未實施具體暴力行為、無具體管理結構之組織，雖對社會深具危害性，卻無法適用，顧及國際情勢、法制皆已大幅變動，此無法消弭犯罪組織侵害法益之現狀，且整體社會環境與立法當時之情境，已有巨幅落差，條例之規範亦存有諸多爭議，於無法有效嚴懲不法，又顯已背離人民之法感情及對法的期待下，實應就其規範本質加以深入探討，而非一味加重處罰之嚴刑峻罰政策。雖本條例為從根本打擊組織性犯罪，而訂定實體法與程序法並列之特別規範，然法律之規範亦須隨社會變遷、犯罪情勢不斷修訂，本條例規範內容本應定期加以檢視，因此本條例修正之需求，已不言而喻。

第三節　2017年及2018年修正後之缺漏

　　組織性犯罪日益猖獗，各種犯罪型態皆具有個別化之特質，不斷衝擊國家各個層面之秩序，且現今之組織性犯罪，早已不局限於暴力犯罪，亦包括非暴力之金融活動，如詐欺、洗錢等，更有利用電腦、網路等高科技進行犯罪行為者，跨越國境邊界，建構犯罪網絡，而此等犯罪模式造成之損害，與暴力犯罪相比，侵害程度有過之而無不及，且由各國對組織性犯罪之定義不一而足，即可理解林林總總之犯罪類型均可以組織性犯罪之型態加以實施；而組織性犯罪就如同經濟犯罪一樣，其發展與社會制度、科技水準等息息相關，行為類型複雜多樣，欲明確界定有其困難之處。

　　我國組織犯罪防制條例訂定之始，即係針對幫派組織之犯罪猖獗，惟隨著時代變遷，對於組織性犯罪之定義，早已不同於傳統之見解，且組織性犯罪涉獵之範疇、實行之行為亦較傳統之犯罪行為態樣更多元、更隱匿，致使組織犯罪防制條例須加以修訂，以符合時代之需求，因此我國參照外國立法例，除對犯罪組織定義更加明確外，亦修訂組織性犯罪之行為

態樣等等，惟修訂之條文內容，是否得以令我國之法制與國際條約、法制接軌，以及與我國刑事法體系相容，恐值得深究。

壹、2017年之修正內容

基於1996年施行之組織犯罪防制條例，由於其構成要件之定義過於嚴苛，且我國之社會變遷、法制修訂，導致實務適用後，不論係起訴或定罪率皆極低，因此立法委員林為洲等19人、委員陳亭妃等26人、委員李俊俋等19人提出修正草案，針對非正式、非常態性之犯罪組織所進行之犯罪行為[30]，尤其近年詐騙集團之猖獗，橫行國際，侵害法益之程度，亦不亞於傳統幫派之犯罪集團，亦得適用本條例，以符合現今組織性犯罪時代變遷之發展趨勢[31]。

行政院為因應社會情勢及相關法制之大幅變動，及配合2003年9月29日生效之聯合國打擊跨國有組織犯罪公約（United Nations Convention against Transnational Organized Crime），修訂為國內法，以有效打擊跨國有組織犯罪，於2016年9月9日擬具組織犯罪防制條例部分條文修正草案，內容如下列：一、第2條：修正犯罪組織之定義：參考公約內容，明確犯罪組織之定義，因應組織性犯罪態樣多樣化趨勢；二、第3條：（一）對發起、主持、操縱、指揮犯罪組織或參與者，視情節得減輕或免除其刑；（二）為避免過度及重複評價，刪除累犯之規定；（三）因公務員、公職人員身分關係之加重刑罰；（四）為有利受刑人之更生，修正為刑前強制工作；（五）為避免假藉為組織成員，利用組織威勢，要求他人為一定作為或不作為，增訂刑罰之規定，且未遂犯亦罰之；三、第4條：為避免組織坐大，對使人加入犯罪組織者，訂定刑罰之規定，對未滿18歲為之者，加重其刑；四、第7條之1：配合公約第10條規定，增訂法人及僱用人等刑

---

30 「組織犯罪防制條例部分條文修正草案」，立法院議案關係文書，院總第1613案委員提案第18653號，2016年3月23日，頁115-116。

31 「組織犯罪防制條例部分條文修正草案」，立法院議案關係文書，院總第1613案委員提案第19100號，2016年5月11日，頁183-184。

事處罰之規定[32]。

一、犯罪組織之定義與型態

（一）犯罪組織意義（第2條）

1. 組織性結構：因原條文之「內部管理結構」未臻明確，且不以組織成員之個別行為，另行成立他罪為必要，而係應就成員個人行為與組織團體行為之關係，綜合予以觀察，故將「集團性並具內部管理結構」修正為「三人以上……有結構性組織」，且定義「有結構性組織」為「非為立即實施犯罪而隨意組成，不以具有名稱、規約、儀式、固定處所、成員持續參與或分工明確為必要」，以限縮對原條文「內部管理結構」之解釋。

2. 組織存續性：將「常習性」修定為「持續性」，強調犯罪組織之存續係以犯罪行為於時間上之長短，非單純指犯罪行為實施之多寡。

3. 犯罪手段：將「具有暴力性或脅迫性」修訂為「實施強暴、脅迫、詐術、恐嚇為手段或最重本刑逾五年有期徒刑之刑之罪」，酌作文字修正，藉此將除原傳統暴力型之犯罪外，含括詐欺、洗錢等近年來猖獗之犯罪類型；且為避免適用範圍過廣，明定限於最重本刑逾五年有期徒刑之罪者。

4. 犯罪目的：將「以犯罪為宗旨或以其成員從事犯罪活動」，修訂為「牟利性」之經濟上利益，藉此符合聯合國公約訂定之獲取「金錢或其他物質利益」，並與恐怖組織、政治革命組織予以區隔[33]。

（二）「參與」態樣之刑度衡平（第3條第1項）

所謂刑度衡平，即因「參與」亦為本條例規範之行為態樣，對於僅參加犯罪組織者，卻無參加組織活動者，因亦成立犯罪，致情輕法重，故增列情節輕微者，得減輕或免除其刑。

---

32 《立法院公報》第106卷第29期，2017年3月31日。
33 劉仕國、張喆勛，〈組織犯罪防制條例修正後組織犯罪偵查策略因應作為〉，《刑事雙月刊》，79期，2017年8月，頁11-12。

二、處罰之規範

(一) 身分加重規定 (第3條第2項)

原第4條之公職人員加重事由,屬身分關係之加重,因與第4條其他加重事由之性質不同,故改列本條規範,並酌作文字修正。

(二) 修訂強制工作規定 (第3條第3項、第4項)

除配合刑法修訂,將強制工作修訂為「刑之執行前」執行,並就刑法針對施用毒品成癮、因酗酒而犯罪、有犯罪之習慣或因遊蕩或懶惰成習而犯罪者之各項強制工作規定,因已有明文,故增訂準用之,期更有利於受刑人更生,且有關執行方式,亦修定為準用刑法相關規定,避免執行時徒生困擾,以臻明確;而因原條文之加重規定刪除,故強制工作相關部分,亦刪除之。

(三) 增列利用犯罪組織權勢犯罪之態樣 (第3條第5項)

對於不肖分子利用組織權勢,而以言語、舉動、文字或其他方法,要求他人提供或為一定資產或行為者,加以處罰,即使未遂,亦明文加以處罰,惟不以其確實獲有利益為必要;且此項規定為刑法第304條第1項之特別規定。

(四) 招募行為及加重違反他人意願之罰責 (第4條)

1. 擴大「招募主體」範圍:為避免犯罪組織不斷擴大,招募他人加入者,無論招募者是否為犯罪組織之成員,即不限於原條例第3條之行為人,且將處罰提前至「招募行為」,惟被招募者不限於特定人,是否實際加入犯罪組織,亦非所問,皆加以處罰,以遏止招募行為。

2. 加重違反他人意願之罰責:因配合對兒童及少年福利權益保障加重之修正規定,對於以強暴、脅迫或其他非法方法違反他人自由意志,而加入或妨害脫離犯罪組織者,予以加重處罰;並參照刑法剝奪行動自由罪、強制罪之規定,訂定未遂犯之處罰。

（五）法人涉及之處罰（第7條之1）

參照聯合國打擊跨國有組織犯罪公約之規定，增訂對於法人涉及組織性犯罪，應科處法人有效、適度之刑事處罰或非刑事處罰，包括金錢處罰；惟如已盡監督責任或為防止行為者，或其為被害人時，則可免責。

三、程序規定：自首、自白之減輕（第8條）

（一）為鼓勵犯罪行為人之自新及瓦解犯罪組織，並可儘速確認相關訴訟程序，故增訂「審判中」之自白，亦可減輕其刑。

（二）增訂犯修正條文第4條規定者，符合條文構成要件時，減輕或免除其刑。

四、刪除之規範

（一）刪除再犯規定

因對於再犯期間未作期限之限制，且刑法已有累犯之規定，避免過度及重複評價，故刪除再犯加重之規定。

（二）刪除適用刑法第55條規定（第5條）

本條配合2005年刑法廢除「牽連犯」之修訂，自不應再適用「牽連犯」之規定，且以想像競合處理之可能性不高，故加重立法之目的已失，而刪除之[34]。

（三）自首、自白之減輕（第8條）

因「資助」之定義不明，且與刑法規範之「幫助」無法區隔，故刪除之，避免適用之疑義。

（四）刪除適用檢肅流氓條例（第17條）

因檢肅流氓條例已因宣告違憲，而爰予廢止，失其效力，故本條規範之適用順序，應無規定之必要，應刪除之。

（五）刪除適用期限之落日條款（第18條）

本條規範免除其刑之適用要件，係於條例施行後二個月內，因適用期

---

[34] 吳景欽，前揭註3文，頁109。

限已過，已無適用之餘地，故刪除之。

　　本條例此次之修訂，共修訂4條文、新增1條文、刪除3條文，變動幅度相當大，更重要的是參考了聯合國、日本、澳門等國際立法例，使本條例之規範內容更加明確，尤其是參考聯合國打擊跨國有組織犯罪公約有關「犯罪組織」定義之部分，並將其內國化，不僅使其定義更加明確化，適用範疇更廣泛，更使本條例之規範，不致與國際法制之認知，有過分之差異，堪稱進步之立法。

貳、2018年之修正內容

　　由立法委員邱議瑩等17人、委員王定宇等18人、委員何欣純等16人、委員林俊憲等16人、王定宇等17人及委員許淑華等17人擬具「組織犯罪防制條例部分條文修正草案」，鑑於現行組織犯罪防制條例所稱「組織犯罪」須符合「持續性」及「牟利性」兩要件；惟組織性犯罪因全球各地因交通通訊發達，跨國性之組織性犯罪活動頻繁，但並非皆必有牟利性質，亦有可能源自於因種族、族群間之意識衝突，且美國聯邦最高法院亦確認RICO法案適用對象之企業，不以營利為目的者為限[35]，此外，司法實務對於組織性犯罪是否必須兼具持續性與牟利性甚有疑慮，現行規定構成要件過於嚴苛及狹隘，實難跨越犯罪構成要件之門檻，造成檢警偵辦及認定資格窒礙難行，亦不利於司法機關對組織性犯罪案件之審理，無法可罰，將無助治安之解決，亦無法發揮嚇阻作用；再者，中國政府於幕後操控臺灣黑幫分子，介入各種陳抗活動，擾亂社會治安，甚至危害國家安全；三者，關於制裁假藉其為犯罪組織分子或具有關連，而侵害他人之財產法益之規定，恐造成以「現存有」之犯罪組織為必要之誤會，是有修正之必要；四者，又為加強保護組織犯罪案件之被害人及證人，使其勇於出面作證，以利犯罪偵查、審判，爰增列相關偵訊、審判之保護措施。對於現行規範顯有漏洞，為有效防制組織性犯罪，以維護社會秩序，保障人民

35　《立法院公報》第106卷第120期，2017年12月4日，頁371。

權益,以求組織性犯罪定義明確化,並嚴懲參與犯罪組織行為之意旨。因此,分別擬具「組織犯罪防制條例第二條、第三條及第十二條條文修正草案」案[36]:

一、犯罪組織之定義與型態

(一)立法目的(第1條)

本條有委員提案,因避免假藉政黨、反改革之名義,故意茲亂鬧事,具強烈之針對性,恐危及國家安全,故建議加以增訂「確保國家安全」,惟未被採納,維持現行條文。

(二)犯罪組織意義(第2條)

原條文規定犯罪組織係具有持續性及牟利性之結構性組織,惟須同時符合「持續性」及「牟利性」此二要件,條件過於嚴苛,致難以符合偵辦資格;且前次增訂第2項規定時,並未明訂須具「持續性」之要件,顯見此並非必要條件,因此修訂為符合持續性「或」牟利性。

(三)增列犯罪組織組織,不以現存為必要(第3條第6項)

1.因第5項規範係規範行為人明示或暗示,其為犯罪組織成員或與其有關連,而強制他人為一定行為,惟似有該犯罪組織須為現存在之誤會,故新增第6項「不以現存者為必要」。

2.因新增第6項規定,故第7項、第8項為文字修正,並依序遞移。

3.雖有委員提案認為犯罪組織如有牟利時,其刑罰應更加重,惟牟利性本係本條例第2條第1項規定犯罪組織的要件之一,如於本條再列為加重事由,不僅有畫蛇添足之嫌,刑罰更可能過重,故未予以採納。

二、程序規定

(一)檢舉人身分之保密(第11條)

本條有委員提案建議,對於有關本條例案件之檢舉人,於檢察官、

法官認為有保護之必要者，對於公務員因過失洩漏或交付其資料，或未遂者，甚非公務員者故意洩漏或交付者，皆加以處罰之修正建議，但並未被採納，而立法說明亦僅提及不予修正，維持現行條文，而未說明不採納之理由。

（二）證人、被害人之保障（第12條）

組織性犯罪之被害人或證人，常因恐受脅迫或報復，而懼於作證，甚無法為完整之陳述，且現今電信網路科技之進步與自由化，可提供相關之協助，故增訂組織性犯罪之被害人或證人得依聲請或職權，於法庭外為訊問、詰問或對質，抑或利用適當科技設備，將其與被告隔離後進行之；而組織性犯罪發展早已朝跨國化，考量跨境犯罪偵查之需求，如被害人或證人於境外時，偵查或審判中所為之訊問、詰問或對質，得於我國駐外使領館、代表處，利用聲音、影像傳真之科技設備為之。

本條例甫於2017年4月19日修正公布，而隨即於2017年12月12日又有立法院審查委員提案修正，除顯見組織性犯罪氾濫之嚴重情勢、我國澈底對抗組織性犯罪之決心外，更表示本條例前次訂定之仍未完備，致實務適用上之窒礙難行，而導致施行尚未滿一年，本條例即有再次修訂之需求，此次之修訂，除參考美國RICO法案於實務上之運用，使本條例之構成要件更加明確、適用範圍更放寬，雖較符合國際法制之需求外，卻也創設出不同於與我國刑事訴訟程序之規範，是否衍生出適用之扞格，仍有待討論。

參、修正後所衍生爭議之類型

立法院接續於2017年3月31日三讀通過，於4月19日修正公布部分條文，以及於2017年12月15日三讀通過，並於2018年1月3日修正公布部分條文，雖係參照聯合國打擊跨國有組織犯罪公約、澳門有組織犯罪法、日本暴力團員不當行為防止法、美國抗制組織性犯罪最有效之利器RICO法案等所修訂，卻引發下列疑義：

一、犯罪組織之定義與型態不明

（一）犯罪組織意義（第2條第1項）

1. 本項係定義「犯罪組織」之犯罪手段，為「以實施強暴、脅迫、恐嚇為手段或最重本刑逾五年有期徒刑」；惟究係「以實施強暴、脅迫、恐嚇」而為「手段」或「最重本刑逾五年有期徒刑」，抑或「以實施強暴、脅迫、恐嚇為手段」或「最重本刑逾五年有期徒刑」，即「最重本刑逾五年有期徒刑」是否須以強暴、脅迫、恐嚇之方式為之，似有未明。

2. 行政院為因應防制洗錢金融行動工作組織（Financial Action Task Force, FATF）發布之防制洗錢及打擊資助恐怖主義與武器擴散國際標準40項建議（International Standards on Combating Money Laundering and the Financing of Terrorism & Proliferation，FATF40項建議），於2016年8月29日提出洗錢防制法修正草案，並於12月9日三讀通過，修正條文第3條，即將現行重大犯罪之門檻，由最輕本刑五年以上有期徒刑以上之刑之罪，修訂為最輕本刑三年以上有期徒刑以上之刑之罪，係認為我國洗錢之重大犯罪門檻似嫌過高，致洗錢犯罪難以追訴；此次本條列為配合聯合國打擊跨國有組織犯罪公約修正，以求有效打擊跨國組織性犯罪，而組織性犯罪之查處與洗錢犯罪息息相關，互為因果，惟二者成立要件之最低刑度卻未一致，恐將有因未成立組織性犯罪，而無法適用洗錢防制法規定論處重大犯罪之窘境。

3. 本項之「具有持續性、牟利性」，究係指有結構性組織須二者兼備，抑或任一者即已足，語意未清，而一組織無須具有「持續性」，殊難想像，且如何與刑法第28條以下規範之「正犯與共犯」區隔，仍有疑義。

4. 「牟利性」之要件，雖符合此次修法係欲嚴懲詐欺組織之目的，惟如與獲利無關之犯罪，如妨礙自由罪、傷害罪等，反而遭排除適

用，限縮了適用範圍[37]。

（二）結構性組織定義（第2條第2項）

1. 本項之「不以……成員持續參與……為必要」，而第2條第1項後段之「所組成具有持續性……」二項規範即有矛盾之處，因如成員未持續參與，則組織如何具有「持續性」之性質。
2. 本項雖依「公約」立法指南說明訂定，為統一「結構性組織」之定義而修訂，惟條文過於寬鬆、模糊之用語，恐亦將非從事犯罪行為之組織加以羅列，有違要件明確性之要求。

（三）不以現存之犯罪組織為必要（第3條第6項）

立法目的原係為使第5項之保護效力更加周全，避免因須證明該犯罪組織成立或現存為必要，徒增舉證困難，而增訂條文「前項犯罪組織，不以現存為必要」；然如刑法第346條之恐嚇取財罪，以恐嚇使人交付財物者，於被害人心生恐懼而交付財物即以既遂，行為人是否實現所恐嚇之情事，則非所問，因此，對於第5項規範之明示或暗示其為犯罪組織之成員，或其與犯罪組織或成員有關連部分，亦可以此方式解釋，應視被害人是否因信其與犯罪組織或成員相關，而為行為人所要求之行為即可，非如此次增訂「前項犯罪組織，不以現存為必要」等文字，徒增適用上解釋之困擾。

二、處罰之態樣抽象化

（一）參與犯罪組織態樣之論處（第3條第1項）

1. 本項不問有無參加犯罪組織活動，不問有無成立犯罪，於加入犯罪組織即以刑罰論處，惟「加入犯罪組織」尚未為犯罪行為時，可否謂為預備行為加以處罰？且「加入組織」可否謂為犯罪行為？
2. 本項加入犯罪組織之成員，之後因參與組織活動而構成犯罪行為，則應論以數罪？抑或想像競合犯？

---

[37] TVBS NEWS，〈組織犯罪修法詐欺變重「牟利」恐限縮辦案〉，取自〈https://news.tvbs.com.tw/politics/732093〉，最後閱覽日：2018年3月15日。

3.本項加入犯罪組織之成員，之後如成為「主持」、「操縱」、「指揮」犯罪組織者時，又該如何論處？

（二）公務人員參與犯罪組織之加重處罰（第3條第2項）

本項係因身分關係之加重處罰事由，亦與第3條第1項之疑義相同，無犯罪行為卻加以論處。

（三）招募他人加入犯罪組織者（第4條第1項）

本項不問有無參加犯罪組織活動，不問有無成立犯罪，於招募他人加入犯罪組織即以刑罰論處，與第3條第1項有相同之疑義。

三、與現行實際執行情狀不符

（一）強制工作之執行（第3條第3項）

1.本項為避免困擾且不利於受刑人更生，故修正為刑之執行前強制工作，雖立意良好，惟是否能有助於受刑人更生之成效，仍有待商榷？

2.最高法院亦認為現行之組織犯罪防制條例，認定犯罪組織為「具有持續性或牟利性之有結構性組織」，規範對象範圍已較大法官釋字第528號解釋更廣，如不分個案差異、參與之情節輕重，於刑之執行前皆強制工作三年，恐有違反法律保留原則與比例原則之疑義，而停止審理，聲請司法院大法官解釋[38]。

（二）招募未滿18歲者之加重罰責（第4條第2項）

本項係為保護未滿18歲之人，避免其加入犯罪組織，現實案例中，校園內進行招募者，多為學生同儕，而本係修訂為「成年人招募……」似與實際狀況不符；且不問有無成立犯罪，於招募時即處罰，與第4條第1項有相同之疑義。

---

38 蘋果日報，〈最高法院竟幫詐欺犯聲請釋憲〉，取自〈https://tw.appledaily.com/new/realtime/20181012/1446510/〉，最後閱覽日：2018年12月14日。

四、處罰之態樣不足

（一）利用犯罪組織權勢犯罪之態樣不足（第3條第5項）

1. 本項係防範不肖之人欲利用犯罪組織之名，要求他人作為或不作為，故參照日本暴力團員不當行為防止法立法例之規範；雖係就現行司法實務常見之組織性犯罪類型所訂定，惟與前述參照之日本暴力團相關規範之犯罪態樣種類相比較，本項之規範內容文字，實嫌過於模糊、粗糙，且類型僅有4類，亦恐無法羅織各種犯行。

2. 本項規範之行為人，已以言語、舉動、文字或其方法等，具體明示或暗示要求他人作為或不作為，而其刑度卻較本條第1項後段僅係「參與者」之刑度低，二項刑度輕重恐已失衡。

3. 本項之規範，對於實際非屬犯罪組織成員之人，謊稱而為本項條列之犯行時，亦為相同處罰，恐與立法原意係欲防制利用犯罪組織權勢，而致法益受加鉅侵害之目的，並不相符。

（二）使人行無意義之事或妨礙其行使權利者（第3條第6項）

本項雖依同條第5項之刑度處罰，但卻未如第5項規定之行為類型，如非為立法者之刻意忽略，則恐規範不明確。

五、違反他人意願罰責刑度失衡（第4條第3項）

本項亦為強制他人為一定作為或不作為，但其刑度與罰金額度卻較「第三條第五項之以言語、舉動等方法，具體明示或暗示要求他人作為或不作為」加重甚多，刑度輕重應已失衡。

六、檢舉人、證人、被害人保障不周全

（一）檢舉人身分之保密（第11條）

本條委員提案有關檢舉人於有保護之必要時，對於公務員因過失洩漏、交付其資料，或未遂者，甚非公務員者故意為之者，皆加以處罰之修正建議，雖未被採納，惟就現行越激底防制組織性犯罪案件之刑事政策發展，對於檢舉人之保護，應予以周全之保障，始能鼓勵勇於檢舉。

（二）證人、被害人之保障（第12條）

1. 第1項前段：有關足資辨別之特徵資料的保護，適用之對象，僅為「證人」，然現行組織性犯罪之犯罪模式多變且複雜，其被害人並未如傳統犯罪係特定對象，亦可能為隨機挑選被害人實行犯罪行為，故有關被害人之個人資料未必詳知；且本條第1項後段、修訂之第2項、第3項，保護對象皆為被害人、證人，顯見第1項前段對被害人之保護較不周到，應加以增訂。

2. 第1項中段：對於證人訊問之筆錄，須於檢察官或法官面前作成，且踐行刑事訴訟法所定程序，始得採為證據，與刑事訴訟法第159條之1的規定，除文字規範不同外，該陳述或筆錄得為證據之本質並無差異；然刑事訴訟法於2003年2月增訂傳聞法則例外之證據能力，尚包括刑事訴訟法第159條之2、3的規定，即於檢察事務官、司法警察官或司法警察調查中所為之陳述，得為證據之規定，本條例並未規範，甚最高法院判決認為，因組織性犯罪案件之證據法則，與非組織性犯罪案件並不相同，此種適用之區分，係立法本條例排除刑事訴訟法第159條之2、3規定之適用[39]，惟不問該陳述之類型與性質，此種割裂證據法則一致性之適用，恐將令審判之法理適用產生混淆之疑義[40]。

3. 第1項但書：於被害人或證人有事實足認其有受強暴、脅迫等報復行為之虞，即可限制被告之對質詰問權，惟如該肯認之事實，非可歸咎於被告時，而被告又無任何不當行為之時，此種非以陳述內容是否具有高度可信度之利益衡量下，遂限制被告對質詰問權之規範，應不符對質詰問權保障之比例原則[41]；且大法官會議釋字第636號解釋，亦提及應依個案情形，考量採取其他限制較輕微之手

---

[39] 最高法院102年度台上第3990號刑事判決，取自〈http://jirs.judicial.gov.tw/Index.htm〉，最後閱覽日：2018年8月13日。

[40] 王兆鵬，《搜索扣押與刑事被告的憲法權利》，2000年，2版，頁305。

[41] 張明偉，〈組織犯罪案件審判之傳聞法則適用〉，《臺大法學論叢》，45卷3期，2016年9月，頁1072。

段，如依證人保護法第11條第4項規範之蒙面、變聲、變像、視訊傳送或其他適當隔離方式，接受對質、詰問，如仍不足以保護被害人或證人之安全，或擔保證人可出於自由意志陳述意見時，始可剝奪報告之對質、詰問權，驟然剝奪之，顯已對於被告訴訟上之防禦權，造成過度之限制，而與憲法第23條比例原則之意旨不符，有違憲法第8條正當法律程序原則及憲法第16條訴訟權之保障[42]。

4. 第2與3項：本項顧及被害人、證人之人身安全考量，於現今科技得以輔助之情況下，採取得依聲請或職權，於法庭外為訊問、詰問或對質，或利用聲音、影像傳真等科技設備，與被告隔離進行；如被害人、證人係於境外時，得於我國駐外使領館或代表處內為之[43]。此項修訂為本條第1項中斷有關證人訊問須於檢察官或法官面前作成，並經踐行刑事訴訟法所定訊問證人之程序的例外規定，雖其立意良好，惟反觀刑事訴訟法之傳聞法則規定，本項之修訂似衍生出更多疑義：

   （1）刑事訴訟法第159條之1規定，限定審判中向法官、偵查中向檢察官所為陳述，始得為證據；本項皆未明定為訊問、詰問或對質之對象。

   （2）刑事訴訟法第159條之2規定，如調查中所為之陳述，與審判中不符時，如先前之陳述較為可信，且為必要者，得為證據；本項未為相關之訂定。

   （3）刑事訴訟法第159條之3規定，如有死亡、記憶喪失或無法陳述、滯留國外或所在不明、到庭後無正當理由拒絕陳述等情形時，得以調查中之陳述為證據；本項僅規定依聲請或職權，即得為於法庭外為之的例外處理，恐有過度草率之嫌。

5. 甚於本條例第12條有關證人之保護，於違反時，並無加以處罰之規定，對證人之保障，竟不如檢舉人之保護規定，實應加以一併修

---

[42] 大法官會議釋字第636號解釋，取自〈http://www.judicial.gov.tw/constitutionalcourt/p03_01.asp?expno=263〉，最後閱覽日：2019年3月15日。

[43] 惟仍得依受請求國之法律規定為之，參照國際刑事司法互助法第31條第1項規定。

訂，以求保護之完備；而證人保護法第2條第15款之規定，並未包括本條例第12條有關證人之保護，而本條又因無刑罰之規定，而證人保護法規定「最輕本刑為三年以上有期徒刑之罪」之適用對象，致本條規定無法適用證人保護法之規範。

嚴肅思考組織犯罪防制條例所欲規範為何？所欲保障法益為何？係利用組織之犯罪行為，亦或發起、主持、加入組織等行為；依憲法規定，集會結社本是人民基本權利之一，如此類行為並未侵害任何其他法益，何得以法律限制之。然現今因組織性犯罪所造成之損害龐大，甚可謂目前世界無解之難題之一，故將處罰前置化，對於未發生之犯罪行為，甚可提前至發起犯罪組織等預備行為，即將其認定為犯罪行為，惟儘管如此，本條例之規定，除應考量立法目的而訂定，不應異於刑事法體系之規範，形成審理裁判上之混亂，引發更多適用之疑義。

肆、修正之功效不彰

儘管我國於2017年4月19日、2018年1月3日，連續二年修正公布組織犯罪防制條例部分條文，顯見對於全然打擊組織性犯罪之決心，希能遏阻犯罪之氾濫，惟修正條文之各條規範，除定義仍有不明確外，更紊亂了刑事法體系，恐將造成適用疑義；且規範內容雖參考了聯合國打擊跨國有組織犯罪公約、澳門有組織犯罪法及日本暴力團員不當行為防止法、美國RICO法案等國際立法例規範，卻似僅片段擷取規範內容，並未系統化了解該各國法制訂定之背景、文化，甚至相關之執行配套措施，是否與我國法制相容；又傾向傳統幫派犯罪之觀點，未考量多元化演進之組織性犯罪型態，實則此始為組織性犯罪存續並強大之主因，始為本條例應予以防制之關鍵。

組織犯罪防制條例修正後，對現行條文訂定了大幅度之更動，惟因粗糙之立法技術，且保守之法文解釋態度，致雖適用範圍變廣，但構成要件增加且更加抽象化，不符明確性原則，且與刑事法體系亦有衝突之處，恐將引發適用上之疑義，無法發揮立法者所期待本條例之功效。

　　而且本條例係檢警調機關於偵辦重大組織性犯罪案件時，所依據之法律規範，修法前之缺漏，常致檢警偵辦及認定資格窒礙難行；而於修法後，檢察官已從「內部管理結構」要件，改採「結構性組織」要件，有助於認定「犯罪組織」之觀點，提高組織性犯罪案件之判斷，然於傳統通訊監察方式，不足以應付現行通訊軟體之廣泛使用，且欲利用聲音、影像傳真等科技設備，提升對證人、被害人等之保障，相關操作設備、配套制度似其衷一是；故於警察機關之追緝、法官及檢察官之認定標準，此等實務之操作面，仍待更廣泛與縝密之討論，始能避免漏斗效應。

第四節　法制發展之方向

　　我國法制為繼受法，係為繼受他國立法與司法實踐經驗下之法制架構，參考國際法之規範，再依我國國情加以修訂，我國雖屬大陸法系國家，惟近年來之法制修訂，亦加入為數不少之英美法規範，致法體系產生變革；然法律之繼受係為極為複雜且易於產生衝突過程，故繼受法制前，須先評估該法制訂定緣由之脈絡比較，是否符合我國之法制體系需求，並確認繼受法制後，是否正確適用，著重是否實際運用於所欲達到之目的[44]。

　　近年來，立法者採取的刑事思考局限在處罰範圍之擴張與重刑，卻未對於組織性犯罪的面向進行有系統的思考與分析，忽視對犯罪型態本質之了解與處理，僅一味加重處罰之嚴刑峻罰，無法建構抗制組織性犯罪之完整法制規範；檢視本條例2017、2018年之修訂，係側重組織性犯罪之防制，以維護社會秩序安全，雖相關定義予以更加明確，惟對於造成重大危害之經濟犯罪型態，則著墨不多，雖可謂經濟犯罪僅屬組織性犯罪之一種，但與立法理由之說明，並未一致，可發揮功效之程度，恐須持保留態

---

[44] 王文宇，〈國際比較法學會—學術傳承與2012年臺灣大會主題評析〉，《月旦法學雜誌》，202期，2012年3月，頁8。

度；應將組織性犯罪所涉及之不同範疇，針對其特性探討危險犯之適用，重新整理思考對於組織性犯罪刑事法制之管制方式的適當性與比例性。

壹、法地位之正當性

我國刑法對於預備行為，係以不處罰為原則，因預備行為係於著手實行之前，而著手實行未遂者，尚有不罰之態樣，舉重以明輕之法理，則著手前之預備，難謂為所欲實行之犯罪情狀，故應無處罰之必要[45]。而例外須加以處罰者，有下列四者：（一）特殊重大法益之保護：如外患罪之侵害國家法益、殺人罪之侵害個人法益、劫持公共運輸工具罪之侵害社會法益；（二）針對獨立之預備罪：因該特定犯罪，具有定型性之危險，如未受允准，持有爆裂物；（三）行為人犯意易於證明者；（四）基於刑事政策考量[46]。

組織性犯罪具有高度之複雜性、反偵查性，各組織間亦相互滲透，而組織之發起行為，如未侵害具體法益時，實非屬刑法規範之對象，不必然符合刑法之歸責體系，且刑法係採個人責任，即僅為自己之行為負責，以防止國家機關之濫刑處罰；因此，就針對具有組織成員之身分，而加以處罰之規範，並不符刑法之法理基礎，以身分作為加重要件之立法，已不符刑法之基本思維[47]；故本條例之規範對象，係組織之參與行為，即構成刑罰成立之基礎，尚未進入犯罪行為階段，且可能因他人遭負面評價之行為，而須負刑事責任，實則為「特殊犯罪結社」；如欲於刑法中增訂相關規範，實非易事。

本條例係因刑法之犯罪結社罪，不足以因應目前嚴重之組織性犯罪而訂定，係為防制犯罪組織之成立，及阻止犯罪組織之繼續存在與犯罪行為，而以刑罰加以威嚇，屬獨立預備罪之立法例，法律性質自應為刑事特

---

[45] 林紀東、蔡墩銘、鄭玉波、古登美，《新編六法參照法令判解全書》，五南圖書，2012年，頁829。

[46] 王榮聖，〈預備罪之研究〉，中興大學法律研究所，碩士論文，1994年，頁42-43。

[47] 江如蓉，〈對抗組織犯罪之法規範〉，國立臺灣大學法律學研究所，碩士論文，1997年1月，頁130-132。

別法[48]，然刑法係於法益受侵害時，始得發動為原則，預備犯之處罰為例外，故本條例之適用更應謹慎為之，限縮以刑法擴張保護社會倫理秩序之原則，避免無限制擴張，而演變成藉法律之名，行強制他人之實。然維持社會秩序之方式多樣，刑法為最嚴厲之國家制裁手段，以刑法加以處罰，應為最後手段，而本條例認為犯罪組織之存在，將威脅社會大眾之法益安全而訂定，不以是否確實出現危險狀態為必要，屬抽象危險犯，而抽象危險犯之可罰性，不以確有法益遭受侵害為必要[49]，僅須符合形式要件，違反了刑法之謙抑思想，故須節制抽象危險犯之可罰性。是故，本條例之規範具備預備犯之性質，亦屬抽象危險犯，適用時應極力避免過度擴張之現象，以符合罪責原則。

本條例規範之抽象化，雖擴大了網羅之對象，但卻改變了我國刑法有關正犯之實質概念，且看似防制組織性犯罪之規範，實則更箝制了一般人之行為空間[50]。然考量組織性犯罪本質之專業性、隱蔽性、智能性、犯罪行為之變動性，以及其所保護法益，即多數人之法益，甚至擴及為國家之法益；因此，訂定本條例對組織性犯罪加以處罰，雖未與刑法規範之犯罪行為競合，但可謂其預備行為，而具特別法性質[51]，為顧及組織性犯罪之發展變化，及各個犯罪構成要件之明確性；因此，組織性犯罪法制之制定，應具有整體性考量，以提供一確認犯罪性質、類別之明確基準[52]。

為有效回應日趨惡化之組織性犯罪，以法律為武器，對其加以懲治，是法治社會必然之要求，本條例規範內容之犯罪構成要件及刑罰處罰部分，有效限縮了刑法犯罪結社罪過度空泛之構成要件規範；再者，本條例尚包括刑事訴訟程序之證人保護、檢舉人之檢舉獎金、政黨連帶推薦之罰鍰、扣減當選人缺額之行政特別法，兼具了綜合程序及行政法之特別

---

[48] 許福生，〈論組織犯罪抗制對策（上）〉，《法務通訊》，1774期，1996年4月25日，頁2。

[49] 林東茂，《危險犯與經濟刑法》，五南圖書，1999年，頁14。

[50] 鄧湘全，〈組織犯罪之研究—理論與現實面的考察〉，國立臺灣大學法律學研究所，碩士論文，1998年6月，頁8。

[51] 劉仕國、張喆勛，前揭註33文，頁11。

[52] 游嵘彥，〈經濟犯罪—以法人跨國犯罪為探討中心〉，國立中正大學法律學研究所，碩士論文，2011年7月，頁160。

法，面對組織性犯罪之情勢，除日趨惡化外，更有越演越烈之跨國化，針對此種犯罪型態之要件、刑罰、程序及非刑事制裁，均有另行立法之需求，故本條例之特別立法確有其正當性。

組織性犯罪之發展模式與現狀，不僅各國之展現不同，與傳統之犯罪型態亦有頗大之差異，立法之模式，將因各國所屬法系、社會制度、立法程序之不同，而採取不同之立法方式和形式，因此應就自身國情之特點，選擇立法模式，始能發揮刑事法之功效，完成刑事法之任務；究採何種立法模式，能更有效之打擊與防制組織性犯罪，除應考量我國之立法基礎外，亦應參考國際相關立法例，加以分析，最終訂定符合我國國情之防制規範。

貳、修改建議

雖有論嚴刑重罰之立法方式，為刑事政策常採之策略，短期雖似有抑制犯罪之成效，實則於犯罪防制無治本之作用；惟組織性犯罪侵害法益之嚴重程度，已須另行訂定法規範處置，如同洗錢犯罪般，故組織犯罪防制條例有其訂定之需求；然對於加重組織型態犯罪之刑罰，係因人的集合方式致使更嚴重之法益侵害，故強制提高量刑之刑度，屬「行為人刑法」轉化為刑法處罰之例外，本條例係以行為人加入組織後，即與組織之犯罪行為具有關連，成立其個人責任，並無其他條件之要求，此無異為刑法體系個人責任之逸脫，儘管可謂為基於刑事政策之考量，但其判斷之要件實不宜過於寬鬆[53]，以避免與我國刑法採行為刑法之立場衝突，而令加重處罰欠缺充分妥當性[54]。

本條例修改方向[55]，仍有下列建議：

（一）犯罪組織成員之行為態樣規定（第3條第1項）

本條例將組織成員之行為態樣區分為「發起」、「主持」、「操

---

[53] 游明得，〈共同正犯概念之重塑〉，輔仁大學法律學系，博士論文，2013年1月，頁165。
[54] 游明得，前揭註53文，頁94。
[55] 陳柏良，前揭註25文，頁37-40、276-278。

縱」、「指揮」或「參與」等五種，然僅係以形式地位加以區分，實質認定卻有其困難之處；且「主持」、「操縱」、「指揮」此三者，不僅內容含糊，且概念相近，徒增適用上判斷之困難，而參考聯合國、歐盟及美國之立法例，並未就此類行為態樣加以區分，顯見不具區分實益，建議擇一保留即可。

（二）利用犯罪組織權勢犯罪之態樣規定（第3條第5項）

1. 本項係防範不肖之人欲利用犯罪組織之名，要求他人作為或不作為，故參照日本暴力團員不當行為防止法立法例之規範；雖係就現行司法實務常見之組織性犯罪類型所訂定，惟與前述參照之日本暴力團相關規範之犯罪態樣比較，本項之規範內容文字，實嫌過於模糊、粗糙，且類型亦恐無法羅織各種犯行，建議應修訂增加處罰之類型。

2. 本項規範之行為人，已以言語、舉動、文字或其方法等，具體明示或暗示要求他人作為或不作為，而其刑度卻較本條第1項後段「參與者」之刑度低，二項刑度輕重恐已失衡。

3. 本項之規範，對於實際非屬犯罪組織成員之人，謊稱而為本項條列之犯行時，亦為相同處罰，恐與立法原意係欲防制意以利用犯罪組織權勢，而致法益受加鉅侵害之目的，並不相符。

（三）資助犯罪組織規定（第6條）

1. 所謂「資助」之定義為何？目前我國相關法規範皆未加以立法定義，顯見「資助」之行為態樣並未明確，且本條例規範之「資助」與「幫助」如何區隔，亦仍有疑義？

2. 資助犯罪組織者之法定刑效果設計，認其為特殊行為態樣，將其正犯化獨立處罰，原依刑法第30條規定，幫助犯係依正犯之刑係為「得」減輕，正犯化後反為「必」減輕，刑度較正犯類型更減輕，似未為整體考量，反較幫助型態更為減輕，而有變相鼓勵之嫌，且與對組織性犯罪提供幫助之區分，具有曖昧不明之疑義，建議刪除，回歸刑法幫助犯之規範。

（四）沒收財產規定（第7條第1項）

因不法所得不僅係犯罪之誘因，更為維持組織運作之基本，故不法所得之剝奪甚為重要，且該不法所得本應返還受害者，甚可作為更新執法設備、查緝獎金等用途；然參加組織後取得之所有財產，未必皆與犯罪行為有關，並非絕對之必然關係，導致合法來源之利益，亦須負擔舉證責任，恐侵害其財產權之保障，而推定不法利益，可能促使檢察官容易忽略其合法利益來源之可能性；且以武器平等原則論之，檢察官位於相對強勢之訴訟地位，具有豐富之資源與權力，應負擔積極之舉證地位，較為妥適，故除對於無合法來源累積不相當高額利益之前提事實外，不應加以沒收，受無罪推論原則之保障[56]。

（五）減輕條款規定（第8條第1項）

1. 因2005年之刑法有關自首規定之修訂，修訂為「得減輕」，委由裁判者視具體情況決定，得以彈性運用，本條例亦應配合修訂，按個別犯罪情節決定是否得以減輕，避免有助長犯罪之嫌。

2. 本條規範之減輕條款態樣，僅「犯第三條之罪自首，並自動解散或脫離其所屬之犯罪組織者」、「因其提供資料，而查獲該犯罪組織者」、「因其提供資料，而查獲其所資助之犯罪組織者」三種，如組織成員阻止犯罪行為，則無法適用，且未區隔其於犯罪組織之層級地位，難以期待皆有能力解散犯罪組織，故要求相同之減免條件，顯見立法之設計不夠周延。

3. 減輕條款中，僅考量「自首而脫離或解散犯罪組織」及「提供資料查獲犯罪組織」此二種型態，但對於阻止犯罪組織為犯罪行為者，是否應一併考量在內？因此種行為更能立即防止實害發生，保障實質法益，而對於當事人而言，亦承受較大的風險，更應加以減刑鼓勵。

---

56 李傑清，前揭註2書，頁74-76。

（六）公務員包庇入罪（第9條）

本條規範處罰對象，係為依權勢足以包庇之公務員，並不限於與取締有關之公務員；惟對於經選舉產生之公職人員，採與公務人員等同處罰，實屬罕見，且本條為獨立訂定法定刑之犯罪類型，此種立法例似僅存於本條例之規範，是否妥適有待商榷。

（七）證人及被害人之保障規定（第12條）

組織性犯罪案件傳聞法則之訂定，係為回應大法官會議釋字第384號解釋，保障被告之對質詰問權，而刑事訴訟法2003年2月有關傳聞法則之修訂，立法目的亦為保障被告之對質詰問權；既然組織性犯罪案件傳聞法則之訂定，亦係未保障被告行使對質詰問權之立法考量，何以相同目的，卻為不同規範，採取異於刑事訴訟法規範之保障手段？徒增證據法則適用之疑義；為避免看似保障對質詰問權較為嚴謹之規範，卻因非可歸責於被告之事由，過度限制被告對質詰問權，而架空之保障，應增訂因被告本身之不當行為，妨礙其對質詰問權之規定[57]。

（八）公職候選人資格之剝奪規定（第13條）

本條例規範經有期徒刑以上之刑確定者，不得登記為公職人員候選人，條文規範之「不得登記」並無時間限制，意即為永久剝奪登記之資格，有違憲法保障參政權之基本權的精神，建議應訂定於刑之執行完畢，取消資格限制。

（九）政黨連帶責任規定（第14條）

本條係為呼應掃除黑金政治而訂定，因政黨具有為民舉才之責，對其推薦候選人之身分、背景，應加以監督，惟其所推派之候選人，登記之日起五年內判決犯罪確定者，連帶處罰所屬政黨，政黨之責任究為刑事責任亦或行政責任？如此「政黨連坐條款」之責任蔓延，是否符合刑事法原則，恐僅成就了政治目的。

現代社會發展日趨精細分工及複雜化，犯罪手法亦不同於傳統犯

---

57 張明偉，前揭註41文，頁1090。

罪，轉為智慧型犯罪，更加專業，進一步加深了社會之危險與不安，提高了安全性之需求，尤其新型態之犯罪模式不斷衍生，犯罪化之範圍亦不斷擴大，為涵蓋擴大之範圍，法益概念因此越趨抽象、不具體，刑事法制被期待提前介入排除風險，即使現實侵害之結果尚未發生，亦期待刑事法得以解消危險之不安，轉為事前預防，致使刑事法適用時間更為提前、保護範圍更為擴大；但不論新型態之犯罪態樣為何，仍要透過刑事法體系之解釋，加以牽制其構成要件，始不致體系之失衡、規範之過度前置化[58]。

我國法制原係繼受大陸法系，近年受到英美法係之影響，採取同時包含實體與程序規範之立法模式，此種綜合法案之立法模式，又以單一法律加以審議，或有謂恐紊亂我國刑事法體系之完整性[59]。同樣之犯罪行為類型、同樣之保護目的，為維持刑事制裁體系之完整一致性，應採行一元化刑事立法政策，建立單一之刑事法規範，原則上，自應以回歸普通刑法之規範即足以，過於繁雜之特別刑法，不僅喪失預防作用，也導致刑事法之肥大；反之，即因要求一完整統一之刑事法典，實有其困難之處，且又如有需保護新法益之出現，或新型之犯罪模式，為有助於法益保護效果，則需以考量特別刑法規範或合於目的性考量之立法技術，以達到更好之預防效果[60]。

組織性犯罪之手法，不但日新新月異，更是精益求精，其近年來造成各國之損失，已被國際各國公認為世界災難，不論係社會、政治、經濟，亦或文化等因素，皆可誘發組織性犯罪之產生，致使各國提升警惕與重視，有關組織犯罪防制條例之規範，並非法否定其存在之必要性，惟公約規範國內法化，我國相關法制亦應配合修訂，以免成為國際上組織性犯罪發展之溫床，惟就顧及法規體系一致性及規範完整性，該如何修法訂定，著實須審慎思慮；且隨時掌握組織性犯罪最新動態及犯罪模式，始能有效

---

[58] 黃佳彥，〈論刑法第190條之1保護法益—從刑法機能角度觀察〉，國立臺灣大學法律學系，碩士論文，2009年6月，頁20-21、27、49-50。

[59] 林佳璋，〈論附屬刑法之立法裁量〉，《警大法學論集》，8期，2003年8月，頁125。

[60] 許華偉，〈犯罪結社行為處罰基礎規範之研究—共相與整合可能的探尋〉，國立臺灣大學法律學研究所，碩士論文，2000年，頁174-177。

防制。此外，法律之規範隨著社會變遷而修訂之同時，亦要採取符合時代需求之特別手段，因此我國訂定了組織犯罪防制條例之特別法，同時含括實體法及程序法之規定，惟如欲執法如山之打擊組織性犯罪的同時，仍要遵守著憲法及刑法基本原則之界線，始能達成立法者之司法正義。

參、法隨時轉

　　儘管法律功能之一，即係維持社會平和狀態，因此法律之規範應具有穩定性與前瞻性，而不應過於浮動而失去確定之準則，甚至造成適用上之歧異紛亂，然國家社會的發展，不斷地變遷、創新，法律之規範須隨時檢視其必要性及適當性，避免落後於時代，符合實際之需求。舉凡有暴利之處，即有組織性犯罪之存在，要掃除結構盤根錯節、手段千變萬化之組織性犯罪，我國組織犯罪防制條例之規範，即須持續檢視內容之妥適性，並關注國際規範之方向，避免因規範之不完備，致我國成為組織性犯罪之溫床；且除了從防制之角度著手，也要斷絕其經濟命脈，多管齊下之方式，完善配套措施，期能既符合刑法學術理論之邏輯，又不失人民期待之法情感，更能論處組織性犯罪之行為人獲得之刑罰，進一步預防此類犯罪之更加氾濫。

　　我國法制為繼受法，係為繼受他國立法與司法實踐經驗下之法制架構，參考國際法之規範，儘管國際法規範對我國並不具拘束力，但對於侵害國際社會共同利益之國際犯罪，我國更要時刻注意國際規範之發展，可於刑事法訂定時，在立法理由中敘明參考國際法規範，或訂定特定國際公約之施行法；如我國之法制規範能與國際社會整合，透過內國法之訂定，調和國際公約之精神，除能實質與國際接軌、爭取國際認同外，更可避免我國因法制之缺漏，成為跨國犯罪者之避風港；惟繼受法制之方式，絕非僅將外國之條文加以「翻譯」，而忽略外國法制體系，於立法比較時，法制之脈絡、功能等應為更著重之點，始為稱道具深度與廣度之繼受態度，並可使我國之法令規範與國際社會同步，可避免我國成為跨國犯罪成長之溫床，並回應全球化時代之衝擊，與國際共同有效打擊國際犯罪。

　　我國為因應現今犯罪型態、國際法制規範之轉變，相繼於2017、2018年修訂組織犯罪防制條例，雖力求詳盡規範組織性犯罪之罪刑，以抗制組織性犯罪之態樣，遺憾地目前之規範，仍有前述提及不足之處，且組織性犯罪之定義、型態及犯罪態樣，將隨時代變動，而有不同之解讀面相，恐仍須期待下次修法，一併加以修訂，以求法制之完備。

第五節　新穎犯罪型態之案例研究

　　「有組織罪行迅速而廣泛的擴張，現已對全球安全造成威脅。」——安東尼奧‧瑪麗‧科斯塔（Antonio Maria Costa）[61]，組織性犯罪已為公認世界災難之一，尤其於全球化之背景下，更以跨國趨勢持續增長，且態樣複雜化，故以法律懲治組織性犯罪，乃為法治國家當然之理。但因組織性犯罪具有隱密性、抽象性等特性，且結構複雜、犯罪型態隨時代發展變化萬千，所造成法益之損害更為龐大，因而有予以個別分類研究之必要，而有關組織性犯罪之特質，不論官方抑或學界之見解，皆有不盡相同之定義，恐難謂何者始為「正確」；又拜網際網路之普及、資訊之快速流通所賜，組織性犯罪中又以電信詐欺罪之案件量所造成之損害，不論係受侵害之人數，抑或金額數量，皆為其他犯罪類型之最，因而引起國際上各國之關注，對於此類具有隱匿性、任意性、廣泛性、間接性、多變性、集團性之犯罪態樣，恐已非傳統詐欺罪之論處，所能涵蓋。

　　任何犯罪類型均可以組織性犯罪之型態實施，致使組織性犯罪不斷進化蔓延各個行業領域，肆虐社會經濟，且各犯罪組織間不再以彼此競爭方式互存，而改以協議方式分配犯罪所得利益，使得組織性犯罪規模更加龐大以及複雜，因此，國際間對組織性犯罪不斷重新定義；此外，組織性

---

[61] 聯合國毒品和犯罪問題辦事處執行主任於2004年4月30日的發言。引自江樂士，〈打擊跨國有組織罪行的有效措施：全球合作與追討犯罪資產〉，亞洲預防犯罪基金會第十屆國際大會，2004年11月23日，頁1。

犯罪變化萬千之犯罪型態，如未以任一犯罪類型作定義之闡述，其自身之行為態樣並不明確，故為一複合性犯罪之犯罪態樣；再加上組織性犯罪之最新型態，除了超越受限於區域性之階層組織，朝向國際化之無邊界性邁進，濫用經濟結構、新興科技之特色，運用於非原本規劃之方向，干擾合法市場之秩序，以順遂其犯罪目的，獲取鉅額非法利益[62]。雖組織性犯罪本身概念並不精確，但可確定的是屬於複合性犯罪，不論係犯罪手法，或是犯罪目的，越益混同者，越能展現組織性犯罪之全貌[63]。

壹、電信詐欺犯罪

一、陳○慈等人組成之詐欺集團

（一）事實摘要

陳○慈與姓名年紀不詳、綽號「KK」、「阿森」、「大一」等3人，組成詐欺集團；其分工模式為陳○慈擔任車手，於接到「阿森」以行動電話QQ通訊軟體之指示後，至指定地點之自動櫃員機提領指定款項，於抽取報酬及車資後，將剩餘款項交給「大一」[64]。

（二）所犯法條

陳○慈與姓名年紀不詳、綽號「KK」、「阿森」、「大一」等3人，組成之詐欺集團，具有犯意聯絡與行為分擔之事實，依刑法第28條共同正犯、第339條之4第1項第2款加重詐欺罪規定，為必要共同正犯，不僅造成多名被害人因交付金錢，造成極大財產損害，更破壞社會互信機制，應嚴予責難。

（三）與組織犯罪防制條例之適用

陳○慈與「KK」、「阿森」、「大一」等3人，組成之詐欺集團，並

---

[62] 吳俊毅主編，《犯罪、資恐與洗錢：如何有效訴追犯罪？》，新學林出版，2017年8月，頁39。
[63] 吳俊毅主編，前揭註62書，頁41。
[64] 臺灣彰化地方法院106年度訴字第1005號刑事判決，取自〈http://jirs.judicial.gov.tw/Index.htm〉，最後閱覽日：2019年5月9日。

分工加重詐欺罪，同時觸犯組織犯罪防制條例第3條第1項之「參與犯罪組織罪」、刑法第339條之4第1項第2款加重詐欺罪，惟陳○慈僅為一參與犯罪組織之行為，而後持續至行為終了時，故應以參與犯罪組織罪與其一之加重詐欺罪成立想像競合犯[65]；而其後所再犯之加重詐欺罪，儘管陳○慈參與犯罪組織之行為仍繼續，但無從割裂為另一參與犯罪組織罪，故應僅論以加重詐欺罪之數罪，以避免重複評價[66]。

二、王○漢等人組成跨境中國之詐欺集團

（一）事實摘要

王○漢與劉○緯受綽號「阿東」之成年男子邀約，擔任「金福氣第一線機房」現場管理人，並由林○毅透過電腦之遠端聯繫，經由網路話務平臺連線，將使用於詐騙之來電顯示，更改為中國公安局之電話，佯稱為中國公安局信訪處人員，以利詐騙中國人民，要求其將金錢匯入指定帳戶內監管[67]。

（二）所犯法條

王○漢、劉○緯與林○毅於代號「金福氣」機房，以電信、網路等傳播方式，進行多數之詐騙行為，有犯意聯絡與行為分擔，有加重處罰之必要，依刑法第28條共同正犯、第339條之4第1項第2款加重詐欺罪規定，為必要共同正犯，侵害社會程度及影響層面嚴重，應加重處罰之必要。

（三）與組織犯罪防制條例之適用

依組織犯罪防制條例第3條第1項前段規定，所謂「指揮」，係指就特定任務之實現，可下達行動命令，並統籌行動之行止，居於核心角色；所謂「參與」，係指聽取號令，實際參與行動之一般成員[68]。王○漢就

---

[65] 最高法院107年度台上字第1066號刑事判決，取自〈http://jirs.judicial.gov.tw/Index.htm〉，最後閱覽日：2019年5月9日。

[66] 臺灣高等法院臺中分院107年度上更一字第24號刑事判決，取自〈http://jirs.judicial.gov.tw/Index.htm〉，最後閱覽日：2019年5月9日。

[67] 臺灣臺中地方法院106年度訴字第2442號刑事判決，取自〈http://jirs.judicial.gov.tw/Index.htm〉，最後閱覽日：2019年5月10日。

[68] 最高法院107年度台上字第3589號刑事判決，取自〈http://jirs.judicial.gov.tw/Index.htm〉，最

「金福氣第一線機房」擔任現場管理人，並指揮該機房成員利用電信、網路進行詐騙，藉此牟利，構成組織犯罪防制條例第3條第1項前段之指揮犯罪組織罪；而劉○緯與林○毅則構成組織犯罪防制條例第3條第1項後段之參與犯罪組織罪；故應就王○漢等3人論處首次之指揮或參與犯罪組織罪及加重詐欺罪之想像競合犯從一種處斷，其後實行加重詐欺罪行為，因難認為同一行為，而依被害人數、被害次數，決定犯罪之罪數，予以分論併罰[69]。

三、梁○杉等人組成跨境泰國之詐騙集團

（一）事實摘要

梁○杉與鄭○志商議，由梁○杉出資、鄭○志實際負責機房之現場管理，於泰國設立詐欺機房，並由周○誠施行詐術，假冒中國公安名義，播打電話給中國人士，謊稱因其涉嫌洗錢，故須匯款至指定帳戶加以監管。就梁○杉部分，資金之挹注為集團持續之根本，且其透過通訊軟體，掌握機房之現場狀況及營運情形，足認其為該集團不可或缺之幕後操縱者；而鄭○志部分，負責詐欺機房之現場管理，有關集團六成之不法利得，均歸其任意支配，顯見其於集團之地位，亦不容小覷；至於周○誠部分，加入詐欺集團後，即擔任話務人員及電腦手，係為持續參與集團之犯行。

（二）所犯法條

梁○杉、鄭○志、周○誠決議，於我國境外架設機房，自須投入相當成本與時間，非可隨意實施，故3人基於詐欺取財之犯意聯絡，分擔犯罪行為之實施，經調查事證，已勘認定共同成立刑法第339條之4第1項第2款、第3款之加重詐欺罪。查梁○杉等3人組成詐欺集團，主觀上非基於單一犯意，又先後對數被害人實行詐欺犯行，不僅犯罪時間顯可區隔，於刑法評價亦各具獨立性，且其侵害之法益亦非屬同一，自應依數罪併罰之規定，分論併罰，以避免恣意擴大對「一行為」之解釋，而有避免鼓勵持

後閱覽日：2019年5月10日。

[69] 臺灣高等法院臺中分院107年度上訴字第814號刑事判決，取自〈http://jirs.judicial.gov.tw/Index.htm〉，最後閱覽日：2019年5月10日。

續、多次實行詐欺犯罪之行為[70]。

（三）與組織犯罪防制條例之適用

是核，梁○杉為詐欺集團之操縱者，構成組織犯罪防制條例第3條第1項前段之「操縱犯罪組織罪」；鄭○志負責機房現場管理，構成組織犯罪防制條例第3條第1項前段之「主持犯罪組織罪」；周○誠持續參與集團詐騙行為之實行，構成組織犯罪防制條例第3條第1項後段之「參與犯罪組織罪」。惟本案判決認為，梁○杉、鄭○志、周○誠組成詐欺集團之時，與其事後實施詐欺取財之行為，有相當之時間差距，且無必然關係，故就梁○杉等三人之操縱、主持及參與犯罪組織罪，與嗣後之詐欺取財罪，分數二事，應分論併罰，並無重複或過度評價之嫌[71]。

不論是2018年歐洲跨國詐騙案，參與犯罪人數高達37人，以「假冒公安」之電信詐騙方式，造成中國民眾損失人民幣4,510餘萬元（折合新臺幣約2.5億餘元）[72]；或是2016年非洲肯亞案之電話詐欺案，即係我國國民組成之詐欺犯罪組織，進行電信詐騙，造成中國民眾損失人民幣2,900餘萬元（折合新臺幣約1.3億餘元）[73]；又如2016年之大馬案，亦為如出一轍之案情，根據馬來西亞全國商業罪案調查部之資料，2015至2016年之詐騙案損失金額高達21億4,000萬令吉（折合新臺幣約148.6億），而實際上損失之數目，可能高出10倍，超過214億令吉（折合新臺幣約1,486億）[74]；另於2010年之菲律賓案，以我國國民為首腦之轉帳中心，以及所設置之2個詐騙機房，共3個集團，涉嫌跨國詐騙中國大陸民眾而遭逮捕，

---

[70] 臺灣臺北地方法院106年度訴字第452號刑事判決，取自〈http://jirs.judicial.gov.tw/Index.htm〉，最後閱覽日：2019年5月10日。

[71] 臺灣高等法院106年度上訴字第3284號刑事判決，取自〈http://jirs.judicial.gov.tw/Index.htm〉，最後閱覽日：2019年5月10日。

[72] 中時電子報，〈歐洲跨國詐騙案狂吸2.5億 檢再起訴4人查扣26台跑車〉，取自〈https://www.chinatimes.com/realtimenews/20180831002018-260402〉，最後閱覽日：2019年1月18日。

[73] 聯合新聞網，〈肯亞詐騙案 陸法院判臺灣2主嫌15年〉，取自〈https://udn.com/news/story/11315/2887427〉，最後閱覽日：2018年10月27日。

[74] ETtoday新聞雲，〈2年被騙148億 馬來西亞詐騙活動氾濫〉，取自〈https://www.ettoday.net/news/20170521/928860.htm〉，最後閱覽日：2018年10月27日。

據統計總詐騙金額逾2億元人民幣（折合新臺幣約9億餘元）[75]。顯見電信詐欺犯罪所造成多數民眾之財產損失，儼然已為國際之嚴重犯罪案件，莫不引起各國間之重視。

人類社會由來已久之詐欺罪，因經濟型態改變、科技發達、資訊流通迅速，從傳統詐欺罪衍生出新興之電信詐欺罪的類型，不僅結合了新興科技、設備，並採有層次之犯罪架構，將犯罪行為層級分工化，模式之精細，整體之犯罪過程可謂不斷切割、設立斷點機制，以分散合作之機制，其階段性分工模式之特殊性，早非傳統詐欺罪可比擬，且所造成受害者之人數、財產損失之金額、規模，亦為傳統詐欺罪望塵莫及，而電信詐欺罪侵害之法益範圍，更是超越了傳統詐欺罪之保護法益，包括財產法益及超個人法益，此二種法益相較之下，又似應以超個人法益之保障為重，財產法益部分可謂成為附隨之次要保護法益，令傳統詐欺罪之構成要件之適用受到挑戰[76]。或有論多數受侵害之個人法益集合，未必即可謂轉變為超個人法益，惟電信詐欺罪之客體係針對不確定多數人，且其犯罪行為以合法方式掩飾，極為隱匿，對於社會秩序、交易安全之威脅，更是重大，如仍僅以傳統詐欺罪之見解認定之，不僅無法遏止此種犯罪趨勢，更無法達成法益保障之目的；不可否認電信詐欺罪造成損害之質量，確實與傳統詐欺罪不同，故應全面性之重新考量，才能不論係提供保護個人法益，抑或超個人法益，全面之保障。

由於電信詐欺罪易於隱匿之特性，致使對於行為人是否參與犯罪組織部分，難以蒐證偵查，大法官會議釋字第556號解釋為避免犯罪組織之決策者，並未實際參與犯罪之行為，而無法加以規範，故認為「參與」行為係指加入組織成為其之成員，即屬之，至於是否有實際參與犯罪行為，則非所問，故於分擔電信詐欺之犯行分工時，即應認為參與犯罪組織[77]；

---

[75] 自由時報，〈也是詐騙集團／三年前 菲曾將14臺人送中國〉，取自〈http://news.ltn.com.tw/news/politics/paper/978128〉，最後閱覽日：2018年10月27日。

[76] 何芸欣，〈網路詐欺之研究〉，國立臺北大學法律學系，碩士論文，2006年6月，頁44。

[77] 楊鎧綸，〈組織犯罪防制條例於我國警政實務運用之問題探討〉，國立中正大學法律研究所，碩士論文，2018年8月，頁147。

為保障各個被害人之財產法益，並兼顧組織性電信詐欺犯罪階段性分工模式之特殊性，故對其行為人刑事責任之論處，應採階段性既遂行為之論處模式。

貳、不法催收債務犯罪

一、子○○等人組成之暴力討債集團

（一）事實摘要

子○○、庚○○、己○○分別擔任四海幫海罡堂之堂主、副堂主、行動組組長，對外則以「艾琳多媒體公司」作為掩飾，從事集團性、常習性討債、圍事等犯罪。因艾琳多媒體公司受讓處理大清化公司積欠新臺幣2,500萬債務，因此辛○○、庚○○共同基於恐嚇之犯意，侵入丁○○住處，以加害於其及其家人之事由，令其心生畏懼，致生危害於安全；並再至公司前以撒冥紙、丟雞蛋、叫囂、拉白布條等強暴、脅迫方式，要求丁○○還債，妨礙公司人員、車輛無法從大門進出[78]。

（二）所犯法條

子○○、庚○○、己○○率眾侵入丁○○住處，恐嚇危害其及其家人，以及至公司前，妨害公司人員、車輛進出等行為，基於共同犯罪之意思聯絡，相互謀議，並推由渠等其中之部分參與者實行犯罪行為，即成立刑法第304條強制罪、第305條恐嚇危害安全等罪之共同正犯，並因多次犯罪行為之時間緊接、方法相近、觸犯構成犯罪要件相同之罪名，顯係基於蓋括之犯意，反覆為之；因於行為人行為後，刑法修正公布施行，依「從舊從輕」原則，應依修正前之連續犯規定，從恐嚇危害安全罪論斷。

（三）與組織犯罪防制條例之適用

子○○、庚○○、己○○分別擔任四海幫海罡堂之堂主、副堂主、行動組組長，構成組織犯罪防制條例第3條第1項前段操縱、主持、指揮犯

---

78 臺灣臺北地方法院92年度訴字第2098號刑事判決，取自〈http://jirs.judicial.gov.tw/Index.htm〉，最後閱覽日：2019年5月11日。

罪組織罪，與渠等其後所犯強制、恐嚇危害安全等罪，並無具體之認識，故應為數罪併罰[79]；惟於行為人行為後，刑法修正公布施行，依「從舊從輕」原則，故前該各罪間，應認具有方法結果之牽連犯關係，應從一重之操縱、主持、指揮犯罪組織罪處斷[80]。

二、A○○等人組成之暴力討債集團

（一）事實摘要

A○○對外以「葉雲鵬」之名，主持海鵬堂並以九如國際財務管理顧問有限公司（以下簡稱九如財務公司）名義，以糾集幫眾、恃強暴力討債方式，催討債務，並依取得債權額數抽取2%至50%不等之高額傭金，支應幫派費用。經查，於2005年10月至2006年2月間，A○○、未○○、寅○○、申○○、戊○○、午○○、巳○○、乙○○、黃○○及子○○等，以四海幫海鵬堂之名，從事各犯罪活動之行為[81]。

（二）所犯法條

A○○、未○○、寅○○、申○○、戊○○、午○○、巳○○、乙○○、黃○○及子○○等，受各該債權人之委託，要求各該被害人償還債務，主觀上係認為債權人與被害人間有債務糾紛，難認具有不法所有意圖；惟渠等以加害生命、身體及財產之事由，為惡害之通知，則應構成刑法第305條之恐嚇罪，且先後多次犯行之時間緊接、方法相同，所為構成要件相同之罪名，顯係基於概括犯意為之，應為連續犯，依修正前刑法第56條規定，論以一罪。

（三）與組織犯罪防制條例之適用

A○○為四海幫海鵬堂堂主，負責犯罪組織的企業化政策、幫務決策及成員進退事宜，構成組織犯罪防制條例第3條第1項前段之主持犯罪組織

---

79 臺灣高等法院95年度上訴字第3886號刑事判決，取自〈http://jirs.judicial.gov.tw/Index.htm〉，最後閱覽日：2019年5月11日。

80 臺灣高等法院102年度上更（四）字第47號刑事判決，取自〈http://jirs.judicial.gov.tw/Index.htm〉，最後閱覽日：2019年5月11日。

81 臺灣士林地方法院95年度重訴字第11號刑事判決，取自〈http://jirs.judicial.gov.tw/Index.htm〉，最後閱覽日：2019年5月11日。

罪；未○○、寅○○及申○○等，則於海鵬堂內具有固定職稱，對所屬成員有相當指揮掌控力之情狀，構成組織犯罪防制條例第3條第1項前段之指揮犯罪組織罪；戊○○、午○○、巳○○、乙○○、黃○○及子○○等，則係參與海鵬堂之犯罪活動，構成組織犯罪防制條例第3條第1項後段之參與犯罪組織罪。綜上，A○○等所犯恐嚇罪，應與所涉組織犯罪防制條例各該罪，依修正前刑法第55條規定之牽連犯，從一重處斷[82]。

三、戊○○等人組成之暴力討債集團

（一）事實摘要

戊○○與甲○○、乙○○、丙○○、己○○成立「四海幫海天堂」不法組織，以為他人逼討債務、替人圍事等暴力犯罪為結社宗旨，對外則以「天喜豐理財管理顧問公司」（以下簡稱天喜豐公司）名義掩護。戊○○等人於2000年9月至2002年11月間，多次向數被害人以暴力手段、言語恐嚇、毀損財物等手段，索討債務，如被害人無力償還者，則強迫其簽發本票。

（二）所犯法條

戊○○與甲○○、乙○○、丙○○、己○○共同基於恐嚇危害安全之概括犯意聯絡及行為分擔，對數被害人以致生危害於安全、身體之事由，令其心生畏懼，構成刑法第305條恐嚇危害安全罪之共同正犯，且因時間均各自緊接，基本犯罪構成要件相同，應依修正前刑法第56條連續犯之規定論處，並各自加重其刑。

（三）與組織犯罪防制條例之適用

戊○○自任「四海幫海天堂」之總顧問，實際為幕後主持犯罪組織，構成組織犯罪防制條例第3條第1項前段之主持犯罪組織罪；乙○○任堂主、丙○○任副堂主、己○○任執行長，並與甲○○共同指揮「四海幫海天堂」之成員，構成組織犯罪防制條例第3條第1項前段之指揮犯罪組織

---

[82] 臺灣高等法院99年度上訴字第845號刑事判決，取自〈http://jirs.judicial.gov.tw/Index.htm〉，最後閱覽日：2019年5月11日。

罪；惟本案認為戊○○等人各該次恐嚇危害安全之犯罪，難認實現犯罪組織目的相關之犯罪行為，且時間並非緊接，故應予分論併罰[83]。

「欠債還錢」本是天經地義之事；一般而言，儘管債權人可依訴訟程序、與債務人協商等方式取回欠款，惟如採取司法裁判模式，除時間、精神之付出外，縱獲得勝訴，尚未必能取回所有債務，債權人為避免血本無歸，則恐將尋求債務催收業者之介入[84]。惟如債權人自身或委由催收人，以危及債務人本身，甚或債務人以外之第三人之人身安全、自由、隱私或名譽等手段，致使債務人或第三人之權益遭受侵害，則不論係以「逾期應收帳款管理服務業」、「金融機構金錢債權收買業」等型態，遊走法律邊緣，進行債務催收者，皆非法所容許。如2019年3月經警方破獲，天道盟幫派分子橫行於臺北文山地區，專門吸收中輟生、未成年人，四處暴力討債、恐嚇取財等犯罪行為，如欲脫離該組織者，亦會遭到暴力相向[85]；無獨有偶，高雄鳳山地區則係為青少年聚集，以通訊軟體聯繫，進行動員討債、滋事，犯下多起聚眾暴力討債犯罪行為[86]；另亦有以「聯合律師事務所」行政顧問之名義，對外吸收成員，專以恐嚇威脅、毆打阻擋等暴力手段，處理受委託之債務或金錢糾紛之犯罪集團，並從中收取傭金[87]。

實務常見之催收態樣，可區分為「不法催收」與「不當催收」；所謂「不法催收」，係指以武力強制、剝奪、妨害他人意思形成、決定、活動自由之「強暴」，或以令人因心生恐懼而為無意義之「脅迫」、「恐嚇」等手段[88]，進行債務之催討，不僅侵害債務人之人身自由，亦干擾社會秩序安寧，而觸犯相關刑事法律規範；所謂「不當催收」，則多屬違反行政

[83] 臺灣高等法院95年度上訴字第686號刑事判決，取自〈http://jirs.judicial.gov.tw/Index.htm〉，最後閱覽日：2019年5月20日。
[84] 李傑清，前揭註2書，頁51。
[85] 三立新聞網，〈黑幫惡煞橫行 專收屁孩幫討債10多人當街砸爆重機車行〉，取自〈https://www.setn.com/e/news.aspx?newsid=505618〉，最後閱覽日：2019年3月22日。
[86] 自由時報，〈耍狠暴力討債 鳳山新生代角頭「么林」等12人被掃蕩〉，取自〈https://news.ltn.com.tw/news/society/breakingnews/2727778〉，最後閱覽日：2019年3月25日。
[87] 自由時報，〈暴力討債集團父子檔 栽在美女刑警手裡〉，取自〈https://news.ltn.com.tw/news/Kaohsiung/breakingnews/2415237〉，最後閱覽日：2019年3月23日。
[88] 林山田，《刑法各罪論（上冊）》，2006年，頁500-503。

機關之行政管制[89]，如誤導債務人陷於錯誤資訊之催收信函，產生恐慌，或騷擾債務人之催收，或向債務人之雇主、親友、鄰居散布欠債資訊等，與「不法催收」之區別，有時僅係輕重程度之差異，須就個案具體考察。

　　對於藉由接受他人委託，以暴力方式回收債務，而獲取利益之犯罪組織，此種組織規模通常較小，從事之非法活動亦較有限，但因採取言語、脅迫等暴力手段，仍嚴重影響社會治安、危害人身安全。我國早於2002年10月，立法委員楊瓊瓔等19人即提出「債務催收管理法」[90]，陸續又於2003年提出「公平債務收取法」[91]、「債務催收法」[92]，2006年提出「債務催收法」[93]、2017年提出「債務催收法」[94]，但最終皆因立法委員屆期不連續而未能完成三讀程序，迄今未有一部規範委外催收之專法。此種從事討債之犯罪組織，不論係以暴力手段，亦或以騷擾、廣播、散發傳單、偽裝法院或地檢署公文等不當行為進行債務催收者，因我國現行相關法制之不完備，顯得對人權保障之不足。

　　儘管想像競合犯與實質數犯罪行為具有共同點，皆違反數個刑法規範，惟實則行為人僅為一行為，就不法程度而言，想像競合犯確實較為輕微，故基於比例原則之考量，亦科予較輕之罪責[95]。針對為了實施不論係電信詐欺罪，抑或不法催收債務之犯行，而組成犯罪組織，此二者之關係上，就行為數之認定出發，雖外觀有多數自然意義之行為，然係出於單一犯意，且客觀上時空之密接性、辨認之相關性，就犯罪行為之縱面向，可

89　黃國珍、李建廣，〈警察處理地下錢莊及不當討債之探討〉，《警學叢刊》，39卷5期，2009年3月，頁183。
90　「債務催收管理法草案」，立法院議案關係文書，院總第980案委員提案第13909號，2002年10月3日，頁1。
91　「公平債務收取法草案」，立法院議案關係文書，院總第1803案委員提案第4849號，2003年4月16日，頁15。
92　「債務催收法草案」，立法院議案關係文書，院總第980案委員提案第15325號，2003年9月18日，頁153。
93　「債務催收法草案」，立法院議案關係文書，院總第980案委員提案第18307號，2006年2月248日，頁425。
94　「債務催收法草案」，立法院議案關係文書，院總第980案委員提案第21404號，2017年11月29日，頁79-80。
95　楊一帆，〈法條競合與想像競合之間〉，國防大學法律研究所，碩士論文，2004年6月，頁31。

總括視為一行為，而論以想像競合犯之概念，從一重罪處斷[96]；故就組織性電信詐欺罪或不法催收債務之行為人而言，其同時符合組織犯罪防制條例之參與犯罪組織罪、刑法之相關規範等二種規範，儘管有認為「參與」犯罪組織後，不論是否參與組織活動，犯罪即屬完成，故與參與後之犯罪行為，性質並不相同，無以重疊，應採實質競合，論以數罪併罰[97]；然行為人係以實行其詐欺取財或不法催收債務之目的，而為參與犯罪組織，就客觀構成要件行為之重合情形、主觀意思活動之內容、侵害之法益、各行為間之關連等要素，依社會通念就個案情節判斷，應論以想像競合犯，從一重之刑法規範論處[98]；惟如係發起、主持、操縱或指揮犯罪組織者，則應從一重之組織犯罪防制條例論處。

　　而對於多個被害人之詐欺行為或不法催收債務，其侵害法益之客體為多數被害人之財產法益，就犯罪行為之橫面向，實務認為客觀構成要件之行為要素，並未具有反覆實施之特性，故應不具有反覆實行數個同種類行為之集合犯行，且不論係詐欺罪或不法催收債務之目的，係為保障個人財產法益，又實施犯罪之行為人，於行為終了時，應已認定達其目的，故其犯行應為各自獨立評價之數罪，賦予複數之法律效果，以被害人之人數，計算行為人成立之罪數，予以併罰，避免削弱法益保護之功能[99]。惟行為人實施2次以上之電信詐欺罪或不法債務催收犯罪，與參與犯罪組織之評價，則有認為應將參與行為與各次之犯行，論以想像競合後數罪併罰[100]；有認為參與行為與首次之犯行論以想像競合，其後之犯行，則分別論罪，論以數罪併罰[101]；亦有認為各自之犯行應論以數罪併罰，再與參與行為論

96 郭志剛，〈詐欺罪之研究—以電腦詐欺及廢除牽連犯、連續犯之修法為題〉，國立政治大學法律學研究所，碩士論文，2007年7月，頁90。
97 高等法院臺中分院107年度上訴字第91號刑事判決，取自〈http://jirs.judicial.gov.tw/Index.htm〉，最後閱覽日：2019年1月8日。
98 高等法院臺中分院106年度上訴字第18787號刑事判決，取自〈http://jirs.judicial.gov.tw/Index.htm〉，最後閱覽日：2019年1月8日。
99 高等法院臺中分院106年度訴字第164號刑事判決，取自〈http://jirs.judicial.gov.tw/Index.htm〉，最後閱覽日：2018年10月7日。
100 林山田，《刑法通論（下）》，2008年1月，10版，頁313-320。
101 最高法院107年度台上字第1066號刑事判決，取自〈http://jirs.judicial.gov.tw/Index.htm〉，最後閱覽日：2018年10月12日。

以想像競合，從一重處斷[102]；是以，參與犯罪組織之行為，係屬著手實行之先行行為，為前置性之刑事制裁條文[103]，與嗣後之犯行間，具有階段性緊密關連性，自應評價為單一行為，又為避免重複評價參與犯罪組織之行為，故應以參與行為與首次之犯行論以想像競合，其後之犯行，則分別論罪，論以數罪併罰較可採[104]。

---

[102] 蔡聖偉，〈血上加霜—謂「夾結效果」及其限制〉，《月旦法學教室》，96期，2010年10月，頁101。

[103] 最高法院101年度台上字第5377號刑事判決，取自〈http://jirs.judicial.gov.tw/Index.htm〉，最後閱覽日：2019年1月8日。

[104] 吳燦，〈加重詐欺及參與犯罪組織之法律適用—最高法院107年度台上字第1066號刑事判決評析〉，《月旦裁判時報》，75期，2018年9月，頁57。

第六章

證人保護法

林裕順

第一節　前言

　　隨著國際潮流、社會情勢急遽變化，以及網路科技、社群媒體蓬勃發展，人流、物流、金流移動快速、情報資訊轉換變遷多元難測。同時，貪污瀆職、白領犯罪、電信詐欺、毒品犯罪或組織性犯罪等等日趨巧妙複雜、延伸社會問題亦趨嚴重，傳統偵查方法、偵訊模式或難有突破[1]。再者，刑事程序過程中被告或關係人接受偵查訊問，乃法律規範上私人個體與國家組織交手互動、對峙攻防關鍵場景，亦是憲法規範上公民權利與國家權力相互抗衡、緊張矛盾重要局面。犯嫌被告因處於國家質疑涉及不法的不利地位，或囿於人身自由受限未能充分陳述主張，難以自行蒐集有利事證有礙事實真相釐清，若是相關案情資訊揭露未能對等充分下，甚或影響後續國家公訴權、刑罰權發動之公平、正當。因此，現代偵訊跳脫傳統蒐證思維，揚棄「以人找證」、力求「以物追人」。亦即，強調「雙贏」替代「對峙」、講求「合作」取代「對抗」。因此，證人保護、認罪協商等等新式偵訊思維，乃多元蒐證、柔性取供之重要蒐證方法。

　　我國證人保護法第1條立法目的：「為保護刑事案件及檢肅流氓案件之證人，使其勇於出面作證，以利犯罪之偵查、審判或流氓之認定、審理，並維護被告或被移送人之權益，特制定本法。」然而，「被告之自白，須非出於強暴、脅迫、利誘、詐欺、疲勞訊問違法羈押或其他不正方法，且與事實相符者，始得採為認定被告犯罪事實之證據，刑事訴訟法第156條第1項規定甚明。此項證據能力之限制，係以被告之自白必須出於其自由意志之發動，用以確保自白之真實性，故被告之自由意志，如與上揭不正方法具有因果關係而受影響時，即應認其自白不具任意性，而不得採為證據。而上開所謂之『利誘』，乃詢問者誘之以利，讓受詢問者認為是一種條件交換之允諾，足以影響其陳述之意思決定自由，應認其供述不

---

[1]　107年6月13日證人保護法之最新修正，乃因應洗錢防制法（2016年12月28日總統華總一義字第10500161531號令）、組織犯罪條例（2017年4月19日以總統華總一義字第10600047251號令）修正公布，配合調整本法適用刑事案件之第2條第1項第14款、第15款所引用前揭法律之相關條次。

具任意性，故為證據使用之禁止[2]」。亦即，即使證人保護規範要求「使其勇於出面作證，以利犯罪之偵查、審判」，仍應避免證人接受偵訊過程「利誘」薰心、誣陷栽贓，確保犯罪訴追、人權保障允執厥中，方能厚植法治。2016年，日本大幅修改刑事程序法制，改革審前證據開示制度、擴大通訊監察法適用案件對象、充實偵查辯護機制，新設偵查階段「認罪協商」以及「刑事免責」機制等等，並且分別訂定實施期程陸續運作、實施，相應該國先前人民參審「裁判員」制度建置，日本政府總其此間司改成果號謂「新時代之刑事司法」。因此，本文主要探討我國證人保護法於刑事程序之規範定位，對照臺灣、日本相關法制規範論理、實務運用，期盼本土證人保護規範亦能符合刑事思潮、落實「正當程序」法律原則。

第二節　證人保護法規範架構

壹、本法沿革及其規範論理

89年1月10月立法院三讀通過證人保護法，其規範架構、條文內容總計23條。90年7月4日，行政院與司法院共同公布證人保護法施行細則。本項證人保護法之訂定，迄今，95年5月5日修正第2條、第14條、第23條，103年5月30日修正第2條、第14條，105年3月25日修正第2條、第23條，106年12月26日修正第14條，107年5月22日修正第2條。綜觀歷來修法變革，除施行日期條文規範（第23條）之技術修正外，或多集中證人保護適用案件（第2條）、免責條件（第14條）之微調，且多配合其他法律變動所作之調整更易，顯其相關規範論理、實務運用並無明顯演進、變革[3]。

2　最高法院104年度台上字第3450號判決。

3　106年12月26日修正理由：「依原第五項規定，檢察官依第二項為不起訴處分時，準用刑事訴訟法第二百五十五條至第二百六十條，其中之第二百五十九條之一，配合一〇四年十二月三十日修正公布刑法沒收新制規定，於一〇五年六月二十二日修正公布為：檢察官依第二百五十三條或第二百五十三條之一為不起訴或緩起訴之處分者，對刑法第三十八條第二項、第三項之物及第三十八條之一第一項、第二項之犯罪所得，得單獨聲請法院宣告沒收。

同一時期，我國刑事訴訴法修法變動多達20餘次，刑事程序司改政策從職權主義轉向當事人主義，大法官解釋正當程序論證說理所在皆有，證人保護法於刑事程序上之規範說理、解釋適用似乎未能與時俱進、獨幟一格。

本法現行規範架構、條文意旨，仍然固守當初立法初始之構想、原貌，包括：第1條（立法目的）、第2條（適用案件範圍）、第3條（應予保護證人之條件）、第4條（保護要件、措施及管轄法院）、第5條（聲請保護書應以書面記載之事項）、第6條（核發證人保護書應參酌之事項）、第7條（核發證人保護書應記載之事項）、第8條（證人保護之執行機關）、第9條（證人保護之停止或變更措施）、第10條（繼續保護及重新保護之措施）、第11條（身分資料之處理及保密、訊問證人之方式）、第12條（隨身保護及禁止或限制之裁定）、第13條（短期生活安置）、第14條（證人免責協商）、第15條（檢舉人、告發人、告訴人或被害人之準用）、第16條（洩密罪之處罰）、第17條（違反禁制令之處罰）、第18條（妨害或報復證人到場作證之加重處罰）、第19條（偽證罪之處罰）、第20條（訴訟辯論不公開之特別規定）、第21條（軍事案件之準用）、第22條（施行細則）、第23條（施行日期）等等。

同時，修法變革過程有關第14條予以證人供述誘因之免責協商條文規範，為能確保「立法伊始所欲達成維護治安、掃除重大組織犯罪等效果」，同條增訂第3項：「被告或犯罪嫌疑人非第一項案件之正犯或共犯，於偵查中供述其犯罪之前手、後手或相關犯罪之網絡，因而使檢察官得以追訴與該犯罪相關之第二條所列刑事案件之被告，如其因供述所涉之犯罪經檢察官起訴者，以其所供述他人之犯罪情節或法定刑較重於其本身所涉之罪且曾經檢察官於偵查中為第二項之同意者為限，得減輕或免除其刑。」蓋本法制定當時，原本條文第2項規定僅賦予檢察官「『得』為不起訴處分」，卻漏未就檢察官已事先同意對被告或犯罪嫌疑人因供述所涉之犯罪，為不起訴處分，事後竟仍予起訴乙節，妥予規範其法律效果，致

是準用結果，依本條第二項為不起訴處分者，在上開範圍內即得單獨聲請法院宣告沒收，已涵蓋本條第四項範圍，原第四項已無規定必要，爰予刪除。」立法院議案關係文書，105年9月7日，頁165。

被告或犯罪嫌疑人難獲「不起訴」之保證，使其惟恐檢察官出爾反爾而拒絕為有利於犯罪偵查之供述，從而嚴重減損該項規定立法伊始所欲達成維護治安、掃除重大組織犯罪等效果。又第2項之被告或犯罪嫌疑人雖非第1項所列案件之共犯，惟其就該等案件所為供述，亦將有助於對該案犯罪之偵查，於犯罪偵防方面所能創造之利益容與第1項相同，自應比照第1項之規定，給予第2項之被告或犯罪嫌疑人同獲減輕或免刑，或屬現行法規範漏洞之主要補遺[4]。

貳、證人保護要件、措施與方法

一、證人保護之開端

依本法第4條第1項規定，有關證人保護之啟動事由應可分為：

（一）職權核發

「證人或與其有密切利害關係之人因證人到場作證，致生命、身體、自由或財產有遭受危害之虞，而有受保護之必要者，法院於審理中或檢察官於偵查中得依職權核發證人保護書」。其中，該當本法保護的對象，除證人本身外，包括利害關係人。再者，所稱「有密切利害關係之人」，指證人之配偶、直系血親、三親等內旁系血親、二親等內姻親或家長、家屬、與證人訂有婚約者或其他身分上或生活上有密切利害關係人[5]」。

（二）聲請核發

「證人、被害人或其代理人、被告或其辯護人、被移送人或其選任律師、輔佐人、司法警察官、案件被移送機關、自訴人偵查中向檢察官或審理中向法院聲請」。同時，「司法警察機關於調查刑事或流氓案件時，如認證人有前項受保護必要之情形者，得先採取必要之保護措施，並於七日內將所採保護措施陳報檢察官或法院。檢察官或法院如認該保護措施不適

4　103年5月30日增訂第14條第3項之立法理由，立法院議案關係文書，102年11月6日，頁165。
5　證人保護法施行細則第3條之條文規範。

當者，得命變更或停止之」。其中，司法警察機關，指內政部警政署與各直轄市、縣（市）警察局分局以上單位、法務部調查局與所屬各直轄市、縣（市）調查處、站以上單位、憲兵司令部與所屬各地區憲兵隊以上單位、行政院海岸巡防署海洋巡防總局與所屬偵防查緝隊、直屬船隊及海巡隊、海岸巡防總局與各地區巡防局及其所屬機動查緝隊、岸巡總隊以上單位及其他同級之司法警察機關[6]。

二、證人保護之要件

　　如前所述證人保護法之立法目的，第1條第1項規定：「為保護刑事案件及檢肅流氓案件之證人，使其勇於出面作證，以利犯罪之偵查、審判，或流氓之認定、審理，並維護被告或被移送人之權益，特制定本法。」亦即，本項法律檢察官或法院核發證人保護書，不僅考量證人保護原因及其必要性外，併應審酌公共利益並權衡證人、被告犯罪嫌疑人等之權利。同時，適用本項證人保護者，限於符合第3條規定之前提要件：「以願在檢察官偵查中或法院審理中到場作證，陳述自己見聞之犯罪或流氓事證，並依法接受對質及詰問之人為限。」因此，接受保護之證人「於受保護前應書立切結書，表明願在偵查或審理中到場作證，依法接受對質及詰問，與執行證人保護計畫相關人員合作，並同意採取各種方式，避免被察知參與證人保護計畫等意旨[7]」。

　　本法第6條規定：「檢察官或法院依職權或依聲請核發證人保護書，應參酌下列事項定之：

一、證人或與其有密切利害關係之人受危害之程度及迫切性。

二、犯罪或流氓行為之情節。

三、犯罪或流氓行為人之危險性。

四、證言之重要性。

五、證人或與其有密切利害關係之人之個人狀態。

六、證人與犯罪或流氓活動之關連性。

6　證人保護法施行細則第4條之條文規範。

7　證人保護法施行細則第2條之條文規範。

七、案件進行之程度。

八、被告或被移送人權益受限制之程度。

九、公共利益之維護。」

三、證人保護之措施

本法「證人保護」有關人身安全、生活安居等等相關措施，主要以如下三方面向為重點：

（一）身分保密

為能落實證人保護相關措施，其個人身分識別或特化、個化之基本資料避免外洩係屬首要。並且，個人身分保密並不以進入刑事程序為界、為限，對於潛在可能成為刑事程序之證人者，即有提前列入身分保密範圍之必要。本法第15條規定：「檢舉人、告發人、告訴人或被害人有保護必要時，準用保護證人之規定。政府機關依法受理人民檢舉案件而認應保密檢舉人之姓名及身分資料者，於案件移送司法機關或司法警察機關時，得請求法院、檢察官或司法警察官依本法身分保密之規定施以保護措施。」再者，進入刑事司法程序階段，相關供述證據蒐集保全更加落實偵查不公開，第11條第1項：「筆錄或文書不能記載有關證人身分之資料。」亦即，「對受身分保密之證人製作筆錄、文書或其他足資識別其身分之資料時，應以代號為之，並應製作代號及真實姓名對照表，以密封套密封附卷。」同時，「代號及真實姓名對照表，應由啟封者及傳閱者在卷面騎縫處簽名，載明啟封及傳閱日期，並由啟封者併前手封存卷面，重新製作卷面封存之[8]」。「法院、檢察官或司法警察機關，應注意避免有人藉偽證、誣告或其他案件之告訴、告發探知受保護人之姓名及身分資料，並應注意對當事人以外使用代號之受保護人身分資料予以保密」。「受理告訴、告發案件機關，有向法院、檢察官或司法警察機關借調受保護人案卷之必要者，應函告其偵、審之對象及案由。法院、檢察官或司法警察機關應將偵、審範圍以外有關使用代號之受保護人姓名及身分等資料封存保密

---

[8] 證人保護法施行細則第17條之條文規範。

後，再行借閱[9]」。

（二）人身保護

本法第12條第1項：「證人或與其有密切利害關係之人之生命、身體或自由有遭受立即危害之虞時，法院或檢察官得命司法警察機關派員於一定期間內隨身保護證人或與其有密切利害關係之人之人身安全。」亦即，檢察官或法院得命司法警察機關於一定期間內隨身安全保護，惟應限於「生命、身體或自由」有遭受「立即危害之虞時」，或免國家資源無謂浪費。再者，同條第2項、第3項、第4項、第5項規定於必要時，並得禁止或限制特定之人接近證人或與其有密切利害關係之人之身體、住居所、工作之場所或為一定行為，以及規範相關聲請、程序及救濟事項。

（三）短期安置

第13條：「（第1項）證人或與其有密切利害關係之人之生命、身體、自由或財產有遭受危害之虞，且短期內有變更生活、工作地點及方式之確實必要者，法院或檢察官得命付短期生活安置，指定安置機關，在一定期間內將受保護人安置於適當環境或協助轉業，並給予生活照料。（第2項）前項期間最長不得逾一年。但必要時，經檢察官或法院之同意，得延長一年。所需安置相關經費，由內政部編列預算支應。（第3項）法院或檢察官為第一項短期生活安置之決定，應核發證人保護書行之，並應送達聲請人、安置機關及執行保護措施之相關機關。」

四、證人保護之執行

本法第8條規定：「（第1項）證人保護書，由檢察官或法院自行或發交司法警察機關或其他執行保護機關執行之。（第2項）前項執行機關，得依證人保護書之意旨，命受保護人遵守一定之事項，並得於管轄區域外，執行其職務。」證人若違反指定遵守事項情節者，得依本法第9條第3款之規定向該管檢察官或法院聲請停止對該證人為保護。再者，「所有參與核發及執行第一項保護措施之人，對保護相關事項，均負保密義

9　證人保護法施行細則第18條之條文規範。

務」。其違反者依第16條規定處以刑責。「執行保護之機關如無法執行或執行確有困難者，應即陳報檢察官或法院另行指定或協調其他機關協助[10]」。

有關證人保護執行之停止、變更，本法第10條第1項規定：「保護措施之執行機關，應隨時檢討執行情形，如危害之虞已消失或無繼續保護之必要者，經法院、檢察官或司法警察官同意後，停止執行保護措施。但其因情事變更仍有繼續保護之必要者，得經法院、檢察官或司法警察官同意，變更原有之保護措施。」再者，司法警察官「同意停止或變更證人保護措施，應即通知執行機關及受保護人，並於48小時內以書面陳報法院或檢察官[11]」。

參、證人保護刑事規範

一、刑事處罰

避免證人之個資洩漏，第16條規定：「（第1項）公務員洩漏或交付關於依本法應受身分保密證人之文書、圖畫、消息、相貌、身分資料或其他足資辨別證人之物品者，處一年以上七年以下有期徒刑。（第2項）前項之未遂犯，罰之。（第3項）因過失犯前兩項之罪者，處二年以下有期徒刑、拘役或科新臺幣三十萬元以下罰金。（第4項）非公務員因職務或業務知悉或持有第一項之文書、圖畫、消息、相貌、身分資料或其他足資辨別證人之物品，而洩漏或交付之者，處三年以下有期徒刑、拘役或科新臺幣五十萬元以下罰金。」亦即，為確保應受保護之證人身分不曝光，對於違背守密義務之人員特設本條規定並提高刑度，同時處罰其未遂犯及過失犯。再者，本條文保護之客體係證人身分之文書、圖畫、消息、相貌外，對其他有關身分資料或其他足資辨別證人之物品，亦應保護。另有關違背證人保護之禁制令者，本法第17條：「受禁止或限制之特定人違反檢察官或法院所發禁止接近證人之命令，經執行機關制止不聽者，處三年以

---

10 證人保護法施行細則第14條之條文規範。
11 證人保護法施行細則第16條之條文規範。

下徒刑、拘役及新臺幣五十萬元以下罰金。[12]」

二、刑事程序

（一）證人權義

　　為平衡證人保護及被指控之被告人間之利益，本法第3條規定：「依本法保護之證人，以願在檢察官偵查中或法院審理中到場作證，陳述自己見聞之犯罪或流氓事證，並依法接受對質及詰問之人為限。」同時，第11條第4項：「於偵查或審理中為訊問時，應以蒙面、變聲、變像、視訊傳送或其他適當隔離方式為之。而於其依法接受對質或詰問時，亦同。」第21條：「訴訟之辯論，有危害證人生命、身體或自由之虞者，法院得決定不公開。」蓋為被告程序上權益之保障，有關證人在審判中之作證程序，不得剝奪被告防禦權、辯護權益、當事人及其辯護人之對質及詰問權，但為免受保護證人之身分暴露於被告，進而有危害證人生命、身體、自由之虞，規定本項證人應訊之方式，於必要時以蒙面、變聲、變像、視訊傳送等適當方式隔離證人與被告及其辯護人等訴訟關係人，其接受對質及詰問亦同，以保護證人身分不曝光。同時，「對受身分保密之證人製作筆錄、文書或其他足資識別其身分之資料時，應以代號為之，並應製作代號及真實姓名對照表，以密封套密封附卷。前項代號及真實姓名對照表，應由啟封者及傳閱者在卷面騎縫處簽名，載明啟封及傳閱日期，並由啟封者併前手封存卷面，重新製作卷面封存之[13]」。又，「法院、檢察官或司法警察機關，應注意避免有人藉偽證、誣告或其他案件之告訴、告發探知受保護人之姓名及身分資料，並應注意對當事人以外使用代號之受保護人身分資料予以保密。受理告訴、告發案件機關，有向法院、檢察官或司法警察機關借調受保護人案卷之必要者，應函告其偵、審之對象及案由。法院、檢察官或司法警察機關應將偵、審範圍以外有關使用代號之受保護人姓名及

---

[12] 另妨害司法之加重刑法，第18條：「意圖妨害或報復證人之作證，而對受保護人實施犯罪者，依其所犯之罪，加重其刑至二分之一。」有關虛偽陳述第19條規定：「依本法保護之證人，於案情有重要關係之事項，向該管公務員為虛偽陳述者，以偽證論，處一年以上七年以下有期徒刑。」

[13] 證人保護法施行細則第17條之條文規範。

身分等資料封存保密後,再行借閱[14]」。

　　刑事被告質問不利證人的權利,乃其訴訟上重要的防禦權,但為了秘密或被害證人之保護目的,或證人已不可及的現實理由,質問權利或其行使方式的限制,在所難免。然如何以最小侵害手段,尋求個案的兩全之道,理應考量限制的事由不但必須與質問保障具有等價關係,並且必須針對具體個案指出充分、具體的限制理由。此外,無論偽裝措施或視訊傳輸,皆屬限制,法院必須依照個案情形,優先選擇較佳的防禦手段。例如,視訊訊問在欠缺等價事由的情況下,被濫用以取代當庭質問的最佳防禦手段。此外,秘密或被害證人的保護目的,抽象而言,固然可能作為限制質問的正當事由,但這無法免除針對系爭個案而具體、充分說明限制理由的必要性。論者認為我國立法多將蒙面、變聲、變像、視訊傳送等各種隔離措施併列規定或嫌籠統。因此,法院同樣應該針對具體個案,個別審查各種隔離措施的限制高低,以及其與限制目的的比例關係,方能於個案中找出最小侵害手段,真正實踐較佳防禦手段優先性原則[15]。

（二）罪責減免

1.協助偵查之「窩裡反」

　　對於本法適用案件之被告或犯罪嫌疑人,本法第14條第1項規定:「於偵查中供述與該案案情有重要關係之待證事項或其他共犯之犯罪事證,因而使檢察官得以追訴該案之其他共犯者,以經檢察官事先同意者為限,就其因供述所涉之犯罪,減輕或免除其刑。」本條實務運用上或稱被告或犯罪嫌疑之「窩裡反」,但避免其在減輕或免除其刑之利誘下,「以鄰為壑」、「入人於罪」而有虛偽證言之情形,嚴格限制其適用之範圍。亦即,須因其供述與案情有重要關係之待證事項及其他共犯之犯罪情事,因而使檢察官得以追訴該案其他共犯,且經檢察官事先同意者為限。同時,「稱檢察官事先同意,指檢察官本案偵查終結前之同意。檢察官同意

14　證人保護法施行細則第18條之條文規範。

15　林鈺雄,〈對質詰問之限制與較佳防禦手段優先性原則之運用:以證人保護目的與視訊訊問制度為中心〉,《法學論叢》,40卷4期,2011年12月,頁2323-2395。

者，應記明筆錄[16]」。

2. 協助偵查之「證人豁免」

「非」本法適用案件之正犯或共犯，而協助追訴適用犯罪之證人或檢舉人等，本法第14條第2項、第3項：「於偵查中供述其犯罪之前手、後手或相關犯罪之網絡，因而使檢察官得以追訴與該犯罪相關之第一條第二項所列刑事案件之被告者，參酌其犯罪情節之輕重、被害人所受之損害、防止重大犯罪危害社會治安之重要性及公共利益等事項，以其所供述他人之犯罪情節或法定刑較重於其本身所涉之罪且經檢察官事先同意者為限，就其因供述所涉之犯罪，得為不起訴處分。」或者其經檢察官起訴者「得為減輕或免除其刑」。另本項條文「所稱就被告或犯罪嫌疑人因供述所涉之犯罪得為不起訴處分者，不限於本法第二條所列之罪[17]」。

然而，參考司法院釋字第636號解釋「正當法律程序」論理，大法官認為：「刑事被告詰問證人之權利，旨在保障其在訴訟上享有充分之防禦權，乃憲法第八條第一項正當法律程序規定所保障之權利，且為憲法第十六條所保障人民訴訟權之範圍（本院釋字第五八二號解釋參照）。刑事案件中，任何人（包括檢舉人、被害人）於他人案件，除法律另有規定外，皆有為證人之義務，證人應履行到場義務、具結義務、受訊問與對質、詰問之義務以及據實陳述之義務（刑事訴訟法第一百六十六條第一項、第一百六十六條之六第一項、第一百六十八條、第一百六十九條、第一百七十六條之一、第一百八十四條第二項、第一百八十七條至第一百八十九條參照）。」亦即，「任何人於他人（刑事犯罪）檢肅流氓案件，皆有為證人之義務，而不得拒絕（被告）被移送人及其選任律師之對質與詰問。惟為保護證人不致因接受對質、詰問，而遭受生命、身體、自由或財產之危害，得以具體明確之法律規定，限制被移送人及其選任律師對證人之對質、詰問權利，其限制且須符合憲法第二十三條之要求」。相對地，偵查階段偵訊取供或蒐證保全「另當別論」，法庭程序審理過程

---

[16] 證人保護法施行細則第21條之條文規範。
[17] 證人保護法施行細則第22條之條文規範。

「若未依個案情形，考量採取其他限制較輕微之手段，例如蒙面、變聲、變像、視訊傳送或其他適當隔離方式為對質、詰問，是否仍然不足以保護證人之安全或擔保證人出於自由意志陳述意見，即驟然剝奪被移送人對證人之對質、詰問權以及對於卷證之閱覽權，顯已對於被移送人訴訟上之防禦權，造成過度之限制，而與憲法第二十三條比例原則之意旨不符，有違憲法第八條正當法律程序原則及憲法第十六條訴訟權之保障」。

第三節　證人保護實務判決檢討

壹、警分局長包庇電玩弊案

一、案例事實

　　高雄市分局長A任職於市警局專勤組組長時，透過刑事組偵查員C及刑事組小隊長D等兩名白手套向電子遊戲業者收受賄賂作為電子遊戲場規避查緝之對價。另為有效確保電子遊戲場不被專勤組所查緝，A將其所收受之半數賄款交予負責偵蒐、查緝之專勤組警務正B，由B針對已行賄之電子遊戲場不予派員進行查訪，共同遂行包庇電子遊戲場違法經營之情事[18]。

二、爭議焦點

　　本案偵辦過程中，A等人獲檢察官事前同意適用證人保護法第14條第1項之規定，於偵查中供出涉案警務正B之犯罪事證，以利檢察官得以追訴其上開犯行，並獲檢察官向法院請求減輕其刑、免刑之判決。然而，本件被告B及其辯護人均認證人A等於偵查中經檢察官偵訊所為不利於被告B之證述部分無證據能力。

18　中國時報，〈警分局長「包庇電玩弊案認罪 並繳不法所得」〉，2016年12月26日。

三、判決要旨

「檢察官於偵查中對被告以外之人所為之偵查筆錄，依據刑事訴訟法第159條之1第2項，性質上屬傳聞證據。惟現階段刑事訴訟法規定檢察官代表國家偵查犯罪、實施公訴，依法其有訊問被告、證人及鑑定人之權，證人、鑑定人且須具結，而實務運作時，檢察官偵查中向被告以外之人所取得之陳述，原則上均能遵守法律規定，不致違法取供，其可信度極高。職是，被告以外之人前於偵查中已具結而為證述，除反對該項供述得具有證據能力之一方，已釋明顯有不可信之情況之理由外，不宜即逕指該證人於偵查中之陳述不具證據能力。故本件被告及其辯護人雖均否認證人A、C於偵查中證述之證據能力，然證人A、C於偵查中之證述業經具結，並無證據證明顯有不可信之情況，且證人A於本院審理中到庭接受詰問，並賦予被告B詰問之機會，依前開說明，證人A、C於偵查中之證述有證據能力[19]」。亦即，本項判決於法庭審判過程或遵守證人保護法要求證人「到場作證」、「對質詰問」之規範要求。但是，不難想像被告一方何以知悉檢察官偵查過程與證人交手互動、偵訊溝通等等，要求其釋明密室空間證人供述原委、動機目的等偵訊過程，有無不可信之情況或強人所難。

貳、機捷合宜住宅收賄弊案

一、案例事實

營建署署長A於承辦機場捷運A7合宜宅投資興建案時牟生貪念，邀其友人B擔任白手套居中協調聯繫，於其職務範圍內提供相關招標資訊予遠雄建設公司負責人C、D，以利該建設公司順利取得A7合宜住宅標案。隨後於遠雄建設公司順利取得該標案後，A再指示友人B至遠雄建設公司要求具體賄款，並將收取之賄款轉交予A[20]。

---

[19] 最高法院107年度台上字第3337號判決。
[20] 自由時報，〈轉污點證人全認罪，獲輕判6月徒刑〉，2015年3月20日。

二、爭議焦點

本案偵辦過程中，A獲檢察官事前同意適用證人保護法第14條第1項之規定，詳實供述與該案案情有關係之重要待證事項，以及涉案被告B、C、D等三人之犯罪事證，因而使檢察官得以追訴被告B、C、D之收賄犯行，並獲檢察官向法院請求減輕其刑、免刑之判決。然而，本件被告及被告之辯護人認為，證人A於偵查中經檢察官偵訊所為不利於其等之證述部分無證據能力。

三、判決要旨

「檢察官於偵查程序取得之供述證據，依據刑事訴訟法第159條之1第2項，性質上屬傳聞證據，其過程復尚能遵守法令之規定，是其訊問時之外部情況，積極上具有某程度之可信性，除消極上顯有不可信之情況者外，均得為證據。故主張其為不可信積極存在之一方，自應就此欠缺可信性外部保障之情形負舉證責任；另具有共犯關係之共同被告在本質上兼具被告與證人雙重身分，偵查中當共犯被告陳述之內容，涉及另一共犯犯罪時，就該另一共犯而言，其證人之地位已然形成。此際，檢察官為調查另一共犯犯罪情形及蒐集證據之必要，即應將該共犯被告改列為證人訊問，並應踐行告知證人得拒絕證言之相關程序權，使其具結陳述，其之陳述始符合刑事訴訟法第159條之1第2項所定得為證據之傳聞例外。故本案被告辯護人雖爭執證人A於檢察官偵查中證述之證據能力，惟證人A於檢察官訊問前、後以證人身分依法具結所為之證述，被告辯護人並無提出有何顯不可信之特別情狀，且為證明被告等人犯罪事實存否所必要，並經交互詰問，已依直接、言詞審理檢驗證人A之證詞，被告等人反對詰問權也已受保障且得以完全行使，因而證人A於偵查中不利於被告之證述應認有證據能力[21]」。換言之，本項判決對於共同被告就其他共犯之供述，改列為證人並於法庭審判過程進行交互詰問[22]。然而，如同前引案例所述，偵訊過程若檢察官與證人互通款曲或各取所需等等不法，要求未在現場之被告一

---

[21] 最高法院105年度台上字第969號判決。
[22] 最高法院98年度台上字第2904號、102年度台上字第3990號判決意旨亦可參照。

方釋明當時證人偵訊有無不可信之情況或屬為難。

參、檢察官偵查收賄弊案

一、案例事實

　　高雄地方檢察署檢察官偵辦中醫診所違反藥事法案，查出減肥咖啡含有禁藥成分，收受被告業者價值18萬元的70支幹細胞。另藉妻子名義以友人A為「白手套」居中牽線，投資1,200萬元於被告業者於馬來西亞的礦產公司，遂將禁藥案簽結[23]。

二、爭議焦點

　　本案偵辦過程，A等人偵查中供出涉案檢察官之犯行，以利檢察官得以追訴其上開犯行，並獲檢察官向法院請求減輕其刑、免刑之判決。然而，被告及其選任辯護人均於審判期日指稱關於A等人分別於檢察官偵訊時所為之自白供述並無證據能力。

三、判決要旨

　　「現階段刑事訴訟法規定檢察官代表國家偵查犯罪、實施公訴，依法其有訊問被告、證人及鑑定人之權，證人、鑑定人且須具結，而實務運作時，檢察官偵查中向被告以外之人所取得之陳述，原則上均能遵守法律規定，其可信度極高。職是，被告以外之人前於偵查中已具結而為證述，除反對該項供述得具有證據能力之一方，已釋明『顯有不可信之情況』之理由外，不宜以該證人未能於審判中接受他造之反對詰問為由，即遽指該證人於偵查中之陳述不具證據能力。經查，上開證人即共同被告於檢察官之訊問時，均有委任辯護人在場陪同，且依本院勘驗各該訊問筆錄結果，檢察官之訊問均有依刑事訴訟法第100條之1第1項規定予以全程錄音、錄影，並於轉作證人身分作證時，均已具結在案，且其等亦未曾提及檢察官在偵查時有不法取供之情形，則反對該項供述得具有證據能力之被告及其

23 蘋果日報，〈污點證人招供 簽結換插股 貪檢認罪〉，2012年3月3日。

選任辯護人，既未釋明上開供述有何顯不可信之情況，即指稱該等偵查中經檢察官具結訊問之證述並無證據能力，自無足採[24]」。

肆、小結

一、「窩裡反」之偵訊手段

我國目前實務判決或多認為《證人保護法》第14條第1項立法目的，係藉刑罰減免之誘因，以鼓勵刑事案件之被告或犯罪嫌疑人，使其勇於供出與案情有重要關係之待證事項或其他共犯犯罪之事證，以協助檢察官有效追訴其他共犯。同時，上開證人保護法相關規定既屬對於被告、犯罪嫌疑人之法定誘因，期以得勇於供出與案情有重要關係之待證事項或其他共犯犯罪之事證，協助檢察官有效追訴其他共犯，則檢察官於追訴犯罪之偵辦過程中，以此法定原因向各被告曉諭，自難謂有何違法之不當利誘可言。換言之，司法實務認為並非任何有利之允諾，均屬禁止之利誘，如法律賦予刑事追訴機關對於特定處分有裁量空間，在裁量權限內之技術性使用，以促成被告或犯罪嫌疑人供述，則屬合法之偵訊作為[25]。

二、「窩裡反」之合法利誘

證人保護法第14條第1項之規定，揆其立法目的，本即基於特定或重大犯罪危害甚鉅，若非正犯或共犯間相互指證，大多難以順利破獲，基於鼓勵該等犯罪中之正犯或共犯自白自新，故設定在一定條件之下，藉刑罰減免之誘因，以鼓勵刑事案件之被告或犯罪嫌疑人，使其勇於供出與案情有重要關係之待證事項或其他共犯犯罪之事證，以協助檢察官有效追訴其他共犯。若檢察官於訊問前，曉諭正犯或共犯在上開條件下可以獲得減免其刑之規定，乃係法定寬典之告知，而此減免寬典並設有以「經檢察官事先同意者為限」之條件，自係檢察官權限範圍內之合法偵查作為，並非許

---

[24] 最高法院104年度台上字第3450號判決。
[25] 最高法院104年度台上字第3450號判決。

以法律所未規定或不容許之利益，故非禁止之利誘[26]。

三、「窩裡反」之舉證責任

我國實務判決認為被告以外之人於偵查中向檢察官所為陳述，除顯有不可信之情況者外，得為證據，同法第159條之1第2項定有明文。偵查中對被告以外之人（包括證人、鑑定人、告訴人、被害人及共同被告等）所為之偵查筆錄，或被告以外之人向檢察官所提之書面陳述，性質上雖均屬傳聞證據[27]。惟現階段刑事訴訟法規定檢察官代表國家偵查犯罪、實施公訴，依法其有訊問被告、證人及鑑定人之權，證人、鑑定人且須具結，而實務運作時，檢察官偵查中向被告以外之人所取得之陳述，原則上均能遵守法律規定，其可信度極高。職是，被告以外之人前於偵查中已具結而為證述，除反對該項供述得具有證據能力之一方，已釋明「顯有不可信之情況」之理由外，不宜以該證人未能於審判中接受他造之反對詰問為由，即遽指該證人於偵查中之陳述不具證據能力[28]。

第四節 日本偵查認罪協商

近來，日本社會大眾、媒體輿論關注度最高的商界名人高恩（Carlos Ghosn），原本是日產、三菱、雷諾三家國際車廠的共主，曾被奉為該國經濟停滯「消失二十年」的救世主，現因違反證交法、公司法淪為刑事被告、看守所的階下囚，其相關證據保全、案情突破的重要關鍵，即採日本前項新近立法之「偵查中」認罪協商。同時，「高恩」（Carlos Ghosn）擁有法國、巴西及黎巴嫩多國國籍，掌控全世界一成汽車市場動見觀瞻，東京地檢署發動逮捕將其打入大牢。本案偵辦過程是否押人取供、認罪協商的合理性等等爭議，不僅考驗日本檢察官偵查辦案品質，並且測試該國

[26] 最高法院97年度台非字第115號、99年度台上字第7055號判決。
[27] 最高法院95年度台上字第5026、5027號判決意旨。
[28] 最高法院107年度台上字第3337號、105年度台上字第969號判決。

司法制度國際信譽[29]。

壹、傳統判例論理

一、代表性判例

1976年2月，美國聯邦議會上議院外交委員會「多國籍企業」小委員會的公聽會中，揭露洛克希德（Lockheed）航空公司，推銷航空飛機所引發官商勾結問題。擔任本案偵查的東京地檢署檢察官，同年5月對東京地院的法官提出聲請，就有關丸紅總合商社社長X及其他2名成員的賄賂行為，與數名姓名不詳者的收賄不法事證，依據刑事訴訟法第226條規定，並循國際司法互助方式，委託美國司法機關對於居住美國之洛克希德（Lockheed）公司職員A等3人進行證人訊問[30]。檢察官提出此項請求時，並附有檢察總長聲明書，其內容：「對上述各證人的供述內容，以及未來藉此所得之證據，即使有違反日本法律者，已指示所屬就有關該證言事項，對三名證人為不起訴處分。」以及東京地檢署檢察長之聲名書，內容：「就證言事項，對3名證人為不起訴處分。」據此，負責承審本案的東京地院法官依循外交途徑，於附記檢察官前述意旨，囑託該案美國司法管轄機關之加州中央區聯邦地方法院，實施對A等3人實施證人訊問之檢察官聲請。

受囑託聯邦地方法院任命主導本件證人訊問之執行官，進行相關詰問證人程序。然A等人仍以受日本刑事法律訴追之虞拒絕證言，蓋其對於前述檢察總長及東京地檢署檢察長所發表之聲明，於日本境內是否具備刑事免責法律效果容有疑義。因此，同年7月該聯邦地院的法官要求A等人應接受證人詰問程序，並裁定：「本案證人供述之任何證詞，或因本件囑

---

29 高恩被捕追訴之緣由，乃其關係密切之人與檢察官認罪協商、提供證據。相關報導，日經新聞，〈ゴーン元会長逮捕3週間前に側近2人が司法取引〉，2019年3月15日，取自〈https://www.nikkei.com/article/DGXMZO42892620V20C19A3CC1000/〉。

30 日本刑訴法第226條（第一次審判期日前證人詢問之請求）：「明顯認為知悉犯罪偵查上不可或缺知識者，對於依第二百二十三條第一項規定之偵訊拒絕到場或供述，檢察官得於第一次審判期日前向法官請求詢問證人。」亦即，檢察官對於被告以外之人，並無類似我國強制到場、要求具結、訊問被告之條文規範、論理。

託證言獲致之情資，於日本最高法院發表聲明或訂出規範，明確表示相關內容於日本管轄領域內不被追訴前，不會傳達相關證言內容。」因此，檢察總長再一次表明：「保證該3名證人所為之證言或因證言獲致之所有情報，於日本國境內不會遭受追訴。」同時，最高法院亦聲明：「檢察總長的上述保證，未來我國所有檢察官將會遵守。」聯邦地院接到此聲明後，A等之證人詰問程序陸續展開，包括先前所作成文件及10數卷證人訊問筆錄，分次送到日本。稍後，前首相Y、首相秘書，及前述X等2名，分以受託受賄、行賄等罪遭到起訴[31]。

二、判解要旨

最高法院大法庭認為被告等人，即使未有本項囑託證人詰問筆錄，依據其他證據亦得宣告有罪，上訴意旨對於原審判決結論並無影響駁回上訴，但有鑑於所論議題之重要性，故就本件囑託證人詰問筆錄之證據能力，為以下判斷：

（一）最高法院大法庭對於前述事實發展，認為：（檢察總長及東京地檢檢察長）所為各項宣示，乃為能於法律上強制取得A等供述，而保證相關人等未來於我國境內，不會因其證言內容受到追訴，即賦予所謂刑事免責而得到A等之證言，方能獲致A等證言，完成本件囑託證人訊問筆錄制作並送達我國。

（二）「犯罪事實，應依證據認定之」（刑訴法第317條）。惟本項證據之容許性，除應符合刑訴法證據能力之相關規定外，並應考量刑訴法規範意旨，亦即「刑事追訴兼顧公共福祉維護與個人權利保障，追求事實真相以正確迅速實現刑罰規範之目的」（同法第1條），而為事實認定之基礎。

（三）刑事免責制度，乃因應基於不自證己罪特權保障而拒絕證言，致有未能獲致犯罪證明所須必要供述之情形，而賦予具共犯等關係之部分人員免於刑責，使其喪失不自證己罪特權而強制取得供述，並依其供

---

31 〈日本最高法院大法庭判決〉，《刑事裁判集》，49卷2號，1995年2月22日，頁1。

述內容作為他人有罪證據的法律制度。本案接受囑託的美國於一定之容許範圍、手續要件下,採用此項機制並制定相關法律規範發揮一定機能。[32]

（四）對照我國憲法條文有關刑事手續的規定,雖尚不足認為拒絕本項制度之採用,然刑訴法並未設有相關規範條文。再者,本項制度雖如前述目的考量而有其規範功能,但終攸關與犯罪相關之人利害,並對刑事程序重大事項有顯著影響,其採擇與否仍應慎重考量是否有採用必要性、是否符合公平審判的觀點、是否符合國民法律感情之公正期待等等,並且若採行本項制度,其適用對象範圍、手續要件、效果似應明文規定。然而,我國刑訴法既未設有此制度之條文規定,實可認為並未考量採用本項制度,故賦予刑事免責而取得供述作為認定事實的證據,解釋上認為並不允許應屬必然。

（五）前述論理對於本件藉由國際司法互助之過程,利用刑事免責制度而取得證據,應同樣適用並無作不同解釋之理由。蓋即使由國際司法互助所獲得之證據,得否作為我國刑事裁判上認定事實之依據,仍應遵照我國刑訴法等相關法令來決定。有鑑於前述我國刑訴尚未採用刑事免責制度之意旨,雖是依國際司法互助而取得證據,仍應認定不能作為認定事實的基礎。

三、小結

綜觀前述日本最高法院判決論述說理,應可整理如下4項重點,包括:（一）本案中相關檢察官不起訴之宣示,乃藉由實務運用獲致等同「刑事免責」之法律效果;（二）就日本憲法及刑訴法規範而言,並不排斥刑事免責制度設計,但該國現行法制並未採行;（三）因此,以刑事免責制度運用為前提實施詰問證人,相關供述證言等筆錄書面並無證據能力;（四）同時,本項供述證言之證據禁止,並未因國際合作司法互助之原因理由有所區隔更動[33]。「刑事免責」乃英美法採用施行之制度,

---

32 本項立法考量同我國證人保護法第14條「窩裡反」、「證人豁免」規範論理。

33 後藤昭,〈刑事免責による証言強制─ロッキード事件〉,松尾浩也、井上正仁編,《刑事訴訟法判例百選》,ジュリストNO. 148,1998年8月,7版,頁148。

包括免除與該供述關連犯罪行為之供述者罪責（行為免責，transactional immunity），以及免除供述所得證據用以追訴供述者（使用免責，use immunity）。現一般採用刑事免責制度國家，大多認為不自證己罪喪失之對價，涵蓋該項供述及其衍生證據使用之禁止（證據使用禁止，use and derivative immunity）[34]。惟本項日本最高法院判決，或認「刑事免責」係屬刑事程序重大政策，理應由人民代表經立法程序方具備正當性，另考量刑事免責容易引發虛偽供述，相關道德風險若未控管，恐致事實誤判影響被告權利。同時，刑事免責若有「魔鬼交易」、「利益交換」等負面觀感，或難符合國民法律感情對於公正之期待[35]。

惟日本學說有力見解，認為刑事程序未有「刑事免責」規範設計，即認相關供述取得並無證據能力似嫌速斷。本項日本檢察官「不起訴」宣示，因而促成相關證人訊問程序，彷如「事實上」刑事免責機制，或有違背日本刑事偵查程序規範，但相關供述用能力的判斷，適用違法蒐集證據排除法則，綜合考量具體要件是否違背憲法等規範之重大違法[36]。並且，有謂本項供述證據能力有無之判斷，應尊重國際司法互助受託國主權，肯認該國法律建制下證據蒐集保全證據之證據能力[37]。稍後，對於依循國際偵查互助，於美國製作「關係人供述筆錄」之證據能力問題[38]，日本另有最高法院判決認為：本項供述筆錄乃該受偵訊者經緘默權告知，且於美國偵查人員及日本檢察官共同詰問過程中，於具任意性狀況下自為供述。同時，於美國公證人見證有偽證罪制裁適用之前提，經宣示記載供述內容係屬真實亦自為署名，該當刑訴法第321條第1項第3款「特信情況」[39]。

---

[34] 田口守一，《刑事訴訟法》，弘文堂，2009年5月，頁343。

[35] 後藤昭，前揭註33文，頁149。

[36] 井上正仁，〈刑事免責と嘱託証人尋問調書の証拠能力（1）（2）〉，ジュリスト1069号，1995年，頁13以下；同1072號，頁140以下。

[37] 川出敏裕，〈国際司法共助によって獲得された証拠の許容性〉，研修618号，1999年，頁3以下。

[38] 日本刑訴法第223條（第三人任意到場詢問、鑑定通譯之嘱託）：「檢察官、檢察事務官或司法警察，偵查犯罪如有必要得通知犯罪嫌疑人以外之人到場接受為詢問，或囑託其為鑑定、通譯或翻譯。」「第一百九十八條第一項但書（拒絕到場、離去）以及第三項至第五項（筆錄、閱覽、朗讀、增減變更簽名捺印）之規定，前項情形準用之。」

[39] 〈日本最高法院判決〉，《判例時報》，1730號，2000年10月31日，頁160。

貳、新式司改思維

一、偵查認罪協商

2016年，日本如前所述大幅修改刑事程序法制，號謂「新時代之刑事司法」世紀變革，新設偵查階段「認罪協商」以及「刑事免責」等等機制。其中，「偵查認罪協商」法律規範、政策思維以及實務運用考量，主要針對政治貪污舞弊、重大財金犯罪、組織幫派或者毒品犯罪等，犯罪嫌疑人或被告就他人的犯罪事實，「若能於偵訊過程或證人審訊程序為真實陳述，或於證據蒐集保全上提供必要協助」，檢察官則予以「其涉犯案件不起訴、撤回起訴、變更訴因（如追加、撤回），或為特定求刑等等減輕之相應對的利益」。例如，犯罪組織之首腦X涉嫌毒品犯罪，但罪證蒐集保全僅能追訴幫派組織之成員A。因此，檢察官為能對於X（目標被告）之特定犯罪（標的案件）進行追訴，得對於A（本件被告）之本件犯罪（本罪案件）予以特定訴訟利益之「必要恩惠」，作為換取其提供證據情資之「合理對價」。其中，本項偵查認罪協商乃屬司法上買賣、交易，檢察官提供的特定訴訟利益，必須追訴目標被告之「補充手段」或「不得不的方法」，同時檢察官提供的特定訴訟利益，應與所獲致證據情資「合理合情」、「必要均衡」[40]。

二、認罪協商交易買賣

日本刑事訴訟法第350條之2第1項：檢察官就特定犯罪之犯罪嫌疑人或被告，關於他人特定犯罪之案件（以下稱「標的案件」），因其從事第1款所揭各行為，經考量獲致證據之重要性、關係犯罪之輕重及情狀，以及相關犯罪之牽連程度等，認為有必要時，得與犯罪嫌疑人或被告協定，以犯罪嫌疑人或被告就標的案件為第1款所揭各行為，與檢察官就犯罪嫌疑人或被告之案件為第2款所揭各行為之內容達成合意。

---

[40] 後藤昭，〈2015年刑訴改正法案における協議・合意制度〉，《總合法律支援論叢》，8号，2016年，頁8。

1. 如下行為：

(1) 依第198條、第223條第1項規定，檢察官、檢察事務官或司法警察偵訊時應為真實的供述。

(2) 以證人身分接受詰問時應為真實的陳述。

(3) 於檢察官、檢察事務官或司法警察蒐證保全時，應提出證據或予以其他必要協助（前兩款情形不在此限）。

2. 如下行為：

(1) 不提公訴。

(2) 撤回公訴。

(3) 提起特定訴因、罰則之公訴，或維持該項公訴。

(4) 追加或撤回特定訴因、罰則，或請求變更之。

(5) 依第293條第1項規定陳述意見時，對被告之特定科刑意見。

(6) 聲請即決審判。

(7) 聲請簡易審判。

日本犯罪協議合意對象案件之規範設計，主要考量其具有必要性、適切性。條文規範所謂「必要性」，乃指若非藉由本項協議、合意之方式，其他證據蒐集保全手段尚難達到追訴目的。所謂「適切性」，則指其犯罪類型採用協商、交易不致引發民眾反感。例如侵害生命、身體重大法益之殺人、放火、強制性交等犯罪，就被害人的立場、庶民大眾觀點若用以為協商、交易之對象、籌碼或難以獲致支持。再者，本項偵查中的認罪協商，犯罪嫌疑人或被告若為減輕刑責或免於訴訟，於偵訊過程或審訊程序所為陳述或提供之證據有所虛假，或將無端嫁禍於人、徒生冤獄，影響司法公信。因此，避免入人於罪的訴訟機制設計之規範要件，如下：

（一）內在約制

確保本項偵查中認罪協商機制運作之妥適正當，其主要條文規範要件限於「獲致證據之重要性、關係犯罪之輕重及情狀，以及相關犯罪之牽連程度等」。其中，「獲致證據之重要性」，乃犯罪嫌疑人或被告提供協助行為所獲致之證據，係屬標的案件犯罪事實之直接證據並具有相當重要

性者。亦即，並非該當重要之證據，或僅屬證明情狀事實之證據，則不適用本項規範。「關係犯罪之輕重及情狀」，乃如前指本罪案件、標的案件之犯罪輕重及其情狀。例如，本罪犯罪即屬重大，或其情狀係屬惡劣之情形，檢察官應無予以訴訟優惠之餘地，同時「標的案件」與「本罪案件」之輕重，其間考量應有所均衡。「相關犯罪之牽連程度」，乃指標的案件與本罪案件間，若不具一定之相互牽連程度，亦不能適用本項合意規範。例如，看守所或監獄中之犯嫌、被告或受刑人，因與標的犯罪並無任何關連，則不能為情報之提供者，以免其為圖私利、嫁禍於人構陷犯罪[41]。因此，本罪案件、標的案件之彼此間並無一定相互牽連或關連，其雙方當事人所為的合意應屬違法，獲致之證據應無證據能力[42]。

（二）外在約制

包括協商過程辯護人的參與及其同意為必要（日本刑事訴訟法第350條之3、4）。蓋受刑事責任追訴之犯罪嫌疑人、被告處於弱勢地位，辯護人介入程序過程既可保護其權利、利益，並可防止其為虛偽供述、嫁禍於人等危險，合議內容書面化，提出被告案件及目標案件之法院且檢察官應聲請證據調查（第350條之7至9）、虛偽供述之處罰（第350條之15）。亦即，本項偵查中之認罪協商，藉由辯護人的參與確保本項協議的合法、正當。另合議內容的書面提出法院，促使法院認識相關供述源自於交易之結果，並得以更為審慎地評價相關供述的信用性。再者，確保檢方遵守合意之內容，其若有違反之行為應為免訴判決（第350條之13），且本件被告供述或其提供之證據亦不具證據能力（第350條之14）[43]。

（三）價碼明確

偵查中認罪協商，本案犯罪嫌疑人或被告得以提供之協助，限於法律明文規範之「列舉」行為，包括：1.偵查階段接受檢警機關偵訊過程中，其應為真實供述之「供述協定」；2.審判程序接受當事人等詰問過程

---

41 笹倉香奈，〈刑事法改正と共犯者供述による立証〉，《法律時報》，88卷1号，2016年，頁19。

42 後藤昭，前揭註40文，頁8以下。

43 綠大輔，《刑事訴訟法入門》，日本評論社，2017年9月，2版，頁191以下。

中，其應為真實供述之「證言協定」；3.偵查過程中提供證據等必要協助之「合作協定」。換言之，「供述協定」乃貫穿偵查、審判程序之行為，「證言協定」乃於公開法庭之審判程序行為，「合作協定」遵守秘密不公開之偵查階段行為。其中，所謂「應為真實的供述」，乃依據自己的記憶，而為供述即為已足。若依從記憶而為陳述，縱其結果與客觀事實並未合致，亦無礙其供述之真實。例如，供述指稱：「某人就是首謀」等等，逾越供述、證言的範疇，類屬個人之意見、主張或評價，不該當本項供述之內容[44]。另本項條文規範「達成合意」之情形，其提供協助之犯罪嫌疑人或被告，於法庭審理時並不當然喪失其「不自證己罪」之權利。

（四）驗真機制

如前所述所謂「供述協定」之情形，若檢察官欲以偵訊過程犯罪嫌疑人或被告之供述，作為標的被告之特定犯罪之證據，仍應配合同時具備「證言協定」之合意內容。蓋避免標的犯罪嫌疑人或被告「無端招禍」，應保障其對偵查機關提供協助者之「反對詰問權」，以彈劾相關證言虛偽供述之可能防止「入人於罪」風險[45]。相對地，若僅有「供述協定」合意但無「證言協定」，應可推定迴避法庭證言或反對詰問係屬違法。再者，如同傳聞法則之規範思維，本項偵查階段之供述筆錄，源自協助偵查、認罪協商而受益之本案犯嫌或被告，對於受到指控承擔不利之（標的案件）犯嫌或被告，其相關抗辯權益若未受保障則欠缺程序正義實失公允。因此，傳聞例外之情況應嚴格限縮，若提出指控者若有審判未能到庭情形，檢察官仍應聲請審判期日外證人證據調查，並努力促使其到庭接受相關詰問，方得確保該項供述證據之證據能力與證明力。

另如偵訊過程中犯罪嫌疑人或被告之供述，並非作為標的被告或案件之證據使用，僅是作為偵查情資或為其他蒐證之線索則屬適當。亦即，協助偵查之犯嫌或被告供述犯罪集團首謀者之行蹤，偵查機關果如供述所

---

44 相關論據說理如同我國刑事訴訟法第160條：「證人之個人意見或推測之詞，除以實際經驗為基礎者外，不得作為證據。」
45 笹倉香奈，前揭註41文，頁24。

在逮捕該首謀者之情形[46]。然而，縱此情形下若日後仍須聲請供述首謀所在之犯嫌或被告出庭作證時，檢察官仍應就該合意內容書面聲請證據調查（第350條之9）。同時，本項書面即屬該當傳聞例外，仍因未經反對詰問等等機制確認，該項供述證據之信用性或較不足，檢察官應自負本項舉證風險。

參、認罪協商對等公平

偵查型認罪協商節省司法資源、當事人勞費等等，然或會牽連他人、涉及無辜或有入人於罪之風險，相關協議合意過程如前所述應有辯護人介入、協助，進而為能確保實質、有效之辯護，雖屬偵查階段的證據資料亦須對於辯護人適度開示。再者，本項認罪協商涉及事實真相刑、罰權範圍以及公平正義等等確認，當事人間之協議、合意的有無、決議內容應有明確記錄。因此，制度規範上要求協議、合意應為書面紀錄，並由檢察官、犯罪嫌疑人或被告及辯護人共同連署、簽名並敘明其內容[47]。其內容記載，包括：提供協助的犯罪嫌疑人或被告案件之特定、標的犯罪嫌疑人或被告案件之特定、合意之犯罪嫌疑人或被告提供協助的內容，以及檢察官因應協助內容提供之訴訟利益對價。其中，相關協助內容之記載，並非特定、具體的供述內容，僅止於其相關供述項目乃屬真實之說明。亦即，合意內容之書面，並非作為認定犯罪事實之實質證據，僅僅對於合意程序項目內容之表彰記載。

偵查階段認罪協商之合意協議，乃本案犯罪嫌疑人或被告提供協助，與檢察官因應協助提供利益之對價交換，期間經過許多討論、協商等等權利義務之意見交換，原則應由檢察官與犯罪嫌疑人、被告及辯護人共同參與進行，於特定例外情況經犯罪嫌疑人、被告及辯護人同意，可由

---

46 後藤昭，前揭註40文，頁9。
47 參日本刑事訴訟法第350條之3：「前條第一項之合意（偵查協助型認罪協商），應經辯護人同意。」「前條第一項之合意，應由檢察官、犯罪嫌疑人或被告及辯護人連署並敘明其內容。」

檢察官與辯護人獨自進行之[48]。亦即，認罪協商之合意協議，不能單由檢察官與犯罪嫌疑人、被告雙方自行進行之，蓋辯護人乃犯罪嫌疑人與被告利益的維護者，對於處於劣勢的犯罪嫌疑人、被告單獨面對檢察官並不妥當。因此，偵查階段偵訊過程犯罪嫌疑人等若未委任辯護人時，檢察官不能「獨自」對於犯罪嫌疑人提議本項交易，並且檢察官不能「獨自」接受犯罪嫌疑人等提議本項交易，亦即本項交易過程自始自終應有辯護人參與之可能。同時，參與協議過程之辯護人，為能確保協議內容適切正當，並維護當事人的訴訟利益，亦應自行記錄協議程序內容，以免資料來源單一或有偏頗可能。

本項協議過程中檢察官就他人刑事案件，得要求犯罪嫌疑人或被告為供述。本項供述要求雖非詢問或訊問之進行，但為確保協議過程之正當、適切，仍應為緘默權等權利事項告知確保供述之任意性等。再者，為能維護參與協議的犯罪嫌疑人或被告之權益，若未能與檢察官達到一定合意之內容，因其未能獲得檢察官給予的訴訟利益，協議過程中陳述的內容亦不得作為證據使用[49]。否則，對於犯嫌或被告徒生損失或不利之風險，易失去鼓勵其等參加本項協議合意之誘因。同時，本項未能達成合意內容之供述，對於本件犯罪或標的犯罪均不具證據能力，亦不能作為強制處分令狀聲請之釋明資料。惟基於此項合意供述所衍生獲致之證據，其證據能力的有無則須另行個別判斷[50]。於協議過程不能達成合意時，檢察官若仍希望使用協議中供述內容作為證據，應於協議後另行實施偵訊再次嘗試取得同樣意旨供述。然而，於此情形應保障其不自證己罪之特權，維護原供述者告知聽聞正當程序，並尊重其供述之自由意識。

---

48 參日本刑事訴訟法第350條之4：「第三五零條之二第一項之合意應為必要之協議，應由檢察官、犯罪嫌疑人或被告及辯護人行之。」
49 參日本刑事訴訟法第350條之5第1項、第2項：「有關前條之協議，檢察官就他人刑事案件，得要求犯罪嫌疑人或被告供述。於此情形準用第一九八條第二項規定（緘默權告知）。」「犯罪嫌疑人或被告有關前條協議之供述，若未達成第三五零條之二第一項之合意時，其供述不得作為證據。」
50 後藤昭，前揭註40文，頁19。

肆、認罪協商事後檢證

檢察官與犯罪嫌疑人間若有第350條之2第1項合意之情形，就該達成合意犯罪嫌疑人之案件提起公訴時，於第291條程序（案件經交付審前整理程序）後，應儘速聲請第350條之3第2項書面（以下稱合意內容書面）之證據調查。就被告案件於起訴後，有第350條之2第1項合意之情形亦同[51]。蓋本條規範意旨，要求檢察官對於合意內容書面證據調查之聲請義務。同時，本項證據調查之聲請義務，應於審判程序前階段即應提出，亦即該項合意案件之開審程序後即時提出。因類此程序規範具有告知機能，促使法院「第一時間」知曉本項合意之事實，進而即早進行本項合意書面證據調查，以掌握合議內容適法性、公正性，以及其間「恩惠」、「對價」的均衡性。同時，對於偵查階段認罪協商而受指控「標的案件」，其被告於審判程序過程中，因「被告以外之人之供述筆錄，其乃基於第350條之2第1項合意所作成，或基於同項合意所取得之供述或紀錄者，對此項證據檢察官、被告或辯護人聲請證據調查或法院職權證據調查時，檢察官應儘速聲請該合議內容書面之證據調查[52]」。

伍、認罪協商退場機制

日本偵查中認罪協商的制度設計，其性質上基於當事人雙方達成合

---

[51] 參日本刑事訴訟法第350條之7：「本罪案件檢察官聲請證據調查之義務」，另其第2、3項規定：「依前項規定聲請合意內容書面之證據調查時，該合意當事人若有依第三五零條之十第二項規定告知脫離該項合意之情形，檢察官應一併聲請同項書面證據的調查。」「依第一項規定聲請合議內容書面證據調查後，該合意當事人若有依第三五零條之十第二項規定告知脫離該項合意之情形，檢察官應儘速聲請同項書面證據的調查。」

[52] 參日本刑事訴訟法第350條之8：「標的案件檢察官聲請證據調查之義務」，另日本刑事訴訟法第350條之9規定：「檢察官、被告或辯護人聲請詰問證人調查或法院職權詰問證人，就該證人詰問與證人間有第三五零條之二第一項之合意情形，檢察官應儘速聲請該合議內容書面之證據調查。於此情形，第三五零條之七第三項規定準用之。」蓋標的案件審理過程中，考量若有偵查中認罪協商之情形，提供協助之犯罪嫌疑人或被告虛偽供述之可能性高，審判法庭上應有確保被告交互詰問權利之必要性。因此，有關基於合意所作傳聞書面之評價過程，合意之存在、內容等等應使法院、被告或辯護人知悉，應科以檢察官聲請證據調查之義務。日本刑事訴訟法第350條之8，同樣地，為能確保反對詰問的實效，有關記載同意過程的協議紀錄，應科以檢察官聲請證據調查之義務。

意、履行合意事項方能達成本項司法交易。因此，若有脫離、違背合意情形者，合意內容失其效力，原則上當事雙方不受拘束。其中，被告一方及檢察官均可提出離脫之事由，主要是對造一方若有違反當初合意事項之情形。另檢察官可獨自提出脫離之事由，包括提供協助的犯罪嫌疑人或被告就標的案件之合意內容為協議時之供述並非真實，或犯罪嫌疑人或被告基於合意偵查過程之供述內容並非真實，或其所提出的證據係屬偽造或變造等等可歸責其本人之事由。相對地，不可歸責犯罪嫌疑人或被告本人之事由，檢察官則不能恣意脫離雙方合意事項之履行。例如，標的案件之被告突然死亡，基於合意提供協助之犯罪嫌疑人或被告有未能出庭作證之情形，檢察官應不能違背當初雙方合議事項不予其應有利益[53]。另一方面，被告得單獨提出脫離合意之事由，包括檢察官聲請訴因或法條之追加、撤回或變更以及求刑等但法院並未同意等等，但此等事由或未可歸責檢察官[54]。

再者，公益代表人之檢察官若其違反合意內容，不免動搖本項機制設計之信任基礎，就程序正義觀點其相關證據調查聲請欠缺公正性，原則上相關獲致證據或衍生證據均不得使用，方屬合理[55]。蓋檢察官不能出爾反爾，藉由雙方合意方能取得提供協助者之供述，亦得以按圖索驥進一步實施蒐證保全，為能強化檢察官履行合意事項之義務，以確保對造當事人之相應的利益、恩惠。相對地，為能強化犯罪嫌疑人或被告一方對於合意內容神聖性之重視，日本刑事訴訟法第350條之15（虛偽供述之處罰）：「違反第三五零條之二第一項合意之情形，對於檢察官、檢察事務官會司法警察為虛偽供述或提出偽造、變造證據者，處五年以下有期徒刑。」「犯前項之罪者於該當合意之他人刑事案件裁判確定前，以及該當合意之自己刑事案件裁判確定前自白者，得減輕或免除其刑。」本項規定對象主

---

53 後藤昭，前揭註40文，頁14。
54 參日本刑事訴訟法第350條之10「合意脫離之證據調查聲請」。
55 參日本刑事訴訟法第350條之14（違背合意之法律效果）：「檢察官若有違反第三五零條之二第一項合意之情形，依第三五零條之四協議的被告供述以及依該當合意之被告提供的證據，並不能以其為證據。」「前項規定，若作該被告刑事案件之證據而該被告並無異議時，以及作該被告以外之人刑事案件之證據而該人並無異議時，則不在此限。」

題乃提供協助的犯罪嫌疑人與被告，就合意的內容等表示同意的辯護人並不能科以共犯之罪責。同時，犯罪嫌疑人與被告若於審判法庭，於經具結、宣誓程序又為虛偽陳述者，其另該當偽證罪責。

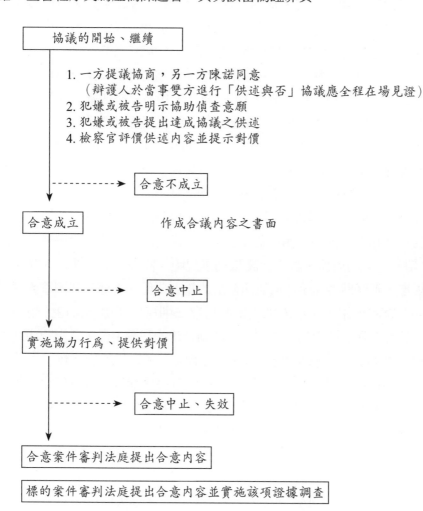

圖6-1　日本偵查中認罪協商流程圖

第五節　結論

　　臺灣檢警機關偵訊規範刑事程序法制變動，隨著時勢演進逐步翻轉但非一次到位、首尾連貫，以致原應適用檢警偵訊「同一場景」的條文規範，卻是散見不同章節體系並且修法論據林林總總、各異其理。舉其犖犖大端，包括：1982年避免偵訊過程刑求逼供，增訂律師辯護適用偵查（第27條）、偵訊時辯護人在場權（第245條），1997年修法確立羈押處分令狀主義，配合增訂緘默權保障（第95條等），稍後並建制警察偵訊錄音錄影、禁止夜間偵訊規範（第100條之1、100條之3），2003年強化當事人進行主義訴訟架構，擴充審判程序「公費辯護」保護經濟弱勢者等（第31條），採行嚴謹證據法則訂定不法取供證據禁止（第158條之2），2010年保障被告辯護權，充實辯護人接見交通權，以及2013年照料原住民族群利益，強化權利告知內涵（第95條第2項）、擴充偵查階段公費辯護（第31條第5項）。另同前述，證人保護法刑事規範「窩裡反」、「證人豁免」程序規定，應屬刑事程序「偵訊法制」的重要環節。然而，我國證人保護司法判決實務運用上，卻未深刻審酌自白法則避免「虛偽自白」規範論理，「想當然爾」地認為「窩裡反」即屬合法的利誘手段，忽視犯嫌或被告「利益薰心」、「以鄰為壑」的人性風險，輕忽「誣陷栽贓」、「入人於罪」導致司法誤判危機[56]。同時，刑訴程序法理有關自白任意性舉證責任歸於檢察官（刑訴法第156條第3項），實務判決卻將偵訊過程「窩裡反」有無「顯有不可信之情況」事由歸責被告一方。換言之，我國證人保護法相關程序規定，並未與刑事訴訟法偵訊法制規範相互連動「獨幟一格」。

　　另最高法院實務判決認為：「被告或犯罪嫌疑人能經由自首、自白供出其他正犯或共犯、自動繳交犯罪所得或其他依規定等得獲減輕或免除

---

[56] 〈最高裁第二小法庭判決〉日本昭和41年7月1日；池田公博，〈約束による自白〉，井上正仁、大澤裕、川出敏裕編，《刑事訴訟法判例百選》，ジュリストNO. 232，2017年4月，10版，頁163。

其刑之寬典，係為獎勵刑事案件之被告或犯罪嫌疑人於偵、審中能坦承犯罪，以求訴訟經濟、節約司法資源，或使其等勇於出面檢舉，以利犯罪之易於或擴大偵查所設。但被告或犯罪嫌疑人對於是否邀寬典而坦認犯罪或供出犯罪來源，或因考慮爭取無罪判決、避免其他案情曝光、保護其他正犯或共犯等因素，在訴訟策略上本享有自主決定權，任何人均應予以尊重；且為避免被告或犯罪嫌疑人因畏懼、服從權威或受暗示、誘導而作不實陳述之可能。」因此，「無論警察、檢察官或法院等司法機關均無『教示』或『指導』被告或犯罪嫌疑人行使上開自主決定權之義務，僅能予以適度闡明及提醒，不宜過度介入。是縱法院未告知或曉諭被告有獲邀輕典等相關規定，亦不能謂其違反訴訟照料義務[57]」。然而，警檢機關偵查活動供述證據蒐集保全活動，乃刑事法律上國家機關追訴犯罪過程個人基本權利保障最受威脅、敏感時刻。同時，犯嫌被告因處於國家質疑涉及不法的不利地位，或囿於人身自由受限未能充分陳述主張，難以自行蒐集有利事證有礙事實真相釐清，若是相關案情資訊揭露未能對等充分下，甚或影響後續國家公訴權、刑罰權發動之公平、正當。因此，法律規範、制度設計對其可能副作用、不良影響，實應多加考量防範、避免之訴訟機制。

　　本文評析日本社會高度關注高恩案件所引發的議題，除了探討其主要蒐證保全手法之偵查階段「認罪協商」外，特別關注刑事法律乃社會公平、正義的最後手段，也是人權保障、憲法規範、社會文明的試金石，追訴處罰的程序規範機制應為相互連動、前後呼應之有機體系。近年，日本挑戰傳統司法思維大幅修改刑事程序法制，新設偵查階段「認罪協商」以及「刑事免責」等等訴訟機制號謂「新時代之刑事司法」。該國「協助偵查型」認罪協商司改新制，規範要求犯嫌、被告與偵查機關合作、協助追訴犯罪，而以免除刑罰一部或全部作為對價。其中，有關「協助偵查型」認罪協商之立法政策，或有認為犯罪嫌疑人或被告以其了解相關犯罪內幕，為了自身利益與偵查機關進行交易、出賣同伴，或有「賣友求榮」之負面觀感。然而，犯罪嫌疑人或被告「知錯能改、善莫大焉」，從事不法

57　最高法院107年度台上字第3559號判決。

勾當的犯罪人若其出於悔悟、全盤托出「自白犯罪」，免除其刑罰一部或全部或無不可，同時對其減輕刑罰提高誘因亦有助於犯罪追訴的司法成本、代價。因此，近來日本因應犯罪類型轉變、司法資源的有效運用等等，類如「吹哨人」之「公益通報制度」、公平交易法中「自主申報」之「課徵金減免制度」（leniency；リニエンシー），作為現代社會打擊巨惡、打開密室交易司改政策之重要手段。臺灣證人保護規範與日本偵查認罪協商，立法政策異曲同工、規範內涵明顯不同，該國判決論理考量民心趨勢、規範論據呼應國際思潮，其司法審判制度設計足供我國比較法制之參考。

第七章

貪污治罪條例

李錫棟

第一節　背景與沿革

　　民國27年國民政府為了懲治作戰期間內軍人或公務員之貪污行為，制定公布懲治貪污暫行條例，規定剋扣軍餉、建築軍工或購辦軍用品從中舞弊、盜賣軍用品、藉勢或藉端勒索勒徵強占或強募財物、以軍用舟車航空機等裝運違禁或漏稅物品等行為，概皆處以重刑，並由有軍法職權之機關審判執行之。該條例於民國32年修正名稱為懲治貪污條例，並增加貪污罪之制裁行為，同時規定犯本條例之罪者，依特種刑事案件之審判程序辦理[1]。

　　抗戰勝利後，因接收復員，貪污之風更變本加厲，懲治貪污條例仍舊有適用之必要，故於民國34年經立法院修正通過第1條條文，刪除其中「作戰期內」四字。其後，於民國36年再度修正第14條，規定本條例施行期間至民國38年12月31日止；惟至民國38年9月29日，因應當時戡亂之需，又再修正延長施行期間。民國39年立法院修正通過懲治貪污條例，明定施行期間為2年，必要時得延長之。本條例施行期滿後，曾經延長施行期間2年，至民國43年5月立法院決議，本條例於民國43年6月1日施行期滿後，予以廢止[2]。

　　懲治貪污條例廢止後，因發生一系列之重大貪污案[3]，立法院復於民國52年制定公布戡亂時期貪污治罪條例，經民國62年修正，施行至民國80年終止戡亂時期後，於民國81年修正名稱為貪污治罪條例，並歷經多次修正迄今。

1　林山田，〈民國成立至今之特別刑法〉，《臺大法學論叢》，22卷1期，1992年12月，頁185。
2　林山田，前揭註1文，頁185-186。
3　劉鎮球，〈戡亂時間貪污治罪條例審查經過及其立法要旨〉，《軍法專刊選輯》，1輯，1974年，頁841以下。

第二節 貪污罪之類型

　　所謂貪污罪係指公務員利用國家所賦予的職務，以獲取不法財物或利益之犯罪而言，為瀆職罪的一種類型。公務員執行公務必須依據法律與命令公正地執行其職務，若有違反法律或命令而執行職務，或違背其職務上所應盡的義務，或濫用其職權等情事，一方面可能扭曲了國家的意志[4]，另一方面，可能損及國家、公共或個人的利益。因此，刑法設有瀆職罪章，就公務員違法失職或濫權行為中具有較高不法內涵者，予以入罪化。其不法內涵在於破壞依法公正執行職務的原則，以及損害國家、公共或個人的利益。貪污罪作為瀆職罪的一種類型，當然也是公務員濫用國家所賦予的職務，違法或不公正的執行職務，除此之外，並藉以獲取不法財物或利益。其類型大致上可分為以下幾種。

壹、賄賂罪

　　賄賂罪是公務員以其職務行為作為圖謀不法利益的工具，而與其相對人之間不法協議的犯罪。亦即公務員實施或允諾實施特定的職務行為，而其相對人則以交付或允諾交付財物或利益以作為相對代價所形成的不法約定。其所侵害的法益，學說上有各種不同的說法，有認為是阻撓或竄改國家的意志，有認為是破壞執行公務的純潔與真實，有認是破壞公務行為的無酬性，有認為是破壞社會大眾對於公務行為的信賴者，亦有將上述各種說法加以綜合，認為賄賂罪是為了確保公務行為的純潔與真實，阻止公務行為的可賄賂性，確保社會大眾對公務行為的不受賄性或不可收買性的信賴，並使國家意志不因公職人員的圖利瀆職行為而受到阻撓或竄改者[5]。刑事司法實務有認為要求期約或收受賄賂罪所侵害之法益為國家公務執行之公正[6]。

---

[4]　其實國家的意志本身也可認為是一種利益。
[5]　林山田，《刑法各罪論（下冊）》，2004年，增訂4版，頁68。
[6]　最高法院69年台上字第1414號判例。

　　本文以為賄賂罪所要保護的法益是在於公務員合法公正的執行職務。講起來，賄賂罪作為瀆職罪的一種，其最讓人疑惑的是所要保護的法益究竟是什麼，尤其是不違背職務的收賄罪。其既然是不違背職務，也就是合法的執行職務，如何可認為是瀆職行為，又其雖然有收受財物或利益之行為，但該財物或利益是相對人所心甘情願贈送的，並非公務員所偷、所搶或詐欺恐嚇等侵害權利行為所得的。如此，公務員不違背職務的收賄行為究竟侵害了什麼法益，不免令人生疑。

　　關於這樣的疑問，首先要思考的是，公務員本應合法、公正的執行職務，儘管公務員不違背職務而合法的執行職務，但該職務之執行卻因為受到賄賂的不良影響而有不公正執行的危險。換言之，公務員執行職務原本應合法且公正的執行，因為有收受賄賂的關係使其裁量可能因而調整，如此，其執行職務的公正性就有受到不良影響的危險，故賄賂罪也可認為是一種危險犯。例如在申請許可的案件，申請人符合許可的條件，依法公務員理應許可其申請，甚至可能基於公益上的考量，優先許可其申請。但是這種優先許可，如果是因為收到申請人賄賂的關係，而優先提前許可，則儘管其許可本身沒有違法，卻可能因為受到賄賂的影響而使其優先提前許可變得不公正。也就是有賄賂者可以優先提前辦理，而沒有賄賂者則只能慢慢等待，如此，執行職務的公正性將因為有賄賂的介入而有受到破壞的危險，也將使得公務具有可收買性。

　　上述案例中，如果果真使行賄者優先提前處理，則這種危險就成為實害了，其不法內涵應比危險階段來得高，而應科以較高之刑罰，不過現行刑法和貪污治罪條例對於這種實害的情形並沒有提高其刑罰，只有在刑法第122條第2項對於違背職務收賄罪的實害階段有加重其刑罰的規定，主要是因為其不但不公正而且違法，其不法內涵相較於不違背職務收賄罪的情形要來得高，所以立法者只有對於違背職務收賄罪的實害階段有加重刑罰的規定，而對於不違背職務收賄罪的實害階段則沒有加重刑罰的規定。

　　其次，本罪之行為主體必須為公務員。所謂公務員，係指刑法第10條第2項所指的：「一、依法令服務於國家、地方自治團體所屬機關而具有法定職務權限，以及其他依法令從事於公共事務，而具有法定職務權限

者。二、受國家、地方自治團體所屬機關依法委託，從事與委託機關權限有關之公共事務者。」而言。

刑事司法實務有認為鄉公所僱用之公墓管理工，因掌理勘測公墓使用面積，催收公墓使用費等事務，而應認為是公務員[7]。信用合作社助理員，承辦受稅捐處委託代收稅款業務，係受公務機關委託承辦公務之人員，而應認為是公務員[8]。甚至連農會之職員辦理受土地銀行轉委託之代收公營事業機關中油公司加油站之油款，亦認為係受土地銀行委託代收公有財物，屬受委託承辦公務，應認為係屬受公務機關委託承辦公務之人而為公務員[9]。但也有反對意見，認為信用合作社受合作金庫之委託，收稅款並非合作金庫之公務，換言之，信用合作社並非受收稅款之公務機關即稅捐機關之委託，故信用合作社職員顯然不是受公務機關委託承辦公務之人[10]。此外，民間團體為了辦理受公務機關委託之公務而自聘員工，該自聘員工之事務係基於該團體之權力，與執行受公務機關委託之事務係屬二事，故該辦理聘任員工之人員亦應認為非屬公務員[11]。

非公務員與公務員共犯本罪，依第31條第1項之規定，因身分或其他特定關係成立之罪，其共同實行、教唆或幫助者，雖無特定關係，仍以正犯或共犯論，亦即得與公務員成立正犯或共犯。不僅如此，依本條例第3條之規定，與公務員共犯本條例之罪者，亦與公務員一樣依本條例處斷，而非依刑法第121條或第122條受賄罪之規定處斷。

不論是依刑法瀆職罪章的規定，還是依貪污治罪條例的規定，收賄罪都分為違背職務收賄罪與不違背職務收賄罪，以下分別說明之。

一、違背職務收賄罪

貪污治罪條例第4條第5款規定：「對於違背職務之行為，要求、期約或收受賄賂或其他不正利益者。」處無期徒刑或十年以上有期徒刑，得

---

[7]　最高法院70年台上字第1059號判例。
[8]　司法院80廳刑（一）字667號研討意見。
[9]　最高法院70年台上字第4834號判例。
[10]　司法院74廳刑（一）字452號研討意見。
[11]　臺灣高等法院62年法律座談會。

併科新臺幣1億元以下罰金。本款規定之不法構成要件，與刑法第122條第1項之違背職務收賄罪並無不同，因此在解釋上亦應與刑法第122條第1項之違背職務收賄罪一樣。即公務員以其違背職務之行為為對價與相對人進行交易，而相對人則以賄賂或不正之利益為對價與公務員進行交易。公務員之「違背職務行為」與相對人之「賄賂或不正利益」互為代價，而有對價的關係。

其犯罪之行為包括要求、期約和收受賄賂或不正利益，且有其一即可構成本罪之既遂，不以已然收受賄賂或不正利益為必要。換言之，行為人未收受賄賂，而有要求或期約之行為，即可構成本罪。司法實務認為如原無交付賄款之意思，只是意在檢舉上訴人之犯罪，而虛予交付，以求人贓俱獲，如此，既非交付賄賂，則收受該所送款項，自亦無從成立收受賄賂罪，僅應就其前階段行為，成立要求賄賂或期約賄賂罪[12]。至於公務員是否已然履行其承諾而為當初所約定的違背職務之行為，則在所不問，均足以構成本罪的既遂。也就是本罪不以公務員果然已實現其違背職務之行為為必要，僅因要求、期約或收受賄賂之行為而使其職務行為陷於違法之危險即足以構成本罪，故曰本罪為危險犯。

如果公務員果真因為收受賄賂而實現其違背職務之行為，則執行職務的公正性已然受到侵害而成為實害犯，其不法內涵較高，故刑法第122條第2項對於違背職務收賄罪因而為違背職務之行為設加重其刑罰的規定，應屬合理。依刑法第122條第2項之規定，其法定刑為無期徒刑或五年以上有期徒刑，得併科400萬元以下罰金。但是貪污治罪條例對於違背職務收賄罪因而為違背職務之行為，並未設加重其刑罰的規定。

由於一般是把貪污治罪條例第4條第5款之規定認為是刑法第122條第1項的特別法，而依特別法優先於普通法適用的原則，理應優先適用貪污治罪條例第4條第5款之規定。但是相對於刑法第122條第2項之實害犯，貪污治罪條例並未設任何規定，因此，當行為人之行為該當刑法第122條第2項時，如以貪污治罪條例第4條第5款之規定來評價，顯然評價不完足，而

12　最高法院69年台上字第1760號。

必須回到普通刑法第122條第2項，因為只有以刑法第122條第2項來評價才能評價完足。

然而，比較刑法第122條第2項與貪污治罪條例第4條第5款之法定刑，即可發現一個不合理的現象，即作為危險犯的貪污治罪條例第4條第5款之法定刑，不但比刑法第122條第1項的法定刑高，甚至比刑法第122條第2項實害犯的法定刑來得高。

如此，行為人該當違背職務收賄罪時，應依特別法優於普通法之原則，適用貪污治罪條例第4條第5款較重之刑罰。如果更進而該當違背職務收賄因而為違背職務之行為罪時，反而應適用刑法第122條第2項較輕的刑罰。也就是不法內涵較高之實害犯，適用較輕的刑罰，而不法內涵較低之危險犯，反而因為有特別法的規定而適用較重的刑罰。

從這一點來看，也可以說明片面的提高某些個別的罪的刑罰而未予整體考量，往往會造成罪刑不相當的情形，將來修法時，有加以注意之必要。

其次，貪污治罪條例第4條第3款規定：「建築或經辦公用工程或購辦公用器材、物品，收取回扣或有其他舞弊情事者。」處無期徒刑或十年以上有期徒刑，得併科新臺幣1億元以下罰金。所謂收取回扣，實務上有認為是圖利行為，然而回扣在本質上是對於公務員的特定職務行為的對價給付，而與公務員的職務行為構成對價的必要關連。因此，收取回扣，性質上應認為是屬於收賄罪的賄賂。貪污治罪條例第4條第5款之外，另設本款之規定，自可區分回扣與賄賂，而適用不同之條款，不過，這只是因為特別法的規定而形成的形式區分，並非二者有何實質上的不同[13]。

二、不違背職務收賄罪

貪污治罪條例第5條第3款規定：「對於職務上之行為，要求、期約或收受賄賂或其他不正利益者。」處七年以上有期徒刑，得併科新臺幣6,000萬元以下罰金。本款規定之不法構成要件，與刑法第121條第1項之

---

[13] 林山田，前揭註5書，頁73-74。

不違背職務收賄罪並無不同，在解釋上亦應與刑法第121條第1項之不違背職務收賄罪一樣。即公務員以其不違背職務之行為為對價與相對人進行交易，而相對人則以賄賂或不正之利益為對價與公務員進行交易。公務員之「不違背職務行為」與相對人之「賄賂或不正利益」互為代價，而有對價的關係。判例認為貪污治罪條例第5條第1項第3款之對於職務上之行為收受賄賂罪，只須所收受之金錢或財物與其職務有相當對價關係，即已成立，且包括假借餽贈等各種名義之變相給付在內。又是否具有相當對價關係，應就職務行為之內容、交付者與收受者之關係、賄賂之種類、價額、贈與之時間等客觀情形加以審酌，不可僅以交付之財物名義為贈與或政治獻金，即謂與職務無關而無對價關係[14]。

至於要求、期約或收受賄賂或其他不正利益，在解釋上與前述違背職務收賄罪一樣，茲不再贅述。

三、行賄罪

賄賂罪為對向犯，屬必要之參與犯。換言之，有收賄之行為存在，必有行賄之行為[15]。講起來，行賄罪並非公務員的瀆職罪，而是人民對於公務員之職務行為所為的行賄行為，其雖非公務員之瀆職行為，但因足以誘發公務員收賄瀆職，破壞公務員執行職務的合法、公正，而與瀆職罪有密切的關係，因此，刑法乃將其一併規定於瀆職罪章，而貪污治罪條例也將其規定於第11條。所不同者，是刑法僅將對於公務員關於違背職務之行為，行求、期約或交付賄賂或其他不正利益之行賄行為予以入罪化，而規定於刑法第122條第3項。但貪污治罪條例不只對於公務員，關於違法職務之行為，行求、期約或交付賄賂或其他不正利益之行賄行為予以入罪化（第11條第1項）。關於不違背職務之行為，行求、期約或交付賄賂或其他不正利益之行賄行為也予以處罰（第11條第2項），甚至連對於外國、

---

14 最高法院84年台上字第1號判例。
15 嚴格來說，這樣的講法應僅限於期約及其以後之收賄與行賄行為。因為如果只有行求或要求賄賂的行為，尚未進入期約或收受及交付階段，則尚非對向犯，仍有可能只有行賄行為或只存在收賄行為。

大陸地區、香港或澳門之公務員，就跨區貿易、投資或其他商業活動有關事項，為行賄之行為也予以處罰（第11條第3項）。

行賄罪的犯罪行為是行求、期約或交付賄賂或其他不正利益，也就是以賄賂或其他不正利益來作為請求公務員為某特定的職務行為的一種行賄行為。行為人只要有行求、期約或交付賄賂或其他不正利益的任何一種，即足以成立行賄罪，並不一定要有交付賄賂或不正利益之行為。

貳、利用職務上之權力、機會或方法故意犯獲取財產罪的不純正瀆職罪

刑法第134條規定「公務員假借職務上之權力、機會或方法，以故意犯本章（瀆職罪章）以外各罪者，加重其刑至二分之一」。此規定即所謂的「不純正瀆職罪」之規定。例如警察執行搜索時，趁被搜索人不注意時，竊取抽屜裡的鑽戒，則其不但該當了刑法第320條的竊盜罪，而且也因為是假借職務上的機會和權力，而有瀆職的成分在裡面，所以在普通竊盜罪的法定刑之外，再加重其刑至二分之一。此加重二分之一的刑罰就是因為行為人除了竊盜之外，另外有瀆職的成分在裡面而升高了不法內涵。

貪污治罪條例第4條至第6條的規定，除了賄賂罪、圖利罪、違法徵稅和抑留款物罪之外，其餘各款之規定，幾乎都是屬於這種不純正的瀆職罪。以下分別說明之。

一、利用職務之便竊盜（含使用竊盜）之不純正瀆職罪

第4條第1款規定：「竊取公用或公有器材、財物者，處無期徒刑或十年以上有期徒刑，得併科新臺幣一億元以下罰金。」如將本條與刑法第320條的竊盜罪及第134條的不純正瀆職罪加以比較，有以下幾點不同於刑法之規定：（一）本款沒有「意圖為自己或第三人不法所有」之主觀構成要件要素；（二）本款沒有「利用職務上之權力、機會或方法」之規定；（三）本款所規定之被害客體僅限定為「公用或公有器材、財物」。在解釋上有以下的困擾：（一）本款是否需有「不法所有意圖」之主觀構成要件要素？（二）本款是否需「利用職務上之權力、機會或方法」？關於第

1個問題，由於「不法所有意圖」是各種不法獲取財物罪的核心構成要件要素，因此，在解釋上應認為需有「不法所有意圖」之主觀構成要件要素。關於第2個問題，因為如果連「利用職務上之權力、機會或方法」都沒有的話，就沒有瀆職的成分在裡面，也就談不上貪污了，例如警察人員於下班後竊取鄉公所舖設於道路旁的水溝蓋，即不應認為是瀆職或貪污的行為，而係純粹的竊盜行為，所以應認為需有「利用職務上之權力、機會或方法」。

其次，第6條第3款規定：「竊取職務上持有之非公用私有器材、財物者，處五年以上有期徒刑，得併科新臺幣三千萬元以下罰金。」在解釋上，除了竊取的客體須為「職務上所持有之非公用私有器材、財物」外，其餘之構成要件要素，與上述第4條第1款「竊取公用或公有器材、財物」罪大致上無異。在立法上的問題，本款規定「竊取」職務上「持有」之財物，顯然有論理上之矛盾，因為所謂竊取一般係指和平的破壞他人對物之持有支配關係，並建立自己對物之持有支配關係，既然已經持有了，請問要如何竊取？其次，如果比較本款與第4條第1款之構成要件與法定刑，不難發現二者在構成要件上只是侵害之客體不同，即前者竊取「職務上持有之非公用私有器材、財物」，而後者是竊取「公用或公有器材、財物」，其餘並沒有太大的不同，法定刑卻相差甚多，前者為「五年以上有期徒刑，得併科新臺幣3,000萬元以下罰金」，而後者為「無期徒刑或十年以上有期徒刑，得併科新臺幣1億元以下罰金」，難不成公用或公有的財物特別高貴？總之，這二款規定，是否有違反罪刑相當原則的問題，不無商榷的餘地。

另外，第4條第4款規定：「以公用運輸工具裝運違禁物品或漏稅物品者，處無期徒刑或十年以上有期徒刑，得併科新臺幣一億元以下罰金。」在解釋上，本款的犯罪行為是「裝運」物品，而且裝運的工具必須是「公用的運輸工具」，裝運的物品必須是「違禁物品或漏稅物品」。也就是本款所要處罰的是用「公用運輸工具」來「裝運」「違禁物品或漏稅物品」的行為。首先，如果要處罰的是利用職務之便非法使用公用運輸工具來裝運物品的行為，那麼非法的裝運「一般物品」與「違禁物品或漏稅

物品」有什麼重大的差別，何以前者不構成犯罪，而後者卻要處以「無期徒刑或十年以上有期徒刑，得併科新臺幣1億元以下罰金」之刑罰，令人費解。其次，即使是利用職務之便非法使用公用運輸工具來裝運違禁物品或漏稅物品，究其實質頂多也只是一種「使用竊盜」的行為，在普通刑法立法者尚且沒有予以入罪化，何以於此竟要科以「無期徒刑或十年以上有期徒刑，得併科新臺幣1億元以下罰金」的重刑，有無違反罪刑相當原則，不言自明。

二、利用職務之便恐嚇取財或搶奪、強盜之不純正瀆職罪

第4條第2款規定：「藉勢或藉端勒索、勒徵、強占或強募財物者，處無期徒刑或十年以上有期徒刑，得併科新臺幣一億元以下罰金。」所謂「藉勢或藉端」，應指利用職務之便而言，前者似指利用職務上之身分地位或影響力，後者似指利用職務上之機會。所謂「勒索、勒徵」，應指藉由給予心理上的強制來索取或聚斂財物。所謂「強占或強募」，應指藉由物理上的強制來奪取或搜刮財物。故本款在本質上似可認為是結合了「瀆職」與「恐嚇取財或搶奪、強盜」而成為一罪。又，因本條例是為懲治貪污而設，故凡犯本條例之罪者，其行為均應以圖利私人為必要。若藉端勒徵、強占、強募財物並無圖利私人之意思，應不構成本罪。

三、利用職務之便詐欺取財之不純正瀆職罪

第5條第2款規定：「利用職務上之機會，以詐術使人將本人之物或第三人之物交付者，處七年以上有期徒刑，得併科新臺幣六千萬元以下罰金。」本款是結合「瀆職」與「詐欺取財」而成為一罪。條文與上述利用職務之便竊盜一樣沒有規定「意圖為自己或第三人不法所有」之主觀構成要件要素，在解釋上一樣應認為須有「不法所有意圖」之主觀構成要件要素，自不待言。至於「以詐術使人將本人之物或第三人之物交付」應與刑法詐欺取財罪之解釋一樣，即行為人須使用詐術使人陷於認識上之錯誤，因認識上之錯誤處分財物，將本人之物或第三人之物交付行為人或第三人，並因而使本人或第三人之財產受損，而行為人或第三人得利。判例認為負責保管收據及帳務工作而不得收取現金之臺電公司之業務管理師，利

用職務上機會，乘銀行派駐人員離開櫃檯時，向用戶詐收電費現金，應成立本款利用職務上之機會詐取財物罪[16]。

第4條第3款規定：「建築或經辦公用工程或購辦公用器材、物品，浮報價額、數量或有其他舞弊情事者，處無期徒刑或十年以上有期徒刑，得併科新臺幣一億元以下罰金。」所謂「建築或經辦公用工程或購辦公用器材、物品」，係指辦理營造或修繕建築、公用工程或採購公用之器材、物品而言。所謂「浮報價額、數量」，一方面有使用詐術的性質，另一方面有刑法第213條所謂「公務員明知為不實之事項，而登載於職務上所掌之公文書」之性質。實務亦認為公務員經辦公用工程浮報數量罪之所謂「浮報」，含有詐欺性質，其詐欺行為已為浮報罪行所吸收，不應另行論罪[17]。所謂「有其他舞弊情事」，為概括規定，應指與浮報價額、數量相類似之行為而言。總之，本款是公務員利用辦理營造或修繕建築、公用工程或採購公用之器材、物品時，以浮報價額、數量等登載不實之方法詐取財物。是結合了「瀆職」、「公務員登載不實」、「詐欺取財」而成為一罪。

第6條第2款規定：「募集款項或徵用土地、財物，從中舞弊者，處五年以上有期徒刑，得併科新臺幣三千萬元以下罰金。」所謂「募集款項或徵用土地、財物」，係指公務員辦理金錢之募集，或土地、財物之徵收、徵用。所謂「舞弊」，為一個不確定的概念，如果參照上述第4條第3款「其他舞弊情事」之解釋，似可理解為具有詐欺取財性質之行為。換言之，本款是公務員利用辦理募集款項或徵用土地、財物之機會，詐取財物。是結合了「瀆職」、「詐欺取財」而成為一罪。

四、利用職務之便侵占財物之不純正瀆職罪

第4條第1款規定：「侵占公用或公有器材、財物者，處無期徒刑或十年以上有期徒刑，得併科新臺幣一億元以下罰金。」本罪與前述利用職務之便竊取財物之不純正瀆職罪一樣，沒有「意圖為自己或第三人不法所

---

[16] 最高法院63年台上字第3319號判例。
[17] 最高法院70年台上字第2974號判例。

有」之主觀構成要件要素；沒有「利用職務上之權力、機會或方法」之規
定；所規定之被害客體僅限定為「公用或公有器材、財物」。基於與前述
相同的理由，在解釋上一樣應認為需有「不法所有意圖」之主觀構成要件
要素，且需有「利用職務上之權力、機會或方法」。此所謂侵占，與刑法
之侵占一樣，係指易持有為所有之意。判例認為，以公務上所持有之公有
有價證券，擅自向銀行質押借款以供己用，其性質即係設定權利質權，
屬於持有人處分持有他人所有物之行為，亦即變更持有為不法所有之意，
與公務員侵占公用財物罪之構成要件相符[18]。警察捉獲賭犯，當場搜出賭
資，侵占入己，此項賭資在未經沒收確定以前，尚未歸入公庫，仍屬私人
所有，與本款所載侵占公有財物之規定不符[19]。

　　本罪以就公務上已經持有之財物而實行不法領得之意思為構成要
件，其所侵占之財物，於不法領得以前已在其實力支配之下，即與持有之
要素相符。例如以鎮長名義儲存於公庫之公款，依照會計及公庫法令，仍
須以鎮長名義批准簽付始能支出，則此項公款應認為是在鎮長實力支配下
所管之公有財物，如有不法領得自己所管有之公款入己，即可能構成本
罪[20]。

　　第6條第3款規定：「侵占職務上持有之非公用私有器材、財物者，
處五年以上有期徒刑，得併科新臺幣三千萬元以下罰金。」在解釋上，除
了侵占的客體須為「職務上所持有之非公用私有器材、財物」外，其餘之
構成要件要素，與上述第4條第1款「侵占公用或公有器材、財物罪」大
致上無異。在立法上，本罪與上述「侵占公用或公有器材、財物罪」只因
侵占的客體為「職務上持有之非公用私有器材、財物」或「公用或公有器
材、財物」之不同，其法定刑即相差甚多，有無違反罪刑相當原則的問
題，亦不無商榷的餘地。

18　最高法院63年台上字第3091號判例。
19　最高法院29年上第2424號判例。
20　最高法院42年台特非字第16號判例。

參、意圖得利之違法徵稅與抑留款物罪

　　第5條第1款規定：「意圖得利，擅提或截留公款或違背法令收募稅捐或公債者，處七年以上有期徒刑，得併科新臺幣六千萬元以下罰金。」第6條第1款規定：「意圖得利，抑留不發職務上應發之財物者，處五年以上有期徒刑，得併科新臺幣三千萬元以下罰金。」如果比較這二款與刑法第129條第1項「公務員對於租稅或其他入款明知不應徵收而徵收罪」及同條第2項「公務員對於職務上發給之款項、物品明知應發給而抑留不發或剋扣罪」，不難發現有幾分相似。

　　刑法第129條第1項是公務員對於「不應徵收」的租稅或其他「入款」予以徵收，同條第2項是公務員對於職務上「應發給」之款項、物品予以抑留不發。貪污治罪條例第5條第1款也是對於「不應收募」的稅捐或公債予以收募或對於「不應提領」的公款予以提領，而同條例第6條第1款一樣也是對於職務上「應發給」的財物予以抑留不發。

　　所不同者，是刑法第129條的違法徵稅和抑留款物罪所徵收的入款和所抑留不發的款物，行為人都沒有據為己有或據為己有的意思，而是因公務員之違法瀆職的行為致使被害人之財物受損，國家和公眾得利。換言之，這是純粹的瀆職行為，而非貪污行為。

　　至於貪污治罪條例第5條第1款的違法收募稅捐等罪和第6條第1款的抑留不發財物罪，則除了須有上述「不應收募而收募」或「應發給而抑留不發給」等瀆職行為之外，在主觀上還必須有使自己得利的意圖，因此本罪不只是純粹的瀆職而已，還有貪污的成分在裡面。換言之，貪污治罪條例第5條第1款的違法收募稅捐等罪和第6條第1款的抑留不發財物罪是以違法收募稅捐或抑留不發財物等方法來圖得自己之利益，這一點與刑法第129條的違法徵稅和抑留款物罪並無圖得自己之利益不同。總之，本條例是為懲治貪污而設，故凡犯本條例之罪者，其行為均應以圖利私人為必要。若擅提或截留公款或違背法令收募稅捐或公債，或者抑留不發職務上應發之財物並無圖利私人之意思，應不構成本罪。

　　此外，此所謂抑留不發職務上應行發給之財物，係指行為人對於職務

上應即時發給之財物無故抑留遲不發給而言。如捏稱已發，實際上已變更持有之意思而為所有之意思，將應發給之財物歸入私囊者，則已非抑留不發，而應成立貪污治罪條例第4條第1款之侵占公有財物罪[21]。

肆、圖利罪

一、對主管或監督事務圖利罪

第6條第4款規定：「對於主管或監督之事務，明知違背法律、法律授權之法規命令、職權命令、自治條例、自治規則、委辦規則或其他對多數不特定人民就一般事項所作對外發生法律效果之規定，直接或間接圖自己或其他私人不法利益，因而獲得利益者，處五年以上有期徒刑，得併科新臺幣三千萬元以下罰金。」所謂主管事務，係指依法令於職務上對於該事務有主持或執行之權責者而言[22]。所謂監督之事務係指對於該事務雖無主管的權限，但本其職權，對之應負監管或督導職責的事務而言。行為人必須對其所主管或監督的事務而為圖利行為，方能構成本罪，否則，若非就其所主管或監督的事務而圖利，自不成立本罪。此外，圖利行為必須是為了圖謀自己或其他私人的不法利益，始足以構成本罪，如係圖利國庫或圖利公眾，即非屬本罪之圖利行為，無由構成本罪。圖利之方法包括直接圖利和間接圖利，所謂圖利係指圖得不法利益而言。至於所圖得的不法利益究為直接利益或間接利益，則非所問。判例認為公務員辦理出納事務，對於應存入公庫之款項，以私人名義，將該公款存放銀行定期存款帳戶圖得不法利息，即屬對於主管之事務直接圖利[23]。公務員專司運輸業務，私攬乘客得財俵分，亦屬對於主管事務直接圖利[24]。

本款之構成要件與刑法第131條公務員圖利罪之構成要件基本上並無不同，只是將刑法第131條中之「違背法令」規定為「違背法律、法律授

---

21 最高法院41年台特非字第9號判例。
22 最高法院32年上字第304號判例。
23 最高法院42年台特非字第16號判例。
24 最高法院30年上字第2950號判例。

權之法規命令、職權命令、自治條例、自治規則、委辦規則或其他對多數不特定人民就一般事項所作對外發生法律效果之規定」，如此規定無非只是想要把不對外發生法律效果而只用以規範機關內部行政秩序的行政規則明文排除在「法令」之外而已。除此之外，並無什麼不同。因此在解釋上與刑法第131條公務員圖利罪作相同之解釋，應無不可。又相較於上述各公務員貪瀆罪之個別構成要件，本罪為公務員貪瀆行為之概括構成要件，因此，必須貪瀆行為不合於公務員貪瀆行為之個別規定，才能適用圖利罪之概括規定。判例亦認為既然將侵占公有財物及對於主管或監督之事務直接或間接圖利分別規定，則其圖利行為，仍以不合於該條例各條款特別規定者，始有其適用[25]。

二、對非主管或監督事務圖利罪

第6條第5款規定：「對於非主管或監督之事務，明知違背法律、法律授權之法規命令、職權命令、自治條例、自治規則、委辦規則或其他對多數不特定人民就一般事項所作對外發生法律效果之規定，利用職權機會或身分圖自己或其他私人不法利益，因而獲得利益者，處五年以上有期徒刑，得併科新臺幣三千萬元以下罰金。」相較於前款公務員對主管監督事務圖利罪，本罪為公務員對非主管監督事務之圖利罪。在解釋上，公務員對於非主管或監督之事務，利用職權機會或身分圖利之行為，必須行為人之身分，對於該事務有某種影響力，而據以圖利。又利用機會圖利，亦必須行為人對該事務，有可憑藉影響之機會，方屬相當[26]。例如議員以在議會審議預算時可以負責代為爭取預算為詞，向縣政府所轄單位高價推銷該項預算應行採購之貨品，並以偽裝之比價方式，圍標獨占，獲得暴利，即可認為是對於非主管之事務利用身分圖得不法利益[27]。若無利用職權上之機會或身分等關係而圖利，即使是對非主管或監督事務之圖利行為，亦不構成本罪，因為根本沒有瀆職的成分在裡面。

---

25 最高法院40年台特非字第6號判例。
26 最高法院73年台上字第1594號判例。
27 最高法院69年台上字第1325號判例。

伍、擬制的貪污罪—財產來源不明罪

　　第6條之1規定：「公務員犯下列各款所列罪嫌之一，檢察官於偵查中，發現公務員本人及其配偶、未成年子女自公務員涉嫌犯罪時及其後3年內，有財產增加與收入顯不相當時，得命本人就來源可疑之財產提出說明，無正當理由未為說明、無法提出合理說明或說明不實者，處五年以下有期徒刑、拘役或科或併科不明來源財產額度以下之罰金：一、第四條至前條之罪。二、刑法第一百二十一條第一項、第一百二十二條第一項至第三項、第一百二十三條至第一百二十五條、第一百二十七條第一項、第一百二十八條至第一百三十條、第一百三十一條第一項、第一百三十二條第一項、第一百三十三條、第二百三十一條第二項、第二百三十一條之一第三項、第二百七十條、第二百九十六條之一第五項之罪。三、組織犯罪防制條例第九條之罪。四、懲治走私條例第十條第一項之罪。五、毒品危害防制條例第十五條之罪。六、人口販運防制法第三十六條之罪。七、槍砲彈藥刀械管制條例第十六條之罪。八、藥事法第八十九條之罪。九、包庇他人犯兒童及少年性剝削防制條例之罪。十、其他假借職務上之權力、機會或方法所犯之罪。」本罪即為所謂的「財產來源不明罪」，其行為主體必須是公務員有犯貪污治罪條例第4條至第6條貪污罪嫌疑，經檢察官於偵查中列為被告，而有違反誠實、廉潔義務時，始可命其說明可疑財產之來源。

　　依照立法的說明，本罪是參照聯合國反腐敗公約及香港、澳門的立法而制定，究其本質實為貪污罪的擬制。也就是在還沒有證明被告有犯貪污罪而經法院判決有罪確定之前，只要在一定的條件下未合理交待來源可疑之財產，不管將來是否經起訴或經法院判決成立貪污罪確定與否，即構成本罪。因為立法者認為公務員將其財物寄放在其他人頭名義下，經證明確為公務員本人、配偶或未成年子女所有者，無非其財產之一部分，自亦負有說明義務。

　　講起來，這樣的規定顯然與刑事訴訟法上的無罪推定原則及不自證己罪原則相衝突。刑事訴訟法第154條規定：「被告未經審判證明有罪確定

前，推定其為無罪。」是為無罪推定原則之規定。換言之，檢察官須善盡舉證責任，證明被告有罪，俾推翻無罪之推定。

另一方面，在舉證過程，法官如能獲得確切的心證，自應依其心證進行判斷，但是當舉證過程已到了盡頭，而法官仍不能獲得有罪或無罪的確切心證，即自由心證走到山窮水盡時，因法官仍須對有罪或無罪下判斷，但是實際上法官在良心上殊難下判斷，為了補救人的智能上的不足，只好以某種人為的法則來解決心證的問題，此即舉證責任的法則。也就是在此情形，負有舉證責任的當事人須承受不利的法律判斷之危險，而法院則須對負有舉證責任的當事人做不利的法律判斷[28]。在刑事訴訟上，關於被告有罪之舉證責任，依刑事訴訟法第161條「檢察官就被告犯罪事實，應負舉證責任」之規定，原則上應由檢察官負擔。換言之，當法官對犯罪事實無法形成確切的心證而仍有懷疑時，應從被告之利益解釋，亦即應為有利於被告之無罪推定，此即「有疑唯利被告原則」，也是無罪推定原則的核心。

如上所述，本罪在還沒有證明被告有犯貪污罪而經法院判決有罪確定之前，只要在一定的條件下未合理交待來源可疑之財產，不管將來是否經起訴或經法院判決成立貪污罪確定與否，即構成本罪。之所以會有這樣的規定，其理論依據可以想像得到的或許是基於訴訟經濟。因為貪污罪尤其賄賂罪具有高度的隱密性。因此在偵查上比起一般的犯罪更為困難，如果由檢察官來負被告有罪的舉證責任，將耗費甚多的偵查資源，不利於訴訟經濟，而訴訟經濟亦為刑事訴訟上的重要價值，在權衡無罪推定與訴訟經濟這二個原則之後，立法者採取犧牲無罪推定原則而保全訴訟經濟原則的價值選擇。

然而，這樣的規定已不只是貪污罪的有罪推定而已，甚至是貪污罪的擬制。因為：一、這樣的規定不只卸除檢察官原應負有的舉證責任而已，而且是在偵查階段即直接以法律擬制犯罪嫌疑人有貪污行為，然後以本罪起訴處罰。這種在偵查中，尚且未經起訴，法官尚未形成任何有罪的

28　黃東熊，《證據法綱要》，中央警官學校，1988年7月，4版，頁35-36。

心證，就擬制被告有貪污行為的規定，已經不是「有罪推定」而已，因依此規定，無需等到法官對犯罪事實無法形成確切心證時才做出「有懷疑不利於被告」的「有罪推定」，就直接擬制被告有貪污行為，而構成本罪；二、這樣的規定如果不是擬制被告已有貪污行為，何以只是因為未交待來源可疑的財產就可施加刑罰？難不成本罪所要處罰的理由純粹是因為犯罪嫌疑人未交待來源可疑的財產而已，亦即未交待來源可疑的財產本身就具有應刑罰性？若如此，何以刑法上侵害個人財產的犯罪嫌疑人在偵查中未交待來源可疑的財產時都未予以入罪化，而同樣都是未交待來源可疑的財產卻只有針對貪污罪的犯罪嫌疑人科處刑罰？這樣的立法顯然無法回答這些問題。

在偵查中，縱使發現被告有來源可疑之財產，其來源除了貪污所得之外，作為「不法所得」或「不想讓人知道」的合法所得來源可能有千千萬萬種原因，甚至也有不能排除「連被告自己都不知道其來源」的可能。把這種來源可疑的財產證明其非屬貪污所得，由檢察官命令被告提出說明，如無正當理由未為說明或無法提出合理說明或說明不實，即構成犯罪並科以刑罰，這樣的規定顯然已違反不自證己罪原則。因為來源可疑的財產可能是貪污所得，也可能是其他的不法所得，如果是其他的不法所得，例如是侵占所得，為了說明其不是貪污所得，被告勢必說出其為侵占所得，否則就必須做虛偽的陳述。我們知道法律不會鼓勵人們說謊，而本條也禁止說明不實，因此被告要證明該來源可疑的財產不是貪污所得，就必須供出該筆財產是不法侵占所得，否則即構成本罪。如此，既違反不自證己罪原則[29]，也完全剝奪了被告的緘默權。況且，還有可能是「不想讓人知道」的合法所得或「連被告都不知道其所得來源」等根本不構成犯罪的情形，也要因此而構成犯罪，鋃鐺入獄。

這樣的立法，顯然已將「被告的緘默權」、「不自證己罪」、「有疑唯利被告」和「無罪推定」等原則完全踩在訴訟經濟（即減省偵查成本）

---

[29] 不自證己罪原則在美國是聯邦憲法增修條文第5條所明文規定的特權，在我國雖然不是憲法所明文規定的權利，但在解釋上未必不能被憲法第16條所保障的訴訟權所涵蓋。刑事訴訟法也在彰顯這樣的權利，例如第95條、第156條、第181條等。

的腳下,是否妥當,不言可喻。

其次,本條謂「公務員犯下列各款所列罪嫌之一」,其所謂的「罪嫌」係指如何程度的犯罪嫌疑,亦不無疑問。在解釋上,本罪是在檢察官偵查中即可能成立的犯罪,故應非足以起訴被告的嫌疑程度即可,如此,以這樣的嫌疑程度,即擬制犯罪嫌疑人有貪污罪,不免過於草率。且做為成立犯罪的不法構成要件要素,這種級距甚大的嫌疑程度,顯然也明確性不足,而有違反罪刑法定原則的疑慮。

再者,本條謂「發現公務員本人及其配偶、未成年子女……,有財產增加與收入顯不相當時,得命本人就來源可疑之財產提出說明」,即公務員不只對自己,而且必須對其配偶、未成年子女來源可疑之財產提出說明。然而,刑法向來是極其個人主義的「刑止一身」,也就是每一個人都只為自己的行為負責,不為別人的行為負責。上述規定顯然已經脫逸這樣的原則。

第三節　與貪污罪有關之各罪

壹、包庇貪污或不舉發罪

第13條規定:「(第1項)直屬主管長官對於所屬人員,明知貪污有據,而予以庇護或不為舉發者,處一年以上七年以下有期徒刑。(第2項)公務機關主管長官對於受其委託承辦公務之人,明知貪污有據,而予以庇護或不為舉發者,處六月以上五年以下有期徒刑。」第14條規定:「辦理監察、會計、審計、犯罪調查、督察、政風人員,因執行職務,明知貪污有據之人員,不為舉發者,處一年以上七年以下有期徒刑。」凡此均屬公務員包庇貪污或不舉發貪污罪,茲分別說明如下。

一、長官庇護或不舉發部屬貪污罪

本罪之行為主體限於直屬主管長官,犯罪行為是明知貪污有據,而予

以庇護或不為舉發，所謂庇護係指對於犯罪加以包庇保護，以排除其外來之阻力，使其易於犯罪，及不易發覺者而言。所謂不為舉發，係指單純縱容而不予舉發之消極行為，屬純正不作為犯的行為類型。

本罪係以直屬主管長官對於貪污有據之屬員，予以包庇或保護之積極行為為構成要件。故須有積極掩蔽、庇護之行為，始能成立庇護罪。其本質上仍屬他人犯罪之幫助犯，僅因法律明文處罰始獨立成罪。故舉凡一切藉其勢力，提供庇護，以利他人犯罪進行或使犯罪不易被人發覺，而助益他人犯罪完成之積極行為，概皆屬之[30]。換言之，直屬主管長官藉其勢力，利用職權機會或身分，提供庇護，以利其所屬人員犯罪進行或使犯罪不易被人發覺，而助益其犯罪完成之積極行為即屬庇護行為[31]。惟經監察機關糾舉或經檢察官提起公訴後，主管長官僅將其撤職，聽任交卸遠颺，如無妨害糾舉或追訴處罰之積極行為，即與庇護情形不合[32]。但如果明知貪污有據，而單純的不為舉發者，仍可能構成不舉發罪。

又本罪僅限於直接故意，而不包括間接故意，即須明知貪污有據，而予以庇護或不為舉發，始能構成本罪。

二、主管長官庇護或不舉發受其委託承辦公務之人貪污罪

本罪之行為主體限於公務機關主管長官，犯罪行為與前項一樣，須明知貪污有據，而予以庇護或不為舉發。有關庇護、不為舉發等構成要件要素之解釋，與上述同，茲不贅述。

由於受委託承辦公務之人係屬《刑法》第10條第2項第2款所稱之「受國家、地方自治團體所屬機關依法委託，從事與委託機關權限有關之公共事務」的公務員，故可能成為公務員貪污罪之行為主體。而委託之公務機關主管長官，明知其貪污有據，而予以庇護或不為舉發，即可能成立本罪。

---

30 例如為使他人得以規避查緝，趁隙進行犯罪，而告知警察勤務，既已為告知之積極行為，且有助益他人犯罪之完成，即屬庇護，不因其所告知之內容係積極作為或消極不作為，而有不同。

31 最高法院106年度台上字第2862號判決。

32 司法院院解字第3047號解釋。

三、有監督或舉發職務公務員不舉發貪污罪

本罪之行為主體限於辦理監察、會計、審計、犯罪調查、督察、政風之人員,為純正的身分犯。此等人員,因執行職務,明知貪污有據之人員,而故意消極的不予舉發,即可能構成本罪,為純正的不作為犯。故只需消極的不予舉發即可成立本罪,而不以有積極的庇護行為為必要。

貳、收受、搬運、隱匿、寄藏或故買貪污所得之物罪

第15條規定:「明知因犯第四條至第六條之罪所得之財物,故為收受、搬運、隱匿、寄藏或故買者,處一年以上七年以下有期徒刑,得併科新臺幣三百萬元以下罰金。」本罪之行為客體為他人因犯上述第4條至第6條之貪污罪所得之財物,故因自己犯第4條至第6條之罪所得之財物,並非本罪之行為客體。

本罪之犯罪行為為收受、搬運、隱匿、寄藏或故買他人因犯第4條至第6條之貪污罪所得之財物。收受係指取得持有而言,在解釋上應指搬運、隱匿、寄藏或故買以外之無償取得或持有的行為[33]。收受方式不論是直接由貪污犯手中取得,或間接經由第三人輾轉取得,均不影響本罪的成立。搬運係指搬移運送而言。所搬運之物,必須為他人犯貪污罪所得之物,方能構成本罪。若所搬運者為其自己犯貪污罪所得之物,則不構成本罪。一旦著手搬運,而將貪污所得之物搬離原所在地,行為即為既遂,不以運抵目的地為必要[34]。隱匿是指隱蔽藏匿,使他人不能或難以發現而言。寄藏係指受託寄存並為藏匿而言[35]。隱匿、寄藏等均必須先有他人違犯貪污罪,而後行為人有隱匿、寄藏的行為,否則,無由構成隱匿、寄藏貪污所得之物罪。故買係指故意以有償行為,取得貪污所得之物的所有權,包括買賣、互易、清償債務等。行為人所交付的價金或其提出的對待

---

[33] 林山田,《刑法各罪論(上冊)》,2005年9月,修訂5版,頁528。
[34] 林山田,前揭註33書,頁530。
[35] 最高法院30年非字第57號判例。

給付是否與貪污所得之物的價值相當，並不影響本罪之成立[36]。

參、誣告罪

　　第16條第1項規定：「誣告他人犯本條例之罪者，依刑法規定加重其刑至二分之一。」相較於刑法第169條之誣告罪，本罪沒有規定「意圖他人受刑事處分」，也沒有規定「向該管公務員」誣告。在解釋上必須行為人主觀上有使他人受刑事處分之意圖，客觀上有向該管公務員誣告之行為。所謂誣告，即以虛構的犯罪事實向該管公務員申告。虛偽申告必須具有相當程度的具體內容，而足以令人誤以為所申告之人涉嫌犯罪，而有受刑事處分的危險，始有可能構成本罪[37]。故誣告之對象，必須在法律上有可能負刑事責任之人，例如對於不具公務員身分之人誣告其收賄，即無由構成本罪[38]。所申告之內容必須出於憑空捏造，但並不以全部虛偽為必要，即使只是少部分出於故意虛構亦可能構成本罪。反之，所申告者，若非全然無因，只是因為缺乏積極證明，致被申告者不受刑事追訴或處罰，則尚難遽論以本罪[39]。至於係採何種虛偽申告之方式，則在所不問，以書面或口頭、具名或匿名，甚至假冒他人名義提出誣告，均有可能成立本罪[40]。又，所誣告之罪必須為他人犯本條例之罪，構成本罪者，應依刑法第169條之誣告罪所規定之法定刑加重至二分之一。其所以應依刑法第169條之誣告罪所規定之法定刑加重至二分之一，是因為貪污治罪條例所規定的各罪法定刑相較於刑法所規定之法定刑要重得多，故誣告他人犯本條例之罪者，其法定刑也應較高。

　　第16條第2項規定：「意圖他人受刑事處分，虛構事實，而為第十一條第五項之自首者，處三年以上十年以下有期徒刑。」本項之犯罪行為為

36　林山田，前揭註33書，頁531-532。
37　最高法院20年上字第1700號、22年上字第1976號、30年上字第2003號判例。林山田，《刑法各罪論（下冊）》，2005年9月，修訂5版，頁252。
38　最高法院26年渝上字第1910號判例、28年上字第878號判例、29年上字第2986號判例。
39　最高法院20年上字第307號、43年台上字第251號判例。
40　最高法院25年上字第1715號判例。林山田，前揭註37書，頁258。

虛構自己向公務員行賄之事實而自首，亦即利用第11條第5項行賄自首應免除其刑之規定，以虛構自己向公務員行賄之事實而自首來構陷公務員有收賄之行為，以達到使其受刑事處分之目的，可認為是誣告的一種型態。

第四節　刑罰加重與減輕之特別規定

壹、特定人員之加重刑罰

第7條規定：「有調查、追訴或審判職務之人員，犯第四條第一項第五款或第五條第一項第三款之罪者，加重其刑至二分之一。」即有調查、追訴或審判職務之人員，犯違背職務與不違背職務收賄罪，應分別依第4條和第5條所規定之法定刑加重其刑至二分之一。

貳、自首或自白之減輕刑罰

如上所述，由於貪污罪尤其賄賂罪在偵查上比起一般的犯罪更為困難，所以在立法上即給予自首或自白者相當程度的優惠待遇，於自首或自白後必給予減輕或免除其刑，鼓勵行為人自首或自白，以減省偵查的成本，甚至因而查獲其他參與犯罪的正犯或共犯，此即所謂的窩裡反條款。

一、貪污自首之減輕刑罰

行為人犯貪污治罪條例第4條至第6條之貪污罪，於犯罪後偵審機關發現之前自首，接受審判，如有犯罪所得並自動繳交全部所得財物者，應予減輕或免除其刑；如因而查獲其他參與之正犯或共犯者，應免除其刑（第8條第1項）。此等個人解除或減免刑罰之規定，是刑法第62條自首減輕刑罰之特別法。

二、貪污自白之減輕刑罰

犯貪污治罪條例第4條至第6條之貪污罪，在偵查中自白，如有犯罪所得並自動繳交全部所得之財物者，應減輕其刑；如因而查獲其他參與犯

罪之正犯或共犯者，應予減輕或免除其刑（第8條第2項）。

三、行賄自首或自白之減輕刑罰

　　行為人犯貪污治罪條例第11條行賄罪而於被偵審機關發現之前自首，接受審判者，應予免除其刑；在偵查或審判中自白者，應減輕或免除其刑（第11條第5項）。

參、情節輕微之減輕刑罰

　　行為人犯貪污治罪條例第4條至第6條之貪污罪，情節輕微，而其所得或所圖得財物或不正利益在新臺幣5萬元以下者，減輕其刑。犯第11條第1項至第4項之行賄罪，情節輕微，而其行求、期約或交付之財物或不正利益在新臺幣5萬元以下者，亦減輕其刑（第12條）。

　　二人以上共同收受賄賂，應負共同責任，其個人分得財物雖在新臺幣5萬元以下，而共同所得財物總數如已超過新臺幣5萬元，縱屬情節輕微，仍無貪污治罪條例第12條之適用，其共同收受之賄賂，沒收追繳，亦應連帶負責[41]。

第五節　犯罪所得之擬制與褫奪公權之特別規定

壹、犯罪所得之擬制

　　犯貪污治罪條例第4條至第6條之貪污罪，本人及其配偶、未成年子女自犯罪時及其後三年內取得之來源可疑財物，經檢察官或法院於偵查、審判程序中命本人證明來源合法而未能證明者，視為其犯罪所得財物（第10條）。換言之，此等來源可疑的財物一旦依本條規定視為犯罪所得之財

---

[41] 最高法院66年台上字第1771號、63年台上字第1410號判例。另最高法院53年台上字第2211號判例認為共犯對於共同侵占之贓物總額，自應共同負責，不能以其於侵占犯罪完成後，處分贓款各人分受在折合銀元3,000元（按現行規定為新臺幣5萬元）以下，即認為應適用較輕之刑法處斷。

物，即得依刑法第38條之1的規定予以沒收或追徵價額。

貳、褫奪公權之特別規定

犯本條例之罪，包括貪污罪及其他與貪污有關的罪，經宣告有期徒刑以上之刑者，應並宣告褫奪公權（第17條）。褫奪公權之期間應依刑法第37條之規定定之，並於裁判時併宣告之。

褫奪公權之宣告，自裁判確定時發生效力。宣告有期徒刑並宣告褫奪公權者，其期間自主刑執行完畢或赦免之日起算。但同時宣告緩刑者，其期間自裁判確定時起算之。

第六節 評析

賄賂罪作為瀆職罪的一種，其最讓人疑惑的是所要保護的法益究竟是什麼，尤其是不違背職務的收賄罪。其既然是不違背職務，也就是合法的執行職務，如何可認為是瀆職行為？本文認為公務員執行職務原本應合法且公正的執行，因為有受賄賂的關係使其裁量可能因而調整，如此，其執行職務的公正性就有因賄賂的介入而受到破壞的危險，故賄賂罪可認為是一種危險犯。如果其職務行為果真因受賄賂的影響而使這種危險變成為實害，則其不法內涵應比危險階段來得高，而應科以較高之刑罰。不過現行刑法和貪污治罪條例對於這種實害的情形都沒有提高其刑罰，只有在刑法第122條第2項對於違背職務收賄罪的實害階段有加重其刑罰的規定。主要是因為其不但不公正而且違法，其不法內涵相較於不違背職務收賄罪的情形要來得高，所以立法者對於不違背職務收賄罪的實害階段並沒有加重刑罰的規定，只有在刑法第122條第2項對於違背職務收賄罪的實害階段有加重刑罰的規定。然而，在貪污治罪條例中即使對於違背職務收賄罪因而為違背職務之行為也未設加重其刑罰的規定。

如此一來，由於一般是把貪污治罪條例第4條第5款之規定認為是刑

法第122條第1項的特別法，因此，當行為人之行為該當刑法第122條第2項時，如果適用貪污治罪條例第4條、第5款，則顯然評價不完足，而必須回到普通刑法第122條第2項，因為只有以刑法第122條第2項來評價才能評價完足。然而，行為人該當違背職務收賄罪時，應依特別法優於普通法之原則，適用貪污治罪條例第4條第5款（較重之刑罰）。如果更進而該當違背職務收賄因而為違背職務之行為罪時，依照上述說法，反而應適用刑法第122條第2項（較輕的刑罰）。也就是不法內涵較高之實害犯，適用較輕的刑罰，而不法內涵較低之危險犯，反而因適用特別法的規定而受較重的刑罰，如此顯然並不合理。從這一點來看，也可以說明片面的提高某些個別的罪的刑罰而未予整體考量，往往會造成罪刑不相當的情形，將來修法時，有加以注意之必要。

其次，第6條第3款規定「竊取」職務上「持有」之非公用私有器材、財物，顯然有論理上之矛盾，因為所謂竊取是一般係指和平的破壞他人對物之持有支配關係，並建立自己對物之持有支配關係，行為人既然已經持有了，請問要如何竊取？其次，如果比較本款與第4條第1款之構成要件與法定刑，可知二者在構成要件上只是侵害之客體不同，即前者竊取「職務上持有之非公用私有器材、財物」，而後者是竊取「公用或公有器材、財物」，其餘並沒有太大的不同，但法定刑卻相差甚多，難不成公用或公有的財物特別高貴？總之，這二款的法定刑差別如此之大，是否妥當，不無商榷的餘地。

另外，第4條第4款規定所要處罰的是用「公用運輸工具」來「裝運」「違禁物品或漏稅物品」的行為。首先，如果要處罰的是利用職務之便非法使用公用運輸工具來裝運物品的瀆職行為，那麼非法的裝運「一般物品」與「違禁物品或漏稅物品」就沒有什麼重大的差別，都是瀆職行為，何以前者不構成犯罪，而後者卻要處以無期徒刑或十年以上有期徒刑等這樣的重刑，令人費解。其次，即使是利用職務之便非法使用公用運輸工具來裝運違禁物品或漏稅物品，究其實質頂多也只是一種「使用竊盜」或「非法使用職務上所持有之公用運輸工具」的行為，在普通刑法立法者尚且不認為其不法之內涵已達需予入罪化的門檻，何以於貪污治罪條例竟

要科以「無期徒刑或十年以上有期徒刑等」之重刑，有無違反罪刑相當原則，不言自明。

第6條之1規定的「財產來源不明罪」，是在還沒有證明被告有犯貪污罪而經法院判決有罪確定之前，只要在一定的條件下未合理交待來源可疑之財產，不管將來是否經起訴或經法院判決成立貪污罪確定，即構成本罪，這樣的規定，究其本質實為貪污罪的擬制。而與刑事訴訟法上的無罪推定原則及不自證己罪原則相衝突。因為即使在偵查中，發現被告有來源可疑之財產，其來源除了貪污所得之外，尚可能有千千萬萬種原因。把這種來源可疑的財產證明其非屬貪污所得，由檢察官命令被告提出說明，如無正當理由未為說明或無法提出合理說明或說明不實，即構成犯罪並科以刑罰。這樣的規定一方面顯然已違反不自證己罪原則，因為來源可疑的財產可能是貪污所得，也可能是其他的不法所得，如果是其他的不法所得，豈非逼迫被告自己必須供出該筆財產是不法所得，否則即構成本罪。如此，既違反不自證己罪原則，也完全剝奪了被告的緘默權；另一方面，這樣的規定不只卸除檢察官原應負有的舉證責任而已，而且是在偵查階段即直接以法律擬制犯罪嫌疑人有貪污行為，然後以本罪起訴處罰。這種在偵查中，尚且未經起訴，法官尚未形成任何有罪的心證，就擬制被告有貪污行為的規定，甚至已經不是「有罪推定」而已，因依此規定，無需等到法官對犯罪事實無法形成確切心證時才做出「有懷疑不利於被告」的「有罪推定」，就直接擬制被告有貪污行為，而構成本罪。如此，顯然已將「不自證己罪」、「有疑唯利被告」和「無罪推定」等原則完全踩在訴訟經濟即減省偵查成本的腳下，這樣的規定是否妥當，不言可喻。

第八章

少年事件處理法

許福生

第一節　本法立法目的與沿革

壹、本法之規範目的

由於少年非行之本質、成因與特性，均與一般成人犯有所不同，導致少年事件與一般成人犯之刑事案件在性質上亦有所差異。因而現今各先進國家對於少年事件之處理，均與成人犯之刑事案件採取不同之立法政策，並制定專門之法律規範，甚至成立專責之機構，由在少年非行方面具有專門研究之人員，運用其專業知識，對少年實施特別之處遇，以輔導及教育之方式，為少年創造正常之成長環境，而非一味地對少年加以處罰，以達到促成少年之健全成長，避免再犯[1]。

在我國法律體系上，專門處理少年事件之法律規範稱為少年事件處理法（以下稱「少事法」或「本法」），一般法制上又稱為少年法制。因而學者對於少事法之說明為：「少年事件處理法是刑法及刑事訴訟法的特別法，適用於一般少年之犯罪案件及虞犯事件之處理法，是實體法，也是程序法……簡言之，乃指國家以明文規定，對於觸犯刑罰法律及有虞犯行為之少年，應如何踐行調查及審理程序，並個別予以適當之處遇；暨如何執行保護處分及刑事處分，俾能矯正少年之不良品行，防止其再犯罪之特別法典。」[2]目前我國現行少事法分為五章，兼含實體法（第一章總則）、組織法（第二章少年法院之組織）、程序法（第三章少年保護事件、第四章少年刑事案件）及與少年事件相關事項之附帶規定（第五章附則）等四個面向。

至於少事法立法目的，乃為保障少年健全之自我成長，調整其成長環境，並矯治其性格，並採全件送致主義而禁止檢察官之先議權。即著眼於少年有在未來可超越現在成人成就的可能性（將來性）而設定，對於缺乏保護而誤入歧途的少年，基於「國親思想」（Paternalism）[3]以及「侵

1　林俊寬，《少年事件處理法》，五南圖書，2009年2月，初版，頁3。
2　劉作揖，《少年事件處理法》，三民書局，2012年7月，修訂9版，頁3。
3　「國親思想」乃基於衡平法上，國家對於欠缺親人適當保護之兒童，或福祉受損之少年，由

害原理」[4]，而進行司法或行政干預，藉以調整其成長環境，並矯治其性格，以達到保護少年健全之自我成長[5]。

貳、本法之立法沿革

　　我國少年法制立法始於1955年，由前司法行政部委託相關法學者組成「少年法專案小組」研擬少年法初稿，體例上仿照日本少年法，採「宜教不宜罰」之立法原則，充滿有別於成人刑事司法的「少年保護主義」色彩。惟該草案送交立法院審議過程中遭批評有「鼓勵犯罪」、「妨害社會秩序」之嫌，因而未獲共識。後基於現實考量，大幅修改原有條文及原草案精神，上述草案經於1962年1月19日由立法院三讀通過，並經總統於同年1月31日公布，惟施行日期則授權行政院以命令定之。

國家代替親人，負起監護教養之責任。換言之，即國家代替親人行使親權之意。依此思想，對於犯罪少年審判上不需採取嚴格的訴訟程序，即可決定處遇內容。至於實施保護處分之根據，則是對於其他須保護之少年，擴充衡平法上監護人之作用所得。而這種國親思想即包含著典型的保護原理，保護處分畢竟是為了少年的利益而為，並不是對少年過去實施行為的非難，在此意義上保護處分並不是制裁，可說與刑罰是性質完全不同的處分，而是與兒童福利法一樣，都是為了保護兒童福利的法律。參照森下忠，《刑事政策大綱（新版）》，成文堂，1993年，初版，頁348。

[4] 侵害原理強調國家的介入，是因少年實施了非行而侵害他人的利益，對少年進行教育改善，以及由此防止少年再次實施非行，均屬刑罰目的中的特別預防，因而少年法的目的是透過預防少年再犯，而保護社會大眾的安全。根據這種觀點，少年法是刑事司法制度的一部分，保護處分是對少年進行制裁，這種制裁的前提是對少年過去實施的非行進行非難，亦即保護處分與刑罰的性質是相同的，只是少年的責任能力程度相對於成年人來說相對低一些，少年的可塑性大一些，因此保護處分可以說是一種特別的刑罰。參照川出敏裕，〈對非行少年的法律對策系統的現狀和課題〉，取自〈http://www.zgfzxxh.com/xhlw/201007/t20100729_392832.shtml〉，最後閱覽日：2019年3月1日。

[5] 我國少年法制之建立深受日本之影響，而日本現行少年法的制定，確實受到當時美國國親思想理念的影響，然而日本現行少年法保護對象畢竟限定於犯罪少年、觸法少年和虞犯少年，而不是像美國當時的少年法院那樣，把所有需要保護的少年都作為少年法院的審判對象；況且少年法中還規定了逆送後的刑事程序和有關刑罰的內容，這一點與建立在純粹意義上的國親思想的少年法制度是有差異的。由此可以看出，日本少年法不是純粹意義上的福利法，它既然是與犯罪有關係的刑事政策立法，不能否認侵害原理也是少年法的根據。因而，可以說日本現行少年法中侵害原理和保護原理都是國家介入少年案件的理論根據，兩者不是互相排斥的，兩者均是透過對少年的教育改善來預防再犯的正當化措施。參照川出敏裕，前揭註4文。日本現行少年法中侵害原理和保護原理都是國家介入少年案件的理論根據之說明，同樣亦適用在我國少年事件處理法。

　　至於立法院所通過之少年事件處理法與少年法草案之間最主要差異如下：一、改少年法之名稱為少年事件處理法；二、將原草案少年法立法目的規定刪除；三、將原草案保護處分一詞均改為管訓處分；四、將原草案適用之低度年齡，由7歲提高至12歲；五、將原草案單獨設置之少年法院，改為附設於普通法院之少年法庭；六、限制保護管束與感化教育之執行期間；七、授權執行機關可免除保護管束之全權，不需經過法院裁定；八、增設第78條（參加妨害公共秩序之不良組織，而觸犯刑罰法令者，不適用本法減刑之規定。其領導分子，加重其刑）之規定[6]。

　　1962年公布的少年事件處理法是「以教代刑」，後因相關因素致遲遲未公布施行日期。1967年8月1日先行修正第42條及第64條條文，復於1971年5月14日修正公布全文共計87條條文，始於同年7月1日正式施行。1971年公布實施的少事法是「教刑並重」，實乃「以刑罰為主」，「以教育為輔」，可稱為「迷你刑法」，但也正式掀開少年法制的新頁（1973年公布實施兒童福利法，1989年公布實施少年福利法）。

　　之後，少事法雖曾於1976年5月14日[7]、1980年7月4日修正部分條文[8]，但1997年10月29日修正之條文，大幅變動以往條文，確立了「保護優先主義」，增訂少事法立法意旨、將有預備犯罪或犯罪未遂而為法所不罰之行為列為少年虞犯事件、將少年管訓事件修正為少年保護事件、並於直轄市設立了少年法院、加重少年法定代理人及監護人之教養責任、將觀

6　謝啟大，〈我國少年法之立法沿革及展望（上、下）〉，《司法周刊》，989期、990期；林紀東，《少年法概論》，正中書局，1982年，頁109-110；劉作揖，前揭註2書，頁11-13。

7　1976年主要修正要旨為：1.擴大少年虞犯事件之範圍；2.增訂協尋少年之法律規定；3.賦與少年法庭以實際上之先議權；4.增列訓誡處分並得予以假日生活輔導之規定；5.修正保護管束及感化教育聲請免除執行之期限為執行逾六個月後；6.增訂管訓處分得重新審理之規定；7.重新規定少年犯竊盜罪及贓物罪者，不適用戡亂時期竊盜犯贓物犯保安處分條例第3條之規定；8.增訂少年受管訓處分或刑之宣告，於執行完畢或赦免後，五年內未受管訓處分或刑之宣告者，視為未曾受各該宣告之規定；9.增訂未滿12歲之人觸犯刑罰法令行為之規定等。參照劉作揖，前揭註2書，頁14-16。

8　1980年主要修正要旨為：1.訓誡處分之執行，應參酌兒童福利法之規定，由行政院會同司法院訂定辦法行之；2.本法施行細則，由司法院會同行政院訂之；3.訓誡處分事件審理細則，由司法院定之；4.少年訓誡處分執行辦法，由行政院會同司法院定之等。參照劉作揖，前揭註2書，頁16-17。

護人細分為「少年調查官」及「少年保護官」、保護處分更為多元化、任何人不得公開揭示少年保護或少年刑事案件紀錄或照片及少年前科紀錄之塗銷規定，顯示出修正之少事法已從傳統之迷你刑法，轉型為具備濃厚之社會福利色彩之保護制度。

1997年少事法公布施行後，亦分別於2000年2月2日、2002年6月5日及2005年5月18日作過修正[9]，惟其修正之幅度不太，其中較為重要者，為有關少年法院管轄刑事案件範圍之調整[10]。另為呼應司法院釋字第664號解釋及兒童權利公約等保護兒少規定意旨，立法院於2019年5月31日三讀通過，總統於同年6月19日公布之增訂、刪除並修正少年事件處理法條文，以促進兒少在教育、社區及福利行政中能受到公平對待，尊重少年主體權及程序基本權為主要方向，主要重點包括：一、廢除觸法兒童準用少事法規定回歸教育及學生輔導機制處理；二、曝險少年去標籤，縮減司法介入事由；三、建置曝險少年以「行政輔導先行，以司法為後盾」的原則；四、尊重少年主體權及保障程序權包含：（一）少年的表意權；（二）少年對於司法程序的知情權；（三）應訊不孤單；（四）溝通無障礙；（五）候審期間與成年人隔離；（六）夜間原則上不訊問；（七）可隨時聲請責付、停止或撤銷收容；（八）受驅逐出境處分之外國少年有陳述意見機會及救濟權等規定；五、增訂多元處遇措施，推動資源整合平臺；六、引進少年修復式機制；七、恢復少年觀護所之收容鑑別功能；八、其他修正重點增訂少年調查官實質到庭原則，落實協商式審理，少年隱私保障再提升及救濟權利更周延等[11]。

9　2000年主要修正要旨為：1.少年觸犯刑罰法律，於事件繫屬後已滿20歲者，應以裁定移送於有管轄權之法院檢察署檢察官；2.刪除感化教育之執行，至多執行至滿21歲為止；3.特定刑事案件，應由少年法院管轄之修正；4.增訂對於少年不得強制工作之規定。2002年主要修正要旨為加強親職教育理念，課其教養責任。2005年主要修正要旨：1.增訂證據保全之規定；2.將慰撫金修正為損害賠償；3.增訂少年法院為保護處分之裁定準用第29條第3項、第4項之規定，命少年為特定之行為；4.增列得提起抗告之裁定；5.刪除少年法院管轄之特定刑事案件。參照劉作揖，前揭註2書，頁20-23。

10　林俊寬，前揭註1書，頁13。

11　司法院新聞稿，2019年6月4日，取自〈http://jirs.judicial.gov.tw/GNNWS/NNWSS002.asp?id=466989&flag=1&regi=1&key=&MuchInfo=&courtid=〉，最後閱覽日：2019年6月6日。

第二節 本法管轄範圍與少年事件種類

本法管轄範圍主要包含少年觸法行為、曝險少年的偏差行為[12]等（如圖8-1）。至於少年事件主要分為「少年保護事件」與「少年刑事案件」二大種類。「少年保護事件」，乃指少年觸法行為未經移送檢察官者、曝

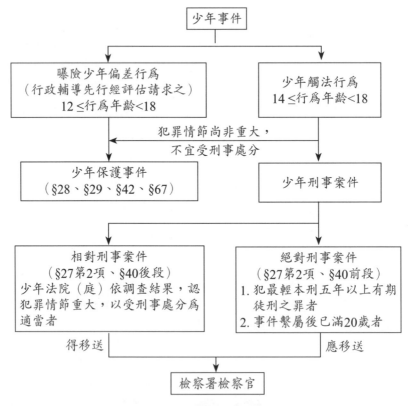

圖8-1 少年事件管轄範圍

---

[12] 我國原少事法第85條之1規定對於7歲以上未滿12歲兒童觸法行為，亦由少年法院適用少年保護事件之規定處理之，而屬絕對保護事件，惟新修正之少事法，因應我國兒童權利公約首次國家報告結論性意見第96點第1項，觸法兒童應排除本法之適用，故刪除本條規定。但鑑於刪除有關觸犯刑罰法律兒童準用本法之規定，為制度上重大變革，須予行政機關須相當時間周備，故規定本條自公布一年後施行，以為因應。

險少年的偏差行為經行政先行評估後請求少年法院處理者，依少年事件處理法之規定，施以保護處分之事件。「少年刑事案件」，則指14歲以上之少年觸法行為，因有少年事件處理法第27條之情形，由少年法院移送於有管轄權之法院檢察署檢察官，依刑事訴訟法程序追訴、科處刑罰之案件。

壹、本法管轄範圍

一、少年觸法行為

少年觸法行為，係指少年有觸犯刑罰法律之行為者，由少年法院處理。至於本法所稱少年者，謂12歲以上18歲未滿之人。少年之年齡，係以行為時為準，故只要行為人之行為時未滿18歲，均應移送少年法院處理。例如17歲的少年殺人，於19歲被警察機關查獲，此時警察機關應將該案件移送少年法院處理。

二、曝險少年的偏差行為

目前我國對於曝險少年的偏差行為是採行政先行，惟經輔導評估後請求少年法院處理者，才由少年法院處理。少年有下列情形之一，而認有保障其健全自我成長之必要者：（一）無正當理由經常攜帶危險器械；（二）有施用毒品或迷幻物品之行為而尚未觸犯刑罰法律；（三）有預備犯罪或犯罪未遂而為法所不罰之行為。前者所指之保障必要，應依少年之性格及成長環境、經常往來對象、參與團體、出入場所、生活作息、家庭功能、就學或就業等一切情狀而為判斷。

早期少事法將「虞犯」導入少年的非行之中，是體現早期發現、早期預防的理念，目的在於當犯罪尚未發生之時便能有效的加以制止。另早期少事法判斷虞犯行為是否成立，需一併考量兩方面要件：一為虞犯事由，另一則為虞犯性（或可稱為虞犯之要保護性），兩者缺一不可。所謂「虞犯事由」屬於形式要件，只需符合以往規定7種情形之一即可；至於「虞犯性」則為實質要件，必須從少年之立場為中心，依其性格與所處之環境

加以判斷是否已與犯罪有密切之關連性[13]。惟現行少事法為保障兒童權利公約揭示的少年健全成長發展權，首先去除其虞犯之身分標籤，改以關注其是否處於犯罪邊緣而曝露於危險之中，需要特別的照顧和保護，而有保障「曝險少年」健全自我成長的必要，並繼而建置行政先行機制，於2023年7月1日前沿現制仍由少年法院處理，其後則先由少年輔導委員會結合福利、教育、心理、醫療等相關資源，對曝險少年施以適當期間之輔導，如評估確有必要，始請求少年法院處理[14]。

貳、少年事件之種類

依據少年事件處理法第3條之規定，下列事件由少年法院依該法處理之，少年有觸犯刑罰法律之行為（簡稱「觸法行為」），曝險少年的偏差行為認有保障其健全自我成長之必要者（簡稱「曝險行為」）。「曝險行為」採行政先行惟經輔導評估後請求少年法院處理者，才由少年法院適用「保護事件」處理；「觸法行為」又可區分為適用「保護事件」與「刑事案件」二者。

一、少年保護事件

少年觸法行為未經移送檢察官者、曝險少年的偏差行為採行政先行惟經輔導評估後請求少年法院處理者，依少年事件處理法之規定，施以保護處分之事件。惟依其性質，又可分為絕對保護事件與相對保護事件。

（一）絕對保護事件

1. 12歲以上未滿14歲者，有觸犯刑罰法律之行為者（參照本法第27條第3項）。因未滿14歲者所為刑事違反行為不罰（參照刑法第18條第1項）。
2. 12歲以上未滿18歲曝險少年的偏差行為採行政先行惟經輔導評估後

---

[13] 李茂生，〈新少年事件處理法目的規定釋疑〉，《月旦法學雜誌》，40期，1998年9月，頁41。

[14] 司法院新聞稿，2019年5月20日，取自〈http://jirs.judicial.gov.tw/GNNWS/NNWSS002.asp?id=459922&flag=1&regi=1&key=&MuchInfo=&courtid=〉，最後閱覽日：2019年6月1日。

請求少年法院處理者（參照本法第3條第1項第2款、第18條）。

（二）相對保護事件

1. 14歲以上未滿18歲者犯罪時，少年法院依調查之結果，認犯罪情節非重大，參酌其品行、性格、經驗等情狀，以不受刑事處分為適當者，而未依少年事件處理法第27條第2項規定，移送檢察官者（學說上稱之為禁止檢察官先議權，而為少年法院先議權）。

2. 業經移送法院檢察官之少年刑事案件，而有下列之情形時，仍以保護事件處理之：

　　（1）少年所犯最重本刑為五年以下有期徒刑之罪，經檢察官參酌刑法第57條有關規定，認以不起訴處分而受保護處分為適當者（參照本法第67條第1項）。

　　（2）少年刑事案件屬告訴乃論之罪但未經告訴、告訴已撤回、告訴已逾期間或告訴不合法者（參照本法施行細則第10條）。

二、少年刑事案件

指14歲以上之少年觸法行為，因有少年事件處理法第27條之情形，由少年法院移送於有管轄權之法院檢察署檢察官，依刑事訴訟法程序追訴、科處刑罰之案件。依少年法院是否有權限決定是否移送，又可分為絕對刑事案件與相對刑事案件。

（一）絕對刑事案件

絕對刑事案件依據少年事件處理法第27條第1項規定，少年有下列二者之情形者，少年法院應以裁定移送於有管轄權之法院檢察署檢察官：1.犯最輕本刑為五年以上有期徒刑之罪者；2.事件繫屬後已滿20歲者。

至於少年犯最輕本刑為五年以上有期徒刑之罪，實務上常見的犯罪類型如殺人罪、傷害致死罪、加重強制性交罪及強盜罪等。另外事件繫屬後已滿20歲者，實務上常見為少年觸法行為後，警察機關查獲時間較晚或少年經移送至法院後，多次不到庭，經同行或協尋後始到案之情形。

另外，少年事件處理法施行細則第3條規定：「本法所稱少年事件案件，係指十四歲以上，觸犯刑罰法律，經依本法第二十七條移送檢察官開

始偵查之案件。其依本法第六十五條第三項經檢察官開始偵查之案件，亦同。」至於少年事件處理法第65條第3項係規定「本章（少年刑事案件）之規定，於少年犯罪後已滿18歲者適用之」。因而少年犯罪時未滿18歲，但犯罪後已滿18歲者，此時仍適用少年事件處理法第四章「少年刑事案件」之規定，仍有少年刑事案件之適用。

（二）相對刑事案件

相對刑事案件係規定於少年事件處理法第27條第2項：「除前項情形外，少年法院依調查之結果，認犯罪情節重大，參酌其品行、性格、經歷等情狀，以受刑事處分為適當者，得以裁定移送於有管轄權之法院檢察署檢察官。」此規定係「得」移送，而非「應」移送，故稱之為「相對刑事案件」，而此規定於少年犯罪時未滿14歲者，不適用之。如少年有多次非行紀錄，甚且經過感化教育之執行仍有再觸法行為時，少年法院會考慮以此條款移送。

第三節　本法之主要處理規定

壹、少年法院之組織

依少事法之規定，有關少年觸法事件、曝險少年的偏差行為事件，由少年法院依本法處理之，而排除其他普通法院審理之權限。另依本法第5條規定，直轄市設少年法院，其他縣（市）得視其地理環境及案件多寡分別設少年法院。尚未設少年法院地區，於地方法院設少年法庭。高等法院及其分院設少年法庭。故可知我國目前專責處理少事法之法院（庭）係分為二級制，第一級為少年法院或各地方法院之少年法庭，第二級則為高等法院及其各分院之少年法庭。

另外有關少年法院之編制，分設刑事庭、保護庭、調查保護處、公設輔佐人室，並應配置心理測驗員、心理輔導員及佐理員。依此規定，少年法院基本上須設刑事庭、保護庭、調查保護處、公設輔佐人室，並應配置

心理測驗員、心理輔導員及佐理員等人員編制。

再者少年法院設有調查保護處，置處長一人，綜理及分配少年調查及保護事務，並分別設有少年調查官及少年保護官。依少年事件處理法第9條之規定，少年調查官職務如下：一、調查、蒐集關於少年保護事件之資料；二、對於少年觀護所少年之調查事項；三、法律所定之其他事務。少年保護官職務則包括：一、掌理由少年保護官執行之保護處分；二、法律所定之其他事務。少年調查官及少年保護官執行職務，應服從法官之監督。

換言之，少年調查官與少年保護官主要執行少年觀護處分之內容含：一、審理前由少年調查官執行之審理前調查（本法第19條）；二、審理中由少年調查官執行之事項包括：（一）急速輔導（本法第26條第1項第1款後段）；（二）試驗觀察（本法第44條）；三、審理後由少年保護官執行之事項包括：（一）假日生活輔導（本法第42條第1項第1款）；（二）保護管束，並得命為勞動服務（本法第42條第1項第2款）等5種。由此可見，我國少年觀護制度，其少年調查官及少年保護官，自少年法院（庭）受案後審理前、審理中及審理後，均參與觀護（保護）業務。

貳、少年保護事件

少年事件的處理程序，包括保護程序與刑事程序。保護程序是指少年法院受理的少年案件，經過調查、審判，作出終局決定的程序；刑事程序是指少年法院把案件逆送給檢察官後，檢察官按照刑事訴訟法的規定進行提起公訴、開庭審理、作出有罪或無罪判決的程序。少年案件的保護程序分為：一、由警察等發現受理少年案件的程序；二、由少年法院調查、審判少年案件的程序；三、輔育院等執行處分決定的程序。這三個程序總稱為「保護程序」，其中二、又稱為「少年審判程序」。以下分別就受理、調查程序、審理程序、保護處分之執行、抗告及重新審理說明如下。

一、受理

少年法院不主動處理少年事件，因此少年事件須經下列等原因，少年

法院始得據以受理：（一）報告：任何人知有少年觸犯事件者，得向該管少年法院報告，由少年法院處理；（二）移送：檢察官、司法警察官或法院於執行職務時，知有觸法少年之事件者，應移送該管少年法院；（三）請求：少年住所、居所或所在地之少年輔導委員會知悉曝險少年的偏差行為而對少年施以適當期間之輔導，惟於前項輔導期間，少年輔導委員會如經評估認由少年法院處理，始能保障少年健全之自我成長者，得敘明理由並檢具輔導相關紀錄及有關資料，請求少年法院處理之，並持續依前項規定辦理；（四）抗告法院之發回。

二、調查程序

（一）收案

警察機關如逮捕、拘提少年，應自逮捕、拘提時起24小時內，指派妥適人員，將少年連同卷證，送請少年法院（庭）處理。但法官命其即時解送者，應即解送。其餘非現行犯部分則以函送之方式，送卷不送人。當然警察機關對逮捕或接受符合刑事訴訟法第92條第2項但書所定之少年現行犯、準現行犯，得填載不解送報告書，以傳真或其他適當方式，報請法官許可後，不予解送，逕行釋放。但法官未許可者，應即解送（參照少年法院（庭）與司法警察機關處理少年事件聯繫辦法第5條）。

（二）責付、急速輔導或收容

少年法院於必要時，得裁定以責付為原則，責付於少年之法定代理人、家長、最近親屬、現在保護少年之人或其他適當之機關（構）、團體或個人，並得在事件終結前，交付少年調查官為適當之輔導，此即實務上所稱之「急速輔導」。另為釐清少年收容之目的，及強化少年觀護所之功能，命收容於少年觀護所進行身心評估及行為觀察，並提供鑑別報告。但以不能責付或以責付為顯不適當，而需收容者為限；少年、其法定代理人、現在保護少年之人或輔佐人，得隨時向少年法院聲請責付，以停止收容。

少年之收容與成年之羈押雖都是限制人身自由之強制處分，但目的不同，少年收容最重要是考慮少年之「應保護性」，通常少年法官會參考少

年之非行情節、非行紀錄、家庭管教功能、就學就業等狀況，而決定是否收容。惟釋字第664號解釋以明確宣示少年事件處理法第26條第2款及第42條第1項第4款規定，就限制經常逃學或逃家虞犯少年人身自由部分，不符憲法第23條之比例原則，亦與憲法第22條保障少年人格權之意旨有違，應自本解釋公布之日起，至遲於屆滿一個月時，失其效力。

少年觀護所收容少年之期間，調查或審理中均不得逾二月。但有繼續收容之必要者，得於期間未滿前，由少年法院裁定延長之；延長收容期間不得逾一月，以一次為限。收容之原因消滅時，少年法院應依職權或依少年、其法定代理人、現在保護少年之人或輔佐人之聲請，將命收容之裁定撤銷之。被收容少年、法定代理人或輔佐人，對收容或延長收容之裁定，得為抗告。亦可隨時以少年有就學、就業需要或計畫，或是有特別之情形，聲請停止收容，改為責付。另少年觀護所之人員，應於職前及在職期間接受包括少年保護之相關專業訓練；所長、副所長、執行鑑別及教導業務之主管人員，應遴選具有少年保護之學識、經驗及熱忱者充任。

（三）審前調查

少年法院接受移送、報告或請求之事件後，應先交由少年調查官進行調查程序，調查之內容為該少年與事件有關之行為、該少年之品格、經歷、身心狀況、家庭情形、社會環境、教育程度以及其他必要之事項，於指定之期限內提出報告，並附具建議。少年調查官到庭陳述調查及處理之意見時，除有正當理由外，應由進行第1項之調查者為之。即採少年調查官實質到庭原則，以落實協商式審理精神。

審前調查主要範圍為：1.非行事實之有無；2.需保護性。至於調查方法，通常以訪視為之，藉由少年、少年法定代理人及關係人會談，並蒐集與少年相關資料，為必要之調查。少年調查官於調查完成後，應向法官提出報告並提出具體建議，此即所謂「少年調查官前置調查原則」。另少年調查官提出調查報告後，如少年法官認為仍有需補足的地方或需掌握少年最新狀況，有時會要求少年調查官再做補充報告。又少年調查官調查之結果，不得採為認定事實之唯一證據。此乃在避免少年法院法官過度依賴少

年調查官之調查資料，而忽略本身應盡之調查義務，同時亦使少年在對於少年調查官為陳述時，較能據實陳述事件之前因後果，不致因而有所保留[15]。

少年法院法官或少年調查官對於事件之調查，必要時得傳喚少年、少年之法定代理人或現在保護少年之人到場。另少年法院法官得簽發同行書、協尋或請求協助，必要時，對於少年得以裁定為責付、交付少年調查官為適當之輔導（急速輔導）或命收容於少年觀護所。又刑事訴訟法關於人證、鑑定、通譯、勘驗、證據保全、搜索及扣押之規定，於少年保護事件性質不相違反者準用之。

（四）調查後之處理

少年法院依調查之結果，依下列架構為如下之處理（如圖8-2）：

1. 認為無付保護處分之原因或以其他事由不應付審理者，應為不付審理之裁定（參照本法第28條第1項）。

2. 認為情節輕微，以不付審理為適當者，得為不付審理之裁定，並為轉向處分（參照本法第29條第1項[16]）。

3. 認為應付審理者，應為開始審理之裁定（參照本法第30條），並依少年保護事件程序審理[17]。

---

15 林俊寬，前揭註1書，頁52。

16 少年事件處理法第29條規定，「少年法院依少年調查官調查之結果，認為情節輕微，以不付審理為適當者，得為不付審理之裁定，並為下列處分：一、告誡。二、交付少年之法定代理人或現在保護少年之人嚴加管教。三、轉介福利、教養機構、醫療機構、執行過渡性教育措施或其他適當措施之處所為適當之輔導。前項處分，均交由少年調查官執行之。少年法院為第一項裁定前，得斟酌情形，經少年、少年之法定代理人及被害人之同意，轉介適當機關、機構、團體或個人進行修復，或使少年為下列各款事項：一、向被害人道歉。二、立悔過書。三、對被害人之損害負賠償責任。前項第三款之事項，少年之法定代理人應負連帶賠償之責任，並得為民事強制執行之名義。」

17 少年事件處理法第42條規定，「少年法院審理事件，除為前二條處置者外，應對少年以裁定諭知下列之保護處分：一、訓誡，並得予以假日生活輔導。二、交付保護管束並得命為勞動服務。三、交付安置於適當之福利、教養機構、醫療機構、執行過渡性教育措施或其他適當措施之處所輔導。四、令入感化教育處所施以感化教育。少年有下列情形之一者，得於為前項保護處分之前或同時諭知下列處分：一、少年施用毒品或迷幻物品成癮，或有酗酒習慣者，令入相當處所實施禁戒。二、少年身體或精神狀態顯有缺陷者，令入相當處所實施治療。第一項處分之期間，毋庸諭知。第二十九條第三項、第四項之規定，於少年法院依第一項為保護處分之裁定情形準用之。少年法院為第一項裁定前，認有必要時，得徵詢適當之機

4.就14歲以上少年之觸法行為,判別所犯是否為最輕本刑為五年以上有期徒刑之罪,或少年是否已滿20歲,或是否犯罪情節重大、依少年品行、性格、經歷等情狀,是否以受刑事處分為適當,以決定應適用少年保護事件程序抑或少年刑事案件程序處理(參照本法第27條[18])。

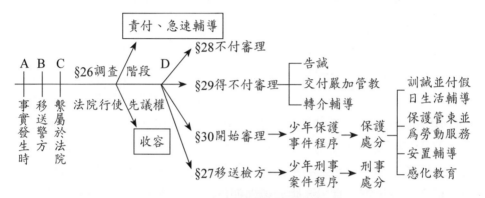

圖8-2 少年法院調查後之處理

三、審理程序

(一)開始審理

少年法院依調查之結果,認為應付審理者,應為開始審理之裁定。少年法院裁定少年事件交付審理後,應訂審理期日,審理期日應傳喚少年、少年之法定代理人或現在保護少年之人,並應通知少年之輔佐人。但經少年及其法定代理人或現在保護少年之人之同意,得及時開始審理。少年、

關(構)、學校、團體或個人之意見,亦得召開協調、諮詢或整合符合少年所需之福利服務、安置輔導、衛生醫療、就學、職業訓練、就業服務、家庭處遇計畫或其他資源與服務措施之相關會議。前項規定,於第二十六條、第二十八條、第二十九條第一項、第四十一條第一項、第四十四條第一項、第五十一條第三項、第五十五條第一項、第四項、第五十五條之二第二項至第五項、第五十五條之三、第五十六條第一項及第三項情形準用之。」

18 少年事件處理法第27條規定:「少年法院依調查之結果,認少年觸犯刑罰法律,且有左列情形之一者,應以裁定移送於有管轄權之法院檢察署檢察官:一、犯最輕本刑為五年以上有期徒刑之罪者。二、事件繫屬後已滿二十歲者。除前項情形外,少年法院依調查之結果,認犯罪情節重大,參酌其品行、性格、經歷等情狀,以受刑事處分為適當者,得以裁定移送於有管轄權之法院檢察署檢察官。前二項情形,於少年犯罪時未滿十四歲者,不適用之。」

少年之法定代理人或現在保護少年之人，得隨時選任輔佐人，不限審判期間，調查期間亦得選任。惟選任之輔佐人非為律師者，須得少年法院之同意。犯最輕本刑為三年以上有期徒刑之罪，未經選任輔佐人者，少年法院應指定適當之人輔佐少年。其他案件認有必要者亦同。輔佐人除保障少年於程序上之權利外，應協助少年法院促成少年之健全成長。

（二）審理之進行

調查及審理過程不公開，此為少年司法程序之重要原則，但得許少年之親屬、學校教師、從事少年保護事業之人或其他認為相當之人在場旁聽。審理時應以和藹懇切之態度為之。法官參酌事件之性質與少年之身心、環境狀態，得不於法庭內進行審理。且審理期日，應調查必要之證據。又少年應受保護處分之原因、事實，應依證據認定之。於詢問少年時，並應予少年、少年之法定代理人或現在保護少年之人及輔佐人陳述意見之機會。少年調查官，亦應於審理期日出庭陳述其調查及處理之意見。少年法院不採少年調查官陳述之意見者，應於裁定中記載不採之理由。為陳述時少年法院認有必要，得為下列處置：1.少年為陳述時，不令少年以外之人在場；2.少年以外之人為陳述時，不令少年在場。前項少年為陳述時，少年法院應依其年齡及成熟程度權衡其意見。

（三）交付觀察或試驗觀察

在審理期間，少年法院為決定是否予以保護處分，或考慮應為何種保護處分較宜，認有必要時得以裁定將少年交付少年調查官觀察，期限為六個月之內，此制度即稱為「試驗觀察」。試驗觀察除交付少年調查官為觀察外，少年法院亦得徵詢少年調查官之意見，將少年交付適當之機關、學校、團體或個人為之，並受少年調查官之指導。少年調查官應將觀察結果，附具建議提出報告，少年法院得依職權或依少年調查官之請求，變更觀察期間或停止觀察。

（四）協商式審理

協商式審理係少年保護事件之審理方式，由法官高高在上、一問一答之傳統威權方式，改為圓桌式之討論、協商方式，其目的在於使法庭審

理之氣氛較為和緩，希望在此氣氛下，由法官、少年調查官先就少年非行之成因作必要之調查及了解後，由法官、少年調查官、少年、少年法定代理人、現有保護少年之人及少年輔佐人共同參與，以少年調查官審查調查報告之處遇意見為藍本，並經由少年、少年法定代理人、現有保護少年之人及少年輔佐人之同意下，為少年尋求最有利及最有效之輔導方式。換言之，少年事件主要是一個透過調查及審理的過程來了解少年行為的問題，進而藉由必要的保護處分來設法調整其成長環境，以利其健全之成長發展。目前少年事件處理法本身並未就協商式審理有所規定，實務上的作法係依據少年保護事件審理細則第19條[19]及第40條而來，且僅適用於本法第29條第1項有關不付審理之裁定，以及第42條第1項有關保護處分之裁定，如係屬第27條或第40條之情形，即不得行協商式審理[20]。

（五）審理後結果

少年法院法官審理結果的裁定，可分為：1.移送於有管轄權之地方法院檢察署的檢察官；2.諭知不付保護處分；3.諭知保護處分。

其中諭知不付保護處分尚可區分為「不應付保護處分」或「不宜付保護處分」二者。於不宜付保護處分時準用少年事件處理法第29條第3項、第4項之規定，亦即少年法院得斟酌情形，經少年、少年之法定代理人及被害人之同意，轉介適當機關、機構、團體或個人進行修復；或使少年為：1.向被害人道歉；2.立悔過書；3.對被害人之損害負賠償責任。損害負賠償責任少年之法定代理人應負連帶賠償之責任，並得為民事強制執行之名義。

諭知保護處分者，應以裁定諭知下列保護處分：1.訓誡，並得予以假日生活輔導；2.交付保護管束並得命為勞動服務；3.交付安置於適當之福

---

[19] 少年保護事件審理細則第19條規定：「少年法院對於少年調查官提出之處遇意見之建議，經徵詢少年、少年之法定代理人或現在保護少年之人及輔佐人之同意，依本法第二十九條第一項為不付審理之裁定並當場宣示者，得僅由書記官將主文記載於筆錄，不另作裁定書。但認定之事實與報告、移送或請求之內容不同者，應於宣示時一併告知事實及理由要旨，並記載於筆錄。前項筆錄正本或節本之送達，準用本法第四十八條之規定，並與裁定正本之送達，有同一之效力。」

[20] 林俊寬，前揭註1書，頁75。

利、教養機構、醫療機構、執行過渡性教育措施或其他適當措施之處所輔導；4.令入感化教育處所施以感化教育。少年有下列情形之一者，得於為前項保護處分之前或同時諭知下列處分：1.少年施用毒品或迷幻物品成癮，或有酗酒習慣者，令入相當處所實施禁戒；2.少年身體或精神狀態顯有缺陷者，令入相當處所實施治療。第1項處分之期間，毋庸諭知。第29條第3項、第4項之規定，於少年法院依第1項為保護處分之裁定情形準用之，藉以強化被害人保障。少年法院為第1項裁定前，認有必要時，得徵詢適當之機關（構）、學校、團體或個人之意見，亦得召開協調、諮詢或整合符合少年所需之福利服務、安置輔導、衛生醫療、就學、職業訓練、就業服務、家庭處遇計畫或其他資源與服務措施之相關會議。

再者，刑法及其他法律有關沒收之規定，於本法第28條、第29條、第41條及第42條之裁定準用之。又少年法院認供本法第3條第1項第2款各目行為所用或所得之物不宜發還者，得沒收之。

四、保護處分之執行

（一）訓誡並付假日生活輔導

對於少年之訓誡，由少年法院法官向少年指明其不良之行為外，曉諭以將來應遵守之事項，並得命其立悔過書。行訓誡時，應通知少年之法定代理人或現在保護少年之人及輔佐人到場。少年之假日生活輔導為3次至10次，由少年法院交付少年保護官於假日為之，對少年施以個別或群體之品德教育，輔導其學業或其他作業，並得命為勞動服務，使其養成勤勉習慣及守法精神；其次數由少年保護官視其輔導成效而定。假日生活輔導，少年法院得依少年保護官之意見，將少年交付適當之機關、團體或個人為之，受少年保護官之指導。

少年無正當理由拒絕接受訓誡或假日生活輔導，得聲請將之留置於少年觀護所予以五日之觀察（此稱為留置觀察）。訓誡、假日生活輔導與上述之留置觀察，自裁定之日起二年內未執行者，免予執行。

（二）保護管束並命為勞動服務

對於少年之保護管束，由少年保護官掌理之，少年法院亦得依少年

保護官之意見，將少年交付適當之福利或教養機構、慈善團體、少年之最近親屬或其他適當之人，由其執行少年之保護管束，惟受少年保護官之指導。保護管束處分之執行期間，自受保護管束之少年報到之日起算，至期間屆滿或免除撤銷執行之日終止，其期間不得逾三年，至多執行至滿21歲為止。少年保護官應告少年以應遵守之事項，與之常保接觸，注意其行動，隨時加以指示；並就少年之教養、醫治疾病、謀求職業及改善環境，予以相當輔導。少年保護官因執行此項職務，應與少年之法定代理人或現在保護少年之人為必要之洽商。

　　少年法院將少年交付保護管束時，得命為勞動服務，勞動服務時間為3小時以上50小時以下，由少年保護官執行之，期間視輔導成效而定。保護管束執行已逾六個月，著有成效，認無繼續執行之必要者，或因事實上之原因以不繼續執行為宜者，少年保護官得檢具事證，聲請少年法院免除其執行。少年、少年之法定代理人或現在保護少年之人，於上述之情形亦得請求少年保護官為前項之聲請，除顯無理由外，少年保護官不得拒絕。

　　少年在保護管束期間，違反應遵守之事項，不服從勸導達2次以上，而有觀察之必要者，少年保護官得聲請少年法院裁定留置少年於少年觀護所中，期間以五日為限。此留置觀察之裁定自為裁定之日起二年未執行者，免予執行。若少年違反規定之情節重大，或曾受上述之留置觀察處分，再違反應遵守之事項，足認保護觀察難收效果者，少年保護官得聲請少年法院裁定撤銷保護管束，將所餘之執行期間令入感化處所，施以感化教育，其所餘之期間不滿六月者，應執行至六月。保護管束處分自裁定執行之日起，經過三年未執行者，非經少年法院裁定應執行時，不得執行之。

（三）安置輔導

　　為少年之安置輔導時，少年法院須依其行為性質、身心狀況、學業程度及其他必要事項，分類交付適當之福利、教養機構、醫療機構、執行過渡性教育措施、其他適當措施之處所，且上述機構須受少年法院之指導。安置輔導期間為二個月以上二年以下，但至多執行至滿21歲為止。安置輔

導處分之執行期間，由少年報到之日起算，至期間屆滿或免除，撤銷執行之日終止。

安置輔導執行已逾二個月，著有成效，認無繼續執行之必要或有事實上原因以不繼續執行為宜者，少年保護官、負責安置輔導之福利、教養機構、醫療機構、執行過渡性教育措施或其他適當措施之處所、少年、少年之法定代理人或現在保護少年之人得檢具事證，聲請少年法院免除其執行；同上期間，如認有變更、教養機構、醫療機構、執行過渡性教育措施或其他適當措施之處所之必要時，上述之人等亦得檢具事證，聲請少年法院裁定變更。安置輔導期滿，少年保護官、負責安置輔導之福利、教養機構、醫療機構、執行過渡性教育措施或其他適當措施之處所、少年、少年之法定代理人或現在保護少年之人認有繼續安置輔導之必要者，得聲請少年法院裁定延長，延長執行之次數以1次為限，其期間不得逾二年。

少年無正當理由拒絕接受安置輔導時，得聲請將之留置於少年觀護所予以五日之觀察，此留置觀察之裁定自為裁定之日起二年未執行者，免予執行。於安置輔導期間內違反應遵守事項，情節重大；或受上述留置觀察後，再違反應遵守事項，足認安置輔導難收成效者，少年保護官、負責安置輔導之福利、教養機構、醫療機構、執行過渡性教育措施或其他適當措施之處所、少年之法定代理人或現在保護少年之人得檢具事證，聲請少年法院裁定撤銷安置輔導，將所餘之執行期間令入感化處所施以感化教育，其所餘之期間不滿六月者，應執行至六月。安置輔導處分自裁定執行之日起，經過三年未執行者，非經少年法院裁定應執行時，不得執行之。

（四）感化教育

感化教育為唯一屬監禁性質之收容性處分，其執行由少年法院依其行為性質、身心狀況、學業程度及其他必要事項，分類交付適當之福利、教養機構或感化教育機構，且上述機構須受少年法院之指導，感化教育機構之組織及教育之實施，以法律訂之。感化教育之實施期間不得逾三年，其執行期間自交付裁定之日起算至期間屆滿或免除、停止執行之日終止，於處分確定前曾經裁定命收容或羈押於少年觀護所之期間，得折抵感化教育處分執行之期間。

　　舊有之感化教育機構係指「少年輔育院」，而為貫徹教育刑理念，自少年事件處理法修正後，「少年輔育院」及「少年監獄」皆改為「少年矯正學校」，現已改制有「誠正中學」與「明陽中學」。「誠正中學」以收容受感化教育處分之少年為主，「明陽中學」則專收容少年受刑人。

　　感化教育之執行應以學校教育方式行之（少年矯正學校設置及教育實施通則第3條），且法務部應分別就執行刑罰者及感化教育處分者設置矯正學校（少年矯正學校設置及教育實施通則第10條），以中學方式設置，必要時得附設職業類科、國民小學部，校名稱為某某中學（少年矯正學校設置及教育實施通則第11條），學校內部分為「一般教學部」與「特別教學部」，「特別教學部」依少年矯正學校設置及教育實施通則規定，「一般教學部」應依有關教育法令，辦理高級中等及國民中、小學教育，並受省（市）主管教育行政機關之監督（少年矯正學校設置及教育實施通則第6條）。

　　感化教育執行已逾六個月，認無繼續執行之必要者，得由少年保護官或執行機關檢具事證，聲請少年法院裁定免除或停止其執行。少年或少年之法定代理人於前項之情形，亦得請求少年保護官為前項之聲請，除顯無理由外，少年保護官不得拒絕。因停止執行所餘之期間應由少年法院裁定交付保護管束。

　　感化教育處分自裁定執行之日起，經過三年未執行者，非經少年法院裁定應執行時，不得執行之。保護處分若之前或同時諭知禁戒處分時，其執行期間以戒絕治癒或至滿20歲為止。但認無繼續執行之必要者，少年法院得免除之。若與保護管束一併諭知之情形，同時執行禁戒處分；與安置輔導、感化教育一併諭知者，限於其執行無礙於安置輔導、感化教育之執行者得同時執行，否則須先執行之。若依禁戒處分執行，少年法院認為無執行保護管束處分之必要者，得免除保護處分之執行。禁戒處分自裁定之日起，經過三年未執行者，非經少年法院裁定應執行時，不得執行之。

五、抗告及重新審理

　　所謂抗告乃有抗告權之特定人，對於少年法院之裁定或處分認為有違

法或不當之處,而以書狀向上級管轄法院不當請求撤銷或變更原裁定或處分,另為適當裁定或處分之行為。少事法有關少年保護事件之裁定或處分得提起抗告之情形有二類:一為少年之抗告(參照本法第61條);另一為被害人之抗告(參照本法第62條)[21]。

另外少事法所規定之重新審理,其制度之設計類似刑事訴訟法之再審,係對於少年法院所作之確定裁定,在一定之條件下,得以再開審理之程序。少事法所規定之重新審理可分為二種:一為對於確定之保護處分裁定所為之重新審理(參照本法第64條之1);另一為對於確定之不付保護處分裁定所為之重新審理(參照本法第64條之2)[22]。

參、少年刑事案件

一、案件之開啓

14歲以上之少年觸法行為,因有少年事件處理法第27條之情形,由少年法院移送於有管轄權之法院檢察署檢察官,並由檢察官依刑事訴訟法之規定加以偵查、追訴,如經檢察官提起公訴並由法院進行審判,此時即稱為少年刑事案件。故少年刑事案件之成案,以由少年法院法官經調查之結果,而依少年事件處理法第27條之規定裁定移送檢察官者為限。

再者,刑事訴訟法關於自訴之規定,於少年刑事案件不適用之,以免破壞少年法院行使先議權之審酌。此外,檢察官受理少年法院移送之少年刑事案件,應即開始偵查。

二、偵查之結果

(一)檢察官得為不起訴處分之特別規定

檢察官依偵查之結果,對於少年犯最重本刑五年以下有期徒刑之罪,參酌刑法第57條有關規定,認以不起訴處分而受保護處分為適當者,得為不起訴處分,移送少年法院依少年保護事件審理(參照本法第67

---

[21] 林俊寬,前揭註1書,頁100。
[22] 林俊寬,前揭註1書,頁103。

條）。

此條規定有學者稱之為「回流」之機制，並認為係我國少年事件處理法之一大特色。惟實務上此種回流情形並不多見，因少年所犯最重五年以下有期徒刑之罪，原則上即非嚴重之犯行，除少年係因事件繫屬後已滿20歲之規定而經裁定移送檢察官者外，通常裁定移送檢察官之情形即非常見，故再由檢察官行使裁量權移送回少年法院審理之情形自然少見[23]。

（二）向少年法院起訴

依少年事件處理法第67條第1項後段之規定，檢察官經偵查之結果，認應起訴者，應向少年法院提起公訴。

此外，經檢察官為不起訴處分而移送少年法院依少年保護事件審理之案件，如再經少年法院裁定移送，檢察官不得依前項規定，再為不起訴處分而移送少年法院依少年保護事件審理，避免案件在二者之間互相移送，致無法早日裁判確定。

三、刑事訴追之原則

至於少年刑事案件之追訴、審理，除有特別規定之外，幾乎與一般刑事案件之程序相同。

（一）非不得已不得羈押

少年被告非有不得已情形，不得羈押之。少年被告應羈押於少年觀護所。於年滿20歲時，應移押於看守所。少年刑事案件，前於法院調查及審理中之收容，視為未判決前之羈押，準用刑法第37條之2折抵刑期之規定。

（二）隔離訊問

詢問、訊問、護送少年或使其等候時，應與一般刑事案件之嫌疑人或被告隔離。但偵查、審判中認有對質、詰問之必要者，不在此限。此一規定旨在為避免少年受不當影響，以免影響少年日後之身心發展。

---

[23] 林俊寬，前揭註1書，頁111。

（三）一事不再理

依少年事件處理法第69條之規定，對於少年犯罪已依第42條為保護處分者，不得就同一事件再為刑事追訴或處罰。但其保護處分經依第45條或第47條之規定撤銷者，不在此限。此條之規定係基於一事不再理法則，若少年之觸法行為業經保護處分之裁定後，自應再對少年進行刑事追訴或處罰。

（四）準用調查、審理、抗告及重新審理之規定

少年刑事案件之偵查及審判，準用本法調查、審理、抗告及重新審理之規定。惟準用以性質相同者為限，若少年被告之刑事案件性質與少年保護事件不同者，則無準用之餘地，如少年刑事被告經合法傳喚無正當理由不到庭者，應拘提，其逃亡或藏匿者，應予通緝[24]。

（五）審判得不公開

審判得不公開之。第34條但書之規定，於審判不公開時準用之。少年、少年之法定代理人或現在保護少年之人請求公開審判者，除有法定不得公開之原因外，法院不得拒絕。

四、判決及執行

（一）免除其刑

法院審理第27條之少年刑事案件，對於少年犯最重本刑十年以下有期徒刑之罪，如顯可憫恕，認為依刑法第59條規定減輕其刑仍嫌過重，且以受保護處分為適當者，得免除其刑，諭知第42條第1項第2款至第4款之保護處分，並得同時諭知同條第2項各款之處分。前項處分之執行，適用第三章第二節有關之規定（參照本法第74條）。

此條係另一「回流」機制之規定，賦予少年法院法官頗大之權力，適不適用本條規定予以少年免除其刑，純屬少年法院依職權斟酌裁量之範圍[25]。

---

24 林俊寬，前揭註1書，頁111。
25 林俊寬，前揭註1書，頁117。

（二）科刑限制

除應依刑法第18條規定減刑之外，對少年不得科處死刑或無期徒刑（刑法第63條）。另外，對於少年不得宣告褫奪公權及強制工作。少年受刑之宣告，經執行完畢或赦免者，適用關於公權資格之法令時，視為未曾犯罪。

（三）緩刑

刑法第74條緩刑之規定，於少年犯罪受三年以下有期徒刑、拘役或罰金之宣告者適用之。少年在緩刑期中應付保護管束，保護管束，於受保護管束人滿23歲前，由檢察官囑託少年法院少年保護官執行之。

（四）假釋

少年受徒刑之執行而有悛悔實據者，無期徒刑逾七年後，有期徒刑逾執行期三分之一後，得予假釋。少年在假釋期中應付保護管束，保護管束，於受保護管束人滿23歲前，由檢察官囑託少年法院少年保護官執行之。

（五）徒刑之執行

少年受刑人徒刑之執行，應注意監獄行刑法第3條（有關收容於少年矯正機構）、第8條（有關少年受刑人行刑上參考事項通知）及第39條第2項（有關少年受刑人實施教化應注意事項）之規定。

肆、少年事件之特殊規定

一、少年之特別保護規定

（一）資料不公開

為免少年因一時之犯罪，而被貼上標籤，或造成他人之不當模仿，故少年事件處理法特別設有少年事件應加以保密之規定。故任何人不得於媒體、資訊或以其他公示方式揭示有關少年保護事件或少年刑事案件之記事或照片，使閱者由該項資料足以知悉其人為該保護事件受調查、審理之少年或該刑事案件之被告。違反前項規定者，由主管機關依法予以處分。

（二）視為未宣告

少年受第29條第1項之處分執行完畢二年後，或受保護處分或刑之執行完畢或赦免三年後，或受不付審理或不付保護處分之裁定確定後，視為未曾受各該宣告。以避免少年過早被社會貼上標籤，影響少年將來之發展。

（三）資料塗銷

為具體落實上開規定之意旨，少年有前項或下列情形之一者，少年法院應通知保存少年前案紀錄及有關資料之機關、機構及團體，將少年之前案紀錄及有關資料予以塗銷：1.受緩刑之宣告期滿未經撤銷，或受無罪、免訴、不受理判決確定；2.經檢察機關將緩起訴處分期滿，未經撤銷之事由通知少年法院；3.經檢察機關將不起訴處分確定，毋庸移送少年法院依少年保護事件審理之事由通知少年法院。前項紀錄及資料，除下列情形或本法另有規定外，少年法院及其他任何機關、機構、團體或個人不得提供：1.為少年本人之利益；2.經少年本人同意，並應依其年齡及身心發展程度衡酌其意見；必要時得聽取其法定代理人或現在保護少年之人之意見。少年之前案紀錄及有關資料之塗銷、利用、保存、提供、統計及研究等相關事項之辦法，由司法院定之。至於違反這條規定未將少年之前科紀錄及有關資料塗銷或無故提供者，處六月以下有期徒刑、拘役或新臺幣3萬元以下罰金（如圖8-3）。

（四）驅逐出境

外國少年受轉介處分、保護處分、緩刑或假釋期內交付保護管束者，少年法院得裁定以驅逐出境代之。前項裁定，得由少年調查官或少年保護官聲請；裁定前，應予少年、其法定代理人或現在保護少年之人陳述意見之機會。但經合法通知，無正當理由不到場者，不在此限。對於第1項裁定，得提起抗告，並準用第61條、第63條及第64條之規定。驅逐出境由司法警察機關執行之。

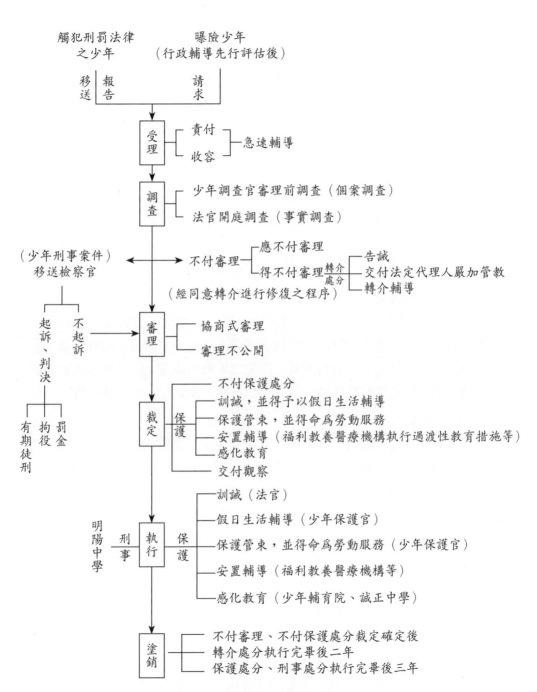

圖8-3　少年事件處理之流程

（五）加重處罰

成年人教唆、幫助或利用未滿18歲之人犯罪或與之共同實施犯罪者，依其所犯之罪，加重其刑至二分之一。少年法院得裁定命前項之成年人負擔第60條第1項教養費用全部或一部，並得公告其姓名。

二、法定代理人之特定義務

（一）出庭

少年、少年之法定代理人或現在保護少年之人，經合法傳喚，無正當理由不到場者，少年法院法官得依職權或依少年調查官之請求發同行書，強制其到場。但少年有刑事訴訟法第76條所列各款情形之一，少年法院法官並認為必要時，得不經傳喚，逕發同行書，強制其到場。

（二）負擔費用

少年法院諭知保護處分之裁定確定後，其執行保護處分所需教養費用，得斟酌少年本人或對少年負扶養義務人之資力，以裁定命其負擔全部或一部；其特殊清寒無力負擔者，豁免之。前項裁定，得為民事強制執行名義，由少年法院囑託各該法院民事執行處強制執行，免徵執行費。

（三）親職教育

少年之法定代理人，因忽視教養，致少年有觸犯刑罰法律之行為，或有曝險行為而認有保障其健全自我成長之必要者，而受保護處分或刑之宣告，或致保護處分之執行難收效果者，少年法院得裁定命其接受8小時以上50小時以下之親職教育輔導，以強化其親職功能。少年法院為前項親職教育輔導裁定前，認為必要時，得先命少年調查官就忽視教養之事實，提出調查報告並附具建議。親職教育輔導之執行，由少年法院交付少年保護官為之，並得依少年保護官之意見，交付適當之機關、團體或個人為之，受少年保護官之指導。親職教育輔導應於裁定之日起三年內執行之；逾期免予執行，或至多執行至少年滿20歲為止。但因事實上原因以不繼續執行為宜者，少年保護官得檢具事證，聲請少年法院免除其執行。拒不接受親職教育輔導或時數不足者，少年法院得裁定處新臺幣6,000元以上3萬元以

下罰鍰；經再通知仍不接受者，得按次連續處罰，至其接受為止。其經連續處罰3次以上者，並得裁定公告法定代理人之姓名。前項罰鍰之裁定，得為民事強制執行名義，由少年法院囑託各該地方法院民事執行處強制執行之，免徵執行費。少年之法定代理人或監護人有第1項情形，情況嚴重者，少年法院並得裁定公告其姓名。第1項、第5項及前項之裁定，受處分人得提起抗告，並準用第63條、第64條之規定。

三、補助法規制定及施行日

（一）補助法規之制定

少事法第86條規定本法施行細則，由司法院會同行政院定之。少年保護事件審理細則，由司法院定之。少年法院與相關行政機關處理少年事件聯繫辦法，由司法院會同行政院定之。少年偏差行為之輔導及預防辦法，由行政院會同司法院定之。

（二）施行日

少事法第87條規定本法自中華民國60年7月1日施行。本法修正條文，除中華民國108年5月31日修正公布之第18條第2項至第7項自112年7月1日施行；第42條第1項第3款關於交付安置於適當之醫療機構、執行過渡性教育措施或其他適當措施之處所輔導部分及刪除第85條之1自公布一年後施行外，自公布日施行。

第五節　本法之爭議問題

壹、曝險少年之問題

一、少年非行之刑事政策思維

少年，毫無疑問地，和成年一樣具有實施犯罪的能力。但是，由於少年年齡較輕，身心尚未成熟，社會經驗不足，人格尚在形成，須接受家庭和社會的保護。換言之，少年的人格具有可塑性，即使現在有非行的少

年，將來也有可能健全成長為有用之市民，因而對待少年非行的問題，重要的不是依據非行事實大小進行報復，而是給予消除少年陷入非行原因和健全成長所需的協助[26]。因此，對少年犯，不宜採取和成年犯一樣的刑事政策；亦即對少年事件的刑事政策，則具有下列三種獨特的性質[27]：

（一）保護主義優先

少年的人格尚處於發展階段，具有很大的伸縮性，所以比起成人具有更大的教育和改善的可能性，因此對少年的基本刑事政策不應該是科處作為報應的刑罰，而應是科處以教育為目的的保護處分，而這一理念也被稱為「保護主義」理念。亦即在對少年的刑事政策中應採「保護主義優先原則」，以促進少年之健全成長。「保護主義優先原則」又稱「宜教不宜罰」，乃是對少年非行，應採用教育手段，而不宜施以懲罰，懲罰少年只是一種不得已的最後手段。

（二）需保護性考量

刑事政策上對於常習犯的矯治常呈現無能為力的情況下，非行少年可說是常習犯的預備軍，大多數常習犯在少年時期都有非行紀錄。因而在其非行少年階段，就應消除其犯罪的萌芽，這樣在少年成長的過程中，便有對其人格塑造的餘地。在對少年的刑事政策，必須將其看成是未來的常習犯，而從保護少年自身及防衛社會兩方面來考量，對於不一定具有社會危險性或侵害性的行為視為非行或虞犯，而對其加以處遇。惟對非行或虞犯之處遇，除須考量其非行事實或虞犯事由外，尚須考量該少年性格上或環境上將來再次實施該非行的「危險性」，為防止此危險性是否需要對少年進行保護處分，而這些要素被稱為「需保護性」[28]。因此，即使認為該少

---

[26] 石原明、墨谷葵、藤岡一郎、荒川雅行，《刑事政策》，青林書院，1993年，初版，頁322。
[27] 大谷實，《刑事政策講義》，弘文堂，2009年，新版第1刷，頁350；許福生，《犯罪學與犯罪預防》，元照出版，2018年2月，修訂二版，頁387-388。
[28] 日本目前通說的見解認為「需保護性」，是由「反覆非行性」（反覆進行非行之危險）、矯正可能性（透過保護處分消除少年反覆非行性）、保護相當性（保護處分是對少年最有效適當的保護手段）等三要素構成。參照尹琳，《日本少年法研究》，中國人民公安大學出版社，2005年，初版，頁86。

年實施了非行事實，但如果將來沒有再次實施非行的危險性時，也不能給予保護處分。這一點充分說明少年法制的目的不是為了處罰過去實施的行為，而是為了使該少年將來不再實施非行，以保障少年的健全成長。

（三）行為科學配合

少年在失去身心的平衡後，常會陷入一時性的非行傾向，而這種一時性的非行行為，在多數的情況下，將來並不會陷入常習犯。因此，有關該行為是否為一時性行為的判斷便極為重要，而這種判斷不可能專靠法律家來進行。因為在選擇對少年犯處遇時，得由判斷是否需要保護性的機關來進行審理，並根據保護需要性進行處遇，因而必然要有行為科學的專家配合協助。這種組合專家的特殊法院，成為少年法院不可或缺。再者，因其重點是放在「非行事實」與「需保護性」的預測上，所以程序上同以過去犯罪事實認定的一般訴訟程序不同。

因此，在對少年非行的刑事政策上，基於聯合國1989年所通過的兒童權利公約所導出「兒童最佳利益」的考量，為少年進行保護優先時，應以為少年建構第一層次之親權及教育者為優先，當第一層次保護圈無法勝任時，第二層次的司法與行政機關才能取代處遇少年，亦即此時國家才可對缺乏保護而誤入歧途的少年，基於「國親思想」以及「侵害原理」，而進行司法或行政干預。而在司法介入時，須同時考量其「非行事實」與「需保護性」，因而司法須結合行為科學家的調查、鑑別便有其必要性。有鑑於此，我國特別制定了少年事件處理法，以處理少年觸法或曝險事件。該法第1條明定：為保障少年健全之自我成長，調整其成長環境，並矯治其性格，特制定本法。特別是2019年6月19日公布之增訂、刪除並修正少年事件處理法條文，刪除觸犯刑罰法律兒童由少年法院處理之規定，並訂於修正公布一年後施行，以落實兒童權利公約（CRC）。另為保障兒童權利公約揭示的少年健全成長發展權，明定對於「無正當理由經常攜帶危險器械」、「有施用毒品或迷幻物品之行為而尚未觸犯刑罰法律」、「有預備犯罪或犯罪未遂而為法所不罰之行為」之少年，首先去除其虞犯之身分標籤，改以關注其是否處於犯罪邊緣而曝露於危險之中，需要特別

的照顧和保護，而有保障「曝險少年」健全自我成長的必要；繼決定建置行政先行機制，於2023年7月1日前沿現制仍由少年法院處理，其後，則先由少年輔導委員會結合福利、教育、心理、醫療等相關資源，對曝險少年施以適當期間之輔導，如評估確有必要，始請求少年法院處理；故未來將實現行政輔導先行，再以司法為後盾的同心圓理論，協助曝險少年不離常軌，不受環境危害（參照司法院於2019年5月20日及5月31日所發布之新聞稿）。

二、釋字第664號解釋與評析

　　司法院大法官會議於2009年7月31日作成釋字第664號解釋，明確宣示少年事件處理法第3條第2款第3目規定，經常逃學或逃家之少年，依其性格及環境，而有觸犯刑罰法律之虞者，由少年法院依該法處理之，係為維護虞犯少年健全自我成長所設之保護制度，尚難逕認其為違憲；惟該規定仍有涵蓋過廣與不明確之嫌，應儘速檢討改進。又少年事件處理法第26條第2款及第42條第1項第4款規定，就限制經常逃學或逃家虞犯少年人身自由部分，不符憲法第23條之比例原則，亦與憲法第22條保障少年人格權之意旨有違，應自本解釋公布之日起，至遲於屆滿一個月時，失其效力。

　　換言之，為保護兒童及少年之身心健康及人格健全成長，國家負有特別保護之義務，應基於兒童及少年之最佳利益，依家庭對子女保護教養之情況，社會及經濟之進展，採取必要之措施，始符憲法保障兒童及少年人格權之要求。少年事件處理法係立法者為保障12歲以上18歲未滿之少年「健全之自我成長，調整其成長環境，並矯治其性格」所制定之法律。該法第3條第2款第3目規定，少年經常逃學或逃家，依其性格及環境，而有觸犯刑罰法律之虞者，由少年法院依該法處理之。上開規定將經常逃學、逃家但未犯罪之虞犯少年，與觸犯刑罰法律行為之少年同受少年保護事件之司法審理，係立法者綜合相關因素，為維護虞犯少年健全自我成長所設之保護制度，尚難逕認其即屬違憲。

　　惟如其中涉及限制少年憲法所保障權利之規定者，仍應分別情形審查其合憲性。因此，依少年事件處理法第26條第2款及第42條第1項第4款規

定，使經常逃學或逃家而未觸犯刑罰法律之虞犯少年，收容於司法執行機構或受司法矯治之感化教育，與保護少年最佳利益之意旨已有未符，亦即不符憲法第23條之比例原則，亦與憲法第22條保障少年人格權，國家應以其最佳利益採取必要保護措施，使其身心健全發展之意旨有違，應自本解釋公布之日起，至遲於屆滿一個月時，失其效力。至於本解釋公布前，已依上開規定對經常逃學或逃家之虞犯少年以裁定命收容於少年觀護所或令入感化教育者，該管少年法院法官應參酌本解釋意旨，自本解釋公布之日起一個月內儘速處理；其中關於感化教育部分，準用少年事件處理法第42條第1項第1款至第3款之規定，另為適當之處分。

又少年事件處理法第3條第2款第3目關於「經常逃學或逃家」之規定，易致認定範圍過廣之虞，且逃學或逃家之原因非盡可歸責於少年，或雖有該等行為但未具社會危險性，均須依該目規定由少年法院處理；至「依其性格及環境，而有觸犯刑罰法律之虞」，所指涉之具體行為、性格或環境條件為何，亦有未盡明確之處；規定尚非允當，宜儘速檢討修正之。

確實，面對每年約2,000出頭的少年虞犯，我們的社會似乎過度誇大「虞犯」所形成之道德恐慌，導致各界太過迷信依賴司法的強制措施，以至於輕易地讓個案改由少年司法來接手，導致虞犯少年遭裁處拘禁與半拘禁處遇之比率明顯失衡[29]。誠如提出釋字664號解釋的何明晃法官所言：期待透過釋憲，重新導正此一現象。亦即，虞犯少年之處遇絕非少年司法所能夠一肩挑起之重任，而是必須整合教育、社政、福利、警政、法務、司法等眾多部門，結合家庭、學校、機構、社區、民間、志願工作者力量通力合作，方能竟其功。反之，假如各界仍抱持既有觀念，劃地自限，未能重新利用此一契機建構起完善之前置配套措施或橫向連結機制，那麼，當初反對釋字第664號解釋者所指控「大法官毅然地剝奪了他們最後的翻身機會，令其遊蕩於社會邊緣，最終只能走向犯罪一途」之預言便會應

---

29 周愫嫻、陳吳南，〈「虞犯」：真的道德恐慌，假的風險治理〉，《社區發展季刊》，128期，2009年12月，頁64。

驗，屆時，提出釋憲者與作出本號解釋之大法官們將成為少年司法史上之代罪羔羊[30]！

　　當然，我們不願意看到此事發生，更不願看到今後會如李茂生教授所言：「虞犯被排除在司法領域外，並被安置於社會福利領域後，其所遭遇的待遇，其是比以前更差（社會內歧視的文化並沒有改變所致）。」[31] 甚至更不願意再看到「如果有太多『如果』未曾出現，『這個釋字第664號解釋內容應不是如此，甚至連釋憲聲請都不會存在』」[32]。確實，也在本號解釋公布後的十年立法者通過修法，展現落實CRC保護兒少權益的決心，以打破長年來教育福利體系不參與少年司法及該體系缺乏橫向連絡現象，並期盼經由跨院際的協力以及未來相關部門的積極聯繫與合作，打造出公平對待每一位兒少的社會安全網，協助少年健全自我成長，守護社會的未來，而非消極不處理所產生的斷崖，而等曝險少年觸法後再直接以司法處理的惡夢出現。

三、縮減司法介入事由之爭議

　　為呼應司法院釋字第664號解釋及兒童權利公約保護兒童及少年之意旨，最新修正少事法條文，不只刪除觸犯刑罰法律兒童由少年法院處理之規定，並縮減原有曝險事由範圍且去除其虞犯之身分標籤，改以關注其是否處於犯罪邊緣而曝露於危險之中而以「曝險少年」稱之，並繼而建置行

30　何明晃，〈司法院大法官會議釋字第664號解釋論析〉，《刑事法雜誌》，53卷6期，2009年12月，頁53。

31　李茂生，〈釋字第664號解釋評釋—憲法的顢預與天真〉，《台灣法學雜誌》，第137期，2009年10月，頁32。

32　李茂生教授所提出之如果包括：「少年法官嚴守虞犯之認定標準」、「社會福利主管機關在民國91年依少年事件處理法第54條第2項訂定『少年安置輔導之福利及教養機構設置管理辦法』時，不是規定以契約方式向法院收取費用，而是自行擔負起收容、輔導的責務」、「十年前法務部有憑著善念，依據新的少年事件處理法的精神而修訂少年觀護所設置及實施通則、法務部沒有因為少年收容人數銳減，而實質上裁撤少年觀護所」、「法務部肯實現少年矯正學校設置以及教育實施通則，將所有輔育院改制成矯正學校」、「法務部肯砸下經費改善矯正學校之軟硬體設施以及充足其人員」、「教育部肯依法就矯正學校裡面之教育事項予以適度之關切與指導」、「成人刑事制度沒有採取掛羊頭賣狗肉之寬嚴並濟政策，將大量受刑人送進矯治體系，造成空前過剩拘禁現象，進而導致使用到少年被拘禁人身上人力物力極度地縮減」。參照李茂生，前揭註31文，頁33。

政先行機制，對曝險少年施以適當期間之輔導，如評估確有必要，始請求少年法院處理。

現行修正通過條文審酌現行社會環境及行政機關承接量能，現階段仍有由少年法院介入處理以保障曝險少年健全自我成長之必要，將曝險少年之行為態樣縮減為下列3種而認有保障其健全自我成長之必要者：（一）無正當理由經常攜帶危險器械；（二）有施用毒品或迷幻物品之行為而尚未觸犯刑罰法律；（三）有預備犯罪或犯罪未遂而為法所不罰之行為。修正通過條文將舊法7種虞犯之行為態樣，縮減為此3種，其理由係虞犯制度，難免予人有將身陷可能誘發犯罪環境危機中之少年視為另一種身分犯，而如係成年人有此情形，並不會被視為虞犯；為保障少年與成人享有平等待遇，不宜以虞犯視之。迨兒童權利公約內國法化後，參酌該公約及第10號一般性意見之精神，如何深化少年福利與權益暨合理必要之平等保護，益發引起社會各界關注，及進行相關檢討，而現行條文第2款第5目至第7目所定情形，其程度或已極接近觸犯刑罰法律，或嚴重戕害少年身心健康，係處於觸犯刑罰法律邊緣而曝露於危險之中，對於此等曝險少年需要特別的關照與保護，參照兒童權利公約第6條及第33條等規定意旨，應由國家依「最佳利益原則」，採取積極措施，整合一切相關資源，盡力輔導，以避免其遭受毒品危害或其他犯罪風險，保障少年之成長與發展[33]。

第一種曝險事由態樣「無正當理由經常攜帶危險器械」，其為原條文第5目所移列，並將原定「刀械」修正為「危險器械」，以涵蓋槍砲彈藥刀械管制條例所定以外之槍砲、彈藥、刀械等危險器械。第二種曝險事由態樣「有施用毒品或迷幻物品之行為而尚未觸犯刑罰法律」，為現行法原條文第6目所移列，僅修正部分用語如「施用毒品」。第三種曝險事由態樣「有預備犯罪或犯罪未遂而為法所不罰之行為」，為現行法原條文第7目所移列，內容並未修正。另增訂曝險性審酌事項之規定，將現行條文第2款中「依其性格及環境」，移列於新增之第2項修正為「所指之保障必要，應依少年之性格及成長環境、經常往來對象、參與團體、出入場所、

---

[33] 參照本法第3條立法說明。

生活作息、家庭功能、就學或就業等一切情狀而為判斷」。其立法理由為使曝險事由類型明確化，避免因行為態樣涵蓋過廣或要件不明確，易致認定範圍過廣，參照司法院釋字第664號解釋意旨，將現行條文第2款第1目至第4目之態樣，依其情狀移列於新增之第2項，資為判斷有第1項第2款情形少年之保障健全自我成長必要之應審酌事項，以利實務運作[34]。

此次少年事件處理法有關少年虞犯部分之修正，除為因應司法院釋字第664號解釋，另也參照兒童權利公約第6條及第33條等規定意旨，應由國家依「最佳利益原則」，採取積極措施，整合一切相關資源，盡力輔導，以避免其遭受毒品危害或其他犯罪風險，保障少年之成長與發展。縱使採取曝險少年去標籤化、行政先行，但在曝險少年施以適當期間之輔導如評估確有必要仍可請求少年法院處理，最終還是以司法為後盾；如此與兒童權利公約第2條之不歧視原則、第40條少年司法基本原則及其第10號一般性意見書第8點之精神，虞犯係屬身分罪，相同行為如係成人所為並不視為犯罪，為保障少年與成人享有平等待遇，適用司法處遇者以觸法少年為限，對曝險少年行為全採行政輔導，並應提供相關服務與協助，避免少年進一步觸法，仍有所落差。然而，理想與現實確實有所落差，或許現今採取先政先行也可說是少年實務與理論之間落差的平衡，縱使如此，未來政府在輔導可能走向迷途的少年，是否作好足夠的因應，以避免福利及司法體系雙方撒手不管所產生的斷崖現象，深值注意[35]。

---

34 參照本法第3條立法說明。

35 本法修正時立法委員李麗芬等24位委員，參酌兒童權利公約及其第10號一般性意見書第8點之精神，認虞犯係屬身分罪，相同行為如係成人所為並不視為犯罪，爰為保障少年與成人享有平等待遇，修正本法第3條第1項文字，適用司法處遇者以觸法少年為限，原虞犯少年移列第2項，其行為輔導改採行政輔導，並應提供相關服務與協助，避免少年進一步觸法。其第3條修正條文為：「少年有觸犯刑罰法律之行為者，由少年法院依本法處理之。少年有下列不良行為之一者，應由各直轄市、縣（市）政府提供輔導：一、無正當理由經常攜帶危險器械。二、有施用毒品或迷幻物品之行為而尚未觸犯刑罰法律。三、有預備犯罪或犯罪未遂而為法所不罰之行為。各直轄市、縣（市）政府應於轄下警察局設置少年輔導中心提供前項之輔導、服務與協助。前項少年輔導中心之人員應具備社會工作、心理、犯罪預防相關專業，其設置辦法與輔導方式及服務事項，由內政部會同衛生福利部及教育部訂定之。」參照立法院議案關係文書院總第483號，委員提案第22877號，2019年2月27日印發，委161-4。可謂是排除原虞犯少年適用司法處遇，而將其行為輔導改採行政輔導並限縮不良行為態樣之修正草案，但最終三讀通過後的條文仍採曝險少年去標籤化、行政先行及司法仍作後盾支應。

　　此外，此次少年曝險事由範圍之縮減，依立法理由之說明，係為使曝險事由類型明確化，惟卻將現行法原有用語及內涵不明確之四類獨立虞犯事由改為判斷少年之保障健全自我成長必要之應審酌事項，如此是否又更增加法官適用上之困難，因為所審酌者不僅一項，而係數項，最後法官極可能放棄各項情狀內容之解釋，而僅是形式引用該等情狀之用語罷了[36]。

　　況且原有四類虞犯行為之少年，即「經常與有犯罪習性之人交往」、「經常出入少年不當進入之場所」、「經常逃學或逃家」、「參加不良組織者」，並未因此憑空消失，則此四類虞犯少年在新法施行後法院已不再處理，爰轉由現行其他相關機制處理之。現行相關處理機制或可依兒童及少年福利與權益保障法第52條至第54條規定，依個案類型（保護性案件或脆弱家庭案件），分流至家防中心或社福中心提供個案及其家庭相關服務；或由學校依據學生輔導法三級三師輔導體制（發展性輔導、介入性輔導、處遇性輔導）提供輔導；或依少輔會設置及實施要點，由少輔會統合並連結相關網絡機關資源提供轉介及輔導等服務。只是目前的相關機制真能無縫接軌銜接起此四類虞犯少年的輔導工作？深值觀察。

　　另外，更重要是涉及曝險少年之強制處分部分，即對曝險少年仍保有收容及感化教育，特別是實務上認為釋字第664號解釋只針對經常逃學或逃家虞犯少年為收容及施以感化教育不符憲法比例原則，且與憲法保障少年人格權之意旨有違，但是對於其餘類型之少年虞犯，並無排除之必要，惟本次修法並未就此部分加以考慮，殊為可惜。故按照釋字第664號解釋對經常逃學或逃家虞犯少年之解釋意旨，對虞犯少年施以收容或感化教育不符比例原則及保障少年人格權，這兩種強制處分應從曝險少年的處遇中刪除。同樣地，縱使釋字第664號解釋未對留置觀察表示意見，但留置觀察亦和收容一樣係留置於少觀所中（參照少事法第55條第3項及第55條之3），同樣具有於一定期間拘束人身自由性質，也應從曝險少年的處遇中刪除。

---

[36] 黃義成，〈少年事件處理法有關少年虞犯修正草案之評析〉，《刑事法雜誌》，62卷6期，2018年12月，頁8。

四、行政輔導先行有效性之問題

我國對於少年虞犯之處理究竟屬司法範疇，或屬福利、教育範疇，正反兩說爭論不下，反對說認為少年虞犯並非犯罪，不宜由司法介入，應由福利或教育體系處理，以根治少年之不良行為，少年如陷於犯罪，始透過司法處理。而贊成屬司法範疇者認為，縱使虞犯治本應從教育著手，但基於社會防衛思想，有必要依少年事件處理法加以處理，以解決當前社會問題。歷次修法，亦因少年犯罪問題嚴重，均將虞犯歸少年事件處理法處理，且逐步擴大虞犯之範圍[37]。然而，本次修正為保障兒童權利公約揭示的少年健全成長發展權，首先去除其虞犯之身分標籤，改以關注其是否處於犯罪邊緣而曝露於危險之中，需要特別的照顧和保護，而有保障「曝險少年」健全自我成長的必要，繼而建置行政先行機制，司法只作後盾支應，可謂是少年司法的大變革。

確實，少年虞犯行為，是傳遞出少年的教養不足或者需保護性，實行虞犯行為的少年，須從少年刑事程序脫鉤，最多只具有行政不法的特性[38]。況且依兒童權利公約首次國家報告國際審查結論性建議第96點略以：有關司法兒少之權利，依兒少權法而非少事法處理14歲以下觸犯刑罰法律的兒少，並通過必要的立法程序使其生效；廢除虞犯，透過兒少權法提供有偏差行為之兒少必要支持與保護。如此依兒權公約的精神，有關少年虞犯、14歲以下觸法少年不宜再移送法院，應由教育、社政單位或接手輔導、服務。惟在此過渡期，法院無法完全脫離少年虞犯處理時，可將虞犯之處遇，優先考量「先行政、後司法」轉向處分之行政先行，當少年虞犯輔導無效再移送司法單位求助，如此作法確實也有調和「社會福利處遇說」與「司法處遇說」之優點[39]。

---

37 許福生，〈少年虞犯轉向行政先行處遇之探討〉，《警學叢刊》，47卷4期，2017年2月，頁30。

38 吳俊毅，〈少年虞犯的處理原則〉，《刑事法雜誌》，62卷6期，2018年12月，頁69。

39 目前實務上關於學校尿篩或知悉疑似施用毒品之在學青少年，不論毒品之級數，先由學校春暉小組逕行輔導，再由輔導成效來決定是否交由警察機關移送法院，然而經警察之查緝對象，無論就學或未就學一律移送少年法院，不同機關單位對於單純施用毒品之青少年處遇卻不同，未符合公平原則。司法處遇發動原則應以施用毒品者是否另涉其他犯罪行為論斷，為

有鑑於此，此次修法，參考兒童權利公約第40條、兒童權利公約第10號一般性意見及聯合國預防少年犯罪準則（利雅得準則）第4點至第6點及第10點等規定，國家對於需要特別關照與保護之曝險少年，應積極制定優先以行政輔導方式為之，不輕易訴諸司法程序之措施，並整合一切相關資源，盡力輔導，以保障其健全之成長與發展。又我國目前各直轄市、縣（市）政府設有少年輔導委員會，具輔導少年多年實務經驗，對有本法第3條第1項第2款偏差行為之少年，本屬其輔導對象，由少年輔導委員會先行整合曝險少年所需之福利、教育、心理等相關資源，提供適當期間之輔導，可避免未觸法之曝險少年過早進入司法程序，達成保障少年最佳利益之目的，故增訂讓司法警察官、檢察官或處理各類型事件之法院於執行職務時知悉少年有第3條第1項第2款情形者，得通知少年輔導委員會處理之[40]。

修正通過的少事法第18條便規定，司法警察官、檢察官或法院於執行職務時，知有第3條第1項第1款之事件者，應移送該管少年法院。司法警察官、檢察官或法院於執行職務時，知有第3條第1項第2款之情形者，得通知少年住所、居所或所在地之少年輔導委員會處理之。對於少年有監督權人、少年之肄業學校、從事少年保護事業之機關或機構，發現少年有第3條第1項第2款之情形者，得通知少年住所、居所或所在地之少年輔導委員會處理之。有第3條第1項第2款情形之少年，得請求住所、居所或所在地之少年輔導委員會協助之。少年住所、居所或所在地之少年輔導委員會知悉少年有第3條第1項第2款情形之一者，應結合福利、教育、心理、

避免單純施用毒品之青少年過早進入司法體系，應以行政先行優先為之。故立法委員羅致政等20人，為落實司法謙抑原則、考量少年之最佳利益與減少標籤效應，並落實以教育代替刑罰之保護優先精神，提出修正少年事件處理法第18條之1草案條文為：「第三條第二款第六目之事件，應先行通報直轄市、縣（市）主管機關，以結合福利、教育、警政、醫學、心理、衛生或其他資源，對少年施以適當期間之輔導。前項主管機關認無法先行輔導或經輔導無效果時，應敘明其理由，並檢具通報事由及輔導紀錄，由該管警察機關移送法院。第一項之輔導辦法，由行政院會同司法院定之。」參照立法院議案關係文書院總第483號，委員提案第22908號，2019年3月16日印發，委245-8。可謂是針對施用一、二級毒品以外之施用毒品少年採取行政先行之修正草案。

40 參照本法第18條立法說明。

醫療、衛生、戶政、警政、財政、金融管理、勞政、移民及其他相關資源，對少年施以適當期間之輔導。前項輔導期間，少年輔導委員會如經評估認由少年法院處理，始能保障少年健全之自我成長者，得敘明理由並檢具輔導相關紀錄及有關資料，請求少年法院處理之，並持續依前項規定辦理。直轄市、縣（市）政府少年輔導委員會應由具備社會工作、心理、教育、家庭教育或其他相關專業之人員，辦理第2項至第6項之事務；少年輔導委員會之設置、輔導方式、辦理事務、評估及請求少年法院處理等事項之辦法，由行政院會同司法院定之。於2023年7月1日前，司法警察官、檢察官、法院、對於少年有監督權人、少年之肄業學校、從事少年保護事業之機關或機構，發現少年有第3條第1項第2款之情形者，得移送或請求少年法院處理之。換言之，此次的修正建置曝險少年行政輔導先行機制，惟於2023年7月1日前沿現制仍由少年法院處理，其後則先由少年輔導委員會結合福利、教育、心理、醫療等相關資源，對曝險少年施以適當期間之輔導，如評估確有必要，始請求少年法院處理。

只是這樣的「行政輔導先行制度」之有效性，端視各地原屬委員會諮詢協調會議性質的少年輔導委員會，真能發揮其跨網絡之督導協調及資源整合的功能，而能結合各局處承擔起行政輔導先行的責任與布建完整的處遇資源網絡？特別是各地少輔會現為任務編組，其幕僚單位大多為各直轄市、縣（市）政府警察局少年隊，所需經費由警察局編列預算支應，運作方式不一，普遍面臨如下瓶頸：（一）任務編組，整合發揮輔導成效不彰；（二）經費編列困難，持續推展輔導不易；（三）人力不足；（四）專業人才缺乏，易阻礙輔導成效[41]。就以目前資源最豐富的臺北市少年輔導委員會為例，臺北市於1985年7月起全面設立少年輔導組，聘用社工、心理等大學畢業專業輔導人員48人，以加強推展少年犯罪防治及輔導工作至今，於基層輔導服務社區少年，防範少年犯罪行為於機先，並也發揮一定成效。然而少輔組組織性質仍屬任務編組，以至於造成人力流動，影響工作士氣，多年來多次提案討論於警察局增設「臺北市少年輔導中心」法

---

[41] 許福生，《風險社會與犯罪治理》，元照出版，2010年8月，初版，頁132。

制化，但最後仍以「未有合宜方式之前，暫維持現狀」，目前仍是以任務編組方式運作。

縱使如此，如何強化少輔會「組織協調整合功能」、「提升會議運作強度」、「提高志工素質與運用」、「落實督導考核」、「法案配合研修」等仍是政府施政重點。特別是有研究建議指出，強化少輔會功能，可從決策者與相關機構應予重視、運用情資融合模式產製情報產品、促進跨機關資訊共享、提升少輔會人員素質、建立完善人事制度及引進社會資源等方面著手[42]。有鑑於此，政府先於2013年12月9日修正少年不良行為及虞犯預防辦法部分條文，而於該辦法第11條規定修正為：「各直轄市、縣（市）政府應設置少年輔導委員會，綜理規劃並協調推動預防少年犯罪之相關事宜。少年輔導委員會應依受輔導少年之需要，協同或會同各目的事業主管機關及少年輔導機構，加強少年之輔導；並視其情形辦理各種技藝訓練、輔導就業與舉辦有關少年福利服務及其他輔導活動。少年輔導委員會得遴聘當地熱心公益人士、具輔導專業學識或經驗人士或大專校院相關科系學生，協助少年不良行為及虞犯之預防工作。少年輔導委員會設置及實施要點，由內政部會同法務部、教育部及衛生福利部定之。」即特別增訂「少年輔導委員會設置及實施要點，由內政部會同法務部、教育部及衛生福利部定之」。2014年5月16日內政部、法務部、教育部及衛生福利部也已正式公布修正少年輔導委員會設置要點為少年輔導委員會設置及實施要點，藉以強化及組織及功能。如此現象，確實也看到政府對「強化少年輔導委員會功能或法制化」的重視，只是各地落實的狀況仍有很大差異[43]。

---

42 李傳文，〈少年輔導委員會功能強化之研究—美國情資融合網絡模式應用〉，中央警察大學公共安全研究所，碩士論文，2014年7月，頁123-128。

43 現階段22縣市有17個縣市（77%）僅有0至3名輔導人力，澎湖縣及連江縣甚至無設置少輔會，全國約四分之三縣市少輔會人力嚴重不足，且現行少輔仍為任務編組，少輔會幹事及輔導員為一年一聘制度，組織定位不明，難以留住優秀人才。惟高風險家庭（參照兒少福權法及兒少高風險家庭關懷輔導處遇實施計畫）及高關懷學生（建構高關懷學生個案輔導資料轉銜機制及通報系統評估計畫）已有相關輔導專業機制運作，如此確也可解決一部分曝險少年的輔導工作。

因此，本條修正施行後，關於曝險少年之輔導先行措施，應有專責單位負責辦理，該單位並應有充足之相關專業人力及物力資源始敷所需，故各地除於修正施行前之準備期間盤整檢討少輔會的功能與角色地位，以及建構各項輔導工作評估指標與處理標準作業程序發揮個案管理功能外，亦可思考將少輔會的運作轉由社政單位主責，發揮少年輔導功能；倘若社政體系不願意承接，仍需由警察局編列預算支應，可在少輔會的相關人員中增列主任督導，統籌少輔會工作事宜，並直接對少輔會主任委員直轄市長、縣（市）長負責；或是可借鏡日本的作法，於警察局下成立「少年輔導中心」與其他相關機關、團體緊密的合作下，推動計畫性的輔導等，以落實曝險少年輔導工作，尤其是為了能早期發現會成為重大不當行為之前兆問題行動，在強化輔導活動的同時，還對家庭等實施適當的指導等必要的援助[44]。如此思維，也可作為本法授權行政院會同司法院訂定少年輔導委員會之設置、輔導方式、辦理事務、評估及請求處理等事項之辦法之參考，以利運作。

五、曝險少年處理程序之問題

少年曝險行為似認為少年是社會法益之破壞者，但也因此破壞行為，正足以顯露其自損行為而需要教育性，故此時法律規範究應考量，是基於破壞社會法益而加以懲罰？或施以教育使其改悔向善？而此種輕微社會法益之損害，有無必要由少年法院介入處理？或交由教育福利機構處理以協助少年改悔向上？由於曝險少年並非犯罪少年，某些情形下僅破壞輕微社會法益，但此正足以顯露少年之需教育性，故法律之設計應是透過教育福利機構處理。但此次修法因考量現行教育福利體系等機關構尚未有處理少年非行的專業，故採行政先行，少年法院仍作為後盾支應。由於曝險少年規範目的確實與犯罪少年不同，故規範曝險少年之處理程序自應與犯

---

[44] 日本警察於1998年為了強化防止地區性少年不當行為之活動，開始設置以少年輔導員及少年諮詢員為中心之「少年支援中心」的專門組織，以處理相關少年問題，2000年全國各地都道府縣警察局均設置「少年支援中心」，從事有組織、有計畫的展開地區性之街頭輔導及諮詢工作等防止少年不當行為之活動外，同時發動少年警察志工等民間團體參與，支援實施少年輔導與保護工作。參照許福生，前揭註41書，頁141。

罪少年分離，但我國現行少事法若最後由少年法院作為後盾支應在處理曝險少年之程序，並未單獨規定，其適用之司法程序與觸法少年之處理程序，並無不同，如此次修法中曝險少年在程序上與觸法少年相同，增訂成人陪同在場、兒童少年心理衛生或其他專業人士、通譯協助等表意權保障規定（修正條文第3條之1）；擴增詢（訊）問時應告知事項之內容，強化程序權之保障（修正條文第3條之2）；為避免少年受不當影響，詢（訊）問、護送及使其等候過程，應使少年與一般刑事案件嫌疑人或被告隔離（修正條文第3條之3、刪除第72條）；為維護少年身心健全發展，詢問或訊問少年一段時間後，宜有適當之休息時間，較為妥適（修正條文第3條之4）。然而，考量曝險少年與犯罪少年之不同，基於保護曝險少年之角度觀之，其處理程序上應與少年犯罪之程序分離。況且曝險少年之問題大多來自家庭問題，可由家事法院審理，應較為適當，至於程序法理之選擇，由於涉及裁量及少年最佳利益之判斷，且我國少年審理程序並無對立之雙方，故程序上應可思考選擇民事非訟事件之程序，在法理上較符合曝險少年彈性保護之需求[45]。

再者，依少年事件處理法第3條規定，曝險少年的偏差行為與觸法行為均由法院依少年事件處理法處理之，由於目前對於曝險少年之調查審理程序，與少年觸法行為調查審理之程序並無不同，依照本法第1條之1規定，少年事件處理法未規定者，適用其他法律，故對曝險少年的偏差行為可依本法第21條規定傳喚、第22條規定發同行書、第23條之1規定協尋及第24條規定刑事訴訟法關於人證、鑑定、通譯、勘驗、證據保全、搜索及扣押之規定，於少年保護事件性質不相違反者準用之[46]。

除此之外，現行法對於曝險少年究竟可否進行逮捕？並未規定，呈現正反不同意見。贊成者認為本法對於曝險少年與觸法少年處理並無不同，觸法少年既得進行逮捕，曝險少年自得進行逮捕，且曝險少年依本法

45　黃義成，前揭註36文，頁23。
46　目前實務上就有關何項規定在性質上與少年保護事件之調查程序不相違背，而可適用刑事訴訟法相關規定，仍須依具體個案予以認定及處理，並無一定之見解可資依循，因此實務上亦常發生適用上之爭議。如少年保護事件可否準用新修正刑事訴訟法關於證人交互詰問規定即有疑問，目前實務上傾向採否定說。參照林俊寬，前揭註1書，頁64。

第23條之1既得協尋，警察人員對於尋協少年之護送行為，實質上即為逮捕行為，故曝險少年仍得加以逮捕。惟反對者說則認為曝險少年並非侵犯刑法法益之行為，不構成刑事訴訟法第88條現行「犯」之要件，從限制人身自由應從嚴解釋之角度，應不包含對於虞犯少年之逮捕。至於對於移送少年法院前之曝險少年，檢察官是否可加以拘提？法無明文。然依我國實務見解認為有關少年事件於移送少年法院後，少年法院固得對少年簽發同行書，惟於移送少年法院前，檢察官對於14歲以上之少年仍得予以簽發拘票，但對於未滿14歲之少年，則不得簽發拘票，故司法警察機關如依刑事訴訟法第88條之1逕行拘提少年後，仍應依該條第2項之規定報請檢察官簽發拘票，而非向少年法院法官報請簽發拘票。故參酌此見解，似應不得加以逮捕及拘提。由於對曝險少年於移送少年法院前之逮捕及拘提，法律並未有明文規定，然此階段若需透過強制力保護其生命、身體安全時，因欠缺規定，即無法達到即時保護曝險少年之目的，故將來立法上明確規範其要件，確實有必要[47]。

貳、少年法院受案前程序之問題

司法警察（官）受理案件後，確知對象係少年時，依少事法第18條、少年法院（庭）與司法警察機關處理少年事件聯繫辦法第2條、第4條規定及「先議權」[48]之精神，當然應該移（函）送少年法院（庭）。茲有疑問者是，當案件尚未移（函）送法院之前，倘若司法警察（官）基於案件調查之需要，欲對少年聲請相關強制處分作為（如聲請核發拘票、搜索票或實施通訊監察等），究竟該向哪一機關提出聲請？是否應該由少年法院（庭）全權負責處理此一階段所有強制處分之審核藉以落實少年保護理

---

[47] 黃義成，前揭註36文，頁27。

[48] 當14歲以上未滿18歲之人有觸犯刑罰法律之行為時，究竟是依保護事件程序或刑事處分程序加以處理，必須先交由少年法院（庭）審核而後決定，唯有當少年法院（庭）放棄「先議權」，將該事件裁定移送予檢察官之後，檢察官方能介入，此即所謂之「先議權」。參照何明晃，〈少年事件審前程序之行使主體與職權—以先議權為探討核心〉，《刑事法雜誌》，62卷6期，2018年12月，頁125。

念並符合「先議權」之精神？或是透過少事法第1條之1逕行適用刑訴法偵查程序之相關規範由檢察官處理？存在不少疑義。

目前就「司法警察（官）調查階段，依刑事訴訟法（以下簡稱刑訴法）第88條之1規定拘提少年後，究竟應該報請檢察官核發拘票？或者是報請少年法院（庭）法官核發同行書？」之爭議，2003年3月3日司法院第1期少年法院（庭）庭長、法官業務研討會最終結論認為：少事法第22條第1項係在少年法院（庭）業已受理警方或相關單位及個人之報告或移送而成案，定期調查通知少年到場，惟少年經合法通知而無正當理由未到時，始能核發同行書。少年事件在警方調查中，尚未移送法院前，少年法院（庭）對尚未繫屬之案件並無偵查指揮權，警察僅能向檢察官報請核發拘票以拘提少年，不得向少年法院（庭）法官報請核發同行書，而此項結論迄今仍持續延用。至於就搜索票之核發部分，目前實務運作方式，係由司法警察（官）先報請檢察官許可後，再向該管少年法院（庭）法官提出聲請。另通訊監察部分，倘若司法警察（官）對於少年認有實施通訊監察之必要時，現行實務上是採取逕向普通法院聲請核發通訊監察書之方式進行[49]。

然而，目前實務上如此作法，引來林雅峰監察委員的調查報告指出：「少事法明定少年法院對少年事件有先議權，然因該法欠缺受理移送或報告前之程序規定，各少年法院（庭）依司法院2003年3月3日第1期業務研討會結論，拒絕警方對觸法少年聲請同行書，致司法警察機關基於實務需要，常將少年事件連同相牽連之成人共犯案件報請檢察官指揮偵辦，由檢察官依刑訴法第76條規定，將少年視為嫌疑人，逕以只能適用於被告、證人或受刑人之拘票拘提少年到案，進行偵訊後移送少年法院（庭），顯未採取去刑化之措施，以避免刑事偵查程序及司法人員對於少年健全成長可能造成之傷害，對少年之保護未周。該會議結論不僅違反少事法之立法精神，除顯有不當外，更不應對檢警人員產生拘束力，司法院及法務部允應重視此現象，並貫徹保護少年優先之少年法制精神，由法

---

[49] 何明晃，前揭註48文，頁127。

官於事前介入審查……強制少年到場，應依少事法第22條有關同行之規定為之。司法院創設『固有偵查階段』理論，透過少事法第1條之1，逕行適用刑訴法偵查程序之相關規範，認為少年事件在法院受理前無處理權限，並作為檢察官核發拘票拘提少年之理由，欠缺堅強的論據。又司法院2003年3月3日業務研討會結論有欠妥適，該院不但未重新檢討，又未明確界定之適用範圍，使各少年法院（庭）據以在受理案件前拒絕警方同行少年之聲請，並要求警方向檢察官聲請拘票，造成實務執行面無所適從，顯不符少事法為保護少年應去刑事化之精神……。」[50]

確實，目前實務上之作法，似乎過分局限在「無案號則無動作」之窠臼中，而此一思維明顯與「先議權」之理念有所出入[51]。因此，少年法院（庭）受案之前，舉凡與少年有關之強制處分，皆應由少年法院（庭）負責發動為宜。同樣地，檢察官不得以偵辦案件需要為由，在少年法院（庭）放棄「先議權」之前，依刑訴法第76條規定對少年簽發拘票，亦不得將少年拘提至地檢署後，以被告之身分加以訊問。因此，司法實務應修正此作法由法院竟其全責，否則立法者自宜專就此議題（少年法院受案繫屬前）再修法，明訂由少年法院核發同行書等強制處分權之行使的必要[52]。惟在修法完成前，為貫徹保護優先之少年法制精神，似可參考林雅峰委員下列調查報告的作法來解決此問題：「司法警察機關在移送少年前如有強制其到場之必要時，似可研議類推適用少事法第22條及『少年法院（庭）與司法警察機關處理少年事件聯繫辦法』有關核發同行書之規定，並準用調度司法警察條例，由法官於事前介入審查。」[53]

---

50 林雅峰，〈106司調0011調查報告〉，頁12-13、26，引自〈https://www.cy.gov.tw/sp.asp?xdURL=./di/RSS/detail.asp&ctNode=871&mp=1&no=5625〉，最後閱覽日：2019年3月1日。

51 何明晃，前揭註48文，頁129。

52 打開天窗說亮話，目前少年法院仍然拒絕於受案繫屬前參與偵查的原因，追根究底，還是因為少年法院（庭）通常人少，法官能少一事是一事，這是最主要理由。然以此為由致令少年保護發生漏洞而窒礙難行，又是誰之過歟？參照黃士元，〈少年事件審前程序之行使主體與職權〉，《刑事法雜誌》，62卷6期，2018年12月，頁117。

53 林雅峰，前揭註50調查報告，頁24。

第六節　實務案例研究

壹、15歲少年護母傷害案

一、事實摘要

　　15歲郭姓少年命途多舛，家中的支柱父親因車禍死亡，留下寡母孤兒靠著資源回收維生。郭姓少年利用假日不用上課時幫母親賺錢，但看到某人仗勢欺人辱罵他母親，甚至拳腳相向，他衝上前去保護母親，還手時使對方受到傷害，事後對方竟告他傷害。

二、所犯法條

　　就上面所發的事實來判斷，郭姓少年當時為了保護母親免於被人欺侮，少年氣盛，憤而出手還擊使對方成傷，似屬實情，且互毆又不構成正當防衛，他的行為應已觸犯刑法第277條第1項普通傷害罪，可處五年以下有期徒刑、拘役或50萬以下罰金。

三、少年觸法事件之處理方式

　　凡是少年所涉的刑事案件，不論任何人知道，或者檢察官、司法警察官，法院在經辦案件中發覺少年有觸犯刑事法律的情事，依少年事件處理法第17條與第18條的規定，都要向少年法院報告或移送少年法院處理。現郭姓少年只有15歲，因而依照少年事件處理法第2條的規定，凡是12歲以上18歲以下的人，都是該法所稱的「少年」。少年有觸犯刑罰法律的行為，依本法第3條第1項第1款的規定，不問案件的大小，都歸由少年法院或者少年法庭依少年事件處理法來處理。

　　按少年法院或少年法庭處理少年刑事案件有四種方式：（一）第一種是該法第27條規定的先議權，少年法院經過調查的結果，認少年觸犯刑罰法律，且有下列情形之一者，應以裁定移送於有管轄權之法院檢察署檢察官：1.犯最輕本刑為五年以上有期徒刑之罪者；2.事件繫屬後已滿20歲者。除這兩種情形以外，少年法院依調查之結果，認犯罪情節重大，參酌其品行、性格、經歷等情狀，以受刑事處分為適當者，也得依該條第2項

的規定，以裁定移送於有管轄權的法院檢察署檢察官。少年犯罪時如果未滿14歲者，就不適用這種移送檢察官的規定；（二）第二種處理方式是該法第28條所規定的應不付審理的裁定：「少年法院依調查之結果，認為無付保護處分之原因或以其他事由不應付審理者，應為不付審理之裁定。」這是條文的內容，其中的「應」字，含義便是少年法院必須要這樣做，其間毫無妥協餘地；（三）第三種方式是該法第29條第1項所定的得不付審理的裁定：「少年法院依少年調查官調查之結果，認為情節輕微，以不付審理為適當者，得為不付審理之裁定，並為下列處分：一、告誡。二、交付少年之法定代理人或現在保護少年之人嚴加管教。三、轉介福利、教養機構、醫療機構、執行過渡性教育措施或其他適當措施之處所為適當之輔導。」條文中所用的這個「得」字，是法律賦予法官有自由審酌的職權，也就是審理案件的法官有權決定將這案件開始審理，也可以不開始審理。不過，在作出決定以前要審酌情節是不是輕微；（四）第四種方式便是開始審理的裁定，認為應付審理者，應為開始審理之裁定，並依少年保護事件程序審理，審理結果可分為移送檢察官、不付保護處分、諭知保護處分。

四、少年法院之處理

按郭姓少年所涉的傷害罪，屬於刑法上五年以下有期徒刑、拘役或50萬以下罰金的犯罪；且調查事實真相後，發現郭姓少年是為了護母被打、挨告，縱使當時有還手使對方受到傷害，也是護母心切所致，犯罪情節輕微。因而法官可依本法第29條之規定，作出「得不付審理」的裁定，並裁定為下列處分：（一）告誡；（二）交付少年之法定代理人或現在保護少年之人嚴加管教；（三）轉介福利、教養機構、醫療機構、執行過渡性教育措施或其他適當措施之處所為適當之輔導。且為第1項裁定前，得斟酌情形，經少年、少年之法定代理人及被害人之同意，轉介適當機關、機構、團體或個人進行修復，或使少年為下列各款事項：（一）向被害人道歉；（二）立悔過書；（三）對被害人之損害負賠償責任。倘若對方不服，可向上級法院提起抗告救濟之。

貳、15歲與13歲少年共犯加重強盜案

一、事實摘要

　　15歲郭姓少年與13歲李姓少年，基於意圖為自己不法所有之犯意聯絡，在臺北市文山區某處，分持西瓜刀、鐵棒等至7-11超商內，以刀架住店員脖子之方式，至使店員無法抗拒，而強取收銀機內之現金新臺幣1萬餘元[54]。

二、所犯法條

　　就上面所發生的事實來判斷，15歲郭姓少年與13歲李姓少年，基於意圖為自己不法所有之犯意聯絡，持西瓜刀搶劫超商，他們二人的行為已共同觸犯刑法第330條第1項之加重強盜罪，處七年以上有期徒刑，屬少年觸法事件。

三、少年觸法事件之處理方式

　　少年觸法行為，原則係由少年法官，依少年保護事件程序處理，但國家基於治安要求或少年個人特別因素，例外依少年刑事案件來處理。少年觸法行為，應依保護事件或刑事案件處理，為少年法官之權限，學說上稱為「先議權」，如14歲以上未滿18歲之少年，有：（一）犯重罪即所犯係最輕本刑為五年以上有期徒刑之罪；（二）事件繫屬後已滿20歲，少年法院應以裁定移送於檢察官，依少年刑事案件處理，稱為絕對刑事案件（參照本法第27條第1項）；另如少年雖無前述情形，但法院考慮其犯罪情節、少年個人因素，認以受刑事處分為適當者，亦得以裁定移送於檢察官，稱為相對刑事案件（參照本法第27條第2項）。

四、少年法院之處理

　　按本案如實質調查結果，認郭姓少年已15歲，且觸犯刑罰法律屬最輕本刑為五年以上有期徒刑之罪（加重強盜罪之法定刑為七年以上有期徒

---

[54] 本案例摘錄自蔡坤湖，〈少年刑事案件與少年保護事件〉，《月旦法學教室》，125期，2013年3月，頁15。

刑），因而依少年事件處理法第27條之規定，應由少年法院（庭）移送於有管轄權之法院檢察署檢察官，並由檢察官依刑事訴訟法之規定加以偵查、追訴，經檢察官提起公訴並由臺灣臺北地方法院少年及家事法庭進行審判，此案即稱為典型的絕對少年刑事案件。少年刑事案件之法律效果，仍應依刑法有關主刑、從刑之規定，但應注意少年不得處死刑或無期徒刑（刑法第63條）、不得宣告褫奪公權或強制工作（本法第78條）、得減輕其刑（刑法第18條第2項）。此外，少年刑事案件之調查、審理基本精神，仍應適用少事法第1條之規定，以保障少年健全之自我成長，調整其成長環境，並矯治其性格為目的。又少年如經法院判處有期徒刑確定後，將來之執行機構，則在矯正學校，而非一般監獄。目前少年有期徒刑之執行機構，在高雄明陽中學，執行期間可至少年滿23歲為止，如少年滿23歲，而其刑期尚未執行完畢者，所餘刑期，移由監獄執行。另外，為避免少年受長期監禁，因機構化結果，而影響其適應通常社會環境之能力，少年之假釋條件，亦有特別規定（少事法第81條第1項）。換言之，本案郭姓少年將由少年法官移送檢察官，再由檢察官起訴後由少年法官依刑事案件程序，判處有期徒刑之刑，並於少年矯正學校高雄明陽中學執行[55]。

相對地，13歲李姓少年因未滿14歲，未達刑事責任年齡（參照刑法第18條第1項），應由少年法官依少年保護事件程序處理（參照本法第27條第3項）。少年保護事件並無檢察官之參與，係由少年調查官調查少年個人、家庭、學校、社區及交友等狀況，並提出調查報告及處遇之建議。少年法官則依協商式之審理精神，以少年為中心考慮，選擇如訓誡並付假日生活輔導、保護管束並命為勞動服務、安置輔導、感化教育等之保護處分。少年保護處分之目的，亦在保障少年健全之自我成長。少年法官應依其專業，並結合教育、社福、心理等專業人員，經由與少年、少年父母、少年調查官及其他專業人員的討論、協商，找出最能達到保護少年之處遇方法。其中，假日生活輔導、保護管束等為社區式處遇，影響少年之「家庭權」較小，通常為少年法官優先選擇，但如果少年之家庭環境，短

---

55 蔡坤湖，前揭註54文，頁16-17。

期內無法修復，則會考慮安置輔導或感化教育之機構式處遇。至於在選擇少年保護處分時，應考量下列幾個原則：（一）干預最少原則；（二）家庭社區處遇優先原則；（三）閉鎖式機構最後手段原則等[56]。換言之，本案李姓少年將由少年法官依保護事件案件程序處理，選擇交付保護管束、安置輔導或感化教育等最適當之保護處分。

參、17歲少年24刀殺死阿公案

一、事實摘要

阿公才唸他兩句「不工作，只會看電視」，17歲李姓少年竟趁81歲阿公熟睡時，拿菜刀、水果刀，猛砍、狂刺其頭、胸24刀，還從房間一路追殺到客廳，年邁阿公無力自保，以致當場慘死。

二、所犯法條

就上面所發的事實來判斷，李姓少年只因阿公才唸他兩句即拿刀狂刺，他的行為應已觸犯刑法第272條殺害直系血親尊親屬罪，可處死刑、無期徒刑或十年以上有期徒刑，並加重其刑至二分之一。但依刑法第63條對老幼處刑之限制，未滿18歲人或滿80歲人犯罪者，不得處死刑或無期徒刑，本刑為死刑或無期徒刑者，減輕其刑。

三、少年觸法事件之處理方式

本案李姓少年已17歲，且觸犯刑罰法律屬最輕本刑為五年以上有期徒刑之罪，因而依少年事件處理法第27條之規定，應由少年法院（庭）移送於有管轄權之法院檢察署檢察官，並由檢察官依刑事訴訟法之規定加以偵查、追訴，經檢察官提起公訴並由法院進行審判，此案即稱為典型的絕對少年刑事案件。

四、少年法院之處理

按少年刑事案件之追訴、審理，除有特別規定之外，幾乎與一般刑

---

[56] 蔡坤湖，〈少年保護事件〉，《月旦法學教室》，136期，2014年2月，頁17。

事案件之程序相同。惟本案縱使李姓少年手段凶殘且殺害直系血親尊親屬罪，可處死刑、無期徒刑或十年以上有期徒刑，並加重其刑至二分之一，但依刑法第63條對老幼處刑之限制，未滿18歲人或滿80歲人犯罪者，不得處死刑或無期徒刑，本刑為死刑或無期徒刑者，減輕其刑。而死刑減輕者，為無期徒刑；無期徒刑減輕者，為二十年以下十五年以上有期徒刑。

對未滿18歲少年不得判處死刑或無期徒刑，是為了符合國際公約，即公民與政治權利國際公約及兒童權利公約揭示對未滿18歲人的犯罪行為，不得判處死刑或無釋放可能的無期徒刑，已成為國際間共識，縱使未滿18歲人犯殺害直系血親尊親屬罪亦同。本案李姓少年將由少年法官移送檢察官，再由檢察官起訴後由少年法官依刑事案件程序，判處有期徒刑之刑而不會被判處死刑或無期徒刑，並於少年矯正學校高雄明陽中學執行。

肆、13歲少年拉K成癮案

一、事實摘要

13歲蔡姓少年拉K成癮，某日在公園內施用K他命為警查獲。

二、所犯法條

就上面所發的事實來判斷，13歲蔡姓少年拉K成癮，由於K他命屬於第三級毒品，依毒品危害防制條例第11條之1規定，少年施用第三級者，應依少年事件處理法處理。又依少年事件處理法第3條第1項第2款之規定，少年有施用毒品或迷幻物品之行為而尚未觸犯刑罰法律，而認有保障其健全自我成長之必要者屬曝險少年，採行政輔導先行，司法為後盾支應。

三、曝險少年行為之處理方式

按13歲蔡姓少年，拉K成癮，且依其性格及成長環境、經常往來對象、參與團體、出入場所、生活作息、家庭功能、就學或就業等一切情狀而為判斷認有保障其健全自我成長之必要者屬曝險少年，而曝險少年，則適用行政輔導先行，司法為後盾支應，若司法介入係屬絕對保護事件處

理。惟於2023年7月1日前，得沿舊制仍由少年法院處理之。

四、少年法院之處理

司法警察官、檢察官或法院於執行職務時，知少年有拉K成癮之情形者，得通知少年住所、居所或所在地之少年輔導委員會處理之，前項輔導期間，少年輔導委員會如經評估認由少年法院處理，始能保障少年健全之自我成長者，得敘明理由並檢具輔導相關紀錄及有關資料，請求少年法院處理之，並持續依前項規定辦理。而少年法院在由少輔會請求後，可為應不付審理的裁定或得不付審理的裁定或開始審理的裁定；認為應付審理者，應為開始審理之裁定，並依少年保護事件程序審理，審理結果可分為不付保護處分、諭知保護處分。故本案蔡姓少年應採行政輔導先行，司法為後盾支應，若最後少年法官介入後，將由少年法官依保護事件程序處理，選擇如訓誡並付假日生活輔導、保護管束並命為勞動服務、安置輔導等最適當之保護處分，惟於2023年7月1日前，得沿舊制仍由少年法院處理之。

伍、11歲兒童偷自行車案

一、事實摘要

11歲王姓兒童因家窮無人教導，但又羨慕他人擁有自行車，於是趁人不注意時，竊取他人停放於公園入口之自行車，之後王姓兒童騎乘該自行車在路上，為警查獲。

二、所犯法條

就上面所發的事實來判斷，11歲王姓兒童因家窮無人教導，而竊取他人停放於公園入口之自行車，他的行為應有觸犯刑罰法律之行為，即犯刑法第320條普通竊盜罪，處五年以下有期徒刑、拘役或50萬元以下罰金。

三、兒童觸法事件之處理

因王姓兒童僅11歲，依照刑法第18條第1項規定，未滿14歲者所為刑

事違反行為不罰，因而不能施於刑罰加以處罰，惟我國原少事法第85條之1規定對於7歲以上未滿12歲兒童觸法行為，亦由少年法院適用少年保護事件之規定處理之，而屬絕對保護事件，惟新修正之少事法，因應我國兒童權利公約首次國家報告結論性意見第96點第1項，觸法兒童應排除本法之適用，故刪除本條規定。但鑑於刪除有關觸犯刑罰法律兒童準用本法之規定，為制度上重大變革，須予行政機關須相當時間周備，故規定本條自公布一年後施行，以為因應。

四、少年法院之處理

按王姓兒童只有11歲，所為刑事違反行為不罰，其觸法行為不能移送檢察官；況且依少年事件處理法所稱少年係指12歲以上未滿18歲者，故11歲之兒童原則上非少事法之適用對象，況且新修正之少事法，已刪除原少事法第85條之1規定，但為給行政機關相當時間周備，故規定本條自公布一年後施行，以為因應。故王姓兒童在本法公布一年後，若實施同樣行為，便不是少事法所處理的範圍，回歸十二年國民基本教育及學生輔導機制處理，不再移送少年法庭處理之。換言之，11歲王姓兒童其竊盜觸法行為，在本法於2019年6月19日公布一年內仍依原少事法第85條之1規定，由少年法院適用少年保護事件之規定處理之，而屬絕對保護事件，之後便回歸十二年國民基本教育及學生輔導機制處理，不再移送少年法庭處理之。

國家圖書館出版品預行編目資料

刑事特別法與案例研究／鄭善印等著；許福生
主編. －－初版.－－臺北市：五南，2019.08
　　面；　　公分
ISBN 978-957-763-564-8（平裝）

1.刑事特別法　2.論述分析

585.7　　　　　　　　　　　108012536

1T86

刑事特別法與案例研究

主　　　編 ― 許福生

作　　　者 ― 鄭善印、傅美惠（276.4）、吳耀宗、梁世興
　　　　　　　黃朝義（299.2）、呂倩茹、林裕順、李錫棟
　　　　　　　許福生

發 行 人 ― 楊榮川

總 經 理 ― 楊士清

總 編 輯 ― 楊秀麗

副總編輯 ― 劉靜芬

責任編輯 ― 林佳瑩、許珍珍、蔡琇雀

封面設計 ― 王麗娟

出 版 者 ― 五南圖書出版股份有限公司

地　　　址：106台北市大安區和平東路二段339號4樓

電　　　話：(02)2705-5066　　傳　　　真：(02)2706-6100

網　　　址：http://www.wunan.com.tw

電子郵件：wunan@wunan.com.tw

劃撥帳號：01068953

戶　　　名：五南圖書出版股份有限公司

法律顧問　林勝安律師事務所　林勝安律師

出版日期　2019年 8 月初版一刷

定　　　價　新臺幣480元